李登輝學

李登輝學 × 李登輝

民主台灣的時代精神、歷史意識與政治領導

林佳龍——總策畫 董思齊——主編

台灣智庫、李登輝基金會——統籌

┃ 李登輝前總統與「李登輝學」系列活動發起人林佳龍合影

李登輝學×學李登輝
民主台灣的時代精神、歷史意識與政治領導

■ 李登輝學系列座談會活動側影

李登輝學×學李登輝
民主台灣的時代精神、歷史意識與政治領導

推薦序
走出台灣的民主之路

我們所尊敬的「民主先生」李登輝前總統過世已一週年。

這一年來，台灣經歷許多風風雨雨，包括中國持續對台灣文攻武嚇、全球疫情反覆影響人類生活；但李前總統所留下的民主、自由，以及為台灣打拚的精神，幫助我們一次又一次克服眼前的難關，讓台灣得以在堅守民主的同時，還能與理念相近國家，分享我們得來不易的民主成果。

記得去年9月間，在李前總統追思告別禮拜過後，時任交通部長的佳龍告訴我，由他所共同創辦的台灣智庫，將串聯許多懷念李前總統的單位與個人，舉辦一系列「李登輝學」活動，希望讓更多人理解李登輝先生對台灣的意義和重要性，佳龍這麼有心，我也深覺感動。

也因為佳龍的號召與眾人的努力，在李前總統過世週年之際，第一本「李登輝學」的專書終於付梓。

這本書透過一系列的民調數據、不同領域學者專家的分析，以及第一線政治工作的意見，讓讀者能夠快速理解當代台灣人對李前總統的認識與評價。同時，也呈現出李前總統在國際兩岸、經貿戰略、憲政改革、農本思想，以及公民參與等面向上，留給台灣的寶貴資產。

正如書中一再強調的：李登輝不只是一個個人或一位總統，他的政治判斷與政治領導牽動台灣體制的變化，同時也反映屬於我們的歷史意識和時代精神。

讀這本書時，心中有許多深刻的感觸，特別是閱讀到不同世代對李前總統的觀察與看法，更讓我想起與李前總統互動的點點滴滴。

書中所提到李前總統的誠實自然、實事求是的科學精神，將人民需求擺在最優先的「民之所欲，長在我心」、重視時間與空間的場所哲學，還有推動二次民主改革的公民政治實踐，都是李前總統親身實踐，也努力落實在執政當中的重要理念。

因爲李前總統和所有台灣人民的努力，在民主這條路上，台灣綻放出燦爛的光芒，成爲世界的民主典範。但李前總統不以此自滿，他晚年時，也不斷透過寫作和演講，探問台灣未來的方向，激勵台灣人共同爲深化民主而奮鬥。

　　如今，台灣智庫和李登輝基金會合力完成這本書，相信透過對哲人李登輝先生系統性地研究，對台灣民主的永續與深化，將會更有幫助。未來，我們也要在這個基礎上，不斷地面對新時代的挑戰，在全球民主發展的歷程中，走出一條屬於台灣自己的道路。

蔡英文

2021年8月

序
建構「李登輝學」
為推動「台灣學」的重要基礎

李安妮
李登輝基金會董事長

去年年底正當我還在收拾整理失去至親的哀痛與思念之際,突然接到佳龍的邀請,希望我能參與他所創辦之台灣智庫即將要發起的一系列「李登輝學」相關活動。這是我在父親過世後,首度接觸到一個頗具社會聲望的組織,準備著手系統性地整理父親過往的事蹟與言論,內心十分感動也很興奮。不過,看到佳龍想要在父親名字後面加上「學」這個字,一方面覺得他不失學者本色,展現出追求學問的熱誠,另一方面卻也不免感到相當沉重。

對於長期沉浸在學術研究工作的人而言,要想在一個名詞或一個人的名字後面加上「-ology」或是「-ism」,是需要具備相當高度的智慧與十足的勇氣。畢竟,任何學門或學科的被認可,都必須在本體論、認識論,還有方法論上有著堅實的傳統與基礎,方有機會成為一門值得花時間和精力研究的學科。為了瞭解與父親相關的討論與研究,是否真的具有成為一門學科的可能性,我於是開始參與台灣智庫所舉辦的每一場「李登輝學」講座活動。在參與過程中我發現,不論是國際兩岸、經貿戰略、憲政改革、農本主義,抑或是公民參與,雖說是以李登輝學為名來召開,但每個場次其實都在探討台灣要往哪裡去的重要議題。這不僅是我們世代的共同課題,其實某種意義就是在探討「台灣學」,只是李前總統在其中扮演著重要關鍵性角色。

在聆聽完五場講座,學習到五種不同的「李登輝研究」(studies)課題後,讓我對建構「李登輝學」的這項嘗試,開始產生了信心。因為,關於這些研究的討論,的確有成為一個學術領域的可能性。透過這些論述與研究,我認為「李登輝學」的客觀變項應該就是過去三十年間,在台灣國內甚至國際間所發生的各項

歷史事件；主觀變項則是李登輝作爲政治家、領導者的個人特質，包含他對這片土地的關懷、對人民的疼惜、其宗教信仰、哲學思想以及其價值觀。「李登輝學」若能繼續往前走，最後或許就能形成「台灣學」，在類型上將能成爲東亞、亞洲華人社會一種特殊形態的政治發展。在結束一加五場的講座後，深感意猶未盡，於是伴隨著李登輝基金會繼續加入佳龍號召的行列，在父親冥誕之日，與台灣智庫共同主辦爲期兩天的「李登輝學研討會」，同時也共同努力，趕在父親逝世周年之際，催生出這本有關「李登輝學」的專書。

回顧父親與台灣密不可分的一生，我認爲父親沒來得及說出口的遺言，應該就是「台灣民主要更深化，台灣人民要更團結」。研究「李登輝學」可說就是研究「台灣學」，也是深化台灣民主，團結台灣人民的具體方式之一。此外，我也認爲「李登輝學」除點出我們要往哪裡去、怎麼在應有的基石上踏穩腳步、往前邁進之外，或許還有一個重要的意義，那就是年輕民主國家台灣需要更多本土政治家，透過新時代年輕人來建構台灣政治的原型，台灣不再是殖民的、外來的，而是屬於本土的、原生的。

這一本書作爲拋磚引玉的嘗試，期待後續能有更多關於「李登輝學」的精采討論與精闢研究！

序
「李登輝學」與台灣時代課題

林佳龍
李登輝學系列活動發起人

李登輝前總統別世已一週年了，但他為台灣所奠定的基礎，諸如：撫慰白色恐怖的歷史傷痛、在艱困的國際現實中推動務實外交、有計畫地實施軍隊國家化、推動經濟自由化、發展高科技產業、開辦全民健保、呼籲戒急用忍保住台灣經濟命脈……等，這些在台灣民主化發展過程中李前總統所推動的具體成果，至今仍深深地影響著此時此刻的我們。

奉行誠實自然、身體力行「我是不是我的我」的無私精神的李前總統，除致力於民主改革，還啟動教育改革、司法改革及心靈改革，並進一步提出領導者論，同時運用知識與科學擘畫台灣發展的道路。即便是卸任之後，他仍以公民身份推動第二次民主改革，並不時提醒台灣人，要知道自己是什麼人，要徹底脫古改新、有歷史觀，要建立台灣的主體性，成為新時代的台灣人。

從反抗者，到研究者，再到追隨者

從學運份子、到政治學研究者，再到政治實務工作者，我對李前總統的認識與了解，有一個明顯的轉折歷程。野百合學運時，我和夥伴們在中正紀念堂，為台灣的民主與自由，反抗國民黨專制獨裁。我們在廣場上要求李前總統和我們坐在一起，要他接受運動的訴求。當時他身為總統、國民黨主席，而我是帶領的反抗者。

後來，我赴美國耶魯大學攻讀博士，研究台灣民主化和比較第三波民主化浪潮的國家，李前總統個人和李登輝政府成為我的研究對象。畢業前後，我有機會到總統官邸和他深度訪談，沒想到竟暢談六小時還欲罷不能。在我返國擔任學者時期，

我也曾參與國科會研究計畫，訪談跨黨派政治菁英，探究台灣民主化的脈絡。此時我的身分是學術研究者。

李前總統執政後期，邀請我加入他的國安幕僚團隊，參與兩岸策略與危機處理。當時經歷過特殊兩國論、美中台關係角力、九二一大地震與二○○○年的政權轉移，我以進入體制的方式發揮所學。李前總統卸任後，我仍經常向他請益，從人生哲理、城市治理到國家大政，李前總統總是傾囊相授，而我也在從政的過程中，親身實踐他的教導，這時我的身分是參與國政的追隨者。

由於有著這樣的三種身分轉換，讓我更有機會研究與了解李登輝與他的時代。

從李登輝學到學李登輝

從漢人移民時代的族群衝突，到戰後被孤立的孤兒意識，到反抗黨國專制，到現在台灣當家做主，再到因中國崛起而出現新的危機。我們從李前總統說的「台灣人的悲哀」至今擁有身為台灣人的幸福。而我們這個世代的課題，則是台灣的主體性、台灣與中國的關係，以及台灣和世界關係的形塑與深化。

事實上，李前總統的統治時期正好是台灣最重要的民主轉型期，需要被仔細研究。而這樣的研究，不應只是研究他個人，還應研究與之相對應的體制以及其所身處時代。當然，還必須研究他與他的時代所面臨的挑戰，以及處理這些課題的政治領導。我將上述的這些研究，統稱為「李登輝學」。

面對當年環境巨變，國內解嚴、民主化、開放赴中經商，國際上中國經濟崛起、美國經濟的起落、亞洲金融危機，李前總統的對外與經貿戰略不是傳統的策略，也不是跟隨潮流的做法，而是用遠見開啓一種創新的領導與治理，最終帶領台灣走出自己的路。

這個時代的我們，也面臨環境的巨變。美中科技戰、貿易戰煙硝四起，武漢肺炎疫情重創全球經濟，數位科技轉型但全球供應鏈面臨斷鏈重組。我認為，台灣應透過研究李登輝來學習李登輝。除借鑑他的遠見與領導，更應以此探究我們所處當下的時代精神、歷史意識，思索台灣的未來與回應挑戰的方式。

如今，野百合世代帶著當年的精神，在學界、政界，甚至各領域中發揮影

響，牽動整個時代的思維改變。後來的野草莓世代、太陽花世代應該也有許多運動參與者和我有類似的歷程，因爲公民參與的啓蒙而投身於政治的研究或實務，即便不在這個領域，亦因爲在生活中實踐民主自由，深化對台灣的認同與民主的信念。

無盡地感謝與衷心地期待

「李登輝學」系列活動，自台灣智庫進行三次大型民調，從人民的眼光看李前總統的貢獻開始，後續還舉辦了一場前導講座與五場座談會，用世代的對話探討台灣今昔。最後在李前總統九十九歲冥誕時，展開爲期兩天的李登輝學研討會，邀請各界聆聽專家學者對李登輝的見解與定位。在此必須感謝所有參與者，許多舊雨新知因爲「李登輝學」在此相會，可能是出於對李前總統傳奇一生的好奇、對李前總統下的政治體制有興趣，或是想要了解李前總統的時代，但我們一定有個共通點，那就是對台灣的關懷。

如今，中國崛起與肺炎疫情讓台灣內外交迫，而這兩件事，全球也深受其害。台灣該如何趨吉避凶？這是我發起「李登輝學」最大的期望——期待我們的世代，能從他留下的珍貴資產中，找到屬於我們的解答。哲人已遠，精神永存，就讓後繼的我們學習與效法他，一同接棒民主、守護台灣！

「目次

第三部　學術筆下的李登輝

李登輝學×學李登輝
民主台灣的時代精神、歷史意識與政治領導

引言
告別李登輝後的台灣民主課題[*]

林佳龍

自一九七四年葡萄牙發生政變，第三波民主化浪潮席捲全球以來，一九八六年解嚴的台灣，不論是由威權過度到民主的「民主轉型」經驗，抑或是數次政黨輪替所實踐的「民主鞏固」成果，都受到國際上高度的肯定與重視。尤其是台灣在已實現政治轉型的同時，仍舊能維持高度的經濟成長，順利列入已開發國家之林，實是民主政治研究上特殊的國際案例。

更難能可貴的是，即便自二○○六年以來，世界面臨到民主失能、獨裁進化，以及民粹崛起的全球性民主衰退浪潮，為數眾多的新興民主國家，再次轉回威權政體的同時，歷經七次總統民選與三次政黨輪替的台灣，不但堅守自由民主的旗幟，更透過民主治理機制的強化，成為擁有多元文化、重視人權平權，甚至成為全球少見，能有效率控制疫情蔓延的民主國家。相較於世界的「民主衰退」，台灣的「民主深化」成果，可以說舉世絕無僅有的政治奇蹟。

而目前台灣之所以能一路從民主轉型，歷經民主鞏固，乃至於到民主深化，最關鍵的人物，當數剛離世的前總統李登輝先生。二○○二年，我與目前任職民主基金會國際合作組的唐博偉（Bo Tedard）主任，在美國 *The American Asian review* 期刊上，發表了一篇名為〈李登輝：台灣轉型中的變革型領導〉（Lee Teng-Hui: Transformational Leadership in Taiwan's Transition）的論文。[1]

在這篇論文中，我們運用歷史制度論的研究方法，佐以民意調查數據，應證民主轉型理論的一個重要假設：對威權體制轉型為民主政體的民主化過程來說，領導者是影響其成敗的關鍵要素。

---

[*] 本文改寫自「焦點評論：告別李登輝後的台灣民主課題」，發表於《蘋果日報》，2020年11月18日。

[1] 為讓更多國人能透過這篇英文學術論文，了解李登輝總統的政治領導與成就，我們特別將這篇論文的中文翻譯收錄在本書「第三部：學術筆下的李登輝」之中，提供中文讀者參考。

一、台灣轉型面臨多重賽局

雖然，不少人抱持著台灣從威權統治轉變而成民主政治是場鮮少流血的「寧靜革命」，但事實上，在台灣民主轉型的關鍵時刻，李前總統所面臨到的是包括中國武力恫嚇、國民黨保守勢力威脅、反對黨民進黨挑戰，以及公民社會崛起的多重賽局。

李前總統以其卓越的政治技巧，在「獲得權力」（一九八八年至一九九○年）、「主導」（一九九○年至一九九九年）與「鞏固（政治）遺產」（一九九九年後）三個不同時期，借力使力推動了多面向的政治改革。他以「台灣優先」的理念，凝聚內部輿論支持，推動修憲工程，打開台灣邁向民主的大門。他不但成功地鞏固自己在執政黨內的地位，更在吸納與援引學生運動在內的社會力量下進行制度改革，同時還在首次總統直選中獲得過半的選票。即便在李登輝執政的十二年之中，台灣的民主政治仍不完備、台灣的本土認同仍受中國認同挑戰、設法改變台灣國際地位的「兩國論」在提出後又撤回，但不可否認地，台灣仍舊是大幅度朝其所欲推動的「民主化」、「本土化」與「強化國際地位」的三個方向前進。

在面臨全球遭遇武漢肺炎襲擊，同時世界經濟下行又嚴重打擊民主體制的今日，重讀此文，再次感受到為政者在面臨關鍵時刻，必須有智慧進行決斷的重要性。而在權宜手段之外，清晰明確的理念，才是推動政治改革的最重要動力。也因此，有系統地整理「李登輝學」，將會是後人對李前總統最大的致敬，也是李前總統能遺留的最大資產。這正是我透過我所共同創辦的台灣智庫，發起包括三次「人民眼中的李登輝」系列民調、五加一場「李登輝學系列座談會」以及兩天「李登輝學研討會」等一連串李登輝學活動的理由。我們希望透過這三個系列的活動，分別從人民、專家與學者的三種不同視角來分析李登輝總統與他的時代，還有探討他與他的時代遺留給我們這個時代與世代的影響和啟示。上述的三個角度，構成這本書的三大部分，我們由衷期盼能以此來拋磚引玉，讓這本書成為研究「李登輝學」的起點。

二、修補寧靜革命的後遺症

不過，我們也必須認識到，號稱「寧靜革命」由李前總統所主導的台灣民主轉型經驗，其實是一種充滿妥協的「協商式轉型」（transition through transaction），而非與過去一刀兩斷的「斷裂式轉型」（transition through rupture）。也因此，不僅從威權過度到民主的過程中充滿著不確定性，在邁向政黨輪替的民主鞏固時期，必須不斷修補由協商式轉型所引導的漸進式改革帶來的各種後遺症。

這也是為何即便已經歷多次政黨輪替，邁向民主鞏固的台灣，仍舊必須推動轉型正義的實現、不義財產的清算、年金改革、司法改革，甚至修憲的原因。這些都是為矯正妥協政治的後遺症，為邁向更優質的民主，必須持續推動的民主工程。而台灣，也的確在不斷修正的過程之中，獲得驚人的民主成果。

善用民主治理，讓台灣不但能在中國持續威嚇下生存，甚至在全球疫情中，台灣以民意支持為基礎，以公開資訊為手段，以創新思維為方法的國家治理模式，快速地回應疫情的變化。如果沒有台灣的存在，不論是政治體制抑或是意識型態上的鬥爭，民主政體可能都會面臨威權體制嚴峻的挑戰。台灣的民主化經驗，亦給予其他民主後進國家或區域，帶來重要的啟示與希望。這也是為何近來國際上討論到香港議題時，都不得不提及台灣民主經驗的原因。

但目前做為主權獨立民主國家的台灣，仍舊存在著許多不正常之處。在當前國內政治與國際環境都對台灣相對友善的狀況之下，接下來出現的憲改機會，將是台灣能否成為真正的「正常國家」的關鍵時刻。我們必須掌握此一契機，緊貼民意需求，設定良善議程與議題，才有機會完成李前總統推動台灣民主化的未盡之工。

李登輝學×學李登輝
民主台灣的時代精神、歷史意識與政治領導

第一部

人民眼中的李登輝

台灣智庫就「李登輝歷史定位」進行系列民調之部分數據

製圖：台灣智庫民調中心

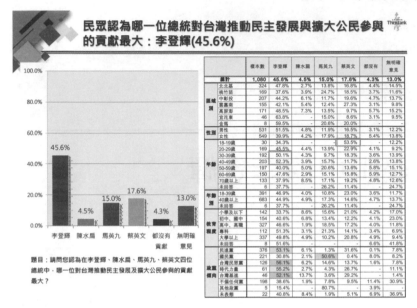

民眾認為哪一位總統對台灣推動民主發展與擴大公民參與的貢獻最大：李登輝(45.6%)

		樣本數	李登輝	陳水扁	馬英九	蔡英文	都沒有	無明確意見
總計		1,080	45.6%	4.5%	15.0%	17.6%	4.3%	13.0%
區域別	北北基	324	47.8%	2.7%	13.8%	16.8%	4.4%	14.5%
	桃竹苗	169	37.6%	3.9%	24.7%	18.5%	3.7%	11.6%
	中彰投	207	44.2%	6.1%	11.7%	19.6%	4.7%	13.7%
	雲嘉南	155	42.1%	5.4%	12.4%	27.3%	3.1%	9.8%
	高屏澎	171	48.5%	7.3%	13.5%	9.7%	5.7%	15.2%
	宜花東	46	63.8%	-	15.0%	8.6%	3.1%	9.5%
	金馬	8	59.5%	-	-	20.6%	-	20.0%
性別	男性	531	51.5%	4.8%	11.9%	16.5%	3.1%	12.2%
	女性	549	39.9%	4.2%	17.9%	18.7%	5.4%	13.8%
年齡	18-19歲	30	34.3%	-	-	53.5%	-	12.2%
	20-29歲	169	45.5%	4.4%	13.9%	22.9%	4.1%	9.2%
	30-39歲	192	50.1%	4.3%	9.7%	18.3%	3.6%	13.9%
	40-49歲	203	52.3%	3.9%	15.7%	11.7%	2.6%	13.8%
	50-59歲	197	40.0%	5.0%	20.6%	13.6%	5.8%	15.1%
	60-69歲	150	47.6%	2.9%	15.1%	15.8%	5.9%	12.7%
	70歲以上	133	37.9%	8.5%	17.1%	19.2%	4.8%	12.6%
	未回答	6	37.7%	-	-	26.2%	-	24.7%
年齡別	18-39歲	391	46.9%	4.0%	10.8%	23.0%	3.6%	11.7%
	40歲以上	683	44.9%	4.9%	17.3%	14.6%	4.7%	13.7%
	未回答	6	37.7%	-	-	26.2%	-	24.7%
教育程度	小學及以下	142	33.7%	8.6%	15.6%	21.0%	4.2%	17.0%
	初中、國中	154	40.6%	6.8%	13.4%	12.2%	4.1%	23.0%
	高中、高職	327	46.6%	1.9%	18.5%	17.2%	4.0%	11.8%
	專科	112	51.3%	3.1%	21.3%	14.1%	3.4%	6.9%
	大學以上	337	49.8%	4.9%	10.2%	20.8%	4.9%	9.4%
	未回答	8	51.6%	-	-	-	6.6%	41.8%
政黨傾向	民進黨	376	53.1%	6.1%	1.3%	31.6%	0.1%	7.8%
	國民黨	221	30.8%	2.1%	50.6%	0.4%	8.0%	8.2%
	台灣民眾黨	126	56.1%	6.2%	14.6%	13.7%	1.6%	7.8%
	時代力量	61	58.5%	2.7%	4.3%	26.7%	-	11.1%
	台灣基進	46	52.1%	13.7%	3.6%	29.2%	-	1.4%
	不信任何黨	198	38.6%	1.9%	7.8%	9.5%	11.4%	30.9%
	其他政黨	5	15.4%	-	80.7%	-	3.9%	-
	未表態	22	40.8%	8.4%	1.9%	5.1%	6.9%	36.9%

題目：請問您認為在李登輝、陳水扁、馬英九、蔡英文四位總統中，哪一位對台灣推動民主發展及擴大公民參與的貢獻最大？

民眾對四位總統為台灣民主化與公民參與貢獻分數評價：李登輝4.24、蔡英文2.86、馬英九2.06、陳水扁1.97

		樣本數	李登輝	陳水扁	馬英九	蔡英文
總計		1,080	4.24	1.97	2.06	2.86
區域別	北北基	324	4.38	1.90	2.14	2.76
	桃竹苗	169	4.11	1.82	2.59	2.84
	中彰投	207	4.00	2.09	1.88	2.96
	雲嘉南	155	4.14	2.10	1.73	3.31
	高屏澎	171	4.31	2.16	1.80	2.76
	宜花東	46	4.86	1.63	2.38	2.22
	金馬	8	4.36	0.81	3.35	1.66
性別	男性	531	4.46	2.07	1.91	2.85
	女性	549	4.03	1.88	2.21	2.87
年齡	18-19歲	30	4.32	2.20	1.47	4.01
	20-29歲	169	4.18	1.59	2.14	3.44
	30-39歲	192	4.38	1.94	1.84	3.03
	40-49歲	203	4.50	2.06	2.14	2.55
	50-59歲	197	4.05	2.06	2.44	2.32
	60-69歲	150	4.30	1.94	1.83	2.76
	70歲以上	133	3.92	2.25	1.98	2.98
	未回答	6	4.28	2.04	3.09	2.59
年齡別	18-39歲	391	4.29	1.81	1.94	3.28
	40歲以上	683	4.21	2.07	2.13	2.61
	未回答	6	4.28	2.04	3.09	2.59
教育程度	小學及以下	142	3.86	2.31	1.99	2.98
	初中、國中	154	4.11	2.37	2.00	2.83
	高中、高職	327	4.22	1.74	2.18	2.86
	專科	112	4.48	1.69	2.52	2.43
	大學以上	337	4.39	1.97	1.87	2.97
	未回答	154	4.11	2.37	2.00	2.83
政黨傾向	民進黨	376	4.67	2.27	0.77	4.12
	國民黨	221	3.57	1.58	4.40	0.99
	台灣民眾黨	126	4.56	1.55	2.40	2.60
	時代力量	61	4.63	2.06	1.54	3.60
	台灣基進	46	4.71	2.59	0.48	3.97
	不信任何黨	198	3.81	1.82	2.16	2.31
	其他政黨	5	4.56	2.23	5.46	1.48
	未表態	22	4.15	2.44	2.09	1.80

對台灣民主化與公民參與貢獻評價分數(0-6分)
超過3分者為表現相對較好的總統

若將民眾選擇次序轉換為分數，民眾對四位總統處理國際事務能力的評價，以李登輝(3.78分)最高

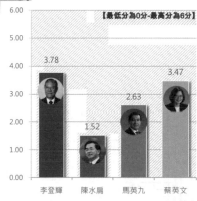

民眾對四位總統處理【國際事務能力】的評價分數

	樣本數	李登輝	陳水扁	馬英九	蔡英文
總計	1,076	3.78	1.52	2.63	3.47
區域別 北北基	322	3.48	1.38	2.75	3.27
桃竹苗	168	3.50	1.45	3.05	3.59
中彰投	207	4.13	1.63	2.57	3.34
雲嘉南	154	4.27	1.60	2.10	3.77
高屏澎	171	3.75	1.74	2.47	3.49
宜花東	46	3.67	1.35	2.54	4.17
金馬	7	3.97	0.58	5.76	1.69
性別 男性	529	3.77	1.57	2.48	3.38
女性	547	3.79	1.48	2.78	3.56
年齡 18-19歲	30	3.33	1.76	2.29	3.36
20-29歲	168	3.36	1.13	2.69	3.96
30-39歲	192	3.91	1.29	2.81	3.81
40-49歲	202	0.03	1.34	2.93	3.10
50-59歲	196	3.86	1.78	2.61	3.21
60-69歲	150	4.09	1.67	2.35	3.22
70歲以上	134	3.73	2.02	2.33	3.41
未回答	4	1.20	2.28	2.32	3.04
年齡別 18-39歲	390	3.63	1.25	2.72	3.88
40歲以上	682	3.87	1.67	2.59	3.24
未回答	4	1.20	2.28	2.32	3.04
教育程度 小學及以下	142	3.84	1.94	1.89	3.64
初中、國中	150	3.91	2.14	2.20	3.39
高中、高職	333	3.65	1.32	2.92	3.36
專科	110	4.06	1.34	2.89	3.06
大學及以上	336	3.73	1.33	2.80	3.59
未回答	150	3.91	2.14	2.20	3.39
政黨傾向 民進黨	377	4.33	1.74	0.98	4.88
國民黨	240	3.09	1.44	4.82	1.56
台灣民眾黨	108	3.93	1.11	3.54	3.12
時代力量	81	3.72	1.09	2.62	3.98
台灣基進	57	4.16	1.49	1.02	5.18
不偏任何黨	145	3.39	1.53	2.89	2.75
其他政黨	13	0.51	2.22	3.30	2.33
未表態	55	3.41	1.69	3.44	2.46

註：處理國際事務能力評價計分標準：第1名6分、第2名4分、第3名2分、第4名0分。
① Q20A<第一名>選不出來(不知道/沒意見；拒答)：四位分別各得3分
② Q20B<第二名>選不出來(不知道/沒意見；拒答)：除第1名外，其餘三位分別各得2分
③ Q20C<第三名>選不出來(不知道/沒意見；拒答)：除第1.2名外，其餘兩位分別各得1分
④ Q20A或Q20B或Q20C或Q20D選擇都不好者：除有排序者外，被評為都不好的皆為0分

若將民眾選擇次序轉換為分數，民眾對四位總統處理兩岸事務能力的評價，以李登輝(3.68分)最高

民眾對四位總統處理【兩岸事務能力】的評價分數

	樣本數	李登輝	陳水扁	馬英九	蔡英文
總計	1,076	3.68	1.72	3.25	2.75
區域別 北北基	322	3.53	1.61	3.50	2.42
桃竹苗	168	3.85	1.73	3.45	2.53
中彰投	207	3.74	1.77	3.25	2.77
雲嘉南	154	3.68	1.84	2.51	3.26
高屏澎	171	3.80	1.78	3.05	2.98
宜花東	46	3.21	1.67	3.01	3.58
金馬	7	4.05	1.95	5.83	0.17
性別 男性	529	3.64	1.73	3.39	2.00
女性	547	3.81	1.71	3.12	2.81
年齡 18-19歲	30	3.98	1.25	3.61	2.43
20-29歲	168	3.61	1.45	3.41	2.77
30-39歲	192	3.95	1.54	3.14	3.03
40-49歲	202	3.74	1.63	3.55	2.46
50-59歲	196	3.66	1.83	3.45	2.55
60-69歲	150	3.46	1.95	3.02	2.80
70歲以上	134	3.52	2.18	2.72	3.03
未回答	4	2.27	1.60	2.04	2.93
年齡別 18-39歲	390	3.80	1.48	3.29	2.87
40歲以上	682	3.61	1.86	3.24	2.67
未回答	4	2.27	1.60	2.04	2.93
教育程度 小學及以下	142	3.38	1.89	2.13	3.68
初中、國中	150	3.38	2.27	3.16	2.90
高中、高職	333	3.71	1.52	3.57	2.50
專科	110	3.82	1.60	3.55	2.42
大學及以上	336	3.74	1.62	3.39	2.60
未回答	150	3.38	2.27	3.16	2.96
政黨傾向 民進黨	377	4.01	1.85	1.61	4.23
國民黨	240	3.25	1.62	5.28	1.11
台灣民眾黨	108	3.86	1.59	4.61	1.73
時代力量	81	3.84	1.26	3.00	3.09
台灣基進	57	4.05	1.67	1.90	4.18
不偏任何黨	145	3.38	1.74	3.41	1.93
其他政黨	13	2.85	2.07	4.18	2.34
未表態	55	3.18	2.11	4.18	1.93

註：處理兩岸事務能力評價計分標準：第1名6分、第2名4分、第3名2分、第4名0分。
① Q21A<第一名>選不出來(不知道/沒意見；拒答)：四位分別各得3分
② Q21B<第二名>選不出來(不知道/沒意見；拒答)：除第1名外，其餘三位分別各得2分
③ Q21C<第三名>選不出來(不知道/沒意見；拒答)：除第1.2名外，其餘兩位分別各得1分
④ Q21A或Q21B或Q21C或Q21D選擇都不好者：除有排序者外，被評為都不好的皆為0分

民眾對四位總統在國際經貿戰略的評價分數，以李登輝(4.27分)的分數最高，其次是蔡英文(2.99分)

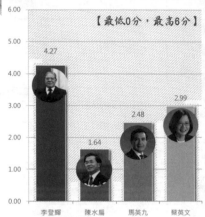

【最低0分，最高6分】

		李登輝	陳水扁	馬英九	蔡英文
總計		**4.27**	**1.64**	**2.48**	**2.99**
區域別	北北基	4.46	1.52	2.45	2.73
	桃竹苗	4.06	1.54	2.77	3.19
	中彰投	4.26	1.58	2.61	3.18
	雲嘉南	4.26	1.91	2.31	3.32
	高屏澎	4.14	1.81	2.16	2.85
	宜花東	4.14	1.59	2.70	2.94
	金馬	4.94	1.26	2.90	0.92
性別	男性	4.24	1.75	2.36	2.90
	女性	4.30	1.53	2.60	3.07
年齡	18-19歲	4.34	1.20	2.88	3.58
	20-29歲	4.48	1.58	2.40	2.94
	30-39歲	4.48	1.50	2.58	3.05
	40-49歲	4.40	1.62	2.73	2.60
	50-59歲	4.23	1.65	2.44	2.73
	60-69歲	4.06	1.79	2.25	3.43
	70歲以上	3.80	1.79	2.31	3.26
	未回答	3.28	2.72	2.15	3.85
年齡別	18-39歲	4.47	1.51	2.52	3.04
	40歲以上	4.16	1.70	2.46	2.95
	未回答	3.28	2.72	2.15	3.85
教育程度	小學及以下	3.52	1.71	1.95	3.58
	初中、國中	4.33	1.96	2.36	3.11
	高中、高職	4.54	1.55	2.70	2.73
	專科	4.22	1.42	2.54	2.81
	大學及以上	4.29	1.62	2.60	2.98
	未回答	4.33	1.96	2.36	3.11
政黨傾向	民進黨	4.68	1.78	0.89	4.50
	國民黨	3.97	1.34	4.78	1.11
	台灣民眾黨	4.51	1.56	2.66	2.42
	時代力量	4.70	1.42	2.44	3.36
	台灣基進	4.35	1.57	1.26	4.45
	不偏任何黨	3.74	1.53	2.60	2.53
	其他政黨	4.13	2.80	2.54	1.68
	未表態	3.88	2.28	2.81	2.82

題目：臺灣民眾對【李登輝、陳水扁、馬英九、蔡英文】四位總統、**國際經貿戰略**的遠見評價分數(最高6分，最低0分)

民眾對四位總統在兩岸經貿戰略的評價分數，以李登輝(3.76分)的分數最高，其次是馬英九(3.13分)

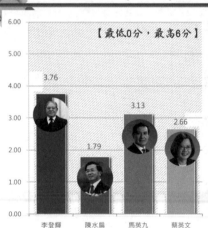

【最低0分，最高6分】

		李登輝	陳水扁	馬英九	蔡英文
總計		**3.76**	**1.79**	**3.13**	**2.66**
區域別	北北基	3.71	1.67	3.19	2.69
	桃竹苗	3.53	1.76	3.29	2.61
	中彰投	3.99	1.70	3.20	2.74
	雲嘉南	3.93	2.06	2.88	2.89
	高屏澎	3.74	1.88	2.88	2.43
	宜花東	3.58	1.72	3.66	2.68
	金馬	3.83	2.19	2.95	1.05
性別	男性	3.68	1.76	3.04	2.66
	女性	3.85	1.81	3.22	2.66
年齡	18-19歲	3.81	1.31	3.77	3.10
	20-29歲	3.89	1.33	3.05	2.79
	30-39歲	3.80	1.65	3.12	2.61
	40-49歲	3.94	1.72	3.50	2.22
	50-59歲	3.88	1.95	3.06	2.54
	60-69歲	3.60	2.01	2.88	2.99
	70歲以上	3.33	2.24	2.94	2.97
	未回答	3.00	3.00	3.00	3.00
年齡別	18-39歲	3.84	1.49	3.14	2.72
	40歲以上	3.73	1.95	3.13	2.63
	未回答	3.00	3.00	3.00	3.00
教育程度	小學及以下	3.16	2.12	2.63	2.91
	初中、國中	3.73	2.00	2.83	3.18
	高中、高職	3.84	1.85	3.38	2.49
	專科	3.99	1.54	3.09	2.46
	大學及以上	3.89	1.57	3.23	2.55
	未回答	3.73	2.00	2.83	3.18
政黨傾向	民進黨	4.26	1.79	1.65	4.02
	國民黨	3.29	1.84	5.31	0.87
	台灣民眾黨	4.24	1.73	3.44	2.03
	時代力量	4.30	1.45	2.63	3.53
	台灣基進	4.47	1.39	1.86	3.31
	不偏任何黨	3.03	1.69	3.29	2.30
	其他政黨	3.82	2.16	4.04	1.31
	未表態	3.36	2.32	3.33	2.82

題目：臺灣民眾對【李登輝、陳水扁、馬英九、蔡英文】四位總統、**兩岸經貿戰略**的遠見評價分數(最高6分，最低0分)

李登輝學×學李登輝
民主台灣的時代精神、歷史意識與政治領導

用數字看民主化後的台灣總統

薛雅卉、董思齊彙整

台灣之所以能一路從民主轉型,歷經民主鞏固,乃至於到民主深化,最關鍵的人物,當數離世甫一週年的故前總統李登輝。故前總統李登輝帶領台灣走出威權時代,走向自由世界,讓民主體制在台灣生根,成為不可逆的歷史發展。

為向「民主先生」故前總統李登輝致敬,台灣智庫於二○二○年十一月十五日開始至二○二一年一月間,針對國際兩岸、憲政改革、經貿戰略、農業政策及民主轉型等五大主題舉辦五場「李登輝學」系列座談會(另有一場前導講座),並於李故前總統二○二一年一月十五日冥誕時,舉行「李登輝學」研討會。而為能系統性理解台灣民眾眼中的李登輝總統,台灣智庫以「國際兩岸」、「經貿戰略」、「民主憲政及公民參與」為主題,展開一系列關於李登輝總統的民意調查,並召開記者會發布民調結果。

在本書「第一部:人民眼中的李登輝」,我們記錄三場記者會的發言與調查結果,同時收錄了王宏恩、吳冠昇、陳方隅、葉耀元等人,以及張佑宗所撰寫的兩篇以系列調查成果為基礎的民調研究論文,呈現人民眼中民主化後台灣總統的評價。

人民眼中的李登輝民調記者會系列之一———「國際兩岸」

二○二○年十一月十二日台灣智庫發布民調,公布民眾對故前總統李登輝的看法,由台灣智庫董思齊副執行長進行民調結果報告,邀請東海大學政治系沈有忠教授、台灣教授協會副會長陳俐甫、立法委員蔡適應、立法委員范雲及台灣智庫共同創辦人林佳龍長進行評論。

此份民調由台灣智庫民調中心於二○二○年十一月五日至十一月七日執行,

調查對象爲年滿18歲的台灣民眾，依照市內電話調查，隨機抽樣，同時依照最新人口資料，進行戶籍地、性別、年齡和教育程度加權處理。此民調完成1,076份有效樣本，在95%信心水準下，抽樣誤差爲正負3.0個百分點。本次民調中呈現的政黨認同：民進黨35.0%，國民黨22.3%，台灣民眾黨10.0%，時代力量7.5%，台灣基進5.3%，不偏任何黨13.5%。值得注意的是，李前總統執政期間爲一九八八年到二〇〇〇年之間，因此目前四十歲以上的民眾，才有經歷過李前總統的執政，而四十歲以下民眾，所認識到的多半是卸下總統職位後的李登輝。相關調查結果如下：

一、認同台灣爲主流意識

關於我國民眾的身分認同，民調的結果呈現出，認爲自己是台灣人的趨勢相當明顯。高達61.6%認爲自己是台灣人，卻僅有2.7%認爲自己是中國人。此外33.6%認爲兩者都是。若只能在台灣人和中國人之間擇一，則高達86.8%認爲自己是台灣人，僅8.1%說自己是中國人，1.6%說兩者都是，3.5%不知道或沒意見。董思齊副執行長指出，這次民調結果，台灣民眾的國家認同已定型，認同台灣爲全民共識。不過值得注意的是，在國民黨與民眾黨的支持者中，有過半以上認爲自己既是台灣人，又是中國人。而在兩者只能選其一的狀況之下，國民黨的支持者中，還有接近四分之一認爲自己是中國人。

二、多數民眾認同李登輝總統國際事務的處理方式

李登輝總統是台灣第一任民選總統，在他任內推動許多國際外交以及兩岸相關政策。87.6%的民眾認爲，他所推動包括拜訪美國康乃爾大學、出訪新加坡、印尼與菲律賓等國的元首外交，有助於提昇台灣的國際地位。70.2%的民眾肯定，李前總統所推動的務實外交政策讓台灣走出國際孤立的狀態。特別是四十歲以下未曾親身體驗李前總統執政的年輕族群，顯得對務實外交更有好感。另一方面，在國民黨支持者中，有接近半數（47.7%）並不肯定李前總統的務實外交政策。

三、多數民眾肯定李登輝總統處理兩岸關係的方式

目前台灣在民進黨執政下，在美中兩強競爭的氛圍中，中國加強對台灣的文攻武嚇，使得兩岸關係趨於緊張。而一九九五與一九九六年中國亦曾對基隆嶼及高雄外海發射飛彈，引發台灣危機。有過半數的民眾（56.0%），對李登輝總統當時處理台海飛彈危機的方式表示肯定。而有將近七成（69.5%）的民眾，特別是年輕族群，更傾向同意李前總統所提出，兩岸關係是特殊國與國關係的看法，反倒是經歷過李前總統執政的四十歲以上族群，不予肯定的比例更高。此外，有將近六成（58.4%）民眾，認同李前總統預言共產中國必然分裂的觀點。

董思齊副執行長指出，我們所處的這個時代，一般台灣民眾對李前總統處理對外關係的表現，給予了極高度的正面評價，而未曾經歷過李前總統執政時期的人，對於李前總統所提出的對外主張顯得更加同意。若從後設的觀點來看，李前總統其實是用實際的對外行動，突顯出兩岸本質上的差異，同時試圖將台灣推向正常國家的道路。這在當時的時空背景之下，已經是非常難能可貴的突破。只是，在內外環境限制下，李前總統對推動台灣成為正常國家的努力仍舊有力所未逮之處。此外，或許因一九九五年與一九九六年的台海危機距今已二十五年，因此在台海危機處理能力的問題中，仍有高達27.2%的台灣民眾，無法表態。因此，我們必須透過更多關於「李登輝學」的研究與探討，才能真正理解李登輝總統對外關係的時代意義，同時也才能正確解讀當前台灣民眾對李前總統進行評價的時代精神。

四、民眾肯定蔡英文總統任內國際關係進展取得的成就

35.9%民眾認為蔡英文總統處理國際事務最有進展、其次為李登輝總統（29.3%）、再者為馬英九總統（25.0%）、最後為陳水扁總統（2.1%）。若將次序轉換為分數，民眾對四位總統處理國際事務進展的評分，以李登輝總統（3.78分）為最高，其次為蔡英文總統（3.47分）、再者為馬英九總統（2.63分），最後為陳水扁總統（1.52分）。

對中關係的評分，民眾認為馬英九總統（38.8%）處理兩岸事務最有進展，其次是李登輝總統（26.5%），再者為蔡英文總統（24.1%），最後為陳水扁

總統（2.0%）。若將次序轉換爲分數，民眾對四位總統處理兩岸事務進展的評分，以李登輝（3.68分）最高，其次爲馬英九（3.25分）、再者爲蔡英文（2.75分），最後爲陳水扁（1.75分）。

而78.4%的民眾肯定李登輝總統任內的國際兩岸政策，認爲他的政策對確立台灣成爲一個主權獨立的國家有幫助。在這個提問之中，我們可以看到四十歲以下的族群，更加支持李前總統的對外政策有助於台灣成爲一個主權獨立的國家。

董思齊副執行長認爲，雖然民眾認爲馬英九處理兩岸事務最有進展，但國民黨卻因爲馬英九所高舉的兩岸政策定海神針——九二共識，連續輸掉二〇一四及二〇一六的大選，甚至因爲服貿協議激起近年來最大型的公民運動——太陽花學運。這也代表民眾對馬英九總統以主權換進展的策略，並不贊同。若將其換成加權後的排序，李登輝總統的排序列於馬英九總統之前。這代表民眾認爲兩岸關係進展快速並不等於兩岸關係是良好，而李前總統「不卑不亢、有爲有守」的兩岸交往模式，才是符合台灣民眾對兩岸關係的期待。而蔡英文總統任內對國際關係的進展，則明顯深受民眾信任及肯定，董思齊副執行長認爲，雖然當下美國大選結果混沌不明，但以蔡英文總統的手腕及智慧，相信不論誰當選下一屆的美國總統，台美關係應都能取得相當的進展。

五、民眾肯定李前總統具有改變現狀與實踐願景的領導力

關於領導力比較有名的定義有兩個，第一個是領導人能夠勇於挑戰現狀，第二個領導力是將願景實踐的能力。本次民調顯示，有64.6%的民眾，認爲李登輝總統有改變現狀的魄力；而亦有68.0%的民眾，認爲李前總統有實踐願景的能力。若比較李登輝、陳水扁、馬英九與蔡英文總統在內，台灣民主化之後的四位總統中，哪一位最具有領導力時，34.2%認爲是李登輝總統，而現任的蔡英文總統則因獲得更多三十歲以下年輕族群的支持，以30.9%居次。

董思齊副執行長表示，民調結果顯示，台灣人民眼中的李登輝總統，是位兼具膽識與實踐力的領導者。有趣的是，沒有經歷過李前總統執政時期的四十歲以下族群，更加地認爲李前總統是具有領導力的領導者。這也顯示多數台灣民眾認爲，李登輝總統帶領台灣做出了非常多結構性的變革。事實上，在諸多議題上，包括：兩岸外交政策、憲政體制改革、對外經貿戰略，甚至是台灣共同體意識的

形成，李前總統於關鍵時刻，做出了許多影響深遠的決定。也因此，李前總統的領導統御以及依其領導方式所建立起的國家治理模式，非常值得研究。

六、民眾普遍認為李前總統的人格特質令人推崇

關於李登輝總統個人特質的評價，針對權力運用的特質，65.5%的民眾認為李登輝總統是一位「重視國家整體利益大於個人利益」的總統。事實上，二〇〇〇年因為選舉制度的轉換，李前總統法理上是可持續競選連任。但因他對權力的節制，才促成第一次政黨輪替，也成就了台灣民主史上的里程碑。

個人領導風格部分，「值得信賴」、「決策果斷且領導強而有力」及「能夠促成合作並且解決問題」等特質都有超過七成民眾認同。一九九五至一九九六台海危機，面對中國軍事威脅，李登輝總統為穩定民心，避免民眾恐慌，曾說：「你（中國）有槍砲、飛彈，我有十八套劇本因應」。面對中國的文攻武嚇，李前總統用其「值得信賴」、「決策果斷且領導強而有力」的領導，平安地帶領台灣度過當年的危機。「能夠促成合作並且解決問題」這項特質最能體現在李登輝總統結合野百合學運讓「萬年國會」走入歷史的成就上。為勸退老國代，他親自拜訪，讓六百多位老國代自願退職，讓代表民意的國會能脫胎換骨。

用人風格方面，66.9%的民眾認為李登輝總統是一個「用人唯才，能夠選擇適當的人擔任政府官員」的總統。政治誠信的部分，67.1%的民眾認為李登輝總統是一個「對人民信守承諾」的總統。73.4%的民眾認為李登輝總統是一個「在意一般老百姓需要」的總統。

最後，高達84.2%的民眾認為李登輝總統是一個「有智慧」的總統。李登輝總統除了政治領導能力受人推崇，他對哲學思想的底蘊、探究及為台灣奉獻的精神，讓他即使卸任後在台灣政壇依舊有舉足輕重的地位。李前總統的知識與教養，有種台灣人的特殊性和世界性，其科學、文學、哲學等素養，都不同於當時的政治菁英。

董思齊副執行長表示，李登輝總統不只作為一個總統值得令人探究，作為一個「人」，他的特質、智慧及精神性，也能讓我們從中獲益匪淺。而台灣智庫推動「李登輝學」的最終目標，就是希望能從「李登輝學」來「學李登輝」，期望透過不同議題的對談，讓李登輝總統的智慧世代留存。

陳俐甫：李登輝國際兩岸政策經歷考驗至今獲得主流認同

台灣教授協會副會長陳俐甫表示，自己研究台灣政治史，高中就見過李前總統，不過對於李前總統的評價，台灣社團可說是又愛又恨，但此份民調提供寶貴的人民觀點，也有很多啓示。陳俐甫副會長表示，即便在國民黨把李登輝開除二十年後，國民黨支持者還是有近半肯定李總統，所以當時的開除，或許不是順應趨勢的決定。陳俐甫副會長表示，參考台灣近年幾份民調，國民黨的主要支持者是三十至五十歲、專科學歷的民眾；目前世界都出現保守主義的浪潮，而當前台灣社會中的保守力量亦是同一個族群，台灣所有政黨都應該注意到這樣的民意與現象。

其次，陳俐甫副會長指出，此份名調顯示台灣人認同的趨勢已經趨於穩定，對照台灣智庫九月的民調，對於中國的認同持續在3%以下，當認同只能擇一時，更有高達八成民眾選擇台灣。

第三，陳俐甫副會長指出，民調針對民主化以後的四位總統進行領導力比較，李登輝前總統居首，蔡英文總統次之，但蔡英文總統第二任才剛開始，還有很大的機會超越李前總統。

最後，就李前總統的各種作爲而言，民眾也都予以肯定。陳俐甫副會長指出，李前總統把「民之所欲，長在我心」掛在嘴邊，並且身體力行，讓人民有所感受。陳俐甫副會長也提出建言，李前總統的務實外交、度假外交、榮譽博士外交等，在他卸任二十年後，台灣人民還是肯定他做爲領導人，能夠親自爲台灣的外交開疆闢土，因此當前的領導人也可以有類似嘗試。陳俐甫副會長最後肯定李前總統的遠見，即便是提出兩國論後，李前總統被中國視爲頭號批評對象，但大部分台灣民眾對李前總統的兩岸政策，也都有過半民眾表示給予認同。

范雲：台灣認同已形成，「台灣人的悲哀」成為「台灣人的驕傲」

立法委員范雲對於民調結果提出三項觀察，首先，台灣認同已成形，連國民黨支持者都有七成認同，而參與野百合學運的當年台灣，大概只有三成人認同台灣。其次，范雲委員指出，兩國論是李前總統重要的論述，提出當下相當有衝突性和爭議，不過到現在大概只剩國民黨不認同。第三，總統評價部分，呈現「蔡

李爭鋒」，但蔡總統在本土小黨跟年輕群甚至有領先，而蔡總統第二任期才開始，可見蔡總統還很有潛力。

范雲委員另指出，跨黨派都肯定李前總統是聰明果斷的人，但認爲他信守承諾和無私的比例較低，資料顯示國民黨還是有意見。范雲委員總結，李前總統提過「作爲台灣人的悲哀」，但到今天，因爲李前總統當時的努力，台灣已經走出「台灣人的悲哀」，成爲「台灣人的驕傲」。

沈有忠：李登輝主政的重要方向至今仍然不變

東海大學沈有忠教授將民調分析分成「李登輝主政時期」和「未來展望」評論。沈有忠教授指出，李登輝主政時期有「寧靜革命」的四個方向，李前總統的著作《台灣的主張》中也有提及，至今台灣仍需要持續深化，分別是：政治民主化、外交務實化、兩岸關係經營、強本與經濟升級。儘管每個時期做法不同，但方向至今不變。

沈有忠教授指出，當時面臨台灣民主化改革、共產國際垮台，國內外局勢充滿不確定，或比現在更甚。沈有忠教授表示，決定從過去對中國的「三不政策」到務實外交，需要有大智慧：兩岸是否繼續不接觸？要堅持中華民國華統還是務實？李前總統訂定了國際兩岸策略，對台灣來說，不一定要爭取正式認同，而是可以務實地步步推進，並且透過和平交往經營兩岸關係。

另一方面，展望未來，沈有忠教授指出，民調顯示民眾對蔡英文總統有很高的評價，但與其說是評價，不如說是期待，面對國際局勢變化、疫情衝擊，二〇二一挑戰甚鉅，而李前總統奠定的四個方向，蔡英文總統也有所延續。例如，蔡英文總統所提的六大核心戰略產業，其中四項都已經跟世界接軌：資通安全、數位轉型、生技醫療、再生能源與永續，蔡英文總統其實已經延續了李前總統的經濟方針。

蔡適應：親身見證李登輝建立國家的認同和想像

立法委員蔡適應以自身經歷分享自己和同世代對李前總統的看法。蔡適應委員指出，李前總統主政的一九八八到二〇〇〇年，是台灣民主遍地開花的年代、強人政治到民選總統的轉換期，當時蔡適應委員正值青年，經歷高中、大學和服

兵役，因社會氛圍對李前總統有很高的期待。蔡適應委員指出，那個年代自己國家的認同和想像正由大中國變成大台灣。

蔡適應委員舉例，台海危機時自己在當職業軍人，擔任聯絡官，任務是要把本島軍人送到離島前線，而在陪同當時年輕人到前線時，發現他們並不畏懼，都願意站在前線保衛家園。蔡適應委員表示，這顯示當時年輕人對於國家元首的信賴，李前總統建立了台灣的國家認同和想像。

林佳龍：加入人民的角度，研究與傳承李登輝交給下一代台灣人的政治遺產

台灣智庫共同創辦人林佳龍表示，「民主先生」李前總統辭世後，如何理解他的個人和那個大時代是重要課題，台灣智庫準備進行一系列的活動，包含一場前導講座、五場座談會，以及為期兩天研討會。但「李登輝學」的研究，不應只有菁英觀點，更應該有人民眼中的觀察，因此建議台灣智庫進行民意調查。林佳龍共同創辦人表示，李前總統說：「台灣交給你們了！」但是交給我輩什麼、怎麼走下去？如果說這一代可以做什麼，林佳龍共同創辦人認為，應該有個清單。

政治學出身的林佳龍共同創辦人指出，李登輝前總統的人生，經歷將近一個世紀的台灣，可以從李登輝作為一個個人（individual）、一個體制（institution）、一個時代（era）等多種層次研究。作為一個人，李前總統個人生命史的階段可分為：青年李登輝、當權李登輝，還有新台灣的李登輝；以體制分析，則可分為：日本殖民統治、黨國威權統治、民主化時代；作為一個時代代表，李登輝的時代特質，更能讓後輩在面對當代議題時有所啟發。李登輝的時代是一個政體轉型期的研究，從威權到民主到鞏固。林佳龍部長指出，李前總統一九八八至一九九〇經歷鬥爭，一九九〇至一九九六掌權和體制改革，包含適當回應野百合學運，一九九六起開始跟舊體制說再見，提出兩國論，也因權力節制促成政黨輪替。

林佳龍共同創辦人強調，如何掌握和節制權力是研究李登輝的重要面向，李前總統二〇〇〇年決定不再選一任，進而造成國民黨分裂，才有台灣史上第一次政黨輪替。但陳水扁前總統上任仍是朝小野大、馬英九前總統再讓舊勢力班師回朝，直到蔡英文總統上任完全執政，才更貼近以台灣為主體的社會潮流。而李前總統卸任後二十年的「後李登輝時代」，他仍繼續扮演重要的角色。林佳龍共同

李登輝學×學李登輝
民主台灣的時代精神、歷史意識與政治領導

創辦人認為,每個層次的研究方法和途徑值得探討,並提出:人民／菁英、體制內變革／變革體制的兩組變項對照,作為研究框架,同時指出民調將提供寶貴的經驗性材料。

就個人特質與領導能力而言,林佳龍共同創辦人說明,社會科學上,六成以上的認同就是高度共識。此份民調顯示李前總統的領導能力獲得相當高肯定,盼將民調結果繼續發揮、分析研究。國際議題而言,李前總統的作為也得到高度肯定,但兩岸議題相對低,應是因為兩岸議題的衝突特質。林佳龍共同創辦人分析,李前總統的兩國論受肯定,但是如果是要為兩國論付出代價,可能就會讓人有所卻步,認同調查未來也可以加入「為認同付出代價」的變項,進一步研究。

林佳龍共同創辦人評論,總統研究過去有大衛‧葛根(David Gergen)的《美國總統的七門課》可以拿來比較,可提出七項重點來描述李前總統領導力的展現:人品貴重、目標清楚、說服力強、體制內運作能力、上任百日定江山、有堅強的顧問群,且能傳承願景。但李前總統特別之處在於,台灣還需要面對身分認同和民主轉型問題。

林佳龍共同創辦人強調,如今我們都站在深受李前總統影響的同一個基礎上,才能夠享受多元價值的自由競逐,且讓台灣是台灣人的台灣,也是世界的台灣。林佳龍共同創辦人總結,李前總統留給台灣寶貴的遺產,更是一個傳奇性的人物,其一生是台灣現代史、台灣民主發展史的縮影,而林佳龍共同創辦人自己從反抗、研究,到追隨李前總統加入他的國安團隊,從各種角色觀察他的時代精神、歷史意識和政治領導亦多有反思,並認為透過政治過程分析與宏觀改變下的微觀行動,後輩能對台灣的課題、歷史意識有更深的認識,對於未來的方向能更有把握。

人民眼中的李登輝民調記者會系列之二——「經貿戰略」

台灣智庫二〇二〇年十二月十日發布民調,公布民眾對故前總統李登輝之產業經濟與國家發展政策及疫情中台灣經濟表現的看法,由台灣智庫董思齊副執行長進行民調結果報告,邀請台北海洋科技大學呂曜志副校長、台灣教授協會副會

長陳俐甫教授、立法委員陳亭妃、立法委員莊瑞雄進行評論。

　　此份民調由台灣智庫民調中心於二〇二〇年十二月四日至十二月六日執行，調查對象為年滿十八歲的台灣民眾，依照室內電話調查，隨機抽樣，同時依照最新人口資料，進行戶籍地、性別、年齡和教育程度加權處理。此民調完成1,078份有效樣本，在95%信心水準下，抽樣誤差為正負3.0個百分點。本次民調中呈現的政黨認同：民進黨33.3%，國民黨26.4%，台灣民眾黨7.8%，時代力量4.5%，台灣基進4.0%，不偏任何黨16.1%。相關調查結果如下：

一、認同台灣為主流意識

　　本次民調有59.8%的民眾認為自己是台灣人，僅有2.9%認為自己是中國人，此外34%認為兩者都是。若只能在台灣人和中國人之間擇一，則高達84.9%認為自己是台灣人，僅約8.7%說自己是中國人，1.7%說兩者都是，4.7%不知道或沒意見。董思齊副執行長指出，在兩者只能擇其一的狀況下，18-29歲認為自己是台灣人的民眾高達90%。在國民黨與民眾黨的支持者中，有過半以上認為自己既是台灣人，又是中國人。而在兩者只能選其一的狀況之下，國民黨的支持者中，還有接近四分之一認為自己是中國人。

　　董思齊副執行長認為，台灣智庫從九月起針對我國民眾的身分認同進行調查，三次的民調結果都約高達60.0%的民眾認為自己是台灣人，民眾對自身為台灣人的認知趨於穩定。

二、多數民眾認同李登輝總統產經國發政策的方向

　　李登輝總統是台灣第一任民選總統，在他任內推動許多產業經濟與國家發展的相關政策。84.1%的民眾認為，他所推動包括參與APEC、加入GATT，有助於台灣融入國際經濟社會。68.1%的民眾肯定李前總統採取戒急用忍政策，避免台灣產業迅速流失。特別是四十歲以下未曾親身經歷李前總統執政的族群，顯得對「戒急用忍」更有好感，超過70%的民眾肯定李總統的戒急用忍政策。另一方面，在國民黨支持者中，有接近半數（49.5%），肯定李前總統的戒急用忍政策。71.7%的民眾肯定李總統推動南向政策鼓勵台商投資東南亞，分散對中國的經濟依賴。在內政方面，高達90.9%民眾肯定李登輝總統推動國營事業民營化、

建設高鐵、北二高及建立全民健保制度。

　　董思齊副執行長認為，一九九六年中國開始走出六四的孤立，逐漸恢復與世界的交往，當時工商界也期望能開放與中國之交流，大舉西進換取廉價的勞工，以降低成本增加企業利潤。但當時李總統就已經預知，若無限制地允許台商西進，將導致台灣空洞化，最終中國將以商逼政，「被中國統一」將是台灣的唯一選項。因此，即便當時以「戒急用忍」政策和「南向政策」平衡西進的吸引力，受到來自工商界的強大反彈，但李前總統依然擇善固執，選擇對台灣較有利卻困難的那一條路。而現在，台灣的經濟能在疫情中逆勢成長，除優異的防疫成果，也必須歸功於李總統有智慧的決斷，留下「護國神山」台積電，更替台灣儲存了在巨變中反攻的資本。

　　內政方面，董思齊副執行長認為，雖然李登輝總統推動大型基礎建設的政策後果有待世人公評，他任內推行建設高鐵、北二高促進了台灣一日生活圈及交通的便利性，這種「有感」建設獲得台灣民眾高度肯定。全民健保制度的設立更展現李總統的遠見，超前部署讓台灣以優異的成績挺過武漢肺炎這場戰役。

三、多數民眾肯定疫情期間台灣的經濟表現且認為「以主權換取經濟」並非最佳的策略

　　59.6%的民眾認為疫情期間台灣的經濟表現良好，約有34.9%的民眾認為經濟表現不如預期，其中國民黨支持者中有63.2%認為台灣的經濟表現並不好。而其他政黨傾向支持者，則都以過半數之姿認同台灣疫情間的經濟表現。55.0%的民眾認為台灣應該脫離中國紅色供應鏈，加入以美國為主的全球供應鏈。其中國民黨支持者中有61.9%不認為台灣應該脫離紅色供應鏈。而其他政黨傾向，則都超過60%支持台灣應與世界接軌。高達82.5%的民眾同意台灣政府應該藉此時機，建立產業國家品牌。81.3%民眾不願意以放棄台灣主權的方式，來換取加入國際經濟組織，甚至連國民黨支持者都超過70%不願意，而其他政黨傾向都超過90%不同意，在「以主權換經濟」的議題上形成難得的政黨共識。

　　董思齊副執行長表示，雖然世界仍在疫情之中，但台灣經濟逆勢成長，成為少數GDP正成長的國家，三十年來首次超越中國，股市也創下新高，當下到達一萬四千多點。根據調查顯示，主流民意也認同台灣在疫情中的經濟表現值得肯

定。對於民眾高度認同台灣應與世界接軌，顯示經貿政策不能「雞蛋放在同一個籃子裡」，應更增加全球的佈局來因應世界情勢之巨變。

而台灣因為防疫成果「Taiwan can help」擦亮「台灣」這塊招牌，更讓世界肯定「台灣製造」的品質，董思齊副執行長認為政府應趁勝追擊，讓「Taiwan can help」轉換為競爭力資本，為台灣下一個時代創造新的形象與商機。針對日前媒體報導，中國企圖以「一國兩制」模式造成台灣加入RCEP障礙。從民調可以觀察出，台灣人高度反對「以主權換經濟」的作為，展現了民眾對主權及國家認同的重視及對中國長期「以商謀統」或「以商逼政」之動作非常反感。董思齊副執行長認為，即使未來台灣有機會加入RCEP，民眾也不會認同任何政黨與中國裡應外合出賣台灣主權，換取經貿協議的方式。

四、民眾肯定李登輝總統任內的國際兩岸經貿戰略

民眾對民主化後四位總統（李登輝、陳水扁、馬英九、蔡英文）的評價分數，以李登輝總統最高（4.27分）、蔡英文總統以2.99分居後，再來是馬英九總統（2.48分），最後為陳水扁總統（2.48分）。對兩岸經貿戰略的評價分數，民眾認為李登輝總統以3.78最高，馬英九總統以3.13居後，再者為蔡英文總統（2.66分），最後為陳水扁總統（1.79分）。

董思齊副執行長認為，民眾對李登輝總統的國際及兩岸戰略高度肯定，是因為其「有為有守」的決斷，開放台灣與世界連結，並在不影響台灣未來發展的條件下，積極與中國交流，且對中國的態度毫不畏懼。時至今日，李總統對國家的愛與想望，依然滋養、穩定了台灣的發展，也讓台灣人經歷從「悲哀」到「光榮」轉變。

呂曜志：李前總統讓人民好做生意、做好生意

台北海洋科技大學呂曜志副校長以國際經貿的角度對民調結果進行分析，他認為李前總統在經貿上最重要的貢獻是帶領台灣融入世界經濟體系。李總統就任兩年後，申請加入WTO的前身GATT，爾後台灣於二〇〇二年正式加入WTO，是往後進入任何市場的依據。在當年外交處境困難下，務實外交有卓越貢獻。除此之外，李前總統任內加入最重要的國際組織是亞太經合會（APEC），呂曜志

副校長表示，以他長期觀察與研究APEC領袖及部長會議的經驗，台灣在很多的議題上領導整個APEC，包括數位治理、中小企業發展、韌性供應鏈、女性創業就業等議題，而我們現在能在這些議題上之所以能引領APEC，就是因為李前總統在制度面為台灣打下的基礎。

呂曜志副校長更強調，當年戒急用忍政策逆著新自由主義（雷根、柴契爾主義）的國際趨勢，面對中國改革開放和台幣升值，要放慢西進速度、提醒台灣人提防中國，是非常大的挑戰。如今台灣因此受惠，可以還李前總統一個公道。最後，呂曜志副校長認為，李前總統的經貿戰略受肯定是因為讓人民「好做生意，做好生意」。現今台灣國家品牌被先進國家肯定，蔡英文政府應趁勝追擊，推出台灣產業國家品牌隊、新創產業交流，來行銷台灣。

陳俐甫：台灣認同趨穩，期待執政黨在任內如李前總統有突破性國際合作

台灣教授協會陳俐甫副會長認為，從台灣智庫九月到十二月的民調，可以觀察出國家認同比例已經趨於穩。但約有8%的台灣民眾在關鍵的時刻，依然會趨向於選擇中國，且認定絕不能脫離中國供應鏈的剛好也是8.6-8.7%，這應該不是巧合。這樣的調查結果，顯示這是結構上的組成，不太會因時間或議題的驅動而改變。陳俐甫副會長認為，立法院應該要正視這個族群對台灣社會的影響，加緊制定防止紅色勢力入侵台灣的相關法規。

關於歷任總統經貿能力的綜合比較，陳俐甫副會長表示，李登輝總統的評價遙遙領先其他三位總統，而蔡英文與馬英九總統在國際經貿議題的四個構面中，各領先了兩個構面。雖然蔡英文總統整體評價以0.7%領先馬英九，但陳俐甫副會長認為，若蔡總統的剩下的三年任期內，能夠達成與主要國家或區域的突破性合作，例如台美或台日雙邊交流制度化，相信蔡英文總統絕對可以拉開與馬英九總統的差距。

陳俐甫副會長表示，這次民調在國內劇烈討論國際經貿議題的脈絡下進行，執政黨難免受衝擊，但結果顯示，對執政黨及政府支持度沒有太大的影響，表示民眾基本上還是肯定政府整體作為，穩定支持。陳俐甫副會長也期望民進黨政府團隊在經貿方面能繼續努力，讓相關的參與、談判能有具體的結果，以此來開展台灣更開闊的國際戰略。

最後，陳俐甫副理會長強調，李前總統的政策是在其擔任國民黨主席時期推動的政策，如今整體仍有七、八成肯定，但國民黨對李登輝政策的支持度大概只有五成，顯示現在的國民黨跟二十年前的國民黨已經截然不同。再者，十八至四十歲民眾中，認同度領先最多的是李前總統，因為李前總統剛執政時經歷一些權謀爭奪，現在四十歲以下民眾才能以李前總統離開權力的狀態，更客觀評價，此民意趨向值得各政黨思考。

陳亭妃：李登輝讓中華民國台灣化，盼執政黨進一步推動國家品牌

立法委員陳亭妃表示，國家認同是一個不斷變動的動態過程，但台灣智庫從二〇二〇年九月開始做了三次民調，幾次的結果認同「自己是中國人」的都在2~3%，換算成總人口大約是五十一七十萬人。若台灣人、中國人只能擇一，認為「我是台灣人」的大概是85%，換算人口數已經突破兩千萬大關（以2357萬人口計算），這是超越政治、黨派的共識。

陳亭妃委員認為，李前總統的務實外交是從中國正統過渡到台灣，將中華民國台灣化，讓台灣走入國際，而對赴中經商戒急用忍是關鍵。李前總統當時受到壓力和譴責，因為明定高科技、基礎建設、五千萬美以上投資要戒急用忍，包含台積電創辦人張忠謀、台塑集團創辦人王永慶、長榮集團創辦人張榮發都曾反對，因為以中國當年需要資金的程度，這些公司有機會藉由「錢進中國」而發展成世界級的大企業。但今天來看，如果當初沒有戒急用忍，台積電如今無法成為來自台灣的世界半導體產業領航。陳亭妃委員還指出，國內方面，目前台積電五奈米、三奈米晶圓廠在南科積極設廠，帶動半導體產業、周邊產業，還有房市的發展；國際方面，若非當初李總統的遠見，在如今美中貿易戰之下，台企恐無一倖免。而近年眾多台商回流，也表示出他們對投資台灣的信心。

陳亭妃委員指出，中國目前欲掌控世界秩序，一帶一路就是為了掌控全世界的經濟體；其欲主導經濟秩序的野心，呈現在對中質疑就用關稅霸凌，澳洲就是個例子。此份民調結果，表示目前台灣走的方向，從李前總統的南向政策到蔡總統的新南向政策，分散風險、布局全球是沒有錯的。最初南向政策只有七個國家，現在還延伸到印度洋、大洋洲國家等十八個國家。而在疫情之下，口罩國家隊、防疫國家隊也讓民眾信任國家，因此現在是推動國家品牌的好時機。

對於台灣進一步參與國際,陳亭妃委員呼籲台灣人要有信心,對於RCEP的形成不需過於擔憂,因為過去在國際經貿上的努力,也跟許多國家有了雙邊協議,台灣可以穩守經濟。在蔡英文總統的推動下,5+2產業、新世代通訊科技、人工智慧都是台灣的優勢,對台灣要有信心。

莊瑞雄:好加在有戒急用忍,李登輝擘劃經濟戰略智慧值得借鑑

立法委員莊瑞雄認為此次民調題目非常有意思,李前總統已經卸任二十年,仍受到老百姓的肯定,提到李前總統,大家就想到他執政的信念。莊瑞雄委員回想,李前總統是台大農經的老學長,二○一二年曾和李前總統一同回到母校演講。一九八八年李前總統在驚濤駭浪中繼任總統,一九九六年當上台灣人的總統,帶領台灣從國民黨威權過渡到民主化,雖未必順遂但是有魄力跟遠見,才能推動真正福國利民的政策。莊瑞雄委員舉例,民眾對於李前總統高鐵建設、健保建制等,認同至今高達九成,表示絕對有深刻感受。

莊瑞雄委員表示,現在評價李前總統的經貿戰略特別有意義,美中貿易戰下,大家都要逃離中國,再回頭看過去戒急用忍,令人覺得真是「好加在」!若當時企業都去貢獻中國,養大中國,第一個受威脅的就是台灣。現在台灣認同高達八成,哪怕中國已經崛起,台灣人對台灣的認同也沒有減低,可以大膽說自己是台灣人。戒急用忍政策到陳前總統時代,台灣終於加入WTO,但後來馬政府只想討好中國市場,這樣的路線變化從今天民調來看不被認同,仍有七成民眾肯定戒急用忍政策,且高達八成民眾認為不該因經濟利益放棄主權。李前總統當初的遠見相當令人感佩,即便李總統的友人長榮集團創辦人張榮發跟他反目,李前總統都堅定地說,自己是為兩千三百萬人存在,不受個人交情影響。

莊瑞雄委員強調,當初李前總統面對開始崛起的中國,以及正在民主深化且要參與國際的台灣,就能設想台灣資金、人才大舉西進的威脅,若李前總統能夠看到如今人民對他政策的感念,必定也會在天上微笑。莊瑞雄委員最後期許,全球正經歷供應鏈重組、貿易戰的新局勢,台灣也要選擇路線,希望蔡英文總統未來任內也能借鑑李前總統的智慧擘劃經濟戰略。

五、小結

董思齊副執行長最後結語,在中國還在韜光養晦的時候,各國都想去掏金,但李前總統的遠見與膽識守住了台灣的經濟發展,帶領台灣走向國際,與前次民調中,人民對李前總統領導特質的肯定相符。

人民眼中的李登輝民調記者會系列之三
──「民主憲政及公民參與」

台灣智庫二○二一年一月十三日發佈民調,公布民眾對李故前總統推動台灣民主轉型之評價、民眾對當前台灣民主成果、歷任總統推動台灣民主發展及擴大公民參與的貢獻,與近期中國打壓香港民主之民意調查結果。由台灣智庫董思齊副執行長進行民調結果報告,同時邀請台灣大學社會系何明修教授、新北市議員李坤城、立法委員陳亭妃進行評論。

此份民調由台灣智庫民調中心於二○二一年一月七日至一月九日執行,調查對象為年滿十八歲的台灣民眾,依照室內電話調查,隨機抽樣,同時依照最新人口資料,進行戶籍地、性別、年齡和教育程度加權處理。此民調完成1,080份有效樣本,在95%信心水準下,抽樣誤差為正負3.0個百分點。本次民調中呈現的政黨認同:民進黨34.8%,國民黨20.5%,台灣民眾黨11.6%,時代力量5.6%,台灣基進4.3%,不偏任何黨18.4%。這次民調在國內劇烈討論國際經貿協議的脈絡下進行,執政黨難免受衝擊,但結果顯示,對執政黨及政府支持度沒有太大的影響,穩定支持。反倒是應該在美豬、美牛議題上得利的國民黨,支持度下降5.9%,表示民眾基本上還是肯定政府整體作為。其他相關調查結果如下:

一、認同台灣為主流意識

本次民調有64.0%的民眾認為自己台灣人,僅有2.1%認為自己是中國人,此外31.8%認為兩者都是。若只能在台灣人和中國人之間擇一,則高達86.8%認為自己是台灣人,僅約8.2%說自己是中國人,1.2%說兩者都是,3.7%不知道或沒

意見。董思齊副執行長指出，在兩者只能擇其一的狀況下，十八至二十九歲認為自己是台灣人的民眾高達90%。在國民黨與民眾黨的支持者中，有過半以上認為自己既是台灣人，又是中國人。相較於上次調查，民眾認同自己為台灣人的比例增加了4.2個百分點。綜合上述兩題之交叉分析結果，台灣認同在未滿四十歲的青年世代已經高達九成以上。相較先前台灣智庫進行的幾次民調，董思齊副執行長表示台灣認同更趨穩定。

二、多數民眾認同李登輝總統對台灣民主化的貢獻及現階段的台灣應要持續推動憲政改革及國家正常化

　　李登輝總統是台灣第一任民選總統，他任內也推動了台灣邁向民主化的重要工程。民調顯示，82.7%的民眾肯定他推動包括言論自由及營造有利公民參與環境的表現。75.9%的民眾肯定李登輝總統對於台灣本土化的貢獻，尤其三十歲以下的解嚴世代高達80%認同李總統的貢獻。對於外媒以「民主先生」稱呼李登輝總統，76.1%的民眾認為李登輝總統的貢獻符合「民主先生」的稱號。而對九〇年代風起雲湧的社會運動，包括廢除野百合學運、廢除刑法一百條，超過半數的民眾肯定這些運動對台灣民主發展的貢獻。李前總統過去認為台灣的民主化仍有未逮之處，提出過第二次民主改革、國家正常化，而針對台灣下一步的民主深化工程，70.9%的民眾認為現階段的台灣應該要持續推動憲政改革與國家正常化。

三、民眾對政府是否能真實的反映自身權益的意見呈現拉扯

　　針對台灣現在民主制度發展，多數民眾（65.4%）認為參與投票能夠有效的影響政治且台灣的選舉是公平公正沒有舞弊的。但針對自身的權益是否被政府重視一題，民眾意見呈現正反拉扯。數據顯示，本題因政黨傾向不同，意見呈現極大的落差。民進黨支持者中有79.4%認為自己的意見被反映，而國民黨支持者中，只有9.4%的民眾認為自己的意見被反映。最後，針對代議政治在民主過程遭遇瓶頸時，80.3%的民眾認為應該用其他直接的方式來落實真正的民主政治。董思齊副執行長指出，雖有五成民眾相信選舉，但還有四成多不信任，是需要重視的課題。

四、網路發聲已成為民眾表達自我意見的主要方式

對民眾用什麼方式表達自我主張，高達46.3%的民眾選擇以網路為主要發聲的管道。不同年齡層的民眾，表達自我的方式也呈現明顯的差異。年輕的民眾傾向於網路發聲，而年紀較長（六十歲以上）的民眾則多數選擇向民意代表或政府機關反映意見。而對於社會運動是否能解決目前民主遇到的問題，57.0%民眾認為不能。同時過半（52.4%）民眾，不願意為自己所支持的理念走向街頭，參與社會運動。但也有過半數的民眾肯定社會運動對促進自我實踐及社會進步的貢獻，越年輕的民眾越肯定參與社會運動的價值。董思齊副執行長指出，近來集會遊行的次數隨民主化增加，但是參與人數則不一定，而民調也顯示網路參與、民代陳情是大多數民眾選擇的政治表達方式，前者是年輕人主要管道，後者則是年長者的主要通路，而參加示威遊行僅佔17.1%，且隨年齡增長而下降，呈現出世代差異和參與公共事務方式的改變。

五、過半民眾認同台灣當前的民主運作機制

董思齊副執行長指出，針對當前的民主運作機制，68.8%認同身為主權國家，台灣民主是成熟穩定的。82.2%的民眾也認同台灣是個能包容多元文化的社會，同時近九成（88.4%）的民眾為自己身為台灣人感到光榮。

六、過半民眾認為台灣應要對抗中國打壓香港民主

香港警方日前大規模抓捕民主派人士，至少五十三人被控違反《港版國安法》、顛覆國家政權遭逮捕，引發國際撻伐，對此，過半台灣民眾（51.5%）認為台灣應該要聲援香港對抗北京對民主的打壓。針對反民主的公民參與，66.2%的民眾同意應要制訂相關法律限制。

七、民眾肯定李登輝總統任內對台灣民主化與公民參與貢獻

對於民眾認為哪一位民選總統對台灣推動民主發展與擴大公民參與的貢獻最大，45.6%民眾肯定李登輝前總統，蔡英文總統以17.6%居次，馬英九前總統第三（15.0%）、陳水扁前總統第四（4.3%）。而民眾對台灣民主化後四位總統

（李登輝、陳水扁、馬英九、蔡英文）的評價分數，以李登輝前總統最高（4.24分）、蔡英文總統以2.86分居後，再來是馬英九前總統（2.06分），最後爲陳水扁前總統（1.97分）。

何明修：民主社會面臨共同挑戰；台灣民主有樂觀、隱憂與希望

台大社會系何明修教授認爲，此份民調別具意義，在李登輝學系列活動下研究李登輝前總統的民主遺產，也像是在對台灣民主的健康檢查。何明修教授指出，現今民主社會面臨著共同的挑戰。其一是來自外部的氣候變遷、全球化移民和武漢肺炎疫情；其二是內部的挑戰，政治效能感低時，民粹主義和民粹政治人物的興起衝擊媒體自由、學術自由和司法獨立；其三，民主機制反而成爲威權擴張輸出銳實力的工具，例如去年此時李文亮醫師針對武漢肺炎疫情的吹哨，就被當成假新聞處理。

何明修教授認爲，根據此份民調結果，台灣民主可以審愼樂觀，因國家認同穩固，應該也不會太大變動，且從民調看到台灣有民主的集體記憶，認同李登輝前總統民主改革的貢獻，並非像過去常常出現對威權的緬懷。然而，何明修教授認爲民調也呈現隱憂，54%認爲台灣選舉公平公正沒有舞弊，但有40.6%不相信選舉；又47%認爲政府重視自己的權益與意見，43%認爲不重視，和民眾對經濟狀況主觀評估一樣，其實可能反映政治立場，呈現出明顯的藍綠分歧，也可能與近期的中天關台、萊豬爭議有關。若未來選舉勝負差距小、落選人不認輸，可能讓台灣陷入危機，如二〇〇四年的爭議狀況，但二〇二四年時，中國對台的滲透和干預能力已不可同日而語，更令人感到擔憂。

何明修教授認爲，台灣民主未來的希望在太陽花世代，即二十至三十歲的年輕人，一出生就在李登輝前總統眞正掌權之後，也經歷過七年前的太陽花運動。此族群有高達82.8%認爲一九九〇年代的社會運動對於推動台灣民主發展有貢獻，較整體的66.3%高出許多。此族群也有73.8%認爲參與投票能夠有效影響政治，也較整體的65.4%還高。何明修教授補充，根據中選會調查，二〇一六、二〇一八年，二十至三十歲選民投票率不到六成，但是二〇二〇年則超過七成，全國投票率是74%，顯示年輕人的高度政治參與。國外研究都是年輕人投票比較低，但台灣沒有這樣的情況，值得深入研究。此族群有83%也支持用直接民主、

審議民主來補充代議民主的不足,高於整體的80%。此外,走上街頭的意願、公民參與的效能感,也都比整體高。何明修教授認為,太陽花世代可能是最有民主素養的族群,而五十至五十九歲可能最保守,可能受年輕時期的威權教育影響、在九〇年代獲得經濟利益,也可能隨年紀增長日趨保守。

李坤城:公民參與模式變遷,期待多元行動改變政治

新北市議員李坤城表示,基於本民調所顯示結果,對於太陽花學運下的年輕世代,他充滿期待。而二十至二十九歲的年齡層認為政府有重視自身權益,學歷高者更是認同,或許可能是因資訊來源相對廣泛、更具備蒐集資料的能力。李坤城議員進一步指出,本民調顯示,每個世代對於表達自身民意的方式管道有所不同。超過八成民眾認為透過公投可進行直接民主,然而若以二〇一八年公投來看,究竟透過公投能否理性討論公共議題,應可再深入進行研究。而針對公民參與形式的變遷,未來是否可透過網路方式串連民意,深入討論公共議題,他個人對此則有所期待。李坤城議員強調,李登輝前總統曾表示地方政治也很重要,透過二次民主改革增進地方的政治參與以彌補代議民主可能的不足,以多元的直接行動改變政治。

陳亭妃:盼高度台灣認同、高度公民參與能成為修憲動力

立法委員陳亭妃表示,本民調顯示出88.4%的民眾認為身為台灣人很光榮,這應該是歷史新高。過去二〇一九年民調顯示,當時身為台灣人的光榮感為75%;去年二〇二〇年五月份民調顯示為78%,從先前數次民調清楚得知,民眾對於身為台灣人的光榮感逐年遞增。尤其此次武漢肺炎防疫有成、受到國際認同,在李登輝學系列民調中更顯示,民眾認為「自己是台灣人而不是中國人」的比例越來越高,認為「自己是中國人」的比例目前僅剩2.1%,這是清楚且常態性趨勢的民調結果。針對民主防衛,陳亭妃委員以退役中將羅文山收受來自中國政協、香港之政治獻金案為例,認為其情形不只是不當的金錢利益,更涉及台灣民主體制遭滲透,民調結果呈現之民意與國家利益考量,亦盼能依此與法界深入交流。

陳亭妃更進一步強調,由於修憲議題冷門,縱然可以突破立院修憲門檻,後續交由公民複決需高達965萬票,蔡英文總統二〇二〇年得票率雖創歷史新高,

也僅817萬票，顯示修憲議題要突破公民複決門檻相當困難。她希望未來修憲議題在相關民調數字的支持之下，能推動成修憲運動，凝聚社會高度共識。此外，陳亭妃委員亦指出，本民調顯示民眾現多利用網路或媒體來表達意見，她認為不只民意代表，台灣的政治環境與行政單位也都要轉型，透過網路等多元管道來與民眾互動，貼近民意。

《總統國際兩岸及領導能力評價》民調探索：哪位總統最具有領導力？

王宏恩、吳冠昇、陳方隅、葉耀元[1]

一、摘要

台灣自一九九六年總統直選到今天為止，已經歷過四任民選總統的治理，李登輝、陳水扁、馬英九、與現任的蔡英文四位總統，在民主化與民主鞏固的過程中都扮演重要角色，而且無論功過，這幾位歷任民選總統都在民眾心中留下了深刻的印象。對於台灣民眾來說，到底哪一位民選總統被認為最有領導能力呢？這些功過，在人民的心中又會形塑什麼樣的想法？這些看法多大程度上是受到人們的政黨認同觀點影響？大家是否主要使用藍綠的觀點來評價歷任總統？本文將透過二○二○年《總統國際兩岸及領導能力評價》的民意調查資料，來探究民眾究竟認為這四位民選總統之中，誰最具有領導能力。分析發現，李登輝總統具有跨黨派的高度支持。而對於那些認為蔡英文與馬英九較具有領導力的受試者來說，政黨認同扮演了一個重要的角色。了解民眾對於總統領導力的看法，有助於學界解釋台灣政治的動態與政黨之間的互動，我們也希望這篇文章可以為未來這類型的研究開啟先例，推廣台灣總統領導力的研究。

關鍵字：李登輝，領導力，民選總統，總統評價

---

[1] 依筆劃順序排列。作者為Taiwan Policy Initiative（台灣政策研究小組）成員：王宏恩（美國內華達大學拉斯維加斯分校政治學助理教授）；吳冠昇（美國普渡大學政治學博士）；陳方隅（台灣科技部人文社會科學研究中心博士級研究員）；葉耀元（美國聖湯瑪斯大學國際研究與當代語言學系副教授兼系主任）。通訊作者陳方隅聯絡方式：chenfy@ntu.edu.tw。

二、前言

台灣民主化的歷程自一九八七年的解嚴開始，在一九九〇年的野百合運動後，時任總統李登輝召開國是會議，並於一九九一年國民大會廢止《動員戡亂時期臨時條款》。也因為這些努力，於一九九一年時進行了國民大會全面改選，並於隔年對立法院進行全面改選，國民大會原有的職權也在該時全數轉移至立法院。而下一階段的民主化的核心焦點，就是讓中華民國總統由直選的方式產生。這部分也透過一九九一年時全面改選後的國民大會於隔年的一次臨時會議決通過《中華民國憲法增修條文》增訂第十一條至第十八條條文，確立了總統直選，並將其任期由六年改為四年。

自一九九六年總統直選到今天為止，台灣已經經歷過四任民選總統的治理。這四位總統按時間順序分別是李登輝、陳水扁、馬英九、與蔡英文（現任總統），橫跨兩大政黨。李登輝與馬英九在執政時期隸屬於中國國民黨，而陳水扁與蔡英文則隸屬於民主進步黨。在為期二十多年的民主化歷程中，每一位民選總統都扮演者非常重要的角色。無論功過，這幾位歷任民選總統都在民眾心中留下了深刻的印象，從台灣的內政與經濟、兩岸之間的關係、甚或是台灣與世界的連結，這幾位總統都為台灣刻劃下了實實在在的印記。

對於台灣民眾來說，到底哪一位民選總統被認為最有領導能力呢？這些功過，在人民的心中又會形塑什麼樣的想法呢？這些看法多大程度上是受到人們的政黨認同觀點影響？大家是否主要使用藍綠的觀點來評價歷任總統？本文將透過台灣智庫二〇二〇年所做的《總統國際兩岸及領導能力評價》調查資料，來探究民眾究竟認為這四位民選總統之中，誰最具有領導能力。筆者將在下一章節概論這幾位總統在位期間的政績與其所面臨的挑戰，並在各段結尾基於這幾位總統的實質表現，給出我們的預測，探討哪一位總統最有可能可以超越黨派，被人民認為最具有領導力。接著，我們透過民調的數據進行無序多分迴歸模型（multinomial regression）與決策樹模型（decision tree model）來分析政黨認同與總統領導力的關係。分析發現，李登輝總統具有跨黨派的高度支持。而對於那些認為蔡英文與馬英九較具有領導力的受試者來說，政黨認同扮演了一個重要的角色。而在民調數據當中，陳水扁總統的領導力較不受到青睞，而且這種看法也是

跨黨派的。

我們的分析具有下列三點貢獻。其一，本文透過民調資料系統性的理解了現時台灣民眾對於民主化後四位民選總統在領導力上如何評價。過去文獻往往都著重於國內選舉行為以及對總統支持率的分析，針對領導力作為依變項的文獻還未詳加發展。其二，我們的研究系統性的理解了民眾是用什麼樣的觀點來評價這四位民選總統。由於四位總統各分屬兩大政黨，直觀的看法會認為對四位總統的領導力觀點理當是依循民眾的政黨認同而有所區別，但從我們的分析來看，對於某些總統領導力的支持（與不支持）是存在有跨黨派的共識。其三，台灣做為一個半總統制國家，雖然總統在憲法上來看並不具有除了任命行政院長以外的行政權，但因為行政院長任命的過程不需要立法院的同意，專家學者往往都認為總統對於實質的施政方針有很大的影響力。再加上「國家安全會議」的設計，因此總統實際上掌握了影響決策的權力。[2]是此，了解民眾對於總統領導力的看法，可以有助於提升學界解釋台灣政治的動態與政黨之間的互動。我們也希望這篇文章可以為未來這類型的研究開啟先例，推廣台灣總統領導力的研究。

三、台灣歷任總統領導力初探

什麼是總統領導力？總統的領導力不外乎就是該位總統是否能成功地引領國政，是否能說服黨內外以及各政府機關之間的歧異，達成他自己所提倡的政治目標。[3]由此觀之，一個總統會被民眾認為其具有領導能力，勢必要能在眾心所向之處展現其大刀闊斧的執政與協調能力，才能取得民眾的支持。

如前所述，在台灣民主化之後，歷經了四位民選總統。下面我們將針對四位總統他們在任期間的施政，以及卸任後所經歷的事件，做一個重點式的分析。從中我們即可判斷並提出假設：民眾會用什麼方式評論該總統是否具有領導力？這樣的看法是否被政黨認同所左右，抑或是可以凝聚跨黨派的共識？

---

[2]　相關討論可參考沈有忠（2014）、蘇子喬（2010）等。
[3]　Edward, Meyer, and Wayne (2020).

李登輝（任期一九九六至二○○○）

在蔣經國過世之後（一九八八年），李登輝以副總統的身份繼任中華民國第七任總統。在其任內，李登輝主要的政績就是大幅推動台灣民主化的進程。舉凡終止《動員戡亂時期臨時條款》、國民大會全面改選、立法院全面改選、並於一九九六年達成第一次總統直選的創舉，成為中華民國第一位民選總統。也正因為如此，李登輝廣泛被國內外媒體認為是台灣的民主推手，也素有「台灣民主先生」的稱號。[4]

李登輝繼承蔣經國的總統大位時，國民黨內部反對聲浪就沒有停歇過。雖然蔣經國在其任內對李登輝有非常高的評價，但因為國民黨的統治核心是由外省人所組成，作為科技官僚爬上高位的台灣人，李登輝可謂腹背受敵。這也可以從一九九○年時國民黨內部的二月黨爭看出許多端倪。[5]以李登輝為首的國民黨本土派以及以李煥與郝柏村為首的外省派，為了該年國民大會的總統選舉進行黨內的抗衡。李登輝在這次黨爭中展現了高度的政治手腕，成功地獲選為第八任中華民國總統（非民眾直選），也透過任命郝柏村擔任行政院長的位子，來把軍權回收到總統府上。這次事件也讓國民黨內部一群更為傾向統一與大中國主義的人士，另組新黨來與國民黨抗衡。

在一九九二年的《中華民國憲法增修條文》中，總統直選已成定局。在一九九六年進行的台灣第一場的總統直選，李登輝即代表著國民黨參選，最後以五百八十多萬票、高達54%的得票率當選中華民國第九任總統。這次的總統直選面臨著許多危機。首當其要，就是台灣海峽的飛彈危機。中華人民共和國在六四事件之後，因為擔憂台灣的民主浪潮會威脅共產黨的威權統治，也害怕台灣民主化的進程讓台灣在一九七○年代被國際社會孤立之後，會因為其民主的實績在國際社會上重新取得能見度（如李登輝在一九九五年時訪問母校美國康乃爾大學）。以此為因，中共透過軍事演習的方式發射飛彈到台灣沿岸。[6]美軍也因為擔憂這次

---

[4] 最早源於一九九六年五月二十日出版的《新聞周刊》（Newsweek）國際版封面，封面標題：「民主先生」（Mr. Democracy）。

[5] 楊舒媚，〈二月政爭拂曉攻擊 驚濤駭浪鞏固權力〉。《新新聞周刊》，1744期。2020/08/04

[6] 參見蔡榮祥（2007）、張廖年仲（2005）。

的衝突可能會提升，加派了尼米茲號航空母艦戰鬥群來台海進行預備性的協防作業。李登輝可以和平的度過這次難關，也直接向國人展現了他在面對中國的威脅如何處理危機的能力，為他的領導力加分。

　　至於台灣政治光譜上最核心也是最重要的意識形態－統獨態度，李登輝在執政前期多次強調「三民主義」與「中華民國」的論述，藉此安撫國民黨內部對他台灣人的疑慮。但在一份一九九七年德國之聲的專訪中，李登輝首次提出中國與台灣是「特殊的國與國關係」。[7]他認為，中華民國在台灣已經是一個政治與歷史的現實，換言之，中國與台灣分屬兩個不同的政治實體。這番言論，讓台灣民眾對於李登輝的國家定位觀點有了明確的轉向，而他的言論，也為了台灣在統一與獨立的二分方向上，帶來了新的詮釋角度。

　　在台灣第二次的總統大選上，因為「興票案」所造成國民黨內部勢力的分歧，[8]間接的加速了台灣第一次的政權轉移；國民黨結束在台灣為期四十五年的一黨專政，將政權和平地透過選舉交移給民進黨的總統當選人－陳水扁。而在這之後，李登輝比之前更強調台灣主體性意識，創建了台灣團結聯盟（簡稱台聯黨），與國民黨背道而馳。

　　綜觀這些事件，雖然在二○○○年時因為國民黨內部的分裂與台聯黨的興起，國民黨內部對於李登輝的評價極為負面，認為李登輝是導致國民黨喪失政權的元凶。但從宏觀的角度來看，台灣原本的威權政體之所以可以在短短十來年間成功地「還權於民」，並進行政黨輪替的主要原因，由李登輝所開啟的一系列民主化進程是最重要的因素，由此觀之，李登輝因其歷史定位與作為民主化領航人的身分，應當可以獲得多數民眾對於其領導力的正向評價，且這樣的評價，理論上是不分黨派的。

陳水扁（任期二○二○至二○○八）

　　因為國民黨內部的分裂（宋楚瑜與連戰各自投入競選總統），陳水扁以將近五百萬票，約39%的得票率當選台灣第二任的民選總統。陳水扁就任的八年當

7　訪問原文可見總統府：https://www.president.gov.tw/NEWS/5749。1999/7/9。

8　參考新聞：陳弘志，〈曾是接班人選卻又因興票案撕破臉！回顧李宋恩怨20年〉。《今日新聞》，2020/7/31。

中，各種政治條件都與李登輝時期顯著不同。首先，陳水扁在這八年內一直都處於少數政府的狀態，也就是民進黨並沒有獲得立法院內多數席次。在這樣的狀況下，民進黨必須與反對黨（如國民黨、新黨、親民黨）合作，才有辦法推動立法程序。然而，陳水扁在統獨的光譜上，多數人都認為是較傾向於台獨派，是此，反對陳水扁的聲浪也在他八年執政過程中沒有停止過。為了解決這個問題，陳水扁上任之後先任命國民黨籍的唐飛做為行政院長，藉此來與反對黨勢力在行政與立法的內容上進行對話。同時，為了消除反對勢力的疑慮，陳水扁上台之後就提出了著名的「四不一沒有」，[9]宣告他不會在任內宣布獨立、不更改國號、不推動兩國論入憲、不推動改變現狀的統獨公投，並沒有廢除國統綱領與國統會的問題，主要目的是確保當時大家認同的「一中架構」得以延續。

然而，即便任命了唐飛作為行政院長，兩黨之間仍然沒有顯著的合作態勢。唐飛也在陳水扁執政五個月之後，很快就被迫辭職。在陳水扁第一任的總統時期（二〇〇〇至二〇〇四），民進黨就維持以少數政黨（雖然在二〇〇一年的立委選舉之後，民進黨成為立院的多數黨，但泛藍的席次加總起來仍然過半）的姿態繼續引領國政。而在這頭四年的期間，民進黨政府想要推動的法案，必然遭受反對黨的攻訐，進而造成多數法案的延宕。在二〇〇四年的總統人選，國民黨與親民黨候選人（連戰與宋楚瑜）合作，與陳水扁角逐總統寶座。選舉前多數民調都無法清楚的判別哪一組陣營可以贏得這次選舉，而就在選舉的前一天，二〇〇四年三月十九日，爆發了著名的三一九槍擊案，陳水扁的肚皮遭到擦傷。三一九槍擊案對於陳水扁競選連任到底是有沒有幫助，專家學者眾說紛紜，但以結果來看，陳水扁最後僅以不到三萬票的差距險勝連戰與宋楚瑜的組合，這兩組候選人在得票率上的差距僅僅只有0.228%。

壓垮陳水扁政府在民意支持度上的最後一根稻草，就是二〇〇六年時爆發出來的國務機要費案，以及許多陳水扁政府相關人士的司法案件。雖然最後判決陳水扁有罪成案的理由，是透過一般法律學界備受爭議的「實質影響力說」，但在此案形成之時，由民進黨前主席施明德帶領之下組成「百萬人民倒扁運動」，要求陳水扁因為貪腐的案件下台。這次的運動是一場跨越藍綠的倒扁運動，參與的

---

[9]　就職演說全文可參見總統府：https://www.president.gov.tw/NEWS/6742。2000/5/20。

人士不僅僅只來自於反對黨，連執政的民進黨內都對陳水扁提出尖銳的質疑。雖然倒扁運動最後並沒有讓陳水扁主動下台，也沒有讓立法院的罷免案成立，但陳水扁的威信已經受到多數民眾的質疑。

　　爲了扳回顏面，陳水扁二〇〇七年出席台灣人公共事務會二十五週年慶祝晚宴時，提出「四要一沒有」的口號，也就是「台灣要獨立，台灣要正名，台灣要新憲，台灣要發展；台灣沒有左右路線，只有統獨的問題。」這樣子被貼上「急獨」標籤的論述，在當時兩岸經貿交流漸趨緊密的時間點，也被認爲相對的危險，容易過度刺激中國，而且也得罪了美國。[10]是此，如眾多專家所預測的，陳水扁在其執政八年並沒有獲得人民的青睞與信任，而其所屬的民進黨也在二〇〇八總統大選時遇到重大挫敗。

　　綜觀陳水扁執政八年，少數政府的狀態、統獨問題的激化、以及其個人及家人的貪腐案，大致上總結了台灣人民對其的評價。尤其是百萬人民倒扁運動，更具有跨越藍綠的支持。這也表示，陳水扁的領導能力是備受質疑的，且這樣的質疑在執政期間就已經形成跨黨派的共識。是此，我們認爲民眾在回溯歷史的時候，並不會認爲陳水扁是一位具有領導力的總統。

馬英九（任期二〇〇八至二〇一六）

　　因爲陳水扁與民進黨的低支持率，在二〇〇八年總統大選時，多數專家與學者都認爲國民黨候選人馬英九應該可以輕鬆地贏得總統寶座，事實也證明如此。馬英九在二〇〇八年的總統大選上，獲得約略七百六十萬的票數，在得票率上勝過民進黨候選人謝長廷將近17%。與此同時，泛藍陣營在立院當中贏得八十一席，佔所有席次超過七成。台灣政治又回到了陳水扁之前，由國民黨佔據絕對優勢的態勢。

　　與陳水扁不同，馬英九在上任之初就提出了「特殊非兩國論」，認爲中國和台灣之間的海峽兩岸關係現狀是一種「主權互不承認、治權互不否認；雙方不是國內關係也並非國際關係」的特殊關係。這種模糊的包裝，也頗得中國政府的青睞。兩岸關係在馬英九上任之後，得到了突飛猛進的開展。中華人民共和國海峽

---

[10]　參考討論：林濁水（2009）。

兩岸關係協會會長陳雲林於二〇〇八年十一月訪台，馬英九與陳雲林的互動讓不少民眾覺得有矮化國格的狀態，進而造成台派人士的不滿，爆發零星抗議事件，因爲馬英九政府處置不當，學生們也發起「野草莓運動」抗議不公的政府行爲。

馬英九最著名的兩岸經貿政策，就是與中國簽屬海峽兩岸經濟合作架構協議（Cross-Straits Economic Cooperation Framework Agreement，簡稱爲ECFA），這個協議確立了馬英九的西進政策。他在位八年致力於拉近兩岸之間的經貿關係，而他所主打的政績，尤其建立起兩岸之間經濟互賴性的核心政策，其實也頗爲藍營選民與中立選民的青睞，這裡面包含著小三通、陸客來台、以及開放中國留學生等實質政策。我們可以說他的策略就是避談兩岸之間的主權問題，大幅度地把政治與兩岸議題導向爲經濟議題。這也讓馬英九在二〇一二總統大選角逐連任的時候，贏得約690萬票，以56.6%的得票率成功擊敗民進黨候選人蔡英文，取得連勝。

雖然馬英九在位期間，大幅度獲得藍營選民的支持，但因爲他過度傾向中國的兩岸政策，[11]進而造成綠營支持者與台派大幅度的反感。舉例來說，ECFA的框架之下包含兩項重要的協議，分別是海峽兩岸貨品貿易協議與海峽兩岸服務貿易協議。在二〇一四年時，國民黨試圖在立院快速通過海峽兩岸服務貿易協議的審查，結果造成太陽花運動，公民團體佔領立法院長達一個月之久，整體民意也變得反對簽署這個協議。

這其實也代表著，一部分的台灣民眾其實知道，與中國過度的接近，或是跟中國經濟過度的整合，在市場大小不對等的條件之下（中國市場規模遠大於台灣市場規模），對台灣發展絕非善事。[12]而在這種觀念之下，人們也會特別注意到中國與台灣存在著核心的政治制度上的差異。台灣的民主政體與中國的威權政體，其實並不完全相容；在經歷兩次政黨轉移之後，台灣人對於自己的民主政體也具備有高度的認同與支持。而馬英九在兩岸關係上這種模糊甚至是較爲親中的態度，也開始被台灣人民所質疑。是此，雖然馬英九的外交休兵以及與中國維繫良好態度的政策爲自己贏得連任，但這樣的政策方針在兩岸國力之間的轉移之下，也開始讓民眾卻步，開始重新考量跟中國之間的關係應該如何拿捏。

---

[11] 參考顏建發（2010）。
[12] 關於太陽花運動的民意討論，參考蔡佳泓與陳陸輝（2015）。

這樣的考量，就大幅度顯示在二〇一六年的總統大選之上。國民黨內部對於統獨問題也產生了一定程度的歧異。原先透過黨內初選出線的洪秀柱臨陣被黨中央換下來，由朱立倫與民進黨候選人蔡英文競爭總統寶座。馬英九在競選期間，在新加坡與習近平會面。這是兩岸領導人自一九四九年政治分治以來，第一次的元首會面。但這次的會晤似乎並沒有爲國民黨的選情增加多少分數，因爲人們反而更加反對兩岸間的政治談判。[13]選舉結果由民進黨的候選人蔡英文勝出，而民進黨也在這次大選結束後第一次掌握立法院過半數的席次，完成第一次完全執政的條件。

綜觀來說，馬英九的政策方針大幅度代表傳統國民黨親中勢力的走向。也正因爲如此，國民黨內的深藍支持者必然會認爲這樣的道路是正確的。但從整體民意來看，台灣的中間選民與綠營支持者都認爲，過度依賴中國或過度親中對台灣長遠的國家發展來說，會有負面的效應，更遑論這樣的交流必須建構在矮化國格（尤其要承認「一中原則」，即台灣是中國的一部份）的前提之下才能進行。這也正表示，支持國民黨的民眾較可能會因爲馬英九的親中態度與他們內心的政策位置相互呼應，而認爲馬英九是一位具有領導力的總統。但對於其他黨派的支持者來說，這樣的觀點可能就不會存在。

蔡英文（任期二〇一六至今）

就在台灣島內民眾對馬英九過爲親中的政策進行強烈批判之際，二〇一六總統大選由民進黨候選人蔡英文當選。這次蔡英文獲得約莫690萬票，以56.12%的得票率大勝國民黨候選人朱立倫。因應島內對於親中政策的反感，以及民進黨的核心價值，蔡英文上台之後就否定了兩岸交流的一個重要前提——九二共識。雖然說台灣民眾對於九二共識的實質是什麼往往沒有明確的認知，[14]但對中國來說，否定九二共識也就代表著兩岸之間的官方交流將一切停擺。中國在國際社會上對台灣的打壓也與日俱增，包含不讓台灣以觀察員的身分參與世界衛生大會（World Health Assembly，簡稱WHA），以及大幅度挖角我國的邦交國，甚至頻繁地派出軍機和軍艦到台海周邊巡弋，並且不斷出言恫嚇將使用軍事手段對台。

---

[13] 楊喜慧、鄭龍水與陳明通（2016）。

[14] Wang et al. (2021).

蔡英文上台之後，爲了推廣讓台灣經濟與貿易盡量與中國脫鉤，大力推行了新南向政策，與東南亞與南亞國家建立起更緊密的連結。[15]除此之外，蔡英文也與美國，也就是台灣在國際社會上最重要的盟友重新修正雙邊關係。在外交上面，雖然我們在國際社會上持續被中國打壓，但因爲美中關係的改變，尤其是自二〇一八年開始的貿易戰，美中關係漸漸從合作走向競爭，[16]台灣進而成爲美國在印太戰略區最核心的盟友之一，在援美抗中上與美國站在同一戰線。

　　但在內政上，蔡英文因爲上任之後推行勞工法改革遭到民意的反彈，以及推行同性婚姻法案，而面對保守派團體們的強力動員反制。與此同時，雖然不像陳水扁一般，在執政後期大幅度的推行台灣主體意識，蔡英文長時間都強調由李登輝所建立起的核心兩岸論述，也就是所謂「中華民國台灣」這個最大公約數的國家定位。由於民進黨已經獲得行政與立法權，對於某一些獨派人士來說，這樣的說法不見得是他們所樂見的，也因此遭受部分綠營人士的質疑。這些挑戰，也讓民進黨在二〇一八年的地方選舉遭受重大挫敗。

　　但兩岸關係在二〇一九年時有了人幅度的變化。中國國家主席習近平於二〇一九年元旦時《告台灣同胞書》四十週年紀念會上發表演說，確立了中國統一台灣以及施行一國兩制的企圖心，並也在這份演說中，確認了九二共識其實就是一國兩制。而在該年中因爲中國試圖在香港修訂《逃犯條例修訂草案》，進而演變成爲大規模的反對逃犯條例修訂草案運動（或稱之爲反送中運動）。之後在二〇二〇年甚至強制通過了《香港國安法》，干涉香港的法治。北京的舉動，也證明了一國兩制只是一個謊言，而雖然台灣人民對於蔡英文的內政多有批判，但在維繫台灣自由民主的社會上，具備有高度的共識性。是此，在二〇二〇年的總統人選，蔡英文獲得817萬票，擊敗普遍被認爲親中的國民黨候選人韓國瑜，以破紀錄的高票連任總統。

　　由此觀之，蔡英文在兩岸議題與國家定位上，是廣受民眾青睞。而且民調證據也顯示，台灣人認同已超過半數，遠超過雙重認同（是台灣人也是中國人）以及中國人認同的比例。雖然蔡英文可以在這些議題上獲得民眾的認同，但對於蔡英文在內政的施政方向上，有些民眾仍然抱持保留的態度。是此，我們認爲民進

---

[15]　參考蕭新煌與楊昊（2016）。
[16]　參考陳添枝（2021）；Davis and Wei (2020)。

黨或是泛綠的支持者較會認為蔡英文是一個具有領導力的總統，而泛藍的支持者則不會具備有這種觀點。

四、研究方法

我們使用台灣智庫所做的《總統國際兩岸及領導能力評價》民意調查資料來進行分析。這份調查是採用電話調查方式，以分層比例隨機抽樣進行住宅電話調查，訪問戶籍於台閩地區二十二縣市且年滿十八歲以上的民眾，訪問日期為二○二○年十一月五日至十一月七日，於全台抽樣1076人進行訪問。

依變數為台灣民眾最偏好哪一位民選總統，使用的題目為編號Q11：「請問您認為在李登輝、陳水扁、馬英九、蔡英文，台灣民主化之後的四位總統中，哪一位最具有領導力？」使用這一題的原因，在於這題之前並沒有明顯的引導式題目，而且領導力（leadership）是過去研究美國總統與選民投票偏好時的重要指標。[17] 雖然一些研究指出假如總統散發出溫暖的特質可能影響更大，[18] 但整體來說民眾認為總統的領導力，是跟總統的能力、綜合評價是高度相關的。因為問卷中並沒有測量四位總統的溫暖程度，而其他跟四位總統有關的問題又比較偏向外交或政經，因此綜合來說使用這一題最可以測得台灣民眾對於四位總統的總體評價。在樣本之中，共有395位（43%）選擇李登輝、165位（18%）選擇馬英九、60位選擇陳水扁（6.6%）、以及295位（32%）選擇蔡英文。

而在自變數上，我們將會分析政黨認同（國民黨、民進黨、時代力量、台灣民眾黨、基進黨、以及無黨派。以無黨派為基準）、國族認同（台灣認同、雙重認同及中國認同）、性別、年齡、[19] 以及教育程度。[20]

---

[17] Holian and Pryshy (2014)。

[18] Laustsen and Bor (2017)。

[19] 年齡的編碼方式有12類：1、18-19歲；2、20-24歲；3、25-29歲；4、30-34歲；5、35-39歲；6、40-44歲；7、45-49歲；8、50-54歲；9、55-59歲；10、60-64歲；11、65-69歲；12、70歲以上。

[20] 教程程度一共有六類，分別是：1、小學及以下；2、初中或國中；3、高中或高職；4、專科；5、大學；6、研究所以上。

因為依變數是類別變數（categorical variable），所以在統計分析上，適合的模型是無序多分迴歸模型（multinomial regression）。[21]考量到四個依變數選項的政治立場以及數量分布，模型使用選擇馬英九與否為基底，比較不同自變數對於台灣民眾在四個選項間選擇的勝算對數（odd ratio）。統計結果雖然不會隨著基底選項的選擇而改變，但為了方便呈現不同變數對於依變數的影響，我將進一步使用模擬的方式來呈現單一自變數在其他自變數控制為平均值時對個別依變數選項的影響力。

除了無序多分迴歸模型之外，當依變數為類別變數時，另一個可能的分析方式是決策樹模型（decision tree model）。相較於迴歸模型依變數與自變數之間的線性假設（linearity），決策樹模型的優勢在於把樣本變異空間進行分割，觀察不同自變數交互作用下是否得以共同解釋依變數的分布。兩個模型雖然假設大不相同，但可以共同驗證每一個自變數對於依變數的影響。

五、分析結果：迴歸模型

表一為無序多分勝算對數模型的統計結果。三個模型分別為民眾選擇陳水扁、李登輝、以及蔡英文相較於選擇馬英九為最佳偏好的勝算對數。從統計結果來看，可以看到所有自變數都對民眾的選擇有不同程度的影響。但值得注意的是整體模型解釋力並沒有很高，使用迴歸模型僅成功預測53%的樣本，而且因為選擇陳水扁的選項過少，可能影響了預測力。另一方面，這個迴歸模型也並沒有通過IIA assumption test （p<0.01），因此代表民眾在四位總統之間選擇時，不同選項間彼此是有干擾的。

---

[21]　黃紀與王德育（2012）。

表一　台灣民眾評價四位民選總統之無序多分勝算對數模型

	依變數（對照組馬英九）：		
	陳水扁 （1）	李登輝 （2）	蔡英文 （3）
年齡	0.097 (0.077)	0.084* (0.051)	-0.040 (0.058)
教育程度	0.109 (0.136)	0.227** (0.094)	0.172 (0.107)
性別（女）	-0.961*** (0.342)	-0.599*** (0.226)	-0.631** (0.258)
台灣認可	-0.250 (0.390)	0.553** (0.256)	1.269*** (0. 299)
基進黨	13.689*** (0, 464)	13. 549*** (0.286)	14.481*** (0,301)
民進黨	1.916*** (0.681)	2.034*** (0.575)	3.172*** (0.597)
國民黨	-1.828*** (0.484)	-1.935*** (0.316)	-2.507*** (0.463)
時代力量	-0.591 (0.908)	-0.150 (0.517)	0.153 (0.567)
民眾黨	-0.841 (0.587)	-1.034*** (0.398)	-0.815* (0.474)
常數	-0.037 (1.242)	0.671 (0.839)	0.403 (0.961)
Akaike Inf. crit.	1,801.392	1,801.392	1,801.392
Note:	*p<0.1; **p<0.05; ***p<0.01		

　　因爲表一難以看出不同變數的影響，所以我們接著把所有自變數設爲平均值，一次僅變動一個自變數，來觀察不同自變數對於民眾給總統偏好的影響。

　　首先，假如從政黨來看，支持特定政黨對於民眾選擇在四位總統之間選擇的效果如下圖一所示。大多數無黨派（NONE）、基進黨（CHI）、時代力量（NPP）、台灣民眾黨（TPP）的支持者都認爲李登輝是最有領導力的，平均而言比例在無黨跟小黨之中都超過50%。相較之下，國民黨較多數人選擇馬英九、而民進黨較多數人選擇蔡英文。儘管兩大黨支持者較支持馬跟蔡，但兩大黨中都仍然有四成左右偏好李登輝。這也代表李登輝的影響力是跨黨派、跨大黨小黨、甚至也吸引了無黨派選民的。

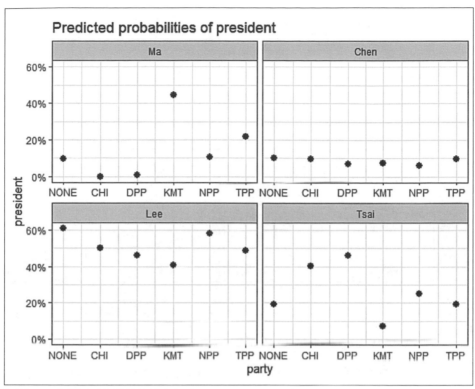

圖一　政黨認同與總統領導力認定

　　第二是年齡的影響。下圖二為年齡與領導力的選擇，從模擬結果可以看出，在其他變數控制不變的情況下，平均而言，台灣越年長的受訪者，越會認為李登輝是最有領導力的總統。在年紀超過七十歲的受訪者中，預測認為李登輝最有領導力的比例超過60%。相較之下，在年輕人的心目中，雖然平均而言李登輝同樣排第一，但是蔡英文的所佔的比例高達第二，可以看出世代交替的情況，即長者更支持李登輝、年輕人更支持蔡英文。另一方面，民眾對於馬英九以及陳水扁的偏好，光就年齡這個變數來說，似乎影響不大，各年齡層都有不高的一定比例支持。

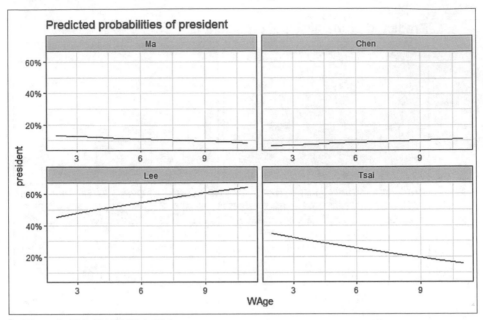

圖二　年齡與總統領導力認定

　　接著，假如使用受訪者的教育程度來分析，可以看到類似的趨勢。從下圖三來看教育程度與總統領導力認定，平均而言，教育程度較高的受訪者更傾向認為李登輝較有領導力，而低教育程度的受訪者雖然多數仍認為李登輝最有領導力，但也有較高比例的人選擇馬英九。教育程度對於民眾選擇陳水扁或蔡英文則不太具有影響力。

李登輝學×學李登輝
民主台灣的時代精神、歷史意識與政治領導

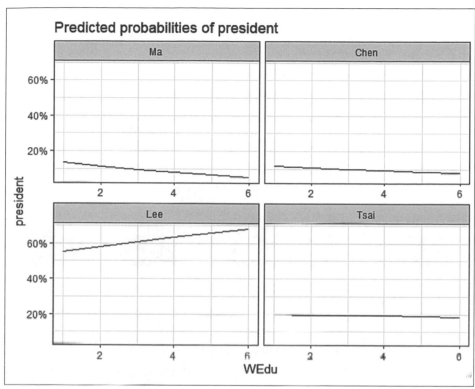

Predicted probabilities of president

┃ 圖三　教育程度與總統領導力認定

六、分析結果：決策樹模型

　　上一段無序多分勝算對數模型是基於線性假設，但是也違反了部分迴歸模型的假定。因此我們進一步使用簡易的決策樹模型來觀察不同變數如何影響民眾對歷任總統偏好的選擇，使用R裡面的rpart來完成。結果如下圖四。在這個模型中，因為資料裡選擇陳水扁的人數過少，因此決策樹模型並沒有找到任何可能區分出陳水扁支持者的方式。決策樹模型透漏了總共只有三個主要變數影響了台灣民眾對歷任總統的偏好，分別是政黨認同、年齡、以及教育程度。後續cp值分析與xerror分析都顯示不需要再額外刪減這棵決策樹。

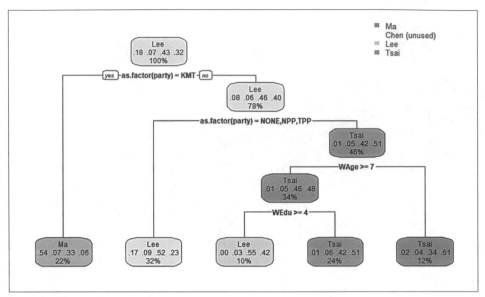

▌圖四　總統領導力認定的決策樹模型

　　決策樹模型的最上兩層都是政黨認同的變數。平均而言，假如受訪者自認是國民黨的支持者（最上面的第一層），那決策樹模型就會預測他會說馬英九是最有決策力的總統，這佔了全體樣本的22%，而裡面的確54%選擇馬英九、33%選擇李登輝。而第二層，則是無黨派＋台灣民眾黨＋時代力量。假如是這兩個小黨跟無黨的支持者，決策樹會預測他選擇李登輝，而實際資料中這佔了32%的選民裡面有52%選擇李登輝、23%選擇蔡英文、17%選擇馬英九。

　　在預測完國民黨與小黨之後，最後民進黨以及基進黨的支持者（佔全體46%）的偏好如何解釋呢？這裡年齡與教育程度再次派上用場。平均而言，這群泛綠支持者中，年紀較小、或者教育程度較低者會認為蔡英文最有領導力，而年紀較大、且教育程度也較大的人，會選擇李登輝。但這兩個變數的區辨力都沒有很好，但至少都能準確預測出過半數同類型裡的人的選擇。

李登輝學×學李登輝
民主台灣的時代精神、歷史意識與政治領導

七、小結

　　總結來說，假如把四位台灣民主化以來的民選總統排開，請民眾選擇他覺得最有領導力的總統的話，大多數人會選擇李登輝。對李登輝的支持是跨黨派的，尤其是在無黨跟小黨之中最高，而在兩大黨也都有四成的支持度。除了政黨認同之外，高教育程度者、年長者更傾向支持李登輝。而對於年紀較輕的受訪者來說，則有更高比例的人覺得蔡英文最有領導力。相較之下，馬英九跟陳水扁都有固定力的支持者，只是這些比例並沒有隨著其他各個變數而變化。

　　不過，這份研究的限制就是，總統的評價很容易受到現實生活中的大事所影響。例如，這份民調是在二〇二〇年十一月進行的調查，而在該時全球在新冠（武漢肺炎）疫情的肆虐之下，台灣絕對是在防疫工作上的佼佼者。因此，在防疫這件事上，蔡英文應該也會獲得民眾的認同，但如果這份民調是在二〇二一年的五月之後所執行，或許會因為現時台灣的疫情破口以及三級警戒的狀態，而產生不同的樣態。

　　我們希望這份研究可以為學者與民眾帶來不同的觀點，也希望領導力相關的研究可以在台灣政治與政策學術圈萌芽。因為民眾對於領導力的認知，會直接地解釋人民如何理解每一位總統的歷史定位。這樣的研究，必然可以為台灣民主化的歷程添上更多色彩，也讓國內外學者更了解台灣人民對過去歷任民選總統的看法。

八、參考書目

Davis, Bob, and Lingling Wei. 2020. *Superpower Showdown: How the battle between Trump and Xi threatens a new cold war*. New York: Harper Business.

Edwards, George C., Kenneth R. Mayer, and Stephen J. Wayne. 2020. *Presidential Leadership: Politics and Policy Making*. Eleventh edition. Lanham, Maryland: Rowman & Littlefield.

Holian, David B., and Charles Prysby. 2014. "Candidate Character Traits in the 2012 Presidential Election." *Presidential Studies Quarterly* 44(3): 484-505.

Laustsen, Lasse, and Alexander Bor. 2017. "The relative weight of character traits in political candidate evaluations: Warmth is more important than competence, leadership and integrity." *Electoral Studies* 49: 96-107.

Wang, Austin Horng-En, Yao-Yuan Yeh, Charles K. S. Wu, and Fang-Yu Chen. 2021. "The Non-Consensus 1992 Consensus." *Asian Politics & Policy* 13(2): 212-227.

張廖年仲，2005。〈從1995-96年臺海危機論冷戰後中共的安全政策〉。《遠景基金會季刊》6（2）：185-222。

徐斯儉，2011。〈Advantages and Limitations of President Ma's Cross-Strait Negotiation: CECA/ECFA as an Example〉。《思與言：人文與社會科學期刊》49（3）：55-94.

林濁水，2009。《歷史劇場：痛苦執政八年》。新北中和：印刻。

楊喜慧，鄭龍水，及陳明通，2016。〈「馬習會」對兩岸政治談判的民意衝擊：一項台灣民眾的民意調查分析〉。《中國大陸研究》59（3）：1-38。

沈有忠，2014。〈半總統制不同政府類型下的二元行政關係－台灣與羅馬尼亞的比較研究〉。《台灣民主季刊》11（3）：41-82。

蔡佳泓及陳陸輝，2015。〈「中國因素」或是「公民不服從」？從定群追蹤樣本探討太陽花學運之民意？〉《人文及社會科學集刊》27（4）：573-603。

蔡榮祥，2007。〈一觸即發或虛張聲勢：論一九九五、一九九六台海危機〉。《台灣政治學刊》11（1）：201-239。

蕭新煌及楊昊，2016。〈"新南向政策的願景與挑戰〉。《戰略安全研析》136：6-13。

蘇子喬，2010。〈台灣憲政體制的變遷軌跡（1991-2010）：歷史制度論的分析〉。《東吳政治學報》28（4）：147-223。

陳添枝，2021。《美中貿易戰，戰什麼？：大國崛起與制度之爭》。台北市：時報出版。

顏建發，2010。〈馬英九邁向以中國中心之戰略思維的困境與挑戰〉。《台灣國際研究季刊》6（2）：63-90。

黃紀及王德育，2012。《質變數與受限依變數的迴歸分析》。台北市：五南圖書出版。

人民如何評價李登輝對台灣民主的貢獻？政治世代、族群認同與政黨認同

張佑宗

台灣大學政治學系教授

一、導論

　　一九八八年蔣經國病逝後，李登輝接任總統，開始台灣民主轉型之路。外媒已以「寧靜革命」來描述台灣經歷不流血的民主化過程，並以「民主先生」稱呼李登輝。然而，李登輝對台灣民主轉型與鞏固的貢獻有多大？幾乎被目前學者忽略了。

　　台灣一九五○年代兩蔣建立的準列寧式黨國體系（Quasi-Leninist party-state system）為何崩潰？民主鞏固由誰完成？回顧過去的研究，學者分析集中在蔣經國的改革步驟、反對黨（民進黨）的出現、統治正當性危機、經濟快速發展、選舉競爭或國家認同衝突等因素（張佑宗 2011；張佑宗、朱雲漢 2013）。例如Chou and Nathan認為蔣經國深知推動民主化改革，一方面可以解決台灣短期的問題（繼承危機與江南案、十信案等重大事件），另一方面又可以強化統治的正當性（Chou and Nathan 1987）。Dickson認為台灣的民主化過程，是列寧式政黨（國民黨）因應環境變遷，所進行調適（adaption）的結果，尤其增加國民黨對社會的回應性（responsiveness）（Dickson 1997）。若林正丈認為隨著國際環境的改變（退出聯合國等），迫使國民黨向內尋求正當性的支持，不得不開放適度的政治空間，反對勢力因而獲得增長。國民黨評估鎮壓成本太大，以及可以掌握改革主導權，因此接受民主改革的要求（若林正丈 1987）。鄭敦仁認為台灣經歷快速經濟發展，形成一批中產階級投入反對運動，透過街頭運動、議會抗

爭、政治協商與海外訴求等，與國民黨進行民主轉型的磋商。國民黨基於未必立即喪失權力的考量下，願意進行民主改革（Cheng 1989）。朱雲漢在《Crafting Democracy in Taiwan》一書中，分析台灣民主化的過程，尤其從選舉競爭、社會運動對台灣民主化的引導作用（Chu 1992）。Wachman從國家認同的角度，分析台灣的國家認同分歧如何推動民主化過程（Wachman 1994）。吳乃德（2000）探究群眾與反對運動的參與者，他們價值理念和行動對民主化的貢獻。王甫昌（2008）討論族群政治意識的升高，是推動台灣民主轉型重要的社會條件。林佳龍（2000）分析台灣的選舉競爭，如何帶動政黨係的變遷，進而影響民主轉型。湯志傑重新論證1970年代國民黨政權的「正當化」基礎，並從結構/過程辯證美麗島事件的發生（湯志傑 2006；2007）。

也許是很多珍貴史料尚未公諸於世，社會還沒興起李登輝研究熱潮。尤其是民主轉型前後，李登輝如何與國民黨內部反改革派鬥爭，包含蔣宋美齡、俞國華、郝柏村等舊勢力。他也要和剛成立的民進黨時而合作、時而衝突，順利推動六次修憲、廢除國民大會。李登輝主政初期，也經歷「野百合學運」，運用這股學生力量順利推動國會全面改選。李登輝對台灣民主發展的貢獻是毫無爭議的，從以下最新的民調數據中也可以得到直接證明。

二、成功的民主轉型

一九七〇年代以前，台灣僅僅開放地方政府的選舉，中央政府權力的分配絲毫不受地方選舉結果的影響，選舉充其量不過是威權體制籠絡地方派系領袖的一種工具而已。但是在七〇年代以後，台灣一連串的外交挫敗引發政權合法性的危機，促成了台灣威權統治體制的鬆動，國民黨不得不向內尋求統治合法化的機制，在政治上進行本土化政策，並且局部地開放中央政府層級的選舉。雖然台灣僅有局部的選舉，不足以動搖國民黨一黨獨大的威權統治，但選舉制度卻提供了反對精英與群眾合法接觸的管道，透過選舉的競爭與動員過程，反對精英不斷挑戰台灣政治體制不合理的問題，諸如戒嚴體制、萬年國會等，都是反對運動挑戰國民黨政權最有力的著力點，也是凝聚選票的最佳訴求，國民黨的社會基礎的確

因之而逐漸鬆動。

一九八〇年代是台灣政治、社會動盪最激烈的年代。自從一九八六年九月二十八日民進黨打破威權統治禁忌，成立台灣第一個實質的反對黨後，民進黨逐漸形成社會弱勢團體的代言人，政黨與社會勢力的結合，持續弱化國家機關在政治上的壟斷，同時也促使個人重新評估參與集體行動成功的機會與集體行動應付出的成本。在這些制度的誘因下，台灣八〇代中期以後，由集體的不滿所引發的各種社會運動此起彼落，國民黨在社會上的控制力也同樣逐漸式微。李登輝眼看民主改革勢在必行，在九〇年代後完全主導整個台灣民主憲政結構的變遷。從一九九一年二屆國代全面改選，到一九九二年全面改選立法委員，台灣民眾終於擁有選擇中央政府的權利。就在此時，國民黨本身也面臨解體的危機，國民黨內部非主流派對於國民黨領導人和大陸政策的不滿，展開「正統國民黨」與「台灣國民黨」之辯，最後正式宣布脫離國民黨而成立新黨。在歷經短暫波折之後，國民黨持續推動省市（直轄市）長的選舉（一九九四年），次年並舉行首次的總統直選（一九九五年）。經歷過幾次激烈的選戰，執政的國民黨居然都能浴火重生（born-again），成為第三波民主化國家中唯一的異例。

三、台灣第一位民粹領袖

二十多年前，有人提出「李登輝情結」這個概念。「李登輝情結」本質上就是一種典型的民粹運動的展現，發源自一群有「李登輝情結」的人，追隨李登輝的民主改革政策。心理學講的「情結」（complex），是一種「無意識中的一個結」，可以間接探測，但行為表現很難理解。台灣在民主轉型初期形成的「李登輝情結」，是一種本省人感覺在威權統治期政治地位被外省人佔據，在1996年總統直選時爆發出來的情感投射。在李登輝掌權之前，長期在黨國體制壓抑的本省精英和民眾，感到受辱、污名化及被社會邊緣化（social marginalization），李登輝自然成為他們的「救世主」。因此，至今仍有不少人相當緬懷李登輝過去的政績，尤其經歷一九九〇年民主轉型其的年輕世代。

民粹主義這個概念，在台灣社會徹底被污名化了。當前的台灣社會，不論

是學術界或是朝野各政黨，都極力反對民粹政治，而且經常被濫用作為攻訐對手的一種政治口號。其實，一般學者對民粹主義本質的討論，多少有點價值判斷（value-laden）的成分。有些人鄙視它，認為民粹主義是一種煽動性的非民主行為，是當代社會無法跨越的裂痕（Horowit 1999）。有些人則推崇民粹主義可促成民主的深化，尤其在擴展選舉權的普及，以及推動公平與公開的選舉上（Conniff 1999）。有些人則認為民粹同時具有民主與反民主這兩種傾向（Torre 2000；Weyland 1999）。Mudde（2004）指出我們不能把民粹主義當作是社會病態（pathological form），反而要視為是一種新的時代思潮（Zeitgeist）。

如今民粹主義不論在美國、拉丁美洲、非洲，甚至在中東，一直都是熱門的研究議題（Kazin 1995; Albertazzi and McDonnell 2007; Kaltwasser et al. 2018; Wuttke et al. 2020）。Canovan認為民粹主義是從popular這個字發展而來，意指被人民廣泛喜愛與支持的一種政治行為。其核心價值是跳過代議政治的界線，由領導者直接訴諸民意的一種方式（Canovan 1981）。

當代學界對民粹政治負面的反省，主要是來自二次大戰期間，德國的希特勒與義大利的墨索里尼所施行的威權統治，他們都是透過人民的支持而獲得至高無上的權力，最後卻反過來傷害民主的核心價值，也就是人權與自由。因此，許多西方文獻對於民粹主義，都抱持戒慎恐懼的心態。但是，Canovan指出民粹主義對民主的深化，也具有正面與積極的作用，例如美國二十世紀初期的進步運動，以及1960年代由金恩德博士引領的社會風潮，要求許多州政府撤除種種對於黑人族群不當歧視的相關法令（ibid：177）。Canovan透過不同時期歷史經驗的整理，將民粹運動區分為七種類型，前三種類型都是以農民為主的民粹運動（agrarian populism），包括the populism of farmers、the populism of peasants、the populism of intellectuals，分別以美國一八九〇年代的人民黨（people's party），加拿大一九三〇年代的社會信用運動（social credit movement），以及德國在十九世紀末的農民運動為代表。另外四種類型則為政治的民粹運動（political populism），包括「民粹獨裁」（populist dictatorship）、「民粹主義式的民主」（populist domocracy）、「反動式的民粹主義」（reactionary populism）以及「政治掮客式的民粹主義」（politicians' populism）（ibid：13）。

世界各地對地對民粹現象的研究汗牛充棟，但台灣對民粹主義的研究卻不

多（Wang and Chang 2021; Lin 2020）。王振寰與錢永祥（1995）兩人認為在李登輝主政時期，著手建構屬於台灣自己的國族論述，形成所謂的民粹威權主義（populist authoritarianism）。黃光國（2003）指出，李登輝以民粹主義作為選舉的訴求，這是韓非子所言的亡徵，台灣新興的民主體制將趨向滅亡之路。隨後，張佑宗（2009）以經驗調查資料反駁上述兩位學者的觀點，台灣民粹主義並沒有與統獨議題結合，也沒有對台灣民主深化造成阻礙。

　　Leaman建議我們應該把民粹主義當作一個形容詞，亦即使用populist或neopopulist，而不用populism或neopopulism。populist或neopopulist是用來描述「一種個人式的政治領導，以及可變動式的跨階級的聯盟，其目的是要完成某種重大政策的改變」（Leaman 2004：320）。因此，它可以與經濟自由主義結合在一起（neoliberalism），例如阿根廷的Menimism。也可以是民粹式的民族主義（neopopulism nationalism），例如當今的委內瑞拉的Chavismo。至於台灣，在李登輝主政時期，以其個人的領袖魅力，進行各項憲政改革（修憲），這是一種民粹式民主（populist democracy）（張佑宗 2009）。

　　二○二○年李登輝去世後，民眾對這位推動台灣民主改革的重要推手，會存有怎樣的評價呢？

四、誰對台灣民主貢獻最大？

　　本文分析資料來自「台灣智庫」在二○二一年一月七到九日進行的民調，調查主題為「人民眼中的李登輝：民主憲政及公民參與」，尤其是民主化以來，台灣民眾認為歷屆總統誰對台灣民主的貢獻最大？本次調查有效樣本為1,080人，抽樣誤差在95%的信心水準下，抽樣誤差在正負3.0個百分點。調查方法採用電話調查，以分層比例隨機抽樣進行住宅電話調查。訪問地區為戶籍於台閩地區二十二縣市且年滿十八歲以上的民眾。

　　表一顯示在台灣民主化後，四位曾經或現任總統，那一位在人民的心中評價為對台灣的民主發展貢獻最大？首先請受訪者挑選一位貢獻最大者，我們可以看出超過1000位受訪者中，李登輝獲得高達45.6%的人，認為他對台灣民主發展的

貢獻最大。其次，則是現任總統蔡英文，有17.6%的人認為他對台灣民主發展的貢獻最大。第三是馬英九，有15%的人認為他對台灣民主發展的貢獻最大。最後一名則是陳水扁，只有4.5%的人認為他對台灣民主發展的貢獻最大。陳水扁在第二任的總統任期中，爆發國務機要費等重大貪腐案件，影響他在人民心中的評價。

表一　對台灣民主發展貢獻誰最大者

	次數	百分比
李登輝	492	45.6%
陳水扁	49	4.5%
馬英九	162	15%
蔡英文	191	17.6%
都沒有貢獻	46	4.3%
其他	140	13%

資料來源：台灣智庫（2021）

如果我們考慮到不同排名順序，都加以納入計算。被選為第一名的給6分，被選第二名給4分，被選第三名給2分，被排最後一名的給0分。如果第一題（貢獻最大者）回答不知道、沒意見或拒答的，四位總統分別各得3分。如果第二題（貢獻次大者）回答不出來，則選第一名給6分，其餘三位分別各得2分。如果第三題（貢獻第三大者）回答不出來，選第一名給6分，第二名給4分，其餘兩位分別各得2分。如果第四題（貢獻最小者）回答不出來，則被選第一名6分，第二名給4分，第三名給2分，最後一名給1 分。

綜合加總計算這些分數，我們可以得出一個平均數，呈現在表二之中。李登輝的平均分數是最高的，高達4.234分。數字顯示大都數的人認為，李登輝要不就是最大貢獻者，要不就是次大貢獻者，很少人會給李登輝第三甚至第四名。蔡英文的平均分數是2.86分，略低於李登輝。馬英九與陳水扁的分數相當接近，差距只有0.09。資料顯示雖然有15%的人認為馬英九對台灣的民主發展貢獻最大，但也有一定比率的人，把馬英九排在最後一名。

表二　對台灣民主發展貢獻誰最大（排序後平均分數）

	平均數
李登輝	4.24
陳水扁	1.97
馬英九	2.06
蔡英文	2.86

資料來源：台灣智庫（2021）

五、誰肯定李登輝的民主貢獻（雙變數分析）？

　　由於電訪資料能運用的變數不多，本文以性別、政治世代、教育程度、族群認同與政黨認同等變數，探索到底那些人對李登輝民主貢獻的評價比較高。

　　國外研究顯示，意識形態或政治參與會出現性別上的差異。女性會比男性保守，女性政治參與情況低於男性，女性的政治知識比男性稍低（Verba et al. 1978; Norris and Inglehart 2001）。圖一顯示，性別差異對李登輝民主貢獻的評價確實存在。認同李登輝是台灣民主發展貢獻最大者，男性的比率高於女性。如果我們採用四位總統對比的方式，性別在對比李登輝和陳水扁時差異比較小，其餘兩個對比的差異則比較大。男性對李登輝的評價比女性高，女性對馬英九和蔡英文的評價比男性高。

　　我們再看政治世代，政治世代比年齡這個變項重要。生長在同一時代環境中的人，基於具有共同的政治社會化的經驗，在政治傾向上有清晰可辨的特質。台灣世代的劃分標準很多，例如劉義周的研究，他對政治世代有兩個切割點，分別是一九四五年與一九七〇年。理由是一九四五年政府正式遷台的第一年，往後對台灣帶來新的政治風貌。一九六五年為美援中止時期，其象徵意義很高（劉義周 1994）。由於一九四五年出生的世代逐漸凋零，樣本數越來越少。本文主對要有兩個政治世代切割點，第一個是台灣退出聯合國，衝擊到中華民國的「法統」問題，國際上已不再承認台灣可以代表中國，僅著而來的就是外交上的退敗。第二個切割點是一九九〇年，台灣政治機會結構開始擴大，由李登輝主導的民主轉型正式展開。

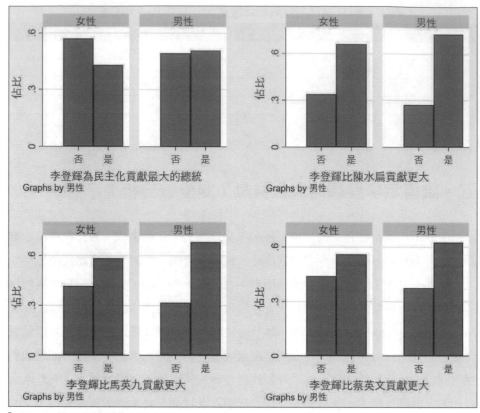

圖一　性別與民主貢獻的評價

　　本文第一個世代爲一九七〇年以前出生，也就是在台灣經濟尚未起飛，歸類爲第一個世代（威權世代）。第二個世代（民主化世代）爲一九七〇至一九九〇出生，這個世代正好是台灣的政治、經濟與社會環境經歷快速變遷的階段。最後一個世代（新世代）爲一九九〇年以後出生者台灣在經濟環境上已轉變爲較富裕的社會，而政治環境逐漸邁入民主轉型階段。

　　圖二顯示不同政治世代對李登輝民主貢獻的評價，呈現顯著的差異。對李登輝民主貢獻評價最高的，是介於一九七〇年到一九九〇年這個政治世代出生的人。也就是他們在成長過程中，尤其在青少年階段，實際經歷過李登輝的民主改革。青少年這個階段的政治態度尚未定型，比較有學習新知的空間（Seligson and Booth 1996）。一九七〇年以前出生，以及一九九〇年以後出生的人，它們

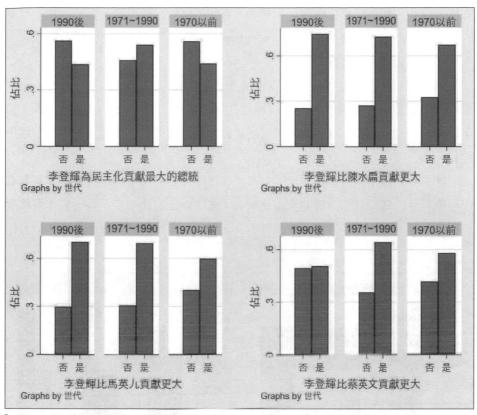

▌圖二　政治世代與民主貢獻的評價

對李登輝民主貢獻的評價非常接近，比一九七〇年到一九九〇年出生的人低。

　　如果我們採用四位總統對比的方式，在李登輝對比陳水扁部分，年紀越輕的人比較同意李登輝的貢獻比較大，一九七〇年以前出生的比率略小一些，三組的差異不大。在李登輝對比馬英九部分，同樣是年紀越輕的人比較同意李登輝的貢獻比較大，但一九七〇年以前出生的比率明顯少很多。在李登輝對比蔡英文部分，同樣是年紀越輕的人比較同意李登輝的貢獻比較大，但一九九〇年以後出生的比率明顯少很多，他們比較認同蔡英文。整體來看，李登輝在一九七〇至一九九〇年這個世代獲得比較高的肯定，馬英九則在一九七〇年以前出生的人獲得比較高的肯定，蔡英文則是在一九九〇年以後出生的人獲得比較高的肯定。

　　過去在台灣威權主義統治時期，Appleton（1976）研究台灣大專學生的政治

態度時發現，相較於其它國家，台灣的大專學生比較順從政府，對政治採取冷漠的態度，因此稱之為寧靜的學生（silent student）。二十一世紀後的台灣社會，大學生已經和過去有很大的不同。

圖三顯示不同教育程度對李登輝民主貢獻的評價，呈現顯著的差異。對李登輝民主貢獻評價最低者，是教育程度在國中以下的人，教育程度越高者，對李登輝的評價就越高。背後原因，可能是教育程度較低者，比較不容易回答這道題目。

如果我們採用四位總統對比的方式，在李登輝對比陳水扁部分，同樣是教育程度越高者比較同意李登輝的貢獻比較大，國中以下的比率少一些。在李登輝對比馬英九部分，同樣是教育程度越高的人比較同意李登輝的貢獻比較大，而且是

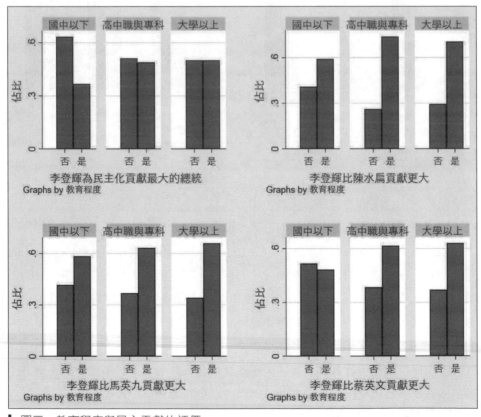

圖三　教育程度與民主貢獻的評價

李登輝學×學李登輝
民主台灣的時代精神、歷史意識與政治領導

隨著教育程度越高越明顯。在李登輝對比蔡英文部分，同樣是教育程度越高的人比較同意李登輝的貢獻比較大，而且是隨著教育程度越高越明顯。整體來看，李登輝在教育程度比較高的人之中，獲得較多肯定。

台灣九○年代「國家認同」的分歧，基本上反映了民主化過程所誘發出來的政治正當性問題，使台灣社會在政治上浮現「我們國家（中華民國）的領土範圍應包括哪裡」、「我們國家（中華民國）的人民包括哪些人」的討論，不同政黨與政治菁英在言論自由的保障下形成不同的國家認同論述，用以動員、訴求民眾的政治支持。對於國家疆界範圍、人民、政府與主權的界定，是一種對「國家性質的認知」，某種程度上構成了國家認同的主要表現。兩岸的統一或獨立，是「國家未來狀態」（國家未來疆界劃定）的選擇。「中國人／台灣人」的族群認同，是台灣二千多萬住民在政治人物或民眾眼中自稱或被劃歸為「中國人或台灣人」的群體認同，這種認同劃分凸顯的是一種相對於中國、台灣人是否應該和中國人有所區分的「台灣人意識」。不論是國家性質的認知、統獨選擇或「中國人／台灣人」的族群認同，皆構成台灣的「國家認同」問題的一環。

圖四顯示不同族群認同對李登輝民主貢獻的評價，呈現顯著的差異。[1]對李登輝民主貢獻評價最低者，是不具台灣人認同者。認同台灣人的人，對李登輝的評價就越高。如果我們採用四位總統對比的方式，在李登輝對比陳水扁部分，同樣是認同台灣的人比較同意李登輝的貢獻比較大，非台灣人認同者比率少一些。在李登輝對比馬英九部分，同樣是台灣人認同者的人，比較同意李登輝的貢獻比較大，非台灣人認同者的人，比較不同意李登輝的民主貢獻，兩者差異很明顯。在李登輝對比蔡英文部分比較有趣，非台灣人認同者反而比台灣人認同者，比較同意李登輝的貢獻比較大。從這個數據可以看出，台灣人認同者慢慢被蔡英文接收，最可能出現在一九九○年後初生的年輕世代（上段有提及）。

政黨認同是一種對政黨心理歸屬感與忠誠感，並且具有持續性，一旦形成之後即不易改變的特性。而且，政黨認同早在兒童時期即開始形成，他們接受學習父母親對政黨的看法，隨著成長與歷次投票給同一個政黨而增強其對特定政黨的歸屬感。部分學者認為政黨認同有動態特質的一面，會隨著社會化的過程而改

---

[1]　由於認同中國人的比例太少，本文將認同中國人，以及台灣人也是中國人的歸類為一類，自覺是台灣人的為另一類。

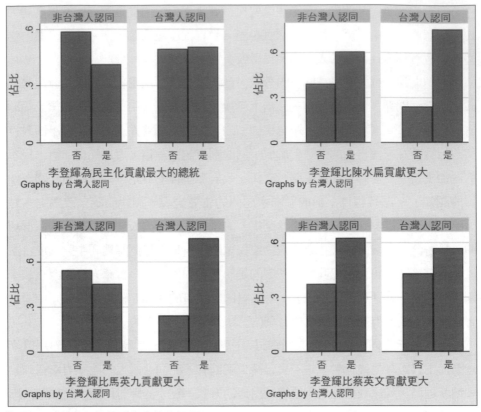

李登輝為民主化貢獻最大的總統
Graphs by 台灣人認同

李登輝比陳水扁貢獻更大
Graphs by 台灣人認同

李登輝比馬英九貢獻更大
Graphs by 台灣人認同

李登輝比蔡英文貢獻更大
Graphs by 台灣人認同

▎圖四　族群身份與民主貢獻的評價

變（changeable），包括成人階段。政黨認同這個概念在台灣政治學界，一直被視爲非常重要的因素之一，尤其在解釋政治信仰、價值上的差異，或是選民的投票抉擇。

　　圖五顯示不同政黨認同對李登輝民主貢獻的評價，兩者呈現非常顯著的差異。對李登輝民主貢獻評價最低者，屬於泛藍支持者，泛綠與中立選民對李登輝的評價就比較越高。如果我們採用四位總統對比的方式，在李登輝對比陳水扁部分，泛綠的支持者比較同意李登輝的貢獻比較大，但中立選民與泛綠支持者比較低，兩者很接近，泛藍支持者稍微低一些。在李登輝對比馬英九部分，泛綠的支持者遠高於其他兩類政黨認同者，比較同意李登輝民主貢獻比較大的。至於是中立選民與泛藍支持者差不多，泛藍支持者最低。在李登輝對比蔡英文部分，反而

李登輝學×學李登輝
民主台灣的時代精神、歷史意識與政治領導

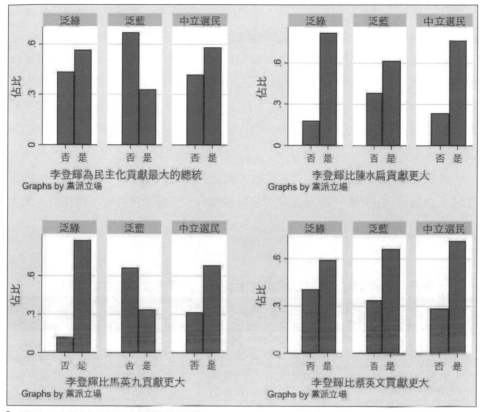

圖五　政黨認同與民主貢獻的評價

是中立選民遠高於其他兩類，比較同意李登輝民主貢獻比較大，其次是泛藍，最後才是泛綠。顯然蔡英文在泛綠支持者中，獲得比較多的掌聲。

六、統計模型分析

本文採用二元羅吉斯迴歸（binary logistic regression），分析各種因素對李登輝民主貢獻評價的深度分析。模型以「認為李登輝對台灣民主的貢獻最大」作為依變項（回答是=1，不是=0），模型中也加入年齡、政治世代、性別、教育程度、群認同、及政黨認同等自變項進行分析。在分析策略上，分別以李登輝對比

其他三位總統、李登輝對比陳水扁、李登輝對比馬英九、李登輝對比蔡英文，一共四個統計模型，逐一觀察觀察自變數對於評價李登輝民主貢獻的解釋力。

表三顯示自變數對於評價李登輝民主貢獻的解釋力。首先，李登輝與其他三位總統相比，比較有解釋力的變數是政治世代、教育程度與政黨認同。性別、年齡、族群認同則沒有解釋力。1971至1990年出生、教育程度越高，則對李登輝的評價越高。至於泛藍的支持者（對比中立支持者），對李登輝民主貢獻的評價最低。

其次，李登輝與陳水扁相比，比較有解釋力的變數是性別、教育程度與族群認同。政治世代、年齡、政黨認同則沒有解釋力。男性、教育程度越高與台灣人認同者，對李登輝民主貢獻的評價比陳水扁高。

表三　世代差異、政黨認同與民主貢獻的評價（二元羅吉斯迴歸）

李登輝	（1）相比其他三位	（2）相比陳水扁	（3）相比馬英九	（4）相比蔡英文
男性（對照組：女性）	0.228	0.341*	0.440*	0.261
	(0.149)	(0.173)	(0.186)	(0.152)
1971~1990（對照組：1990後）	0.770*	0.605	0.639	0.953**
	(0.336)	(0.405)	(0.421)	(0.337)
1970以前（對照組：1990後）	0.659	1.057	0.468	1.128*
	(0.510)	(0.597)	(0.625)	(0.516)
年齡	-0.000477	-0.0873	0.0221	-0.0533
	(0.0578)	(0.0661)	(0.0707)	(0.0587)
教育程度	0.157**	0.196**	0.200**	0.163**
	(0.0596)	(0.0686)	(0.0735)	(0.0608)
台灣人（對照組：非台灣人）	-0.117	0.470*	0.533*	-0.294
	(0.193)	(0.213)	(0.221)	(0.195)
泛綠（對照組：中立選民）	0.0897	0.371	1.164***	-0.309
	(0.253)	(0.300)	(0.294)	(0.270)
泛藍（對照組：中立選民）	-1.037***	-0.461	-1.278***	-0.252
	(0.270)	(0.301)	(0.285)	(0.290)
截距項	-0.994*	-0.150	-1.149*	-0.268
	(0.490)	(0.563)	(0.585)	(0.499)
樣本數	813	813	813	813
Pseudo R2	0.0537	0.0628	0.2442	0.0297

資料來源：台灣智庫（2021）

李登輝學×學李登輝
民主台灣的時代精神、歷史意識與政治領導

第三，李登輝與馬英九相比，比較有解釋力的變數是性別、教育程度、族群認同與政黨認同。政治世代、年齡沒有解釋力。男性、教育程度越高、台灣人認同及泛綠支持者（對比中立支持者），對李登輝民主貢獻的評價比馬英九高，至於泛藍支持者（對比中立支持者）者對馬英九民主貢獻的評價比較高。

最後，李登輝與蔡英文相比，比較有解釋力的變數是政治世代、教育程度這兩個因素。性別、年齡、族群認同與政黨認同則沒有解釋力。1970年以前出生及1971至1990年出生這兩個政治世代、教育程度越高，對李登輝民主貢獻的評價比蔡英文高。然而，1990年後初生的政治世代，對蔡英文的民主貢獻評價比李登輝高。

如果我們考慮到不同排名順序，把四位總統對台灣民主貢獻都納入計算。因為依變項數為數值資料，本文採用迴歸分析（regression），找尋那些因素影響人民對四位總統有關台灣民主貢獻的評價。[2]模型以「每位總統輝對台灣民主的貢獻」（排名）作為依變項。模型中也加入年齡、政治世代、性別、教育程度、群認同、及政黨認同等白變項進行分析。

表4顯示白變數對於評價四位總統民主貢獻的解釋力。首先，對李登輝的評價比較有解釋力的變數是性別、政治世代、教育程度與政黨認同。年齡與族群認同則沒有解釋力。男性、1971至1990年出生、教育程度越高，對李登輝的評價越高。至於泛藍的支持者（對比中立支持者），對李登輝民主貢獻的評價最低。

其次，對陳水扁的評價所有的自變數都沒有解釋力，不論任何經社背景的人，所有人對陳水扁的評價都偏低。第三，對馬英九的評價比較有解釋力的變數是族群認同與政黨認同。台灣人認同者及泛綠認同者，對馬英九的評價越低。非台灣人認同者及泛藍認同者，對馬英九的評價越高。

最後，對蔡英文的評價，比較有解釋力的變數是族群認同與政黨認同，但剛好和馬英九的方向相反。台灣人認同者及泛綠認同者，對蔡英文的評價越高。非台灣人認同者及泛藍認同者，對蔡英文的評價越低。

---

[2] 被選為第1名的給6分，被選第2名給4分，被選第3名給2分，被排最後一名的給0分。如果第一題（貢獻最大者）回答不知道、沒意見或拒答的，四位總統分別各得3分。如果第二題（貢獻次大者）回答不出來，則選第1名給6分，其餘三位分別各得2分。如果第三題（貢獻第三大者）回答不出來，選第1名給6分，第2名給4分，其餘兩位分別各得2分。如果第四題（貢獻最小者）回答不出來，則被選第1名給6分，第2名給4分，第3名給2分，最後1名給1分。

表四　世代差異、政黨認同與民主貢獻的評價（依排名）（迴歸分析）

分數	（1）李登輝	（2）陳水扁	（3）馬英九	（4）蔡英文
男性	0.299* (0.137)	0.209 (0.109)	-0.0114 (0.116)	-0.0431 (0.120)
1971~1990	0.699* (0.326)	0.396 (0.253)	-0.427 (0.266)	-0.360 (0.300)
1970以前	0.834 (0.469)	0.307 (0.394)	-0.200 (0.429)	-0.601 (0.419)
年齡	-0.0255 (0.0530)	0.0537 (0.0446)	-0.0380 (0.0500)	0.0101 (0.0450)
教育程度	0.176** (0.0544)	0.0322 (0.0442)	0.0132 (0.0475)	-0.0426 (0.0450)
台灣人	0.161 (0.185)	-0.148 (0.147)	-0.668*** (0.175)	0.676*** (0.154)
泛綠	0.283 (0.255)	0.400 (0.219)	-1.400*** (0.223)	1.326*** (0.232)
泛藍	-0.779** (0.261)	-0.269 (0.216)	1.889*** (0.246)	-1.066*** (0.220)
截距項	2.989*** (0.452)	0.976** (0.371)	3.140*** (0.393)	2.448*** (0.407)
樣本數 R2	809 0.0911	774 0.0523	785 0.5351	785 0.4014

資料來源：台灣智庫（2021）

七、結論

李登輝主導的台灣民主轉型已經超過三十年，人民對李登輝的印象漸漸模糊，對他的評價也只存在他主政的那個世代（1971至1990年出生），以及教育程度比較高的人。1990年後出生的年輕人對李登輝民主貢獻的評價，已經不太具有正面的評價。

臺灣至今也經歷三次政黨輪替，民主發展的前景如何？近幾年西方國家（尤其是美國）「情感極化」問題日益嚴重，台灣也出現類似情況。社科學著名期刊 *The Annuals of the American Academy of Political and Social Science*，2019年以「兩極化政治：全球民主的威脅」（Polarizing Politics: A Global Threat to Democracy）

為主題出版特刊，兩位特約主編美國學者Jennifer McCoy和土耳其學者Murat Somer提出「有害的兩極化」（perniciously polarized）對民主政治三種有害結果：政治僵局、民主倒退或民主崩潰，特別值得我們參考與借鏡。Jennifer McCoy和Murat Somer分析兩極化過程的特質是選民之間從原本的政治認同轉變為社會認同，這是具有敵意兩個陣營：我們（us）要對抗他們（them）。各自陣營有不同社會關係網絡與價值、信仰體系，以及各自信任與效忠的團體及領導人，有時甚至感受到敵方陣營威脅到甚至要消滅自己的存在。更重要的，此時事實或道德真理失去重要性，每個人漸漸和自己陣營提供的訊息與道德立場一致。

但是，台灣的民主發展也有樂觀的一面。二〇一四年的太陽花運動（Sunflower Movement），香港二〇一四年的雨傘運動（Umbrella Movement），以及二〇一九年的反送中運動（Anti-ELAB Movement），泰國二〇二〇年七月迄今的反政府運動，二〇二一年緬甸反軍事政變運動等，年輕人扮演關鍵的角色。這些運動有四個共同特徵：年輕世代、佔領、自發參與及堅持自由民主改革。因此，台灣的民主有面臨危機，但也有其韌性。年輕人對民主堅定的支持力量，推動台灣民主不斷往前邁進。

八、參考文獻

王甫昌，2008。〈族群政治議題在台灣民主化轉型中的角色〉，《台灣民主季刊》，5（2）：89-140。

王振寰、錢永祥。1995。〈邁向新國家？民粹威權主義的形成與民主問題〉。《台灣社會研究季刊》，20：17-55。

若林正丈著，洪金珠、許佩賢譯，2004，《台灣：分裂國家與民主化》，台北市：新自然主義。

吳乃德，2000，〈人的精神理念在歷史變革中的作用——美麗島事件和台灣民主化〉，《台灣政治學刊》，4：57-103。

林佳龍，2000，〈台灣民主化與政黨體系的變遷：菁英與群眾的選舉連結〉，《台灣政治學刊》，4：3-55。

張佑宗。2009。〈搜尋台灣民粹式民主的群眾基礎〉。《台灣社會研究季刊》，75：85-

113。

張佑宗。2011。〈從民主轉型到民主鞏固〉。收錄於周育仁、謝文煌主編,《台灣民主化的經驗與意涵》,頁297-323。台北:五南出版社。

張佑宗、朱雲漢。2013。〈威權韌性與民主赤字:21世紀初葉民主化研究的趨勢與前瞻〉。吳玉山、林繼文、冷則剛主編,《政治學的回顧與前瞻》,頁121-150。台北:五南。

湯志傑,2006。〈重探台灣的政體轉型:如何看待1970年代國民黨政權的「正當化」〉,《台灣社會學》,(12):141-190。

湯志傑,2007。〈勢不可免得衝突:從結構╱過程的辯證看美麗島事件之發生〉,《台灣社會學》,(13):71-128。

黃光國,2003。《民粹亡台論》。台北:商周。

劉義周,1994。〈台灣選民政黨形象的世代差異〉。《選舉研究》,1(1):53-74。

Albertazzi, Daniele and Duncan McDonnell, (eds). 2007. Twenty-first century populism: The spectre of Western European democracy. New York: Palgrave Macmillan.

Appleton, Sheldon L.1976. "The Social and Political Impact of Education in Taiwan." Asian Survey 16(8): 703-720.

Canovan, Margaret. 1981. Populism. London: Junction.

Chou, Yangsun and Andrew J. Nathan. 1987. "Democratizing Transition in Taiwan." Asian Survey, 27(3): 277-299.

Chu, Yun-han. 1992. Crafting Democracy in Taiwan. Taipei: Institute for National Policy Reasearch.

Dickson, Bruce J. Democratization in China and Taiwan: The Adaptability of Leninist Parties. 1997. Oxford: Clarendon Press.

Horowitz, Joel. 1999. "Populism and its Lagacies in Argentina." In Michael L. Conniff (Ed.), Populism in Latin America, Pp. 22-42. Tuscaloosa and London: The University of Alabama Press.

Kazin, Michael. 1995. The Populist Persuasion: An American History. New York: Basic Books.

Kaltwasser, Cristóbal Rovira, Paul Taggart, Paulina Ochoa Espejo and Pierre Ostiguy, (eds). 2018. The Oxford handbook of populism. Oxford: Oxford University Press.

Leaman, David. 2004. "Changing Faces of Populism in Latin America: Masks, Makeovers, and Enduring Features." Latin America Research Reivew, 39(3), 312-326.

Lin, Hong. 2020. Populism in Taiwan: Battling Politics and Restless Society. Taiwan studies 32(4): 11-25.

McCoy, Jennifer and Murat Somer. 2019. "Toward a Theory of Pernicious Polarization and How It Harms Democracy: Comparative Evidence and Possible Remedies." The ANNALS of the

American Academic of Political and Social Science, 681: 234-271.

Mudde, Cas. 2004. "The Populist Zeiteist." Government and Opposition, 39(4), 541-563.

Norris, Pippa and Ronald Inglehart. 2001. "Culture Obstacles to Equal Representation." Journal of Democracy, 12(3): 126-40.

Seligson, Mitchell and John Booth. 1996. Election and Democracy in Central America. Chapel Hill: University of North Carolina Press.

Torre, Carlos de la. 2000. Populism Seduction in Latin America: The Ecuadorian Experience. Athens: Center for International Studies, Ohio University Press.

Verba, Sidney, Norman Nie and Jae-On Kim. 1978. Participation and Political Equality: A Seven-Nation Comparison. New York: Cambridge University Press.

Wachman, Alan. 1994. Taiwan: National Identity and Democratization. New York: M. E. Sharpe.

Wang, Ziqian and Yu-tzung Chang. 2021. The Populist Enigma in Taiwan: The Identification of Taiwan's Populist Supporters. Working Paper.

Weyland, Kurt. 199. "Populism in the age of neoliberalism." In Michael L. Conniff(ed.), Populism in Latin Americ, Pp. 172-190. Tuscaloosa and London: The University of Alabama Press.

Wuttke, Alexander, Christian Schimpf and Harald Schoen. 2020. When the Whole Is Greater than the Sum of Its Parts: On the conceptualization and measurement of populist attitudes and other multidimensional constructs. American Political Science Review, 114(2): 356-374.

第二部

專家坐論的李登輝

李登輝學×學李登輝
民主台灣的時代精神、歷史意識與政治領導

李登輝學╳學李登輝
民主台灣的時代精神、歷史意識與政治領導

時代精神、歷史意識與政治領導

主持：董思齊
與談：林佳龍、李敏勇、范疇、魏德聖
二〇二〇年十一月九日

　　李登輝先生辭世後，有人說已可來爲其蓋棺論定。但我們要怎麼理解與探討「李登輝」這三個字代表的意義？台灣智庫透過一系列的講座，還有李總統冥誕的大型研討會，以及同時在半年內所作的三次的民調，希望能立體地呈現台灣人民眼中所看見的李登輝。這一場「前導講座」，目的是在定義李登輝學，同時拉高到「時代精神、歷史意識與政治領導」的角度來看這個重要課題。

　　論李登輝，不管是李登輝學或是學李登輝，探究他個人的生命史是最直接的。李總統近百年生命對應的大時代是二個政權：從日治時代、黨國時代到民主時代；個人生命演進對應三段時期的言行：青年李登輝、當權李登輝跟新台灣的李登輝；而將李登輝現象放在更大時空脈絡可試圖討探三種層次：李登輝作爲一個個人、李登輝作爲一種體制，以及李登輝作爲一種時代的代表。

　　以此，本次講座期望能從宏觀歷史與微觀行動的關係當中，探討李登輝的時代精神和政治領導，理解李登輝留給台灣人的歷史遺產，用他的人生經驗探索新時代跟新一代面臨的歷史課題。

「李登輝學」前導講座「時代精神、歷史意識與政治領導：從李登輝學到學李登輝」
出席嘉賓
◆主持人／董思齊／台灣智庫副執行長
◆引言人／林佳龍／台灣智庫共同創辦人、活動發起人
◆與談人／李敏勇／國家文藝獎得主、《夢二途》作者
◆與談人／范疇／《2022：台灣最後的機會窗口》作者、戰略作家
◆與談人／魏德聖／金馬獎導演、籌拍《台灣三部曲》

◆台灣智庫副執行長董思齊：

在二○二一年底台灣智庫邁向二十週年前，智庫透過發起一系列李登輝學的活動，期望能帶動社會討論，同時以此來紀念故前總統李登輝。

在智庫共同創辦人林佳龍倡議下，我們將舉辦五場「李登輝學」系列講座與一場為期兩天的研討會。而在系列活動開始前，台灣智庫用直播的方式，以這場前導講座暖場，帶領大眾從「時代精神、歷史意識與政治領導：從李登輝學到學李登輝」，回望台灣人眼中的「民主先生」。

首先，我們先邀請台灣智庫共同創辦人林佳龍做引言。

◆台灣智庫共同創辦人、活動發起人林佳龍：

台灣的發展跟李登輝關係密不可分。青年李登輝還沒踏入體制內，是一個充滿革命思想與挑戰體制的人；後來他從日治時代進入黨國時代，從一個附從變成領導者；到二○○○年政黨輪替的後李登輝時代，他也扮演帶領的角色，包括手牽手護台灣（二○○四年陳水扁拚連任），使得台灣民主順利經過三次政黨輪替。我們可以從三個層面來看李登輝的遺產（Legacy）：李登輝做為個人、李登輝做為體制，以及李登輝做為一個時代的代表。

不管宏觀與微觀、時間與空間、過去與未來，要探討台灣四百年的歷史，離不開「李登輝」這個名詞。從李登輝學到學李登輝，站在現今的時空座標，看李登輝帶領台灣民主從轉型到鞏固，留下了什麼資產？很多歷史課題還沒完結篇，現在才要算總帳。歷史不會因為我們停止，時代與世代的對話，詩人李敏勇最清楚，他從李登輝和彭明敏的對話，展現同時代兩個不同典型的人，到了新世代的精神變化。

台灣當前面對的問題，早在三十年前李總統已遭遇過，包括台灣意識、國際關係、經貿戰略、憲政改革，以及民主深化的問題。未來式可以從過去式裡找啟發，把李登輝所代表的時代精神與呈現的歷史意識往前推，新世代的課題是什麼，特別是政治領導，這是很重要的切入點，畢竟時勢造英雄、英雄也造時勢。馬克思指出人們自己創造自己的歷史，但不是在他們自己選定的條件下創造，而是在直接碰到的、既定的、從過去承繼下來的條件下創造。

我們這一代——現在的社會中堅，不論年齡或體力，或各方面的特色，如何運用台灣認同的底氣，將涉及台灣的發展與未來。而這中間亦涉及五個政治領導課題。

　　首先，「台灣是台灣人的台灣」，這一點是台灣共識，但前提是如何定義台灣人。從族群身分、國家認同到公民意識，可以看到演進交錯重疊，這是一個面向。第二個就是從「世界的台灣到台灣世界好」。台灣不孤立於世界外，或從屬誰，進入大航海時代四個世紀以來，台灣一定要在全球化中，才能找到自己的定位。

　　台灣也藉由歷史的演進，從華人社會第一個民主化國家，到防疫模範生、被認爲是「角落生物」，這構成了新的認同——民族國家或社群「共同的苦難與共同的榮耀（common suffering and common glory）」，台灣人一起走過，不管族群先來後到或世代差異，共同參與這個過程，這是非常重要的基底（common ground），這個部分呈現出台灣的治理模式、硬實力與軟實力，或某種程度的巧實力。這是國家社會關係，也是政府人民關係，台灣已經演進到一個新時代。

　　第二個政治領導課題是，如何善用有利的國際情勢。這其中又分爲兩部分，一個是安全、外交，一個是全球參與。一個國家或社群，不能確保自己免於武力侵犯，那講再多的價值也沒用。人類歷史上很多衝突是以戰爭解決，國家就是暴力的掌控者，面對戰爭絕對不是只有船槍砲火，除了硬實力與軟實力外，還有銳實力甚至是巧實力。

　　接著是全球參與。在全球化下，有超國家層級（涉及洲際與國際事務者，治理組織爲聯合國）、國家層級（涉及國家內政者，治理組織爲中央政府機關）、次國家層級（涉及地方事務者，治理組織爲地方政府機關）等參與模式。台灣雖然無法被很多國家承認，外交上也被排除在國際組織外，但現在的世界不是用國界、用城牆圍起來，台灣跟世界的關係其實是非常緊密的，包括經貿、文化，乃至非政府組織、非營利組織。

　　第二個是政治領導如何適應時代的經貿戰略。中國崛起，從世界工廠變世界市場，李總統當時的戒急用忍或南向政策，其實並沒有很成功，但他爲台灣爭取到相當的時間。現在全球供應鏈的重組，特別是G2（美、中）供應鏈的競爭，台灣的角色從代工到開始有創新的科技產業，台積電、半導體、資通訊到5G，

甚至防疫國家隊，也希望進化成觀光大國，讓人感受美好台灣的體驗。

「產業創新島」是台灣的經貿戰略中最重要的一環，我們的創新體系或生態系所醞釀的環境非常重要，從口罩國家隊、半導體電子產業、資通訊產業，能夠出口旺且經濟高成長，靠的是「台灣」的品牌，以國家品牌帶動產業品牌。

第四個是政治領導如何把握憲政改革的歷史時刻。李登輝所帶領的民主化，是協商式民主、漸進式改革的六次憲改。接下來台灣面臨一個國家體制的正常化——從體制內改革到改革體制，這包括憲政民主的內涵，涉及民主的國界、課責的政體還有進步的人權。每四年的一次選舉、公民投票與對公共議題的討論，都不斷深化台灣民主實踐的界線（boundary）。再者，政府的可課責性（accountability），台灣的行政立法關係、中央地方關係，涉及國土未來的規劃，讓權責相符，政府將更有效能，而且負責。最後是進步的人權，這體現在一些社會權，包括各種社會安全網，公民權利義務關係不只是意識，也表現在社會福利還有各種文化多元的共識基礎上。

第五個是政治領導如何深化民主的政治共同體。除涉及國家認同外，還有社會認同。更重要的是深化海洋文化，把中國文化視為台灣文化的一部分，讓江河納百川可以成其大，而不是大樹文化（有根才能有枝葉），如此才能擁有一個活的、會演進的文化觀或史觀。台灣共同體的國土規劃，不需使用統獨字眼，不管行政立法或中央地方的關係，應設計出適合資訊全球化時代的政府體制。最後是數位治理，不是政府（Government）而是治理（Governance），不再是政府主觀要做什麼，因為客觀上已經是社群媒體的時代，治理必須在社會力的基礎上，建構一個民主而有效能的政府。

◆台灣智庫副執行長董思齊：

活動發起人提綱挈領地定調李登輝學，從研究他個人的體制和時代，帶到現今時代課題。法國思想家盧梭說：「人生而自由，但無無處不在枷鎖之中。」研究李登輝學，是檢視李登輝做為台灣人的代表，到底在什麼樣的時代脈絡下，承受什麼樣的枷鎖，更重要的是政治領導面對上述五大課題時，要用什麼樣的方式，才能帶領台灣人突破枷鎖。

接下來邀請的是詩人李敏勇，他寫過非常多本優秀的小說，也曾舉辦與李登

輝總統對話的座談，請他來跟我們談談時代精神、歷史意識，還有要如何學習李登輝。

◆國家文藝獎得主李敏勇：

二○○一年，李登輝卸任總統隔年，我邀請他與彭明敏，參與「跨越兩個國度的人生」為主題的座談會。我對於他們兩位的時代，還有他們世代的特性非常有興趣，他們兩位也恰巧有機緣結識。李登輝先生過世後兩周，我完成了一本三萬多字，以李登輝與彭明敏為主角的小說——《夢二途》。

李登輝是意外且偶然地成為一個政治領導人，但他成功完成了某一種使命，而彭明敏則一個悲劇英雄。這兩個人剛好都出生在一九二○年代，是日本統治的最後世代，受過歐洲性非常強的日本教育，是有世界觀的知識份子。

我從他們兩人去想到那個世代跟時代，一九二○世代在二戰（一九四五年）後第一批登場，在戰前大概都處於大學快畢業。李與彭念得都是日本三年制的大學，沒有畢業，回到台大完成學業，先後拿到博士學位，這中間當然過程有點不同，都是一九四五年後，在台大經常聚會的秀逸知識份子。他們面對的是一九四七年二二八事件，太多跟他們一樣的上一代台灣人知識份子死於一九四七年二二八事件。某種意義上，李登輝是二二八的倖存者，這個身分讓他的個性像日本女作家上坂冬子寫的《虎口的總統》，走在虎口中才有一番作為。

李登輝從日治時代經過黨國，再到民主化，他們這個時代的知識與教養性有一個特殊性格。戰後台灣的黨國體制是去日本化再中國化，做為文化改造的政治奠基作為，以清除日治時期台灣文化菁英當前提，這造成了他的特殊性格。李登輝與彭明敏都是二二八事件的倖存者世代，他們在台灣戰後、黨國威權統治到民主化的過程，各扮演了不同角色。

彭明敏一九七○年流亡海外，一九九二年返回台灣，一九九六年被民進黨提名競選首任民選總統敗選，他是一個沒有完成革命的悲劇英雄。李登輝的成功是偶然的，他跟彭明敏在台大常常商談很多的事情，可是他畢竟沒有走向彭明敏對時局表示作為的某種想法，而是等待一個不能預知狀況到來的機會，偶然成為後來的完成，特別是他從代總統到直選總統，也包括之前他從一九七一年（加入國民黨）就開始進入政治體制。

一九七一年，李登輝接替彭明敏成為蔣氏體制——被國民黨倚賴的台籍政策者，彭明敏一九七〇年離開台灣偷渡到瑞典後，李登輝一九七一年才被徵詢加入國民黨，以政務委員的身分開始參政。

　　李登輝政治使命的完成奠基於偶然性，如果不是因緣際會，他成為國民大會所選出的六年總統，他的歷史功業，也不可能如此鮮明。偶然性也源於他自身獨特的個性，蔣經國曾經物色一些接班人選，在林洋港與邱創煥身上，這個偶然性不會成為必然性。

　　回頭看台灣歷史，一九二〇世代事實上是一個跨越語言的世代，這個世代的人本來不會講中國語，是用日本語做為文化養成的條件，在文學上經歷的苦難，比政治上、經濟領域經歷的苦難更多。文學上的一九二〇世代，命運非常坎坷，因為文學是靠語言文字作為工具，一九二〇世代的人很少像李登輝有機會進入體制。

　　李登輝的知識與教養性，有一種台灣人的特殊性格，念高等學校讀了五百本以上的世界名著，他的文化性格是包含科學的、文學的、哲學的，李登輝的日本性格中帶有世界性，讓他在台灣與黨國時代的政治領域——以中國性為中心、欠缺世界性，有非常大的差別。李登輝的世界性，相對於一九二〇世代中的台籍政治家，他能夠與眾不同。

　　另外，李登輝是務實主義者，不像彭敏明浪漫，我們可以用「瓦全形」與「易碎形」來比喻李彭。彭敏明易碎，跟世家性格有關係，他起草「台灣自救運動宣言」（一九六四年）不是一種政治作為，他有革命性卻不是政治實際的革命操作，卻因此遭受很大的災難。李登輝沒有革命性格，他利用體制完成他的作為，他不只利用國民黨內台灣人的體制，也利用外部進逼民進黨體制，去完成作業。

　　現在回頭看李登輝，他的命運共同體觀念，事實上是在對黨國體制、民主化以後的中國民國體制做某一種引領，但在政治普遍充滿權力競奪的情況之下，最終李登輝不見容於黨國體制的殖民性格，這是國民黨在台灣走下坡的原因，也是台灣共同體不能形成的關鍵。

　　李登輝一直沒用台獨理論與主張，形成了「中華民國式的台獨」的狀況，這就是李登輝式的政治作為，這個政治作為可能無法模仿，是李登輝的個性加上他

的知識教養所形成的。

對李登輝的研究，不要站在台灣人跟黨國體制從中國來的性格檢視，而應該視爲是一種對台灣的建構。有一種不是只有民進黨從外部、以台灣人作爲基盤的角度，而是從國民黨體驗中，可能是出於對蔣經國某些的感念，因當時台灣的政治狀況，蔣經國原本是比李登輝更可能完成使命的人，只是輸在時間。

李登輝比起民進黨台灣人，他是更可能的，卻也沒有眞正完成。之後我們建構寧靜革命，或者寧靜革命應該要怎麼做有成果，如果沒有接續的完成，就會變成歷史的頓點。我想我就先用以上的角度來談我的想法。

◆台灣智庫副執行長董思齊：

李敏勇老師點到李登輝所擁有的世界性格，從二〇二〇年想一九二〇年代出生的李登輝，他有一句名言：「我不是我自己的我，我不是我的我。」事實上，活動發起人林佳龍也提到：青年李登輝、國民黨時代的李登輝、有李登輝時代的國民黨，到後面變成台灣人的李登輝。他經歷了不同的時代，雖然不能選擇自己的出身，這是歷史的偶然，但是他做了自己的選擇，那又成爲他的個性，中間包含了台灣人的一些特殊性格，並不是只有狹隘的本土、或是某一些面向，李登輝留洋的經驗，讓他有世界觀，他帶領台灣的方向也變成台灣人性格中的一部分。這也是後續在做李登輝研究，必須要注意到的部分。

非常謝謝李敏勇老師。接下來要邀請的，是非常擅長以大策略、大思考看台灣未來以及世界秩序的范疇老帥。

◆戰略作家范疇：

在林佳龍與李敏勇的談話中，我聽到了三個東西：提煉歷史、面臨當下、打造未來。一九九三年到二〇一一年我不在台灣，其實完全沒有資格評價李登輝，但我還是可以分享一下我的感覺。

既然主題是「李登輝學」，能夠稱爲「學」，一定是提煉精華，任何的提煉都必須在宏大的歷史跟足夠的時間尺度下，才能提煉出來。坦白說，台灣在這一方面有很大的改進空間，不管看時事、歷史，還是未來，都是比較破碎、片面的，在破碎片面的角度下，很難提煉出一個叫做「學」的東西。

用俗話來說，台灣已經有一段時間，被陷在舊情綿綿加舊恨綿綿的精神狀態，單單這兩種情緒，就很難讓它從宏大的歷史時間尺度提煉出東西。

國外朋友問我，台灣民主化得這麼快是什麼原因？我做了一個比喻，台灣就是蔣經國鬆掉煞車，黨外與早期的民進黨踩一大腳油門，李登輝握住方向盤，這三個動作造就今天的台灣。

李登輝把江澤民先生氣得牙癢癢的，正是因為李登輝的史觀，寬度與長度勝過江澤民。

政治學家已達成一個結論，從一六四八年歐洲《西伐利亞條約》（Treaty of Westphalia）以來，所謂的國際體系，國家是想像的共同體，像台灣這樣四面環海的小島，不只是想像的共同體，還要有更強的「命運共同體」的認識，這也是李登輝提出來的。

什麼叫做共同體？共同體的問題是哲學上，每個人都要問的問題：我是誰？我從哪裡來？我在哪裡？我可以往哪裡去？我怎麼去？共同體就是這五個問題，回答出來如果有共識，就是共同體。

我個人有一個感想，台灣除了「李登輝學」，或者在李登輝學的延伸之下，形成「台灣學」（Taiwanology），簡單地說，是在這塊土地上，拿著同一本護照、同一張身分證的人，在模糊不清的國際地位下的主體學。誰是台灣人？拿著同一本護照、同一份身分證的人，就是台灣人。

而中國論述、或者中國學則是「台灣學」神聖不可分割的一部分，中國這麼大，跟台灣地緣關係，位於約一百多公里外（從福建平潭島到台灣新竹的南寮漁港，只有約125公里），未來一千年不變，中國不會西移，台灣也不會東飄，將來一定要跟中國打交道，所以中國論述必須是台灣學的一部分，可是本質上已經不一樣。台灣是海洋移民的社會，大多數人都從海洋移民過來的，這個跟現在叫中國的地方，都是內陸移民，從西亞中亞的邏輯、心態與歷史經驗完全不同。

中國論述最重要的部分──後中共一黨專政的中國。國民黨不等於台灣，民進黨也不等於台灣，把歷史的眼光放長，任何的政黨都不等於台灣，這是很重要的精神。同樣的道理，中國共產黨也不等於中國，未來的台灣如何和後中共時代的中國打交道，這個是一個很值得研究的議題。

台灣政黨政治是美國式的四年一任，最多做八年，這種八年期限的政黨政

治，加上一人一票，在先天局限下，命運共同體意識要凌駕於政黨意識，國家才能長久生存，任何政黨意識凌駕於命運共同體的地方，都會從歷史上消失。單單根據這一點，中華人民共和國不會太長久，因爲他是政黨意識凌駕命運共同體意識的地方。

台灣最大的限制，就是流亡的國民政府從中國帶來的體制大衣，把一件近千萬平方公里、五億人口穿的大衣，穿在三點六萬平方公里、兩千萬人口的台灣身上，台灣單單拖著這件大衣，走路都走不動了，更別講跑步，如何邁向未來。

體制內改革是不夠的，一定要改革體制，才是台灣的未來。

◆台灣智庫副執行長董思齊：

范疇老師以宏觀的角度，來讓我們理解，研究「李登輝學」並不只是研究歷史，而是面對未來，想像共同體也必須對於未來有共同的想像。

研究「李登輝學」更上位一點，是「台灣學」的一部分，建立「台灣學」研究的本體論、認識論和方法論，不能用過去的方式，特別是從中國來的外衣要好好整理一下，因爲中國的大陸觀點，跟台灣的海洋觀點，其實很不一樣。

兩岸雖然互相依存，但是面對獨裁的中共，台灣如何用民主體制回應、對應，這也是「李登輝學」必須努力的課題之一。

接下來邀請魏德聖導演分享正在籌拍的《台灣三部曲》，如何重新來看台灣。

◆導演魏德聖：

四、五百年前，第一次大航海時代（十五至十七世紀），是世界第一次大交流，東、西方甚至歐洲、美洲文化，爲台灣打造了海盜性格。

台灣的海洋性格不只是接納世界，同時也是一種掠奪的英雄主義者，四百年前的海盜生態與格局，人生的經緯就是三年到五年——搶收、搶收、搶收，與目前選舉的時間相仿，造成人生精華，同時也就這樣玩完。

有一個人突破海盜思考、英雄主義的格局，他叫鄭芝龍，以帝王思考重新打造了人生，掌握這個時代二十年。當時海盜只要一跟中央扯上關係，就會被幹掉，只有鄭芝龍沒有，還掌握中央勢力，創造他的商業地、貿易地，一直到明清對戰，他爲了保全自己、貿易商業的網路，所以忍痛背負罵名去談判，結果最後

被清兵抓走囚禁，江山留給孩子。

李登輝亦是這樣性格的人，在亂世中找到自己的機會點。他說：「台灣要交給你們了。」一直到二〇一五年，在一次日本的展程，我與李總統才有了第一次對談，他知道我是拍電影、寫劇本的，所以他不跟我聊政治、策略，也不跟我聊經濟、科學，他跟我聊歷史、人文、宗教、哲學，那是我第一次聽到台灣曾經的大人物，跟我講土地思考的觀念。

他很博學、很有國際觀，如果我們現在與未來的總統，或者是院長級的人物，都可以有人文、歷史的關懷，以哲學、宗教爲思考就好了。政治與經濟應該站在這個基底打造、謀劃，而不是單純用政治思考政治或用經濟思考商業，應該要用哲學、用人文、用宗教、用歷史來爲基底，思考台灣未來跟國際化。

這是我簡單的想法，只要與李總統對談過，他都會以「誠實自然」勉勵，那是他對我們的示範，回到自己去思考應該付出什麼，憐憫土地上的「人民」，而不是「選民」。

◆台灣智庫副執行長董思齊：

魏德聖導演非常樸實地把心目中觀察到李總統親民，以及對人文、藝術、歷史關懷的這個面向，也分享自己研究四百年台灣歷史時，遇到的海盜時代的性格。

歷史是「History——His story」，關鍵點在「He」是誰。魏導演希望能以台灣庶民的角度，從底層的觀點帶我們看四百年台灣的變化。

接下來我們請活動發起人林佳龍做結語。

◆台灣智庫共同創辦人、活動發起人林佳龍：

我與李登輝總統有複雜的關係，野百合學運（一九九〇年）抗議他，後來出國研究「比較民主化」（一九九一年至一九九八年），透過他呈現台灣，畢業後他找我去國安團隊（一九九九年），經歷過兩國論（一九九九年）的階段，包括第一次政黨輪替（二〇〇〇年），我跟他關係的改變，使我覺得可以透過李登輝看世界的台灣，不是針對這個人而已，那是時代的反應，他又能帶領時代。也因此，要研究或關心台灣實在是離不開「李登輝」。

李登輝歷史的遺產與未完成的任務是什麼？他執政十二年分三個階段：一九

八八年到一九九○年他要掌權，這兩年很精采，包括主流與非主流的鬥爭。一九九○年到一九九六年，從野百合學運後國是會議的召開、六次憲改、省市長直選到總統直選、國會全面改選，這六年是他的改革，在平衡中前進，他的政治領導具體而微呈現在既要掌權又要改革。

一九九六年第一次直選總統，照當時選舉法規，在二○○○年他可以再選一次。因為一九九○年是間接選舉，由第一屆國民大會選出，六年一任；一九九六年是台灣人民直接選舉，改成四年一任。二○○○年他節制權力，沒有說「我繼續選」，這是個重要的轉折，如果沒有他的決定，國民黨不可能分裂，也不會讓陳水扁以百分之三十九得票率當選總統，在朝小野大的狀況下，進入台灣第一次政黨輪替的時代。

這十二年，他的政治領導是鑲嵌在時代的變化中，前民主與後民主時代都應該探討。一九八八年之前的李登輝，個人生命史也很精采。二○○○年後的二十年，在後李登輝世代他亦扮演了一些角色。

討探台灣，不管把它當作一種族群、文化、經貿關係，乃至於地緣政治上，台灣人意識形成過程中，離不開台灣與中國，還有跟世界的關係。台灣是移民社會，又有外來政權，在這之中逐漸地走出自己的一條路，台灣人過去的海盜性格搶了就走，台灣移民性格從剛來台灣，漳泉閩客彼此械鬥搶奪土地就可看出，是比較掠奪性的經濟。

移民社會的特性被外來政權統治，因為都是大國、強權，就產生了亞細亞的孤兒意識，再演進到「台灣人出頭天」、「台灣人要當家作主」，所以反抗國民黨，因為最靠近的敵人就是國民黨。當台灣民主化之後，又有另外一個敵人跑出來──中國霸權崛起，這形成了台灣人意識，同時又是再次對台灣的磨練。

現在，台灣人已經當家作主了，也在全球化中相互依存。因此我們時代就進入要怎麼處理台灣與中國的關係。台灣也許有一些任務，如李登輝總統說的，把「生為台灣人的悲哀」轉換為「生為台灣人的幸福」，既然我們的場域已經改變，中國也必須改變，台灣不從屬於中國，我們必須要去準備或迎接那個時代的來臨。

中共不等於窗口，國家也不等於人民，國家這種界線的經貿、社會、文化的交流與影響，是下個世代的政治領導可能要面對的課題，要怎麼確保台灣的主體

性，與中國互爲主體性，在一個更大的地球村裡，能共好、共存，這也許是世界給台灣人的一個考驗、一個任務，也或許會是份禮物。

◆台灣智庫副執行長董思齊：

李登輝總統強調場所的哲學，除了看他所存在的空間之外，他也提到時間對空間的影響。相互助力之下，台灣不只是台灣的台灣，我們面對中國、面對其他國家，我們成爲世界的台灣，這是「李登輝學」接下來將進一步探討的議題。

台海危機的今昔與台灣的選擇

主持：董思齊

與談：林佳龍、李安妮、鄒景雯、賴怡忠、

蔡適應、李問、陳柏惟、高英茂

二○二○年十一月十五日

　　台海兩岸緊張情勢自二○二○年升溫，共機擾台次數頻創新高，過去作爲兩岸互動默契的海峽中線被否定，中國慣常用政治打壓，文攻武嚇只有變本加厲。再加上香港一國兩制的名存實亡、美中貿易戰到印太地區的地緣政治衝突，兩岸態勢的現況再度引發危機感，美國史丹佛大學學者梅惠琳（Oriana Skylar Mastro）於二○二一年二月警告，有解放軍將領向她表示，習近平有自信在兩年內拿下台灣。

　　兩岸波濤洶湧的程度，不禁令人聯想到一九九五、一九九六年間的台海危機，當時台灣因首次總統直選，遭受實彈射擊威嚇。是什麼讓台灣安然走過風雨飄搖的日子？今昔狀況有何異同？又有什麼關鍵決策等著台灣？如何以史爲鑑，重新思索台灣人民主自由的日常？我們以這場座談來比較台海危機的今昔，同時探討台灣的選擇。

「李登輝學」首場座談會「國際兩岸：台海危機的今昔與台灣的選擇」

出席嘉賓
◆主持人：董思齊／台灣智庫副執行長
◆引言人：林佳龍／台灣智庫共同創辦人、活動發起人
◆致詞貴賓：李安妮／李登輝基金會副董事長
◆與談人：鄒景雯／《自由時報》總編輯
◆與談人：賴怡忠／台灣智庫執行委員
◆與談人：蔡適應／立法委員
◆與談人：李問／民進黨連江縣主委
◆與談人：陳柏惟／立法委員
◆與談人：高英茂／前外交部次長

◆台灣智庫副執行長董思齊：

　　這個時代性的課題，不論從菁英的觀點、人民的觀點、政治兩岸國防外交的觀點，甚至是台海第一線從軍者的觀點，都脫離不了當時的總統李登輝。他處理危機的模式，有一種既視感，在COVID-19疫情橫行的二〇二〇年至二〇二一年，台灣人稱爲「超前部署」。我們今天要來討論的議題正是，如何參照李登輝總統的智慧，用超前部署的思維來解決我們所面對的台海危機。我們先邀請李登輝基金會的李安妮副董事長來致詞。

◆李登輝基金會副董事長李安妮：

　　在李登輝過世後，台灣智庫首度系統地整理他過往的事情與言論；不過，要把父親名字加上「學」，非常勇敢也非常沉重。台灣智庫從兩岸關係、憲政改革、民主轉型、農業、經貿政策等五大議題談李登輝顯得嚴肅，而唯有從藝文、人文的關懷來貫穿政治議題，才會體認到李登輝對這塊土地、對人民的愛，「像極了愛情」，才會知道他過世前最想跟台灣人民講的話：「台灣民主要更深化，台灣人民要更團結。」

◆台灣智庫副執行長董思齊：

　　在台灣智庫所做民調中發現非常特別的現象，李前總統的施政的評價，有三分之二，約67%的人持肯定態度，其中有70%是四十歲以下年輕人，這個結果實在值得深入討論。接著我們請活動發起人林佳龍共同創辦人來進行本場座談會的引言。

◆台灣智庫共同創辦人林佳龍：

　　李登輝自一九八八年一月繼位總統，至他二〇二〇年辭世中間經過了三十二年，可分三個階段來看李登輝的時代精神。

　　第一個階段是一九八〇年代末期到一九九〇年代，那是國際動盪的時代，「第三波」（The Third Wave）民主化浪潮席捲全球。自一九七四年葡萄牙開始，多個獨裁與共產政權垮台，中國在鄧小平一九七八年底宣布「改革開放」十

年多後，於一九八九年發生六四天安門事件，以流血鎮壓收場，孤立於世界之外。相對於中國，台灣卻搭上第三波民主化浪潮，成為新興民主國家。

一九九一年底蘇聯垮台後，中國開始跟世界交往，台灣也在建構後冷戰時期的兩岸關係。當時繼任總統的李登輝，在改革黨國威權體制的同時，也尋求台灣社會與國際社會支持，在外交上緩緩前進。先是放棄蔣經國自一九七九年主導的「三不政策」（不接觸、不談判、不妥協），於一九八八年走向「務實外交」（兩岸交流「對等原則」），一九九○年成立「國家統一委員會」（國統會），隔年制訂「國家統一綱領」（國統綱領），作為平衡內外與統獨爭議的手段。

一九九六年李登輝高票當選台灣第一任民選總統後，便開始推動第四次修憲，隔年提出「兩國論」（特殊國與國關係），透過制度化使台灣邁向正常國家，這個階段隨二○○○年第三波民主化浪潮歇止而告一段落。

第二階段是二○○年，台灣第一次政黨輪替，由民進黨執政，時任總統的陳水扁在國會處於少數政府的劣勢，當時朝小野大，兩岸與外交政策一路衝撞。陳水扁在首任總統就職典禮上發表「四不一沒有」，實踐他選前所喊出的「新中間路線」，但兩年後這條路走不下去（邦交國諾魯與台灣斷交），二○○二年遂提出「一邊一國」，主張「公投立法」，二○○三年甚至推動次年與總統大選合併舉辦「防禦性公投」，所涉及的議題如台灣正名、二○○六年的終統（終止國統會與國統綱領）與二○○七年的加入聯合國等。

而此時彼岸的中國，則因慢慢擺脫六四天安門事件被孤立的不利處境，與世界各國的交往更加積極。二○○一年更是以大國崛起，作為對外戰略思維。在陳水扁總統第二任期，中國於二○○五年提出《反分裂國家法》。導致仍是少數政府的陳水扁更加激進，是以台灣被國際冠上「麻煩製造者」的稱號。

二○○八年馬英九當選總統，兩岸以「九二共識」為交往基準，其任內以他在大選中的政見「新三不政策」（不獨、不統、不武）為原則，上任後提出「活路外交」，單方面進行「外交休兵」，不再擴展邦交國，以期換取中國給台灣「國際空間」。紅藍間的結盟，甚至於二○一三年簽署「海峽兩岸服務貿易協議」，並於隔年試圖以黑箱作業的方式強渡關山，終致引發太陽花學運，而阻止台灣和中國進行更緊密的經貿整合。

若當時「服貿協議」進入台灣，中國「以商圍政，以民逼官」，台灣各行各

業將被制約，也無法加入二○二○年美國的「乾淨網路」（Clean Network）計畫中了。

第三個階段，則是蔡英文於二○一六年當選總統，二○二○年獲得史上最高票連任，兩任期民進黨皆單獨取得國會過半席次，二度完全執政。

這時候世界又有一些改變，中國野心大到想形塑全球秩序跟遊戲規則，它欲征服的對象不只是台灣，或是一國兩制名存實亡的香港，以及新疆與西藏等少數民族。習近平上台後隔年，二○一三年提出「一帶一路」大膽西行，開拓全球經濟戰略取得周邊國家資源、能源，二○一四年往南填海造陸，擴張南海海權。

習近平的「中國夢」終於觸動地緣政治上的競爭者如美國的警覺之心，二○一七年美國的外交圈開始認為對崛起的中國採「綏靖政策」是非常危險的，必須改變。

從上述三十二年的兩岸局勢變化來看，李登輝主政時面臨艱困的「雙重賽局」，他從增加國內支持到增加國際談判的籌碼，並以國際衝突增加國內的支持。

而目前台灣政府是多數執政，「台灣認同」在快速成長，尤其是年輕世代，國際情勢對台灣仍利弊並存，但世界已發覺中國對民主自由的威脅，加上COVID-19的衝擊，台灣被當作對應於中國的另外一種「民主治理」模式。也因此，我們若能研究好「李登輝學」或「台灣學」，便能有助於對付中共的滲透與操控。

至於「一中政策」或「一中原則」，實際上，在一九九六年台海飛彈危機，時任美國國防部長的裴利（William J. Perry）曾提過，「美國有自己的一中政策（we have our vision of one China policy）。」而川普政府國務卿蓬佩奧（Mike Pompeo）也在兩天前（二○二○年十一月十三日）表示，「台灣未曾是中國的一部分（Taiwan has not been a part of China）。」

「中國」代表的是中華人民共和國，也就是中共，在這樣的情形之下，台灣當然不是中國，更不是中華人民共和國的一部分。美國總統大選後政黨輪替，是民主國家正常程序，而對台灣來說，則需用更新的視野，來應對新的國際環境，並妥善處理可能來自中國的挑戰。我先引言到這，接下來我們聽聽其他與會者的觀點。

◆《自由時報》總編輯鄒景雯：

台灣面臨外在挑戰，有明顯的敵國，反射出李登輝領導國家非常重要的面向——他如何因應各類突如其來的挑釁。經由我當時的採訪資料與後續的博士論文研究歸納，我認為李登輝團隊帶領當年危機管理的組織，所擬定的計畫都是有章法可循，並非臨時水來土淹或只以「大內宣、大外宣」的方式來處理變局。

一九九六年台海危機共軍有四波綜合演練，第一波是導彈演訓，時間始於三月八日，在陸地上摧毀目標與在海上進行封鎖；第二波為海空實彈演習，時間始於三月十二日，共軍在東海與南海進行海空聯合實彈演習，主要目的是消滅台灣海空軍戰力，奪取台海制空權與制海權，以利兩棲作戰部隊登台。

第三波時間點始於三月十八日，在距離台灣的島嶼不足七十海浬的平潭島，進行海陸空三軍聯演，包括兩棲與三棲登陸作戰。第四波當時並無對外宣布，將演習移至內陸進行，主要項目是山地戰與城鎮戰。

這四波演習是符合作戰原則的程序，除展現對台作戰能力，也模擬戰場情境，作為日後實戰重要依據，還事前公告弄得國際皆知，目的在影響台灣首度舉行的總統大選，意欲打擊李登輝個人，或者對他的選舉造成困難，並向美國宣示台灣是中國絕不讓步的核心利益所在，進一步試探美國的反應究竟會如何。

故其地點選在接近台灣的廣東跟福建，那是一個海空繁忙的區域，讓周邊國家無法漠視，且同時向南北鎖定台灣兩大港口——基隆和高雄——進行震撼性的射擊，那也是解放軍第一次跨越台灣海峽中線。

中國本身有三重目的，其一為軍隊模擬訓練，其二為影響台灣選舉，而危機背後的本質，便是爭奪台灣主權。

然由時間序上來看，一九九五年並無選舉，但當年六月，李登輝以私人身分至美國康乃爾大學，發表「民之所欲，長在我心」演講，強調「台灣經驗」和「主權在民」，凸顯中華民國，並提及「中華民國在台灣」。此舉跳出中國所設定的框架，並讓中國認定李登輝務實外交的本質就是主權，意圖製造兩個中國、一中一台的活動。

台灣直接民選總統，牴觸了中國片面設置的主權框架，一個沒有主權的地方選總統是在實踐某種主權行為，所以必須加以破壞。於是中國設定「上、中、

下」三策，上策是藉由武力威脅，逼迫李登輝退出總統大選，讓給國民黨其他候選人接手；中策是達某種震懾效果，讓總統大選延期，無法及時舉行；下策則是若李登輝不退，選舉也如期舉行了，那至少讓他得票率低，當選後掌控國家的能力與信度減少。

於是，李登輝政府團隊很快設定了目標：「必須讓大選如期順利完成」。針對這目標有了五個戰術：穩定股匯市、維護治安、避免擦槍走火、加強國際聯繫、做好政府形象管理，同時亦提出四大計畫。

李登輝一九九五年六月的康乃爾大學之行激怒中國，在七、八月就發生第一波演習，他掌握機先召開會議，體認一九九六年是台灣嚴峻的挑戰，在一九九五年十月二日開始整個危機偵測與預防行動，下令組成五人的核心幕僚群，指示國安局局長殷宗文成立偵測專案小組，國安會祕書長丁懋時成立評估小組，十一月八日便完成「十九套劇本」草案，應付中共軍事威脅。

十二月八日，在殷宗文要求下，我方開始進行對岸的全面情報蒐集。隔年二月七日，李登輝正式召開國家安全會議，二月十二日行政院成立「兩岸臨時決策小組」統合各部會，在中共宣布演習消息前已完成因應措施，財政部成立「股市穩定基金」，經濟部協助中小企業取得融資，中央銀行釋出寬鬆貨幣政策。二月十九日國防部各軍種開始輪流值班，成立「永固」專案作業小組指導三軍全面備戰。

在三月五日中國發布三月八日即將進行演習的公告時，就開始正式進入了危機處理階段。

當天由時任行政院院長的連戰發表聲明安撫民心，指示國軍「不挑釁、不迴避」，並於下午到立法院拜會各黨立委，說明這次危機未來的發展，這種朝野溝通的機制，在當時做得非常地迅速。隔天，台灣國安局立刻跟美國中情局尋求協助，希望雙方能情報交換，以全面防範中國可能的進犯。

到了三月八日，共軍試射四枚導彈（第一波），時任國安會祕書長的丁懋時，於三月十一日抵達美國紐約，與國家安全副顧問史坦柏格（James B. Steinberg）對話。

到了三月十三日，共軍先在清晨試射四枚導彈，接著蘇愷戰機飛越台海中線，這時台海已有美國兩個航空母艦戰鬥群，原本共軍整個演習要到三月二十五日才完成，卻因此提早在二十一日鳴金收兵。

在一九九六年台海危機結束後，中國做了非常大的調整，因為發現要解決台灣問題，關鍵不在台灣而在華府，於是全面展開大國外交，並於同時擴張軍武。直到川普時代，中國才吃到苦頭，但在此前，台灣有二十、三十年處於大國格局壓制下，生存空間侷促。

從時間線性的說明下，可以看出李登輝處理台海危機的程序有三個階段：危機預防、危機處理，以及危機復原。而這個模式，在國家遭遇各種危機時，能不斷循環運作。

◆台灣智庫執行委員賴怡忠：

一九八〇年到一九九〇年代，整個世界進入後冷戰時期，世界各國掀起大規模民主化浪潮，中國在一九八九年發生六四天安門事件，台灣在一九九〇年發生野百合運動，雖然在民間社會感受到民主的轉變，但在國際上仍有滯後效應（Lagged effect），因此，台灣的對外關係也往往受到壓制，因為正當性還未確立。

儘管一九九四年李登輝過境美國夏威夷，遭受只能落地加油的待遇，但國際間對台灣的印象，卻是從獨裁慢慢走向自由化的國家，而李登輝正代表這樣的一個政權。

但實際上，整個故事並沒有在一九九六年台海危機後就結束，一九九五年我正好在康乃爾大學當訪問學人，柯林頓政府把美中關係上的問題全都怪罪於李登輝一九九五年六月的康乃爾之行。事實上，直到李登輝訪美前幾天，亞太事務助理國務卿羅德（Winston Lord）還向北京中共高層保證「不會讓李登輝訪美」，後來是因為美國參眾兩院支持，當年五月三日，眾議院以396票對0票，通過敦促行政部門允許李登輝訪美決議，同月九日，參院也以97票對1票通過類似決議。

台灣被認定真正走向民主化，是在一九九六年全民直選總統，李登輝「民主先生」的定位，也是在那時被確定。一九九六年台海危機結束後，當時駐美大使魯肇忠，被美國政府拒見，怎麼樣就是約不到羅德。美中關係的凶險程度，是在此時升級。

一九九六年台海危機只是前戲，一九九七年香港迴歸，中國開始積極處理要如何讓台灣也能比照香港模式，變成中國的一部分，而當時已在美國政府部門

中，獲得相當程度的支持，他們被一九九六年台海危機所造成的美中對峙嚇壞了，不想繼續有新衝突的可能性。

一九九八年甫任國安會亞洲資深主任的李侃如（Ken Lieberthal）對兩岸提出「中程協議（Interim Agreement）」（在一個中國與統一為終局的前提下，以「台灣不獨、中國不武」方式，建構兩岸五十年不變的和平穩定暫行架構），是根據香港一國兩制藍本，提出為期五十年的過渡性「中程和平協議方案」。

不僅是李侃如，連美國國務院助理國務卿陸士達（Stanley Roth），以及美國亞太副助理國務卿謝淑麗（Susan Shirk）都作類似意涵的表達。

美國幾個重要的學政界人士開始提出「中程協議」以及「臨時性協議」（modus vivendi），後來中國問題專家也是柯林頓政府的國家安全特別顧問何漢理（Harry Harding）一九九九年將其定義為「Interim Arrangements」，採用複數形式，並且避開協議等法律用詞，但一直沒被採用。

台北理解為「包括事務性議題在內的各種兩岸協議」，但陸士達明確指出「不宜只限於技術性問題」。為達成上述統戰目標，中共無所不用其極推動兩岸政治談判的進程，促成一九九八年在中國舉辦的第二次「辜汪會晤」，辜振甫在上海會晤汪道涵，竟然還在北京與江澤民碰面。台灣目前的總統蔡英文，當時也是台灣代表團中的一員。

李登輝當時為了讓這次會面不像一九九三年新加坡辜汪會談，只是單一政黨和政黨間協議，發生如民進黨前主席施明德在現場抗議的意外，他讓反對黨也能參與，呈現台灣是跨黨派跟中國進行對話，於是欽點民進黨籍監委康寧祥做為代表之一。

一九九八年的「辜汪會晤」因無實質會談內容而被定位為參訪性質，後來經過我方國安單位探查才發現，這是為一九九九年九月在台灣舉辦的第三次辜汪會面，汪道涵來台而鋪梗，因中共要擴大慶祝建政五十年國慶，「一個中國、一國兩制」勢必成為重點，所以欲將汪行程延到中共國慶十月一日後、十月十日中華民國國慶前。

據傳汪道涵計畫趁中華人民共和國成立五十年，在台灣就統一問題舉行政治會談，拿出江澤民統一的協議，宣布北京為中央，台灣是地方，以城下之盟的方式逼台灣接受，台灣有可能因此失去國際地位。

從一九九六年至二〇〇〇年台灣所遭遇的生存壓力中可看出，中國明白總統選舉中宣示台灣主權的意涵，便急著在第二次人民直選總統的二〇〇〇年前，讓這樣的選舉不再發生，或讓這選舉變成在「一國兩制」統一狀態的前提下舉辦。

經過衡量，李登輝搶在七月提出「兩國論」（兩岸的現實是特殊國與國關係），既然中國準備好要與台灣談判，就要先把我們的立場說清楚，如果汪真的來台灣了，就代表接受李登輝預設的前提，用這種方式破了中共的局，當然，汪道涵就再也沒有來台灣，從此便無辜汪會談了。

自一九九五年往後延伸，當時台灣所遭遇的凶險狀況，比起今日有過之而無不及，那四年若稍有不慎，很可能二〇〇〇年就是一國兩制的選舉。

如果一個領導者本身沒有比較前瞻性的視野，沒有對時代脈絡清楚的掌握，以及事前準備好，大概沒有辦法預見危機。

中國在一九八九年六四天安門事件後受國際封鎖，而台灣同時也正進行民主化工程（歷經六次憲改與人民直選總統），內部的政治「本土化」過程，使得台灣雖有一個新契機可以去尋求新的國際定位，但卻因為國內情勢無法配合而未盡其功。最有名的一個例子，便是李登輝希望能推動美國將「對台」與「對中」政策變成兩條平行線，而台灣「對美」與「對中」政策也是兩條平行線，台灣不反對美國和中國間的關係，但不能變成美台關係次於美中關係，使得美台關係發展受美中關係制約。

美國在原先主張「聯中制蘇」的傳統官僚掌權下，困難重重，但最大的阻礙，卻是來自台灣外交體系的人。外交部前部長錢復在一九九一年提出「兩岸高於外交」的說法，意指兩岸關係若弄得好，台灣就有辦法發展對外關係，而他的學生馬英九在二〇〇八年當選總統主張「外交休兵」，又再提「大陸政策的位階高於外交政策」，「兩岸是特殊關係，不是國與國關係」。美國見台灣把對中關係視為最上位關係，那為何還要跟台灣發展關係？直接跟中國發展關係，再從中國這邊取得和台灣之間可以發展的範圍就好。所以，主張「兩岸高於外交」同樣也是在告訴其他國家，台灣不重視和其他國家的關係，只看待其和中國間的關係，會不會妨礙台灣和中國的關係。

台灣目前外交的策略和所面臨的問題，在九〇年代就已爭論過，回顧當時一些討論的背景，對於在整個時空環境不太一樣的現在，仍非常有幫助。

◆台灣智庫副執行長董思齊：

中國不斷嘗試把兩岸關係國內化，但國際的台灣是世界的台灣，面對中國挑戰，台灣從麻煩製造者變成世界的台灣、世界的驕傲，經過很多努力。李前總統做危機管理的舉動，適合我們參照。

李前總統不管對外交的改變，對國防的觀念的改變，都可以看到他希望讓台灣成為一個正常的國家，也發現台灣人對總體的意識以及未來是有共同想像，也願意來共同承擔。

◆立法委員蔡適應：

我目前在立法院參與外交國防委員會，一九九六年發生台海飛彈危機時，當時的我是職業軍人，深刻體驗到外交與國防上的轉變。

二次大戰結束沒多久，國共戰爭也跟著有結果，中華民國政府約在一九四九年與一九五〇年間撤退到台灣，當時第一任總統是蔣介石（一九五〇年至一九七五年），第二任總統是嚴家淦（一九七五年至一九七八年），再來是蔣經國（一九七八年至一九八八年），然後是李登輝（一九八八年至二〇〇〇年）。

蔣介石來台之後未曾出國，任內約於一九七〇年至一九七一年間，面臨中華民國的最大外交危機——退出聯合國。蔣經國擔任總統期間也沒出國，真正開拓總統出訪站上第一線「元首外交」的，是李登輝。那之後的陳水扁（二〇〇〇年至二〇〇八年）到馬英九（二〇〇八年至二〇一六年）一直到現在的蔡英文（二〇一六年——），逐漸建立一套台灣元首外交的模式。

蔣介石與蔣經國當總統的時候，中華民國政府正陷入「中國代表權」的問題上，前後長達二十多年，在國際外交爭奪戰中，身為總統的兩蔣若出訪，代表的就是中華民國，代表中國唯一合法政府，包含了對岸的中國大陸。而在這過程中，自一九四九年開始，全球有許多國家，紛紛與中華民國斷交，轉而承認中華人民共和國代表中國。也因此，當兩蔣還強調是全中國的總統時，便很難踏出台灣。

李登輝擔任總統後，一改兩蔣時期不外訪的政策，外交政策轉採主動，他拋棄中華民國代表「全中國」的堅持，主張台灣是民主政體選出國家元首，外訪凸

顯「中華民國」的主權國家地位，用「務實外交」代表台灣人民走進國際社會，讓台灣重新被定位為民主政體選出總統的國家。

原《中華民國憲法》規定中華民國總統由國民大會間接選舉，人民先選出國民大會代表，再由國民大會代表，投票「間接選舉」正副總統。而在當時所謂的國民大會，是任期長達四十三年九個月之久的「萬年國代」，「老國會」、「老代表」、「老法統」所選出的總統，實在是無法代表國家民主機構，直到李登輝執政後，一九九一年才分別在台灣全面改選國民大會及立法院，一九九六年總統才真正轉型成由台灣人民直選。

然而，李登輝時代的民主化，與本土化結合在一起，台灣政治局勢的轉變，是經由台灣的民主化而本土化，並經由本土化讓台灣人民認同台灣。李登輝將台灣外交、民主化、本土化「三合一」綁在一起，讓台灣從威權政體轉變為民主政體。

首先，是戰略上的改變。兩岸自一九四九年迄今，其間分別經歷武力對抗、意識形態對抗與交流互動等過程，軍事戰略構想從「反攻大陸」（蔣介石）、「攻守一體」（蔣經國）、「守勢作戰」（蔣經國）逐次調整為「防衛固守‧有效嚇阻」（李登輝），亦即台灣的安全才是國防的目標，不是攻打中國。

其次，是戰術上的改變。蔣介石與蔣經國任內，不強調「飛彈防禦」，因為反攻中國讓陸軍部隊一路掃過去，一個部隊從區域、村莊到省市，掃蕩完畢就建立政權，打的是傳統陸軍的土地爭奪戰，也因此有「六十萬大軍」的佈署。一九九五年台海飛彈危機之後，李登輝政府著手開發「準中程彈道飛彈」（MRBM），並於一九九六年十月向美國採購愛國者二型飛彈系統正式部署，台灣海峽是天然的防禦的屏障，若對岸進犯，就用「飛彈防禦」增加台灣安全。

一九五〇年以後，台灣對美外交的幕後最高指導人之一即是宋美齡，孔宋家族成員充當獻策、遊說和通風報信的角色，他們構成對美外交的核心圈子，同時也是中國遊說團的推動者。台灣的三軍武器，戰後在蔣介石時代，由孔宋家族負責軍購，直到蔣經國掌權後，曾有「孔宋家族誤我國誤我家」的悲嘆。

第三，是軍購正常化。李登輝認為兩岸空軍軍力非常不平衡，台灣要軍購，開始推動軍購正常化、合理化，國防部建立軍購制度，例如駐美軍事採購團等。一九九一年成功向法國買到幻象二〇〇〇、拉法葉艦，一九九二年美國售我F-16

等裝備，當時海內外引發轟動，台灣順利採購兩種不同機型的戰機，讓空軍二代兵力建立，讓台灣更有能力直接掌握台海情勢。

第四，是國防組織的改變。一九八八年蔣經國辭世後，發生「二月政爭」，當時的副總統李登輝繼任總統，當時郝柏村為國軍史上在位最久參謀總長，實際掌握軍權。李總統為鞏固政權，在一九八九年任命郝柏村為國防部長，調離參謀總長職位，一九九○年國大代表間接選舉成為總統後，再用同一方法任命郝柏村為行政院長，讓郝徹底失去軍權，當時被稱為「李郝體制」。

但郝柏村在離開國防部前，便為日後出任閣揆鋪路，火速推動《國防部組織法》修法，將軍政、軍令合一，國防部長直屬行政院長，軍權仍在郝伯村手上，在擔任行政院長期間多次越權開軍事會議，被時任立委的葉菊蘭揭露郝柏村侵犯總統的軍事統帥權。

一九九二年立法院全面改選，李登輝以「建立行政院向立法院負責」為由，要求內閣總辭，一九九三年初國民大會閉幕，郝柏村在遭各方聲浪壓迫，黯然下台，「李郝體制」也正式成為歷史。

李登輝後欲建立「軍政、軍令一元化」的制度，由「文人統制」，不再活在軍事強權的陰影中。現行《國防法》也規定，由代表民意的總統和國防部長直接統治軍隊，軍隊國家化的理念才得以落實在國防體制當中。

之後推動的國防二法，總統統為三軍統帥，國家真正的軍事領導者，直接責成國防部部長，由部長命令參謀總長，讓參謀總長變成國防部的幕僚長，軍隊國家化的理念才得以落實在國防體制當中。現在最看到最明顯的就是整體兵力結構的改變，義務役逐漸改成募兵制，而所謂的黨軍變成中華民國的國軍。

我服兵役的經驗也鑲嵌在此脈絡中。我在一九九五年大學畢業後，有機會加入當時指職軍官班第一期，自一九九五年到一九九八年服兵役，正好碰上台海危機最緊張的時候，而我的部隊在一九九六年就有單位從台灣本島移防金門，即現在大家所知的「工六火箭營」。如前所述，當時沒有飛彈系統，火力最強的火炮發射系統即工六火箭，所以從屏東移一個連到金門防守機場和前線。當時我的職務是聯絡官，所有編裝、人員補給都要由台灣本島送過去。過去，被發派到金門、馬祖當兵被認為是抽中「金馬獎」，多數人走避不及，當時被我帶隊到高雄左營軍港搭船的士兵理應心理不平，明明不是抽到「金馬獎」，卻突然要前往前

線。然而，幾次陪同義務役官士兵，言談之間發現許多人認為能夠在危機時刻駐守前線，非常光榮。在當年危機之下，台灣的年輕人不畏戰，有保衛國家的決心。

◆民進黨連江縣黨部主委李問：

九六飛彈危機至今雖已過了二十四年，但它有很多地方值得年輕世代進行學習與反思，尤其近年台海情勢再度陷入緊張，中共不斷從空中和海上挑戰我們國家邊界，如果我們重新思考二十四年前的台海危機，也可以提供一些方向，比較現在跟以前有哪些一樣跟不一樣的地方。

台海危機的時候，離島的馬祖情勢非常緊張，東莒距離中國的平潭只有不到四十公里，在一九九六年三月，平潭進行共軍的聯合作戰演習時傳出，可能對東莒進行奪島作戰。東莒大量民眾把錢從郵局領出來，撤退到台灣本島或高登、亮島，而人口比較多的大的島嶼，則是進行許多防空洞清埋與演習。

這幾年，中共學會使用一些虛實交錯、半真半假的方式干擾台灣民心、影響台灣輿論，從傳統軍事演習擴張到非軍事灰色地帶的挑釁方法，台灣必須對症下藥。台海危機時，仰賴李前總統跟當年的國安團隊，利用準確的情報、詳細的沙盤推演做出正確的判斷，至今仍是寶貴的經驗。

◆立委陳柏惟：

在年輕一輩眼中，尤其是對當時才十歲的我來說，對一九九六年的台海危機感受不深，一九九二年發生的高雄新興區大統百貨爆炸案，反而更令人恐懼，連前金區都可聽得到爆破聲。但一九九六年發生很多事，現在往回看，可以學習李登輝面對內政、外交、兩岸、軍事困難的時候，如何以不變應萬變，並堅持核心價值，處理接踵而來的問題。

以我的視角來看，李登輝當總統時，做了三件事情，第一，就是建立台灣的主體性。

當時中央政府及民意機構公務員多數為外省籍，延續高普考分省區定額錄取制度，對外省籍考生特別優惠，錄取名額96%，只開放少數名額給佔人口多數的台灣省籍考生。在這樣的公務員系統裡面，一個母語是台語的人，有辦法去生

存，去操作改革，把主體拉回來台灣，實在不是容易的事。

李登輝當總統後，為說服黨內元老不要再喊反攻大陸，在一九九○年成立「國家統一委員會」（國統會），隔年通過《國家統一綱領》（國統綱領），聽起來像實踐統一，實際上是宣告台灣放棄武力光復大陸，將海峽兩岸視為兩個對等的政治體，處於對等國家地位，且設計三階段，第一階段提出中共要民主化、自由化、所得平均，再來談統一。但中國何時能民主化？所以，這份沒有明確時間表的「國統綱領」，是對國民黨元老說的，不是對中國說的，也是一步一步走出台灣主體性。

李登輝在一九九五年於康乃爾演講時，才終於說出「中華民國在台灣」的主體性。

當時民進黨一直罵國民黨，可是不加入它就沒有辦法改變它，李登輝是國民黨的黨外，在國民黨外結合了國民黨內對主流外省權貴、血統正宗、將軍後代這不滿的，才有辦法做國民黨的改革。在當時這條路很困難，但唯有這樣做，才能改變時空環境，這種委曲求全的精神，是我輩年輕人要學習的地方。

第二件事，是「懷疑中國」，也就是對中國保有高度戒心。當時沒人知道，中國在鄧小平一九七八年改革開放後會發生什麼事，總是在講「不管黑貓白貓，能捉到老鼠就是好貓」（無論計劃經濟還是市場經濟，都只是一種資源配置手段，與政治制度無關。），聽了認為中國要開始走向世界了。所以當時，包含國民黨黨外人士都有所謂自由中國的倡議，或者是民進黨在一九九五年由許信良提出「大膽西進」、一九九八年民進黨內部辯論還達成「強本西進」共識。

但李登輝在一九九六年提出「戒急用忍」，甚至說出：「我們跟中國做朋友的時候，要永遠抱持著懷疑。」這在當時並不是那麼的主流，但在快三十年後，蓬佩奧作為美國國務卿才突然學會這件事情。

光對中國有戒心這件事情，台灣比美國超前了快三十年。蓬佩奧在二○二○年七月二十三日的演講中提到，跟中國做朋友必須保持（distrust and verify），就是「不信任且再三確認」。

此語引用雷根於一九八○年代，用以形容美國對蘇聯態度的名句「信任，但要再三確認」（trust but verify），更改為「不信任且再三確認」（distrust and verify），從信任走向不信任之路。

意思是美國現在才發現，要對中國有戒心。當年中國很可憐、很弱小，被大家欺負，乘載「火燒圓明園」、「百年國恥」歷史，有一些相對左派的國家就會覺得，應該跟它做朋友，扶持它長大，以爲中國像國際社會上的弱勢群體，可是沒想到，它長大後變成一個怪物，不管是它的民族主義輸出，或者是它在交朋友的過程中的侵略主義、「一帶一路」等行爲。

第三件事，是他把台灣放到地圖的中間。李登輝認爲，「新台灣人」要改變過去認爲「台灣是邊陲」的看法，以自己的國家爲地圖的中心，眺望世界。現在立法院受訪的地方，背後是中華民國地圖全覽，台灣就是在地圖的中央。

若是以這樣的視角便會發現，台灣離美軍比離共軍還近，台灣離琉球比離福建沿海還近。台灣在世界地圖的中間，右上角有日本，左上角有一點點福建沿海，看得到的全部是丘陵，不是大城市會存在的地方，往下看還有菲律賓、馬來西亞、新加坡等，所以李登輝在一九九〇年代啓動南向政策，也才會有後來蔡英文總統提的新南向政策。

很可惜當時的南向政策，遇到一九九七年亞洲金融風暴，台商大量撤資，導致亞洲第一島鏈經濟發展沒有想像的快。

擬定台灣未來整體戰略，這三件事情，歷經了三十年都沒有變，這應該就是李登輝留給我們的訊息。

一個人在位置上做什麼，不見得是眞心的，但他離開那個位置之後，講了什麼話，那個才是他的本質。李登輝不當總統後，變成一位講台語，很和藹的老阿伯，在二〇一二年幫蔡英文競選時說：「台灣就交給你們了。」

同樣身爲國家前元首，在新時代中國對台灣的威脅與戰爭態勢變化的時候，馬英九卻跑去附和中國，講「首戰即終戰」，還冤枉國防安全研究院，他們講的是「首戰即決戰」。三人行必有我師，馬英九、李登輝都是老師，但一個是好的，一個是不好的。把他們的核心價值放在心裡，面對困難時想想他們會怎麼做，一個正著做，一個反著做，這是對未來政治上，比較好的判斷方法。

◆台灣智庫副執行長董思齊：

台灣智庫所做的民調，給出關於領導力很重要的定義，第一個是領導人是不是能夠勇於挑戰現狀，第二，是否有將願景實踐的能力。而在民調結果之中，民

眾對李前總統持肯定態度，他有願景，雖然在不同位置中，不見得能夠實際講出來，但是他離開那個位置之後，還是會持續做下去。另外一個是，他有挑戰現狀的勇氣，做了很多的突破。接下來請與李登輝同爲康乃爾大學校友的外交部前次長高英茂分享。

◆外交部前次長高英茂：

李登輝的政治思維，不只是在哲學層面的問題，對策略執行的細節，都非常重視，不能只從學術觀點看問題，要從實際執行面看問題。

李登輝的執政大概分爲兩個時期，在一九七一年前，他曾在「農復會」擔任研究員，一九七一年他加入國民黨，才開始接觸與政治相關的領域，但直到一九八八年他繼任總統前，沒有直接牽涉到實際的政治主導跟運作。然而，在一九七一年到一九八八年，這十八年間，他進入國民黨體制，充分了解政治運作的細節，從一九八八年繼任總統到二○○○年這十二年間，他主導台灣的戰略與政策。

台灣最大的威脅來自中國，所以李登輝面對台灣問題的基本概念，就是「務實外交」。台灣是一個小小的國家，想生存一定要動員世界的力量支持，特別是美國、日本、歐盟這些友台國家。

國家的存在最重要，其他的問題是策略，所以要集中力量，先針對裡子，面子可以調整，但是裡子不能忽略。對內要團結，有共同意志維護台灣的獨立跟自主；對外要注重與邦交國的關係，「務實外交」強調實質外交，對重要的非邦交國，特別是美、日、歐這三大塊，尋求支持。

但是手段跟目的，要搞清楚不能混淆，馬英九與國民黨就是把目的跟手段弄亂，比如讓台灣難以生存下去的其實是「一個中國」，而李登輝強調「特殊國與國關係」就是比較務實的態度。

一九九一年「國家統一委員會」召開時，我還在美國教書，被邀請參加，看到《國統綱領》初稿十分震驚，文中強調共同重建統一的中國。李登輝當時認爲，有中國派的國民黨領導人郝柏村、連戰等人在，自己又還無法掌握內政，除非能生存下去，不然不必談別的。在那個時空環境下，中共也喜歡聽統一這種溫和說法。

李登輝將《國統綱領》訂了三個時程，近程先促進交流、了解、互惠；中程才建立官方溝通管道；遠程才協商統一。而從近程到遠程並沒有限定時間，就慢慢來、慢慢談。

李登輝的想法是，一定要先建立台灣的存在，對國際發聲台灣的民主化。從一九九一年開始，他推動憲政改革，主政的十年內完成六次憲政改革。

在國安蒐集情資方面，他強調雙軌運作，除官方公開的互動外，也要深入做各國溝通，他成立明德專案小組，透過民間學者等關係，讓台灣在日本與美國進行情報交流，時任國安會諮詢委員的蔡英文也曾是明德小組一員。

台灣當時與美國共和黨的對口是曾擔任小布希（George W. Bush）政府副國務卿的阿米塔吉（Richard Armitage）；民主黨則由曾為柯林頓（Bill Clinton）政府主管東亞暨太平洋事務助理國務卿坎貝爾（Kurt Campbell）以及國會議員索拉茲（Stephen Solarz）聯繫。日本則是與友台派的椎名成夫議員建立溝通管道。

李登輝的雙軌顯然沒有放過北京，在李登輝與江澤民執政時期的一九九〇年代，曾永賢與時任解放軍總政聯絡部長的葉選寧為兩岸密使的「溝通窗口」，兩岸密使從一九九〇年代初，持續運作到一九九九年七月李登輝提出「兩國論」才結束。

◆現場Q&A

問題一、美國大選方興未艾，中國派系鬥爭又如悶鍋，相應的種種國際戰略正在展開但尚未穩定，如果是李登輝總統在任，請問您覺得他會怎麼應對當前國際形勢的變局？

◆《自由時報》總編輯鄒景雯：

李前總統在任的十二年，是台灣對外最辛苦的十二年，在美中交往政策全力推展大浪潮下的小國生存，小國基本義務是不要惹事，如果惹事就是多餘的，美國可以省略你。那十二年的匍匐前進當中，李前總統還不斷想超越，他去新加坡走走，假借回學校的名義在美國康乃爾大學發表演講，在演講中，他多少次提到中華民國的存在，都是在做不妥協行動。

國際局勢發生重大變化，美國菁英對於交往政策發現錯誤跟反省，它發現南海幾乎全被中國佔領，如果巴士海峽，包括台灣都進入中國的掌控範圍內，是直接挑戰美國的國家利益。這只是地緣上的，還包括產業上的、科技上的、軍事上的不斷升級，李登輝在今天這種情況之下，還是會多邊互動。他是務實的人，曾說過執政就像在秀姑巒溪行走，好的局面跟壞的局面，都要注意平衡。

李登輝是國民黨內的黨外，卸任後，他回到本我，如果他還是總統，會把中國問題在不影響公開透明的情況下，減少誤判，促進私下理解對話的工作。

問題二、目前不斷需要繼續在美、中、台動態關係上的努力，台灣人民應該用怎樣的心情面對與主張和準備？

◆台灣智庫執行委員賴怡忠：

美國總統選舉川普沒有連任，拜登可能帶來一些不確定性。特別在過去四年，台灣和美國的關係進展非常快，是美國對台灣思維的改變，使得台灣國際地位也出現根本的變化，基本上對我們非常有利。

把美國總統選舉撇開，實際上很多地方沒變。拜登總統在當選的過程裡，並不如預期的比例勝選，在美國國內爭議大，使得拜登執政時，所受外在的制約會變得更大。

可能稍微要注意一點，美國政策會不會是因為國內政治動盪，疏於處理對外事務。拜登政府可能不會比川普對台灣更前進，也可能對中國不像川普那麼強硬，但是不會退讓到歐巴馬時代，也不太可能會比歐巴馬更忽略台灣。拜登大概介於川普和歐巴馬中間。

但是比較重要的兩個發展，第一個，中國通過十五年願景。在江澤民一九九五年的十五年願景中，認為全世界會對中國開放，一方面是其他國家實力還是比較強，有自信面對中國，不覺得中國會造成威脅。二方面，中國想在全球化世界再往下走，這是中國的戰略機遇期。

但現在的十五年願景，是一種相反的說法，認為全世界包括歐美國力在內縮，基於自信不足的狀況下，對中國會封閉，用這樣去鋪陳為什麼進行以國內循環為主的雙循環經濟策略。所以，在中國已經奠定內循環為主的經濟政策下所謂脫鉤、降鉤、減鉤的主動力來源是北京，不會是美國。

這個趨勢對台灣很好，因為武漢肺炎，RCEP影響一點都不大，到二〇二一年才有可能會慢慢步入後疫情時代。全球經濟大shut down，台灣是唯一在全球前二十大經濟體中，還正常運作的國家，國際上閒置資金包括FAGAM這些大公司，在台灣都已設立新的分公司，或是大規模投資，比他們小一點規模的高科技也開始加緊在台投資。

除此之外，不僅國際文化團想來台灣，台灣的文化活動也很容易被國際報導。因為不管是因香港問題或是中國封鎖被趕出來的記者，在台灣一天到晚四處跑，變成台灣隨便一個服裝展覽，會在很多國家、很偏遠的角落出現。這帶來在地的國際化，過去台灣要證明我們很好，現在不用證明就已經很好，人家會來報導我們的東西，會來尋求國際合作。

與其想RCEP對台灣有什麼影響，不如看現在已經有多少機會、要怎麼去掌握它，這才是最關鍵的。

問題三、李總統是如何挺過眾口鑠金的挑戰，如何有自信地堅定向前？

◆外交部前次長高英茂：

美國對中美衝突有一個新的看法，是爭奪世界領導、世界秩序的大競爭。這個與過去跟中國來往，把中國變成大家庭的一份子完全不一樣。不只是川普，拜登也不願意讓美國喪失領導世界的地位，目前這個情況，可以借鏡李前總統的雙軌道做法。

一個軌道公開的，怎麼堵都可以講，但是有一個軌道是不能堵的，是私下、非正式的溝通，才能夠真正建立兩邊、台灣跟其他政黨的基本利益的共識。我希望政府要學習李前總統，採取雙軌道的一個策略，對美國來處理當前的選擇。

問題四、鄒景雯總編所著的《李登輝回憶錄》提及,「特殊國與國關係」提出時,美國方面看起來非常地不開心,顯見台灣的地位本來就受到大國的牽制。想請問各位與談人,李登輝總統對於台灣的主權與國際地位如何永續地、受到制度性的鞏固,是否有什麼樣的方案可以來做到這一點?李總統他會如何來面對當今的這個局面?

◆立法委員蔡適應:

　　蔡英文總統在許多方面,是李登輝政策的執行者,就整個務實面來看,外交態度不會有太大的改變,包括過去談到特殊國與國關係,或者維持現狀等,這些基本核心價值不會改變。

　　李前總統任內,最重要的對手是柯林頓,也是民主黨。現在民主黨執政,基本上狀況大概類似。但美中關係與一九九六年截然不同。一九九六年美國認為,藉著推動改革開放,中國可以成為世界大家庭的一份子,包括讓它參與WTO。可是現階段美國或西方盟國認為,中國藉市場開放的崛起後,成為西方或歐洲國家的威脅,所以一定程度的防止科技專利或避免剽竊等問題,才是核心,這是民主共和兩黨的共識。雖然總統換人,但國務院的常任文官不會換,這樣的態度會繼續下去。

　　台灣的主體性不會改變,李登輝與蔡英文擔任總統,台灣的主體性會繼續走下去。

◆立法委員陳柏惟:

　　如何把台灣的主權延續下去?這就像搭建一條不可逆的軌道,往前繼續走,遇到不同狀況,或許列車會放慢速度、甚至會停下來,但它永遠不會回頭。在台灣民主化之後,這個政權就一直往離開中國的方向去走,而不能實現主權自主,並不是台灣人不想當台灣人,最大的因素就在國際。因為,有一個明確不讓我們參加國際組織、不斷在減低我們國際地位、不斷打壓我們的中國。當有明確的敵人,我想在這個國家主權自主的路上,我們都會用不同的方法來努力。新時代戰爭非常重要的是混合戰跟資訊戰。

看起來目前總統、立委好像本土派全面執政，但縣市首長、議員跟里長，本土派從來沒有過半，甚至沒有過三分之一。下一代要捍衛台灣主權，外有中國共產黨，內有中國國民黨，這兩件事情一定要排除，才能夠真正走向共和。Republic of China不管China你喜不喜歡，Republic是台灣一直沒辦法一百分達到的地方。Republic就是大家一樣大，當講不同的語言、不同習慣、不同的族群都能在台灣一起生活，才是真正的新共和。

◆台灣智庫共同創辦人林佳龍結語：

「民之所欲，長在我心。」是李登輝前總統一生的信仰與核心價值，也是他在政治實踐上一直遵循的主軸。在人生最後，李前總統說：「台灣交給你們了。」所指的是台灣主體性，台灣是台灣人的台灣，台灣也是世界的台灣，這就是台海飛彈危機的本質——爭奪台灣主權。但現在中國不只是跟台灣爭主權，它在周邊國家，甚至全世界都擴大它的勢力範圍。

兩岸問題已不只是台灣問題，而是世界的問題，必須以「世界的台灣」作為視角，才不會囿於台灣的出路要透過中國來解決。事實上，台灣能幫世界一起處理中國問題。

李總統主政期間，是一個從改革到變革的過程，一開始務實用國統會、制定《國統綱領》促進台灣民主化，再來處理國家定位，不管國號叫什麼，台灣就是一個民主國家，以務實態度看待這個課題，才能面對生存與發展的問題。沒有生存也不用講發展，可是若沒有發展，也生存不下去。

「民主」做為一個目的，也做為一個手段，是務實的平衡。李前總統曾說，政治領導是解聯立方程式，有議程設定與輕重緩急，哪一條方程式先解開，就有助於解其他方程式。

現在，台灣走過民主化，已經歷三次政黨輪替，由本土政權完全執政，「國家定位」變成他留下的重要課題。

一九九八年第二次辜汪會談，辜振甫於一九九八年訪問上海與北京，並意外見到江澤民，讓兩岸有走出台海飛彈軍演緊張情勢的跡象。江當時為一九九九年

汪回訪台灣創造熱絡氛圍，但在汪來訪前台灣收到情資，北京打算藉中共「建國」五十週年對外宣告，兩岸將展開政治談判，「台灣與香港並列，透過一國兩制合併」。

這也是李登輝為何於一九九九年七月九日接受德國之聲訪問講出「兩國論」的原因，這個主張的發布影響了第五次修憲無法完成，美國派卜睿哲（Richard Bush）來台了解真相，卜與李打高爾夫球時，清楚表示這個說法必須停止，二〇〇〇年連戰接任國民黨主席後，國民黨徹底拋棄李登輝的兩國論，重新倒退回「一中各表」立場。

二〇〇〇年國民黨也因連宋分裂，由民進黨的陳水扁當選總統，這是台灣首次政黨輪替，讓台灣過了這一關。當時社會與國際的支持還不夠，所以沒辦法在陳水扁主政時走向「特殊兩國論」，或選擇「一邊一國」，乃至影響後來的國家正常化，這是李登輝還未實踐的願景。

因為輕重緩急不斷地在改變，隨著時代、環境、潮流，我們也要跟著變。李總統是一位政體轉型期的變革型領袖，我曾經寫過一篇學術論文《Lee Teng-Hui: Transformational Leadership in Taiwan's Transition》。拿李前總統和我耶魯學長大衛　葛根（David Gergen）寫的《美國總統的七門課》比較，美國歷屆總統是在正常民主體制下，發揮他的權力跟影響力。可是李前總統是「穿著衣服改衣服」，民主轉型到鞏固，在他執政十二年裡是非常重要的挑戰，而他也順利引領台灣走出來，但台灣的國家定位，會影響台灣的民主深化，台灣是誰的台灣，是整個國際輿論所關注的議題。

和過去比較，現在的情勢也不太一樣，從美國國防部前部長裴利（William Perry）到蓬佩奧的解釋，其實越來越明顯，因為沒有辦法繼續「戰略模糊」了。「一個中國」不是只有一個版本，不是只有北京版的「一中原則」，也可以是美國版的「一中政策」，也可以有台灣版的「一中（各表）」，而國際上衝突或是協商時，要有台灣人的主張。

面對中國不斷要爭奪台灣的主權，社會已經慢慢有共識。台灣民主更成熟了，台灣不只是台灣的台灣，也是世界的台灣，因為「Taiwan can help」，包括在中國問題上。

兩岸關係中台灣不再是問題，中國才是問題，這是整個戰略環境的改變——

中國自己沒有成為一個負責任的大國，崛起時企圖佔全球化之利，但事實上卻在試圖改變國際秩序，就這一點，全世界都看見了。台灣在歷史上，有一個空前未有的好時機，但台灣要往哪裡去？——這是我從李登輝學裡面想學的，也是他交給我們的課題。

第一，台灣不是中華人民共和國的一部分。中華人民共和國壟斷了中國的代表權與解釋權，所以台灣內部還有人說「一中怎麼表」，一表三千里，表到哪裡去？就是北京才能表！否則馬英九路線或是國民黨的「一中各表」早已有空間了。台灣主權的爭奪是零和的，中共就是要吃掉台灣。

台灣民主化到一個程度一定會處理國家定位，民主其實也不證自明，預設一個國家的存在，至於國號叫什麼、國際承不承認，那是另外一個問題。台灣走到新時代，新世代的聲音要出來，因為在民主中，他們會成為多數。

台灣不是中國的一部分，被蓬佩奧講出來了，台灣不是問題，是解決問題的鑰匙，處理任何問題都應以和平方式，不能訴諸暴力，要尊重台灣人民的決定——涉及什麼是現狀、誰在改變現狀？要重新定義清楚。

處理國際關係，不只講道理，而是力與理，理智上要有一套合理訴求跟論述；力量上，除國力的對比，包括硬實力還有軟實力，國際都參與了衝突或爭議的解決，台灣有很大結盟的空間。時間是站在團結、有準備，做好應變的那一方。台灣要建構正常的兩岸關係，只是需要時間。台灣已經走出自己的路了，在新的世界秩序裡面有新的一代，一棒接一棒，把李登輝總統給我們的資產，變成願景，然後傳承下去。

六次憲改與台灣當前憲政課題

主持：董思齊

與談：林佳龍、許信良、葉俊榮、胡博硯、
陳儀深、陳亭妃、林昶佐

二○二○年十一月二十八日

李登輝前總統主政十二年期間，完成六次憲改。這六次的憲改，被稱爲「寧靜革命」，廢除《動員戡亂時期臨時條款》、確立公民直選總統、終結萬年國大，帶領台灣從威權體制轉型成民主國家，李登輝也被譽爲「民主先生」。

台灣在自由化、民主化過程中，李總統扮演非常關鍵的角色。二○二○年立法院亦成立了修憲委員會，台灣又進入一個關鍵憲政時刻。本場座談，將探討李總統所主導的憲改，及當前台灣的憲政課題。

「李登輝學」第二場座談會「憲政改革：六次憲改與台灣當前憲政課題」

出席嘉賓

◆主持人：董思齊／台灣智庫副執行長
◆引言人：林佳龍／台灣智庫共同創辦人、活動發起人
◆致詞貴賓：許信良／亞太和平研究基金會董事長
◆與談人：陳儀深／國史館館長
◆與談人：葉俊榮／台灣大學法律學院講座教授、內政部前部長
◆與談人：林昶佐／立法委員
◆與談人：胡博硯／東吳大學法學院系專任教授
◆與談人：陳亭妃／立法委員

◆台灣智庫副執行長董思齊：

在這場次座談會開始之前，我們首先邀請李登輝總統主政時期，曾擔任兩次反對黨黨主席、一九九六年於推動修憲議題上與李登輝往來密切，亦是台灣民主化推動具影響力的關鍵人物，現任亞太和平研究基金會董事長的許信良許董事長來爲我們進行開場致詞。

◆亞太和平研究基金會董事長許信良：

台灣民主化經過六次憲改，都是在李登輝先生手上完成的。他不但個頭高大，也是敢做大事的人。一九九六年我第二次擔任民進黨黨主席時，和李登輝一起廢省、廢國代、廢鄉鎮市長選舉，建立雙首長制、取消閣揆同意權，這是中央體制的改革。

修憲可以切入到兩個問題，其一是權力轉移。權力由少數國民黨一黨專政，轉移給老百姓。從一九七○年代最後兩年、台灣民主運動狂飆，到一九八六年民主進步黨成立，一九九○年代權力終於從國民黨轉移到全台灣人民手上。

人民直到一九九○年代，才有足夠力量做第一次權力轉移。而六次修憲都是革命修憲，權力轉移就是革命修憲，完成權力轉移的修憲，嚴格講就是制憲，這是第一個意義。

其二是制度運作的問題，制度的改良或改善。很多人建議廢掉雙首長制，回復內閣制，這不是權力問題，是制度的改善問題。制度的改善不需動輒修憲，應以行憲累積足夠憲政傳統。好的民主憲政靠憲政傳統的建立，不是動不動修改《憲法》，至於制度的改善，應該給憲政傳統建立的時間。

◆台灣智庫副執行長董思齊：

接下來邀請台灣智庫共同創辦人林佳龍來進行引言。

◆台灣智庫共同創辦人、活動發起人林佳龍：

台灣的民主化是透過修憲在《中華民國憲法》上，穿著衣服改衣服的改革，這場寧靜革命，未經流血在舊體制上長出新民主，是台灣人對全世界偉大的貢獻。

李登輝前總統主導的六次修憲，審時度勢與在野黨結盟，取得社會力支持，從歷史角度檢視，具有正當性跟合法性。

「正當性」來自於「往前看」，台灣人希望能自己選舉產生政府，李登輝作為總統獲得社會無條件支持，特別是本土力量，包括在野黨與社運團體，都在關鍵時刻，毫不吝惜的相挺──因為支持台灣民主發展。

李登輝也有別人所沒有、往後看的「合法性」，他在一九八四年成為蔣經國總統指定的副總統，後來又成為接班人。主政十二年期間，李在一九八八年繼任總統，前兩年很脆弱，為了不被鬥倒試圖活下來。一九八八年到一九九〇間，社會力風起雲湧，特別是舊勢力，包括國民黨內的非主流派。三月學運（野百合）在全台大學生支持下，李登輝跟社會結盟召開「國是會議」，啟動「一機關兩階段」的國會全面改選。

當國會全面改選後，李與在野黨合作推總統直選，之後逐漸形成以總統為憲政中心的憲政體制，尤其是行政立法關係，而此間必須處理「台灣省政府」——精省、凍省或廢省——不然會產生民意上的衝突「葉爾欽效應」。有直選的立法院，五權憲法就解構了，考監兩院便是過去遺留下的問題。政權機關國民大會到第七次憲改、陳水扁總統任內，才正式進入歷史，至此國民主權的體現——立法院——逐漸變成主要國會。

這個過程中，從程序性修憲到實質性修憲、從國會全面改選到總統直選，再回過頭重整憲政體制——台灣以總統為憲政運作中心的雙首長制，其實比較偏向總統制。

完善憲政體制，免不了兩個問題，其一是國家定位。因為實踐民主，蘊含大家是一個民主的共同體，政治學的概念上就是「國家」，不管用什麼稱號，兩岸都已形成「特殊國與國關係」。

第四次修憲後，「國家發展會議」回到「國家定位」，但當時支持力量不夠，一方面是國際壓力，同時另一方面是選舉，國民黨也產生新的接班人——連戰於一九九九年參選總統，在「一中各表」跟「九二共識」這一關沒有跨過去。

所謂「特殊國與國關係」或「兩國論」，隨著三次政黨輪替，已經不證自明。台灣是一個民主國家，定期改選總統與國會，並歷經三次輪替，且都和平轉移。所以，現在台灣還有一未完成的工作，有人把它稱之為「邁向正常國家」或「國家正常化」。

台灣認為自己是一個國家，但國際上不這樣認為，我們當然要說清楚代表自己，而不代表對岸的中國，才不會混淆。至於處理兩岸關係，那是另外一個層次的問題。

另一個問題是完善體制，民主政治就是責任政治，「課責性（accountability）」

就是權責相符。不管總統制、內閣制或雙首長制，不能夠權責不分，不然選舉就沒有意義，因為無法產生可以要求它負責任的政府。

既然台灣已經走到總統直選，有最高民意，是不可能再回內閣制，憑空想像出一個人類古今中外最好的憲政制度。我們都在同一個社會網絡裡，這是從比較政治跟歷史角度看得很清楚的。

最後還有民主的品質，就民主程序上，各方面實質符合民意政治與責任政治。但如果人民的人權無法被確保且不斷進步，政府與人民會越來越遠，這包括人權、社會權以及文化權。

政府是為人民而存在的，我們要的是「服務型政府」。至於從憲政體制的行政立法關係、到國家定位與人權的保障，中間有一個關鍵點一直不被重視——政府體制下的中央與地方關係。

台灣現在變成六都，但是中央與地方到底關係是什麼？要怎麼落實地方自治、放權讓利拚經濟？

現在的政府已不只是Government，而是Governance（治理），不是一種統治的權威Authority（我有什麼權力），而是一種關係。尤其在數位時代，未來的資訊、生活形態都將跟著改變，有些能透過《憲法》、在法律的層次提供保障。

一九九七年第四修憲，李登輝已高票當選直選的總統，因為修憲要有絕對多數，他召開國家發展會議，民進黨在當時黨主席許信良領導下，與李是夥伴關係，這個改革聯盟，民進黨是必要的多數。在修憲過程中，各種作用力往前、往後、往左、往右拉扯，許主席主動引導議題，有定錨效果，讓李總統能往修憲方向移動，這就是「議題設定」（掌握議程就掌握議題），不是看多數少數。

許信良提出一個很關鍵的觀念，制度徒法不足以自行，不是為修而修，修憲更重要的是行憲。台灣事實上有新《憲法》，台灣的憲政體制原有《中華民國憲法》的本文，後來《動員戡亂時期臨時條款》附身，接著被廢掉，補上增修條文，事實上它就是一個小《憲法》。

好的《憲法》十幾條就夠了，《美國憲法》開始也只有十一條左右，從人權保障進而決定政府形態。李登輝第五次修憲，蘇南成是國民大會議長，我們很多人都參與那一次修憲，想回過頭盤整，把幾次修憲變成新的《小憲法》，或乾脆把本文跟增修條文一併整合，也許最終剩下一百條，但最後力有未逮。

當時國內外政治環境，其一是涉及美國對兩岸關係的看法，美國的介入。其二是國內選舉到了，又回到政黨政治競爭為主，修憲就留下未完成的課題。

台灣要很客觀樸實地面對，我們從哪裡走到這裡，從這裡再來怎麼走？畢竟國家是為人民存在的，民主就是人民做主，是人民決定土地的未來，不是土地決定人民的未來。生活在台灣這塊土地上，我們都是一個民主的共同體。

◆台灣智庫副執行長董思齊：

民主是一種日常生活的公民投票，選舉像是一個漩渦，讓我們所有人都捲在一起，變成一個憲政共同體。我們面臨修憲的關鍵時刻，接下來有哪些課題？該如何做？現在是非常好的討論時機點。

接下來邀請非常知名的台灣政治史學者、國史館館長陳儀深，他在憲政面有豐富的參與經驗，是第三屆與第四屆國大代表，憲政關鍵時刻，他也在現場。

◆國史館館長陳儀深：

修憲有兩個關鍵的點：一個是九七憲改，第四次修憲，另一個是關鍵的一九九一年，或者說李登輝民主元年，從這一點切入，我們來談李登輝憲政改革的起點。

九七憲改我在陽明山參與其事，表面上是政黨合作，實際上刀光劍影，這是政黨合作路線的大試驗。民進黨在第二屆國大代表、一九九一年底的選舉得票四分之一，李登輝領導的國民黨席次超過四分之三。

當時台教會主張制憲，因為台灣沒有權力修改《中華民國憲法》，可是基於國民主權原理，台澎金馬的人民若有足夠的共識，就可以制憲。

但政治運轉通常不是隨道理而來，這牽涉到結構制約，以台灣與中國的關係，若短期內無法釐清，也不可能把《中華民國憲法》做太大拆解。好比一九九六年直選總統，頂多只能採混合制偏總統制，不能完全離開《中華民國憲法》。台灣從目前的兩岸結構，以及島內藍綠結構，免不了會走向混合制。

一九九一年之所以重要，是李登輝經歷三月學運後當選總統，之前繼任蔣經國未完的任期。李上任後承諾召開國是會議、解散國民大會、廢除《動員戡亂時期臨時條款》，以及政經改革時間表等四大訴求。

那是一個社運狂飆的年代，台教會反對老賊修憲。同一年，民進黨與台派團體召開「人民制憲會議」，產生一部洋洋灑灑的「台灣憲法草案」，是整合型、總統制的台灣憲法草案。

民進黨在一九九一年全面改選國大代表的共同政見，就是用台灣憲法草案。這是民進黨創黨以來，唯一一次站在制憲的立場，提出一部完整的憲法草案來當政見的，就只有那一次。

一九九一年是民進黨台獨主張最高峰，因為選舉失敗，國大代表不到四分之一，而後變成由李登輝主導從一九九二年開始的憲政改革路線。當年第二屆立法委員選舉，民進黨的訴求就是多談公共政策，少談意識形態。後來包括陳定南的「清廉、勤政、愛鄉土」，都跟主權沒有關係，避開困難的問題，決定這樣的路徑，其實也是台灣人民的某種決定。

這決定了後來一九九二年後的修憲路線：「修憲」而不是「制憲」路線，這也是政治力量折衝妥協的結果。九七修憲也有人說是「李許變法」，李登輝與許信良為什麼有機會？

如果是第二屆國代，國民黨壓倒性勝利，它可以不太理民進黨。可是第三屆國代，因為新黨分裂而又產生了機會。新黨在一九九五年獲得二十一席立委席次，給了民進黨空間。當時黨主席施明德提倡「大和解」，我在《自立晚報》批評「大和解根本就是分贓，是為了得到立法院長。」和解是有道德意涵在裡面，但國民黨不是很穩定的多數有點脆弱，民進黨與新黨結合，想把立法院法拿下，但是卻失敗了。

因為一九九六年彭明敏要選總統，和解是讓彭明敏不要選了？和解的結果，應該是大聯合政府（Grand coalition），是穩定多數的訴求。但李登輝在當時是幾乎是壓倒性的力量，要跟他談「大和解」，就是投降。總統選舉講大和解非常不利，選立委或是國大修憲，就能大膽嘗試，這叫「政黨合作路線」。除國民黨、民進黨外，有民間憲改聯盟共組「推動總統制聯盟」，成員包括環保聯盟、綠黨、女性學學會、人本教育基金會、澄社、台教會等，都是主張總統制。

民進黨黨內則分兩塊，福利國和正義連線支持總統制，美麗島與新潮流支持雙首長制，兩邊勢均力敵、平分秋色。後來黨中央決定採雙首長制，讓四個派系各出兩人組成九人（加上黨主席）小組，結果黨主席一票，就變成五比四的局

面，雙首長制獲勝。過程蠻曲折的，一方面有結構制約，也有偶然的因素，或者個別政治行動者、團體的空間。

九〇年代民主化的背後，就是國家化。這種《憲法》偷天換日的方式，表面上有中華民國，可是透過增修條文體制，台澎金馬可用民主程序確定領土範圍，已經把台灣國家化。

為什麼不能連殼也換掉？這就是「政治」，要看華府或是北京的狀況。在一九九一年推動修憲前，李登輝已事先派密使到華府與北京做溝通。

一九九二年美國宣布賣一百五十架F16戰鬥機給台灣，法國亦在同年出售六十架幻象2000戰機，外部環境有處理，內部經過三月學運，有民進黨願意走這種路線，就有機會。所以修憲不只是修憲，民主不只是民主，才成為今中華民國台灣的現狀。

◆台灣智庫副執行長董思齊：

陳儀深館長用非常動態的政治過程，提醒修憲不只國內政黨與政黨、還有國際間的互動。接下為我們分享的是林佳龍活動創辦人的耶魯校友，在公法、憲法、行政法和環境法上的專家，亦有豐富的政治經驗，同時在第七次修憲時，還是國民大會祕書長的葉俊榮教授。

◆內政部前部長、台大法律學院講座教授葉俊榮：

一九八七年台灣解嚴，隔年我從耶魯完成博士論文回來，加入台大開始學術研究。一九八八年也是前總統李登輝以副總統之職，依照《憲法》第四十九條繼任中華民國總統，至任期屆滿（一九九〇年）為止。

那一年，台灣開始許多改革。解嚴前一年（一九八六年），民主進步黨成立，許多人認為，一九八七年是台灣民主化開端（解嚴），跟韓國同一年（六月民主運動）。這段過程裡，李登輝除了是「民主先生」，也是「憲法先生」。

從總統直選一九九六年到現在歷任總統裡，跟《憲法》關係最密切的，是前總統李登輝。這有兩個面向的意義，第一個是，李登輝在《憲法》，另一個則是《憲法》在李登輝。

李登輝因《中華民國憲法》繼任總統，而有舞台能向前推動憲政改革，更重

要的是，在這部《憲法》裡，採取「一機關」壟斷的方式，設置國民大會修憲。制度已經存在，交易成本比較低，若和其他國家修憲程序相比，如有一個機關是你能影響、主導的，修憲藍圖、修憲規劃相當程度內做得出來。

這就是李登輝在《憲法》，李啓動修憲前，《憲法》原來的機制，讓它成爲漸進修憲的模式。如果當時修憲程序不是如此，很多地方做不出來，這一點可由比較憲法的角度審視，但當時的制度也被批「菁英修憲」。

國民大會可以決定憲法怎麼修改，我們稱它爲「山中傳奇」，因爲國民都搞不清楚，到底如何修憲，最後就這樣修出來了。

第一次修憲是一九九一年，還是老國民代表修憲（被當時媒體戲稱爲老賊修憲），這套制度非常弔詭（每縣一個代表，替人民決定），可以做事但本身問題重重。國民大會是一個場域，也是一個問題，如「周處除三害」，周處、北海蛟龍、南山猛虎，都是要克服的問題。

依據《憲法》，國民大會解決問題，但最後卻發覺真正的問題是自己。國民大會在二〇〇五年第七次修憲廢除，把權力還給人民，使修憲或制憲的權力，真正在國民手中。

九七修憲是六次修憲裡面，一個重要轉折。前三次修憲，基本上以國民黨修憲爲主，處理國民黨怎麼面對代表性的危機。因爲老代表本身的問題，再加上無法擺脫大中國，選舉制度一直邁不開。

一九九一年的第一次修憲，賦予國大代表、立法委員、監委，各種民意代表選舉的機會。一九九二年的第二次修憲，已經談到總統直選，在經過黨內紛爭，一九九四年的第三次修憲，終於解決總統直選問題。一九九七年第四次修憲，修憲程序的改變，反映出李登輝在可以掌握修憲機制下，願意且有智慧地與其他政黨合作。

李在位的六次修憲，都在做「代表性的強化」。不斷強化中華民國的國民、台灣兩千三百萬同胞，可以選國會代表、選立法委員、選總統。前三次修憲凸顯對內的代表性，一九九七年第四次修憲更有對外代表性的意義。

一九九七年香港迴歸，迴歸之前，對台灣的未來，有很多促談、促統的壓力，透過一九九二年的第二次修憲，讓台灣省可以選省長、縣長。台灣省跟整個中華民國土地，台灣省佔百分之九十八；台灣省跟整個中華民國人口，台灣省百

分之八十五。

這就是百分之百的葉爾欽效應，若在兩岸限制之下，省是台灣省，跟中國所主張的「台灣只是一個省」說法契合。台灣必須建立對內真正的代表性，讓國民意志能有所附立。其中一個附立是國會，另一個則是總統。總統可以凝聚國民意志、捍衛台灣主權、面對外在壓力。

所以，從客觀環境去看當時的狀況，必須鞏固總統本身對外的代表性，而「省主席」在憲政制度上若沒解決，遇上願意跟中國談統的職務擔任者，台灣就會有危險，故「省長直選」是《憲法》修正本身非常大的意義。

第二個意義，行政院長不必經過立法院同意，它的客觀結果是讓台灣更傾向總統制。總統本身可以自己決定，不必看國會的生態或多數，更能代表國民意志。

「省長直選」與行政院長總統任命不需立法院同意，這兩件事情加起來，讓經過民選的總統，更能反映國民的態度與立場。這對當時風雨飄搖的台灣而言，是非常重要的。

再進一步看台灣《憲法》六次修憲的理路，可以發覺它在全球第三波民主化國家中，可說是獨樹一幟。第三波民主化國家包括韓國、南非、中東歐、墨西哥、智利等，轉型後，《憲法》有四種模式。

第一種是「直接制憲」，如羅馬尼亞與蒙古。若情況允許，民主轉型初期，馬上訂定一部新憲法，是很多國家的第一選擇。但是許多國家基於各種原因做不到，那就產生了第二種可能性——大修。

雖然沒辦法制定新憲法，但是非常完整地修訂，設立新機關、改變既有制度，韓國便是如此。一九八七年韓國民主轉型啟動後，馬上大幅度修改憲法，包括設立憲法法院，此後至今再也沒有修憲。一次大幅更動，將量能處理完，就不必一直修。

台灣與韓國狀況不同，台灣是分期付款式、綁香腸式的修憲，一九九一年、一九九二年、一九九四年、一九九七年、一九九九年、二〇〇〇年、二〇〇五年，七次修憲就是這樣走過來的。

第三種類型像南非與波蘭，先漸進修憲，修到一半變制憲，用小憲法或暫時性憲法慢慢走，走到一定程度後變成新憲法。台灣是第四種類型，跟歐洲的匈牙

利與亞洲的印尼，同樣是漸進式修憲，一步一步地修，有邏輯、具正當性，從原來制度下，找尋可以解決台灣問題的方式。

《中華民國憲法》是一部外來憲法，但時至今日，以台灣的現況而言，已建立起一個世界稱羨的民主國家。政黨輪替三次了，而修憲尚未終止，這也是李登輝留下的資產。

首先，改過了就沒有翻案的可能，比如現在已無可能拿掉總統直選或重設國民大會，可見修憲有邏輯性，這是第一點。沒有改到的，未來還有可能會改，比如國民大會廢掉了，但考監兩權仍值得討論。

其次，第七次修憲終結了國民大會，未來修憲迴歸公民，政黨須互相合作，修憲變成以民為主的程序。這樣的改變透露出一個重要訊息，台灣真的把《憲法》找回來了，它本來就該是這樣子。

◆台灣智庫副執行長董思齊：

葉俊榮教授用學理的方式述說修憲過程，需要妥協合作、不斷地對話與溝通，才能掌握憲政時刻。當憲政有問題，如何通過有效的朝野溝通，引起人民更多的討論，才能修出符合現狀的《憲法》。台灣在歷次修憲過程中，不斷解決面臨到的問題，更重要的一點是，現在修憲的權力在人民手中。

二〇二〇年立法院成立修憲委員會，先請前總統李登輝的忘年之友、修憲委員會中唯一的無黨籍委員林昶佐，他籌組跨黨派「二〇四六台灣」，希望藉由全面檢討台灣憲政問題，讓更多人了解台灣現在面臨關鍵的修憲時刻。

◆立法委員林昶佐：

前總統李登輝在推動民主化過程中，不管是跟在野黨的合作或是默契，很多關鍵時刻，他不只是保住台灣民主化的方向，也保住他的命。

他在二〇一四年、二〇一五年，最後對公共議題拋出來的討論就是憲改。台灣如何成為一個更好、更完整的國家，在國家體制上面能有變革，成為台灣人的台灣，當然是他的夢想。

李登輝前面的六次憲改，甚至陳水扁的第七次，它都是有方向性的，只是以前靠領導人，包括執政黨與在野黨的領導人，用力量去推動。但是現在《憲法》

已非當時，也沒有國民大會，國民的意志就顯得十分重要。往哪個方向推動，全民要有想法，不可能全民都沒有一個國家的願景，以前是裝在李登輝的頭腦裡，但是現在修憲，需要立法院四分之三通過，再經過人民複決，那便是要裝在人民頭腦裡，有再強力的領導人都不一定有辦法像過去那樣主導。所以，讓人民能把《憲法》問題裝進頭腦裡，是重要的。

不要說讓國家正常化不可能，廢考監不可能，那你就失去了把意志灌輸到越多公民、讓其能有想法的機會。因為現在門檻高，所以統統都很困難，乾脆不要討論憲改，這是一種失敗主義。

在立法院裡，我比較關心國家正常化、廢考監、十八歲公民權，以及人權的部分，所以特別列出人權清單。台灣在人權進展過程，還有很多不足之處，現在《憲法》是一九四七年公布，但是一九四八年才有《世界人權宣言》、一九五〇年《歐洲人權公約》，以及一九六六年聯合國通過《兩公約》，都是在《中華民國憲法》本文訂定後出來的，後面有很多權利不斷地被補充。

過去最早要有《憲法》是因為政府要跟人民徵稅，必須於法有據，不是誰說了算。人民跟政府之間的，必須有一個關係的基本架構，人民哪些權利是不能被政府剝奪的。

在台灣，人民的權利並未放到《憲法》中，而是被侵犯時，去法院提告。譬如《民法》親屬編婚姻章，後依大法官釋字第七四八號解釋，就是「婚姻平權」，但大法官的引用卻是《憲法》第二十二條「凡人民之其他自由及權利，不妨害社會秩序公共利益者，均受憲法之保障。」這就是包山包海，可以把它講得很大，包括婚姻自由也包進來，但是有些法官卻不一定這樣看。

每一次當現代人民的人權被侵犯時，可以主張釋憲，也可以因為遇到法官引用《兩公約》而獲得保障。但是若有制憲或憲改的機會，應該把不足處清楚條列，不應該讓人民去告，或是遇到好法官才被保障，或碰上釋憲才有可能被保障。

是不是用《憲法》第二十二條的包山包海，就能來包所有人權？這是比較不保險的做法，《憲法》第二十二條應該留著，因為未來怎麼改變不知道，但是現在已被條列的權利，像其他比較進步的國家一樣，也要寫出來。

這些權利包括人性尊嚴、身體自主、居住與遷徙自由、言論自由、婚姻自由或是近代的資訊權、學習權、環境權、財產權、勞動權、工作權等，把列在《兩

公約》人權清單上的項目，在《憲法》有比較清楚的標準，不用讓人民在人權受侵害時，最後還要看法官怎麼樣判斷。人權清單是比較沒有爭議，很多判決越來越接近應該保障人權，尤其《兩公約》也國內法化了。

另一個就是原住民族跟政府的關係，好像只有《中華民國憲法增修條文》第十條，「國家肯定多元文化，並積極維護發展原住民族語言及文化。」、「國家應依民族意願，保障原住民族之地位及政治參與……」等，這是很籠統的。

事實上，台灣幾任總統，依據《原住民族基本法》的精神，已不斷宣誓原住民族跟政府（現代國家）是準國與國關係，這就是憲政升級。但要怎麼判斷如閩南人、客家人其他族群在台灣，跟原住民族有什麼不一樣，就要很精緻的定義。

客家人跟國家是不是準國與國，閩南人跟國家是不是準國與國？不是。為什麼原住民跟國家是準國與國？這是承襲包括加拿大、澳洲、紐西蘭等國家，有原住民族國家的脈絡，因為地方本來是他們的，所謂的準國與國，有哪些自然權利保障他們，這當然要寫在《憲法》中。

這不是只保證語言文化，沒有民族的問題，準國與國在土地上，在自然土權上，不應只由《原住民族基本法》訂定，要在憲政層級清楚闡明，台灣的國格或靈魂就會改變，跟傳統中國定義的台灣不一樣，是國中有國，裡面還有原住民族，那中國就不能隨便定義台灣。

台灣跟中國任何一個省不一樣，不是傳統講了四百年的台灣史，如果國中有國，本來裡面就有原住民族這個準國，它的主體、主權，便可對抗自古以來「台灣就是中國一部分」那套講法。這是一個史觀的定義，也是國格的定義，更是對原住民族的尊重。如果嘴巴講是準國與國，但是《憲法》上沒寫清楚，一定會一直出現問題，包括傳統領域。

二〇四六的成員，大部分是從野草莓到太陽花時代，參與學運的年輕人，要帶領更多人夢想國家的願景、國家的體制，國家未來要成為什麼樣子，不只是憲改。他們過去為了國家的議題、中央的議題，站出來一起參與運動，成為學運領袖。把這些人組起來，從基隆到高雄，在不一樣的選區，從鄉下到城市，讓更多年輕人把國家意志裝進去。

對國家有想像，對國家的問題有了發現之後，是沒辦法回去的。很多改革是不能往後的，二〇二二憲改能完成什麼，現階段可以做，但是把問題意識、國家

夢想裝到每一個人頭腦，就沒辦法後退，他會抱著夢想一輩子，就像我們這些人，包括前輩，為什麼到現在，仍對台灣有個夢想。

甚至未來，認為修憲太困難了，然後發現還是要制憲，所有認為制憲才有辦法的人，已經散落在城市到鄉下，那個時候，台灣持續前進的動力一直會在。

◆台灣智庫副執行長董思齊：

林昶佐委員劍指修憲核心議題──如何透過修憲讓我們的共同體「台灣」成為更好的國家，如何與世界接軌，打造屬於自己的歷史、文化與記憶，這是他正努力推動的目標。

現在我們面臨的問題，跟過去的情境不一樣，過去談論國家的政體、體制，以及與中國之間的關係，但現在探討的是人權，以及台灣與世界的關聯性，這是一個非常好的開始。

接下來邀請的這一位，是馬克思和俾斯麥在德國柏林洪堡大學的學弟、東吳大學的胡博硯胡教授，不只在《憲法》上，他對勞工權益，公法議題，也都有自己的觀點。

◆東吳大學法學院系專任教授胡博硯：

修憲或是制憲，《憲法》上的改革是李登輝的未竟之業，在他總統任內有六次憲政改革，對台灣民主的轉變非常重要，他用憲政改革，帶領台灣一直往前走。但民主先生已死，現在我們要問的是，蔡英文是不是會成為新的民主女士。

一九九○年的野百合運動，扮演非常重要的角色，督促政府面對台灣《憲法》體制幾十年沒變的現實問題。我們有一個非常老的國會，是大法官或在當初的政治環境下創造出來。司法院釋字第三十一號解釋當中，讓這一群不管是國代還是立委持續做了幾十年，等待第二屆沒選出來前，請他們相忍為國。

到司法院釋字第二六一號解釋才解決了問題，是非常重要的變革。在釋字第二六一號解釋前面，還有釋字第二五九、二六○兩號解釋，處理地方自治的問題──省直轄市到底是什麼單位？

但不是靠一號解釋就能解決問題，最重要還要配合「發錢」。一九八九年訂定《第一屆資深中央民意代表自願退職條例》，讓老國代或立委拿退休金回去養

老。真正的改革在一九九一年。

那時候「一機關、兩階段」，一個機關是國民大會，用兩個階段是處理後面的人，第二屆到底要怎麼選出來？如果回到《憲法》本文，代表的是中國本土，包括西藏、新疆，變成沒辦法實踐的問題。所以才要靠老到不行的機關，去處理未來怎麼銜接的問題，所以出現「一機關、兩階段」。

幾次修憲很重要的事情，是讓新國會的產生，它確立了台灣與中國的關係是什麼。至少一九九○年確立了這個關係，它是一個未竟之業，因為李登輝後來提出「特殊國與國關係」這部分，並沒有在《憲法》當中。

另外，是緊急命令的變革。唯一一次緊急命令發布，是一九九九年九月二十五日，九二一地震後。現在我們的法治已經完整，但當時在戒嚴之後，對於整體災害防救法制不夠完整的情況下，靠一部緊急命令彌補當初無法處理的問題、解決震災之後的問題。

而基本國策長期沒有變革的部分，後來才再增進，包括原住民定位、離島定位，以及後來的環保問題。

再來，是省府的問題。面對台灣這麼小的地方，有這麼多層級的政府，而台灣省政府一直扮演的角色，與其說承上啟下，不如說是在幫中央分配預算，它真正可以實踐的功能性，在已經大幅降低的狀況下，還要不要維持？不講《憲法》問題，光講行政學上，要不要維持這麼龐大的政府組織存在，就是一個人問題。

台灣在現況之下修憲困難，但不在於後面公民的投票。第一個困難是，這一部版本從立法院推出去，要有四分之三同意，表示目前兩黨大多數都贊成，但如果政黨贊成，最後民眾卻不贊成，那就考驗兩黨到底對民眾有沒有公信力。所以第一個關卡，是能不能推出民眾願意接受的政黨版本──讓大家知道修憲對台灣人很重要。沒有考試院重要嗎？很多人無所謂，所以這是一個問題。

台灣面對二十一世紀，民主化運動與整個政治環境，都走到十字路口，要怎麼面對？現存的挑戰沒有辦法留給別人來做，我們要自己去承擔責任。

《憲法》大概有幾個問題：基本人權條款過久、五權憲法架構虛偽、政府體制混沌，國家定位的狀況出現。

首先，基本人權條款《中華民國約法》發布於民國元年（一九一二年三月），後來沒有用多久，就被袁世凱給廢掉，可是基本權的條文，與現在差距不

大，一直維持百年前狀態沒有變化，靠著大法官一個個解釋，沒問題就當沒這種事，且條文內容還處於不明確的狀況。

例如現在公民的投票權降到十八歲，但過去之所以訂二十歲，是因為一九四七年時，二十歲公民權算是合理，當時大部分國家的投票權是二十歲，美國、德國皆是二十一歲，美、德在一九七一年左右修憲才改變。

老牌民主國家英國一九一二年還沒有普選權，甚至還有財產權限制（要有一定的財產才能參與選舉）。一九一八年，打完第一次世界大戰後，二十一歲的男性才有普選權（二十一歲的女性直到一九二八年才有普選權；一九六八年，年齡限制才降到十八歲）。

當時也沒有環境條約，在一九六〇年代之後，才開始討論。以前沒有環保概念，現在有了要怎麼處理？動物問題要不要放在憲法之中，用哪個角落處理？而原住民問題是不是應為轉型正義中重要的國家政策，來確定它的定位？

其次，《中華民國憲法》是虛偽的五權。台灣不只有五權，權力機關還有總統、副總統，這部《憲法》中最尷尬的是副總統。美國《憲法》中的副總統，還有一點定位，《中華民國憲法》中的副總統，唯一的工作是等總統死。

台灣從一九九六年直選後，每一任副總統，除陳建仁之外，都非常有政治實力，但也都卡在一個不上不下的角色，沒有合理的職權。內閣制的國家，不會有這樣的設置，包含法國、韓國。

全世界沒有一個政府體制是完美無瑕的，只要憲政體制，都可能有憲法上的爭執出現，二〇二〇年美國大選就是最好的例子。台灣自稱雙首長制，可是在憲政中的支撐條文僅仰賴提名權，導致國政指揮讓總統與行政院長都處於尷尬狀態。

目前《憲法》中，還有國家定位的問題。一九七〇年德國總理布蘭特（Willy Brandt）在波瀾華沙猶太區起義紀念碑前的「華沙之跪」，讓他隔年獲得諾貝爾和平獎，他開展了東歐政策，並承認東德，這是他的「特殊國與國關係」政策。在他之前的政策，德國基民黨也是「漢賊不兩立」，只要跟東德建交，西德就不和你一起，改變也是因為他們確立了兩者關係，才會一起前進。不管是國民黨承不承認九二共識，或者我們在講特殊國與國關係，都有一個歷史背景，即九〇年代到底為什麼講那些話、發生了什麼事。

現行憲政改革上，首先人民一定要了解，目前走到十字路口，是全台灣人民的共業，必須要去一起去面對。再來，到底要修憲還是制憲？當然都有學理上的問題，但實際上，如果處理範圍過小，只有十八歲投票權問題，沒有改變體制，沒有解決問題，意義就不大。如果真的要修，就變成各種不同制度上的抉擇，並且考慮我們面對的問題到底是什麼。

最終決定由因素，還須觀察國際情勢，台灣目前的形勢，就有這個尷尬狀態，可能會變成立法院修憲過程中，一個蠻重要的困境。

◆台灣智庫副執行長董思齊：

胡博硯教授用非常風趣幽默的方式，點出《憲法》比較尷尬的一些處境，也提點我們現在憲改，必須要推動的課題。

李登輝學不是為了榮耀某一個政治人物，或者某一個前總統，更重要是透過對於歷史的考察，對時代的課題和意義，台灣的《憲法》意識如何從下而上，讓更多人能夠討論。

接下來邀請的是，近來致力推動國家正常化的修憲提案，也是修憲委員會的成員——立委陳亭妃。

◆立法委員陳亭妃、第八次修憲委員會委員：

自廢除國民大會後，修憲的責任就交付立法院，開始修憲之前，立法院必須成立修憲委員會，依政黨比例推薦修憲委員。

在第八次修憲委員會中，無論是座談會、公聽會都開了無數場，最後即使唯一有共識的叫十八歲公民權，但仍未出修憲委員會。修憲並非簡單工程，如果往回看李登輝前總統的六次修憲，便是民主化跟台灣化的過程。

一九九一年第一次修憲「一機關、兩階段」，是第一階段「程序修憲」，是民主化非常重要的關鍵，從中國法統，變成是民主國家的一個開端。廢除《動員戡亂時期臨時條款》、萬年國會。一九九二年第二次修憲，是第二階段「實質修憲」；一九九四年的第三次修憲，也是「實質修憲」，把總統任期由六年改為四年，且首次談論到，總統是要由人民直選還是委選。

國民黨的憲改小組要求委選，李前總統內心深處有把尺，他認為必須直選。

面對國民黨保守派，李還沒辦法突破壓力，便讓二十一縣市的市黨部做民調。當時有三個縣市支持委選，他確認二十一縣只有三個縣市要委選，在第三次修憲，就訂定總統直選。第二次與第三次修憲，終於把台灣人的命運，交付在自己手上。

一九九七年第四次修憲，從省主席到省長直選到凍省。李登輝非常清楚，步驟怎麼走，那不是真正民主化的時代，國民黨的保守派非常強勢，威權時的統派還是存在。一九九九年第五次修憲，當時因國民大會要擴權，被評斷違憲。二○○○年第六次修憲，將國大轉型為「任務型」機關。第四次、第五次、第六次修憲，就是台灣化非常重要的進展。

我們把體制內與體制外放在一起，來看當時民進黨以及黨外人士扮演的角色。一九九○年三月的野百合學運，一九九一年「反閱兵、廢惡法」，一九九二年四一九（總統直選）大遊行，一九九二年五二四「廢國大、反獨裁」大遊行。李登輝善用外部力量，以民意推動改革，面對國民黨內部戰爭危機。

李登輝是一個平衡者。當時必須面對國民黨、民進黨，還有學運學生所有力量。在國民黨內分主流派、非主流派以及地方派系，如何做一個適當的平衡者，以六次修憲把台灣民主化跟台灣化？

李登輝任命郝柏村為行政院長，引起非常大的反彈，但他要把軍權納入體制內，而不是變成叛亂者。如果直接提出修憲，萬一軍權保守派做反制，可能就沒有辦法不流血革命。

再來，還必須完全不觸及《憲法》本文，這也是國民黨保守派堅持的，並且要求策劃《國家統一綱領》（一九九一年），後來在陳水扁時代（二○○六年）廢除。當時《國家統一綱領》有一個前提，「中國實現自由化、民主化、所得分配公平化之後，才能協商統一」，這是李登輝預留的伏筆。在當時高壓保守的制度中，李登輝運籌帷幄、調合鼎鼐，完成了不流血的革命。

目前的憲政課題，討論最多的是十八歲公民權、廢除考監兩院、政府體制要總統制還是內閣制、修憲門檻過高等，以及台灣怎麼成為一個正常國家等，是不是一併來納入這次修憲討論？

目前由我所提出的邁向國家正常化的修憲草案，總共五十八位立法委員連署，已過半，草案無涉統獨，完全符合台灣現況。接著我來談談這個提案。在

《中華民國憲法增修條文》的前言有「為因應國家統一前需要」，若更改成「為因國家發展的需要」，國民黨認為就是碰觸到統一的議題，動到他們最介意的部分。

其實「因應國家發展之需要」完全符合現況，「國家發展」是一個大範圍，「國家統一」才是裡面的一個小區塊，如果台灣的「國家發展」最後定調為統一，我們可以朝向統一，「國家發展」整個範圍是寬廣的，為什麼要受限在統一的小框架中？

台灣已經可以走向全世界、面對全世界，在防疫過程讓全世界看到我們的光與熱，為什麼要自限於小區塊，應該放大格局。「國家發展的需要」，才是這次修憲最重要的關鍵。

邁向國家正常化的修憲草案修正《中華民國憲法增修條文》第四條，又碰觸最關鍵、統派人士沒辦法接受——變動固有疆域，但其實固有疆域、領土的位階完全沒有碰觸到，只是修正為中華民國領土範圍是《憲法》效力所及之地區。

如果中國是《憲法》所及，那也是領土範圍，為什麼要限縮固有疆域在哪一區塊？每次談到固有疆域，就被統派媒體說是要搞台獨。

從一九九六年總統直選開始，台灣就是一個主權獨立的國家，根本不需要被統派媒體局限在「統獨」框架之中，所以更應該利用這次修憲，大步向前。

根據《中華民國憲法增修條文》第九條，台灣雖實務上已經廢省了，可是增修條文裡還沒廢省。國民黨的立法委員陳玉珍是金門縣人，她的身分證背後真的寫福建省金門縣。

台灣還沒凍省，蔡英文總統就任之後，立法院把福建省、台灣省預算砍掉，之前福建省雖然虛級化，卻還有預算。但就算預算全砍也沒用，它在《憲法》中還是存在。所以，《中華民國憲法增修條文》應該符合現狀，把省的部分完全刪除。

邁向國家正常化的修憲草案修正《中華民國憲法增修條文》第十條，確認目前科技範圍，排除所有境外敵對勢力的干預，正式區隔中國跟台灣。國安五法裡很清楚定調，什麼是境外敵對勢力，所以修憲把境外敵對勢力正式入憲，區隔中國與台灣。此外，應該讓台灣能參加國家相關的涉外事務，用台灣的名義，包括國際組織、國際活動或是人道救援。

再來，邁向國家正常化的修憲草案針對《中華民國憲法增修條文》第十三條，沒有修改國旗、國歌、國徽，而是國旗、國歌、國徽應以法律定之，不受《憲法》第六條的規定限制。

若修改國旗、國歌、國徽，一定要尊重公民投票，台灣人民同意才可以更動。但如果經由公民投票完後，還要進入立法院成立修憲委員會，直接民意變成間接民意，等於又剝奪人民的自決權。

修憲完後，未來如果有任何公投尊重過半民意，認為需修改國旗、國歌、國徽，就可以以法律明定之，不用再迴歸到我們立法院，且門檻之高，要立法院四分之三立委同意，等於剝奪人民自決權。要讓《憲法》符合台灣現況，除了李前總統的六次修憲，讓總統直選、廢除《動員戡亂時期臨時條款》、萬年國會，現在台灣要進入另一個階段的修憲，讓領土符合《憲法》效力的範圍、實質廢省，國旗、國歌、國徽讓人民自決，刪除國家統一的前言，以台灣之名參與涉外事務。

在未來，包括人權、廢除考監之後的考試權、調查權，甚至居住權、原住民基本權，不論可不可以進入修憲最後階段，起碼充分收集更多人民支持的方向，讓《憲法》更符合台灣的現狀。

◆台灣智庫副執行長董思齊：

陳亭妃委員從李總統如何做一個平衡者，平衡國際、國內、自己的黨內，修憲不是容易的事，但是在正常國家，作為根本大法的《憲法》，能更符合公民社會的想法和理念，是她現在要去推動的事業，非常感謝幾位與談人的分享，最後請活動發起人林佳龍來做個總結。

◆台灣智庫共同創辦人、活動發起人林佳龍：

李登輝總統有什麼特質跟能力，是他可以推動憲政改革，他自己講得很清楚，「民之所欲，長在我心」。時至今日，民主還是我們這個時代追求的價值，尤其是對台灣人，過去四百年的外來統治，在這樣的時空脈絡下，台灣人要出頭天，做了主人之後要負責任，透過民主的方式，產生國家領導人，也可以修改制度，讓它更完善、更符合民主政治的精神。

李總統坐落的時空環境，比一般國家的民主化更復雜，他糾結在族群認同、兩岸關係，還有複雜的國際形勢，平衡感要特別好，如果原地打轉，顯然沒辦法平衡，一定要往前走。

「從哪裡來，要往哪裡去？」李總統心中很清楚，這就是一個國家領導人的價值觀，他絕對不只代表個人，憲法的李登輝、憲法在李登輝，還有李登輝在憲法。

上一次憲改開始就是三十年前，一九九○年，包括野百合學運跟國是會議，啓動六加一次憲改，直到二○○五年，憲政時刻或是憲改動力就下來了。歷史發展有週期性，不可能都很高昂，社會的變化有時候是量變到一個程度，積累到質變，十五年後的現在，是不是再次的憲政時刻來臨？

不管修憲、制憲或行憲，第二次民主化，或李總統曾經講過的二次民主改革，若還回到他的原意，就涉及必要性、急迫性跟可能性，所有的議題設定如果有私心、黨派的計算，導致現在這樣的憲改門檻，修憲程序是幾乎不可能。我們要思考的一定是台灣的人未來，剛好給新一代有事做，歷史不會停止的，我們不要浪費任何一次危機，也不要浪費一次憲改的關鍵時刻。

李總統時代歸納起來，大概四個因素決定憲改的動力，首先是政治正當性，再來是民意趨勢，接著是朝野合作，最後是國際局勢。憲改能不能成功或者妥協到什麼程度，每一次的作用力歸納起來就是這四個因素。

在二○○○年，台灣完成第一次政黨輪替，李總統被國民黨趕出去，後來台聯成立，二○○四年他還與民進黨手牽手護台灣，李二○○○年到二○○四年的心路歷程，非常重要。

因爲他那時候是沒有顧忌的，心中只有台灣，沒有什麼政黨，才看到更眞實的李登輝，已經不是憲法中的李登輝。他的本心是什麼，這個階段特別重要，到了二○一三年，他開始要守台灣，他準備走完台灣之後，就要交給在座的我們大家。

李總統在二○○二年曾說：「台灣應該思考，如何建立一個更合乎台灣現狀的憲法，一套更能落實台灣民主、實現主權在民的選舉制度，以及一個更符合台灣人、土地與人口比例的國會與政府結構。」因爲我們穿著衣服改衣服。

台灣實質上已經是使用新憲法，也是新國會、新總統、新國家，從實存的角

度，台灣每一個定義都已經是一個國家，只是因為政治現實，我們不敢時時宣稱如此，但是它已經不證自明。

美國最近回到事實基礎上看待美台關係，即使中國崛起，全世界回頭看，台灣不是問題，台灣是解決問題的鑰匙。現在全世界面對的中國問題，台灣都面對過，因此我們的經驗非常寶貴。不只防疫、資訊戰、網路的攻擊，台灣都走在最前面，包括以商圍政、以民逼官，所有全世界開始遇到的事情，台灣都被中國對付過。台灣非常強韌，不只是硬實力、軟實力或巧實力，我們擁有韌實力。

李總統在二○○○年已經傳達修憲的最終目標，他衷心期盼大家都能以台灣主體性的角度，來思考台灣的未來，做自己的主人，設定台灣未來的總體戰略目標，讓台灣盡早走向一個正常國家。

二○一三年，我在台中有參與到「邁向正常國家」的論壇，包括李登輝基金會、群策會等很多團體，他到東勢看農民，到台中港看關連工業區。每一條他走過的路，就是第二次民主化，要真的讓人民做主，不只是程序上的民主──投票、選舉，最後人民是不是真正成為國家的主人，因此而享有做為國家公民這種基本的人權，來自於一種光榮感，這是實質的一個共同體，他一直在走的行程裡，都是在創造最底層的生命力。

李登輝的未竟之業，歸納起來有兩點，一是邁向正常國家，很多民主體制要完善；另外是實質上民主的品質，要能讓台灣裡面的人民，彼此休戚與共。人生機遇有時起、有時落，有人成、有人敗，但「We are family」，這就是從身為台灣人的悲哀到身為台灣人的幸福。

防疫把大家緊緊團結在一起，只要有一個破口我們就失守了，從防疫大國到觀光大國，台灣品牌這一個「Branding」，在全世界因防疫成功而有更高的價值，對各行各業是更好的價格，就產業而言是更高的產值。觀光使人愉快，遊客來花沒有污染的觀光財，台灣已經進入這個階段，歷史遺留下很多課題，我們也必須逐步完善它。

到底有沒有新一波憲改時刻來臨，李總統交給我們的第二次民主化，跟二次民主改革，我們應該去溫故知新，最後是人民的參與。台灣的民主已不再是菁英跟少數黨派關起門來就可以策略結盟或協商，台灣現在非常透明，一定要開誠布公，讓社會參與這個過程。

憲改不是只有結果，過程一樣重要，要把這個「constitutional moment」變成社會溝通，一起找出路，當做教育與啓蒙，也要走下鄉。不要那麼現實、功利，因爲修憲門檻過高、很難，就不去討論，尤其自我設限。以前是白色的恐怖，是警總，現在變紅色恐怖，我們的腦袋上好像都裝了天線，隨時被控制一樣。

我們怎麼不能自由討論台灣的未來？對年輕一代而言，就是所謂天然獨，不是過去基本教義派，是眞的是在土地上從出生到成長，這一群人才是這一次憲改眞正的主角。

我已經被定義成上一代，沒想到今天六個人的座談中，三對三，我就變成老一代，可是我的心態永遠跟大家都在一起。最後，用一句話結尾，「透過李登輝學學李登輝，在憲政改革的路上，如蔡英文總統所說的，一定會有李前總統的永恆看顧。」

戒急用忍與台灣當前經濟戰略

主持：董思齊
與談：林佳龍、劉泰英、吳榮義、陳博志、
高志尚、梁永煌、呂曜志、張建一
二〇二〇年十一月二十八日

　　故前總統李登輝主政十二年期間，做出許多對現今具有影響力的經貿政策，一九九〇年代台灣企業紛紛西進投資、兩岸經貿熱絡之時，故前總統李登輝在一九九六年採取「戒急用忍」的主張，震撼兩岸政經圈，引發企業界相當大的反彈，也被視為兩岸經貿關係的重大轉折。此外，李前總統亦推動台灣務實參與GATT、WTO、APEC，以南向政策鼓勵投資東南亞，促使台灣經貿走向國際化。

　　時至今日，在中美科技、貿易戰及疫情的衝擊之下，世界上其他國家也意圖採取類似「戒急用忍」之戰略，以減少對紅色供應鏈的依賴及威權政體對民主國家的威脅。如今台灣在疫情下經濟逆勢成長，可歸功於二十年來的超前部署，李故前總統如何在反對的聲浪中，逆當年國際趨勢大膽採取「戒急用忍」策略，將台積電等高科技產業根留台灣，讓台灣在全球供應鏈之中保有關鍵地位？而未來台灣的經濟戰略，又該往哪裡去？

「李登輝學」第三場座談會「經貿戰略：戒急用忍與台灣當前經濟戰略」

出席嘉賓
◆主持人：董思齊／台灣智庫副執行長
◆引言人：林佳龍／台灣智庫共同創辦人、活動發起人
◆致詞貴賓：劉泰英／台灣綜合研究院創辦人、中華開發前董事長
◆與談人：陳博志／總統府資政、戒急用忍推手、台大經濟系名譽教授
◆與談人：高志尚／義美公司董事長
◆與談人：張建一／台灣經濟研究院院長與談人
◆與談人：梁永煌／《今周刊》發行人、財經專家
◆與談人：呂曜志／台北海洋科技大學副校長
◆與談人：吳榮義／台灣智庫董事長、總統府資政、台杉投資董事長
◆現場貴賓：李安妮／李登輝基金會副董事長

◆台灣智庫副執行長董思齊：

今天為這場座談開場致詞的嘉賓，不只是李登輝前總統的學生，亦是很重要的工作夥伴，人稱大掌櫃，讓我們歡迎台灣綜合研究院創辦人劉泰英。

◆台灣綜合研究院創辦人劉泰英：

今天很高興能在李登輝學系列座談開場致詞，回顧李前總統治國理念與經濟發展，共同思考台灣未來的經濟發展策略。李登輝還未執政當副總統時，有一個小組，我就是其中之一。當時有關台灣經濟的問題，蔣經國總統都會諮詢李登輝，在那個時候，我們提供了許多建言。

當初台灣一個是資金非常缺乏的國家，所得比較低，儲蓄也比較少，又要做各種建設，包括「國家建設六年計劃」（一九九一年至一九九七年）等，人才也沒有現在多，要以整體性、全面性的建設計畫，加速國家現代化，遭遇到非常多問題，最重要的是資金和人才。

一九九三年到一九九四年，李前總統先後提出「振興經濟方案」、「十二項建設計畫」，在政府領導下大幅提升民間投資意願。所以當時李前總統執政十二年，民間投資成長率兩位數，創造許多就業機會，年輕人找工作容易，至少同時有兩個機會，跟現在一個人搶兩個工作完全不一樣。

那是台灣工資成長最快的時候，工資成長兩位數，經濟成長百分之七，台灣所得分配愈來愈平均，勞工所得比重越來越高。李前總統卸任到現在二十多年，工資沒有什麼調漲，當時大學畢業生平均起薪是三萬元，現在還不到三萬元，這顯現出最近二十年所得分配越來越不平均，資本家所得的比重越來越高，勞動所得的比重越來越低，這是大家很悶的原因。

談到「戒急用忍」，在開放大陸投資這一塊，李前總統當時遭遇非常大壓力。但是今天回想，如果沒有戒急用忍，現在大陸隨便對台灣貿易制裁，我們就受不了。現在，我敢跟各位保證，大陸絕對不敢對我們貿易制裁。

戒急用忍把高科技產業，包括電子、機械產業留在台灣，讓加工業到大陸，加工業廠商包含大陸廠商，向台灣購買機器設備跟中間原料，大陸一制裁台灣，自己的工業也會完蛋。

台灣那時從傳統紡織業、塑膠業開始，逐步發展上游產業如石化工業，技術業積極發展晶圓。張忠謀的IC晶片在工研院研發成功，我和李前總統解釋，台灣正好要面臨工業升級，恐怕要冒一點險，他當場說：「Go ahead.」，才有今天的台積電。

　　台積電也面臨好幾次要倒閉的狀況，都是李前總統指示我，就中華開發協調開發銀行、開發基金，幾次把它救回來。不只台積電，包括聯電、宏碁，都是當時創造出來的，變成台灣主流產業也是世界頂級產業。這種高科技產業風險很大，沒有李前總統點頭支持，我們怎麼敢做？

　　經濟在李前總統執政時成長到百分之七，到陳水扁執政時雖然沒有重大創投，但也有百分之四成長，到馬英九時經濟成長率只剩下百分之二。蔡英文執政時差不多也有百分之二到百分之三，主要還是依靠當初的高科技產業。我常說前人種樹後人乘涼，現在若不繼續種樹，我對未來台灣的經濟感到擔憂。

◆台灣智庫副執行長董思齊：

　　劉泰英董事長提到資金與人才，是李前總統決定使用「戒急用忍」政策的主因，但也提到即便有遠見確沒有膽識指揮，在眾多人反對下，為根留台灣，為後代子孫，義無反顧做這些計畫的話，可能台灣現在無法在防疫狀況下有好的經濟表現。接下來我們邀請台灣智庫共同創辦人林佳龍做引言。

◆台灣智庫共同創辦人、活動發起人林佳龍：

　　台灣經歷三次政黨輪替，以前因為中國崛起，好像常被視而不見，或被認為是問題。但現在全世界看台灣，防疫、經濟都能夠有相當好的發展，引起大家好奇，台灣經驗、台灣奇蹟，甚至台灣模式是什麼？

　　防疫做得好往往得犧牲經濟，防疫不好經濟也不會好，但台灣卻能在二〇二〇年第三季GDP成長百分之三點三，根據財信傳媒董事長謝金河的說法有兩個因素：出口很旺和內需很熱。

　　出口旺是台灣的產業結構，能在空運不好時用海運補，客運不好時由貨運補，不是任何國家想在海空運或客貨運發展都可以，這是第一點。

　　第二點，台灣內需也很熱，交通部負責觀光與大眾運輸，出入境管制就推動

國民旅遊，好好認識台灣、愛上台灣，把寶島建設好之後，若未來國門打開，便能歡迎全世界來看這個奇蹟島國。

李登輝總統是先知，先知往往寂寞。他執政時一方面推動民主化，在統獨兩岸之間平衡中前進，除此之外，最重要的還是經濟發展，讓台灣在國際上有競爭力。一九九六年李登輝高票連任第一屆直選總統，緊接就召開國家發展會議，任內促成六次憲改，從量變到質變，讓中華民國與台灣更密切結合。李登輝是體制變革的轉型期領袖。

在國家發展會議裡，除了憲改，最重要的是經濟和兩岸。在一九九六年飛彈危機後，台灣人團結支持李登輝投出過半數的票。中國除了武嚇還有文攻，並發展統戰，開始走大國外交讓台灣邊緣化。但現在台灣不是問題是答案，全世界都在尋找怎麼面對中國，台灣是在紅色陰影下生存發展的國家，不輸以色列與新加坡。中國崛起已不是台灣的問題，也是全世界的問題。

台灣過去是「角落生物」必須獨立奮戰，現在全世界都重視台灣，成了中國崛起或美中角力（G2供應鏈競爭）中間的砝碼，扮演關鍵角色。

高科技產業如台積電半導體，就是一個例了。台灣如何從世界工廠發展美中雙標，然後區域製造？台灣是不是可以左右逢源？在這兩套標準中，變成不可或缺的？這已不是傳統經濟貿易關係，也是包含高科技和智慧財產權，這在當前是最重要的契機。

台灣是危機社會也是風險社會，可是台灣一直能降低危險也掌握機會。

李登輝除了「戒急用忍」，另外還有「南向政策」，是面對到中國崛起的戰略性選擇。可是當時環境沒有現在這麼好，事情也不一定成功，李登輝很孤單。現在不是台灣戒急用忍，是美國在戒急用忍。

台灣現在的「新南向」是二次南向，不是過去的政策沒成功，現在就不會成功。

台灣過去是問題，大家視而不見，覺得我們是麻煩製造者，現在，解決中國崛起問題的答案就在台灣。台灣的歷史發展，從台灣軍事、政治、經濟、文化，到主體性，台灣無法置外於世界，包含中國。

從三個過去的經貿戰略，可看出台灣如何借助李總統的智慧與經驗，看未來的發展。

一九九六年，李登輝一方面民主化、一方面確保國家安全之下經濟有競爭力，阻止台灣單方面產業外移，希望爭取時間轉型。中共除了文攻武嚇外，以商為政、以民逼官，並大量移植台灣產業至中國發展。

　　二〇〇一年十一月中國以「開發中國家」加入WTO、台灣二〇〇二年一月以「已開發國家」加入WTO，在全球化新架構裡，中國崛起產生磁吸效應。那時，中國從世界工廠大轉為世界市場，而現在是從「中國製造」發展成「中國標準」，它進入WTO得到一切好處，但不是「自由貿易」（Free trade），而是「佔便宜貿易」（Free rider's trade），或是說一個「不公平貿易」（Unfair trade），只享受其他國家最惠國待遇而不相應開放。

　　美國現在才突然驚覺，相差二十年的時間，世界才醒來。

　　二〇〇〇年陳水扁總統上任，我從李總統幕僚轉為陳總統國安會諮詢委員。那時朝小野大、少數執政，陳總統一開始在五二〇就職演說講「四不一沒有」，因中共不太理他，最後變成「一邊一國」。

　　陳總統有兩個很重要的行動，一個是以李遠哲院長為主的「跨黨派小組」，中共不太理會，所以一個銅板不會響。

　　另外一個是二〇〇一年成立「經濟發展諮詢委員會議」，找前副總統蕭萬長當召集人，推進「深耕台灣、佈局全球」，因應中國崛起之後台灣的經貿戰略，後轉化成陳總統任內二〇〇二年提出的「六年國家發展計畫」。因為二〇〇八年中國要辦北京奧運，台灣有可能會被中國民族主義給壓垮了，所以須有國家目標。

　　中國與台灣先後加入WTO，我們的產業在全球化架構下很難打仗，筆記型電腦（Notebook）在二〇〇〇年隨著泡沫經濟，包括Y2K（二〇〇〇年千禧蟲危機）網路大崩潰，被連根拔起，最關鍵的是半導體產業。當時台積電面對聯電轉移去新加坡，是不公平的競爭。我們從「戒急用忍」演變出「行穩致遠」的政策，八吋晶圓廠想去中國，該怎麼在符合國家利益的情況下，幫助產業的發展。

　　三個門檻有條件開放，第一是技術領先兩代，八吋晶圓若外移，台灣要有辦法做出十二吋晶圓。二是相對投資，在台灣投資的量不能少於移出的。第三個是原廠輸出，中國不能入股，才不會被中共控制技術跟製程。陳總統執政後期，雖然處境困難，但也為台灣爭取了時間。

馬英九當總統便完全傾中，為了加入區域自由貿易協定而簽署《兩岸服貿協議》，引爆太陽花學運。馬英九當時完全執政，如果服貿與貨貿都通過，台灣所有產業都會受中國控制。

　　蔡英文總統相對有比較好的條件，除了完全執政，還遇上國際情勢大變化，中國崛起的後遺症出現──中國利用全球化發揮關鍵角色。全世界面對中國崛起，包含高科技供應鏈的競爭，台灣在其中有立基點。蔡英文總統任內，經濟轉型的核心是「數位國家、創新經濟」，前四年有「五加二產業創新」，第二任期有「六大核心戰略產業」，都是幫台灣轉型，在產業上不依賴中國的工廠或市場，掌握核心技術、因應世界趨勢。

　　在美中角力下G2的供應鏈中，台灣可以運用兩套標準，加上軟硬結合，未來幾個重大產業與技術，台灣能有一片天。鴻海近期的發展便是最好的例子。

　　鴻海利用中國工廠與市場，從中國製造到中國標準，皆是幫助中國非常重要的角色，可是鴻海也轉型最快。認定三大產業包含新能源車與電動車、數位健康產業（智慧醫療），以及機器人，這涉及工業4.0和AI，三大技術包含人工智慧、半導體還有新世代通訊，當然指的是5G甚至6G。未來的趨勢，如果走向中美雙標準，這涉及資安，而資安涉及情報，其實就是國安。這也是為什麼華為的問題會引起供應鏈的大改變，台灣現在轉型得快，在下一波扮演的角色就很重要。

　　先前台灣智庫做了一個民調，二十幾年前的戒急用忍和南向政策，是反對高於支持，尤其來自想去中國投資的商人、菁英、上市櫃公司等，認為李登輝總統反共是落伍的。但二〇二〇年所做的民調，卻有七成左右支持，認為戒急用忍是對的、新南向也正確。

　　民進黨在二〇〇〇年之前辯論過，到底要西進還是南進？不管西進、東進或北進，都不比自己上進。台灣現在就是上進，用這樣的高度到處是機會，台灣如果被併吞，這不只是台灣的問題，全世界供應鏈可能都要出問題了，這是國家安全的問題，最後還是建立在台灣有一個重要的角色，全世界都需要我們，不要做損人不利己的事情。

　　我們現在看未來進一步的發展，李登輝總統為台灣爭取到時間，有條件可以重新思考台灣在全球化的新角色。

◆台灣智庫副執行長董思齊：

聯電榮譽董事長曹興誠在二〇二〇年初曾說，「如果能重來的話，我希望沒有到大陸設廠。」這其實是非常重要的註解，在很多關鍵的時刻如何做選擇，考慮的不只是遠見，還有規劃能力。

台灣面臨轉型的時刻，接下來要如何走呢？如果能更仔細地思考過去，我們用什麼樣的角度來思考關鍵時刻的決定，會更有幫助。接下來，邀請的是李登輝總統經濟幕僚中最年輕的主力，同是對於戒急用忍政策發展最關鍵的角色——陳博志教授。

◆總統府資政、戒急用忍推手陳博志：

李登輝接任總統時，是台灣經濟非常大的轉變期，不只政治民主化，經濟恰好從開發中國家邁向先進國家。本來靠低工資在國際競爭的這種經濟方式，面臨中國還有其他低工資國家的競爭，所以國家經濟需要轉型。政治在轉型、經濟要轉型，同時人民對勞工權益、消費者權益的要求日益高漲，國內也好、國際也好，開始注重環保。當時不只經濟產業受壓抑，社會上各種運動更是風起雲湧。

這一些政治、經濟與社會上的變化，其他國先進家耗了幾十年面對。日本戰後在美國軍事統治之下民主化，之後才碰到學生運動、勞工運動、環保運動，以及鉅額出超導致貨幣升值。日本花了幾十年調整，台灣在李登輝當總統前後幾年同時爆發，而且程度更嚴重。日本面對開發中國家低工資的挑戰，亞洲四小龍面積加起來不到日本一半，而光中國就有台灣的六十倍。

面對這個龐大的壓力，李總統怎樣解決？

李總統非常深思熟慮、鎮定地面對問題。他年輕時學劍道、坐禪，後來信基督教，心情很安定，就像宮本武藏坐著等小次郎，然後一揮劍，小次郎就掛掉。

做為國家領導人，光鎮定是不夠的，李總統是學者出身，對所有事情都做深入研究。「民之所欲，長在我心。」他先知道人民要什麼、國家要什麼，這是最基本目的。但是要怎麼做，這是科學的問題。

李登輝從學者時代，就一直注意怎麼解決問題。他的博士論文研究台灣早期發展如何藉著農業部門賺錢，把資金移轉到工業部門投資，當選美國最佳博士論

文。李登輝發現並證明農民遭受「肥料換穀制度」虧待。政府強迫農民必須把稻穀上繳買肥料，不合理地提高肥料價格，等於壓低稻米價格，本來該屬於農民的錢，就變成政府的，變成工業部門的。

他當學者時一直寫文章，要求廢掉肥料換穀制度。有一次，我對他說，講也沒有用，李總統回：「中華民國的事情不是總統和行政院長說了算，如果你覺得對的事，就要一直講一直講，去影響社會。」他接著說：「你知道為了肥料換穀，我寫了多少篇文章嗎？大概寫了幾十年、幾十篇文章……。」在李登輝擔任行政院政務委員時，終於將肥料換穀制度廢除。

我最早讀到李登輝總統寫的文章，應該是我大三的時候。在一九七〇年代，他提出第二次土地改革倡議。在經濟上，李登輝與央行前總裁、台大經濟系教授梁國樹，發表過多篇文章，台灣第二個「投入產出表」（產業關聯表）便是由李總統所製作。

李登輝還沒當官前，就提出台灣經濟的轉捩點，將由農業轉向工業為主。他當學者時，做得都是非常硬的研究，後來面對國家問題，處理方式便很有條理。實際上，李登輝當蔣經國的副總統，蔣對李說，可以找幾個人幫忙研究政策問題，李登輝找的就是梁國樹與陳昭南。

當時交辦的第一個問題，就是台灣的出超問題，梁老師與陳老師找我寫建議書，到副總統官邸（今總統官邸），向李登輝報告。李登輝總統繼任總統後，成立經濟顧問小組，由梁國樹領導，不斷對各種政策提出建議，也對行政部門形成監督作用。

政策有問題大家一起討論，李登輝很重視這樣的討論，一九九六年他成為首任民選總統後，召開國家發展會議，找各黨派討論問題、形成共識，然後做出決策。後來，陳水扁總統時期的所召開的「經濟發展諮詢委員會議」，便是由我主辦，參照李總統國家發展會議的做法，攤開所有問題讓大家來討論，有共識政府就找人做。

這就是李登輝，找專家甚至反對者討論國家問題，透過接近民主的方式建立共識便執行，所以很多事情可以推動、完成。

◆台灣智庫副執行長董思齊：

陳博志老師提到李登輝總統不管是科學或人文的面向，他廢除「肥料換穀」制度、提倡「八萬農業大軍」等。談完了從政策出發，從科學研究，以民主討論，他對不同產業又造成什麼影響？

接下來邀請的是台灣的代表，以良心方式經營義美將根留台灣，民眾常常用新台幣將義美的產品下架，近年也力求創新，更是在台灣智庫成立初始至今的支持者——台灣智庫董事、義美公司董事長高志尚來發言。

◆義美公司董事長高志尚：

台灣自從一九八七年解除黨禁、報禁，也開放海外投資，李登輝在一九八八年一月就任總統，而一九八七年十二月二十五日，蔣經國在行憲四十週年紀念會上說得很清楚，中國經濟發展如果順利，將來對亞洲與全世界都會有很大的影響，不到二十天後，他就過世了。

一九九○年以前，大陸發表的GDP不一定正確，一九九○年才開始比較接近真實，為什麼談一九九○年呢？那一年，台灣有一個最大的公司——台塑，準備發展海滄計畫（到大陸興建石化園區）。當年台灣出口GDP跟佔大陸GDP的43.9%。一九九二年，政府不准海滄投資，台塑轉為投資六輕，這是一個很大的轉變。

一九九六年戒急用忍政策出現後，管制高科技與基礎建設到大陸投資，台灣跟大陸的GDP比，台灣變成36.4%。二○○一年中國加入WTO，台灣GDP已降為27.2%。到了二○○七年次貸危機，也是一個大轉變，突然之間大陸GDP成長，台灣只剩11.6%，二○一○年變成7.66%，二○一六年變成4.8%，二○一九年台灣GDP跟大陸比是4.3%。中國大陸的經濟在二○○○年後成長非常迅速。

農業政策雖然經歷李總統時代多年的討論、改革，但近幾年農業從生產、銷售、分配到對農民的問題，依然沒有辦法解決，農業主管單位常常疲於奔命，有颱風時要收購、補助，沒颱風時，供過於求（oversupply），要訂價格收購。收回來的東西，台灣尤其在夏天，台灣兩千三百萬人不可能全部消耗，而農產品的直接出口是世界上最難的，如果能變成好的商品（食品加工外銷的原料）銷售，才能解決台灣農業問題。

台灣現在雖然在供應鏈扮演重要角色，但如果不是透過蘋果、Google、Amazon（亞馬遜）等世界級、國際級的公司，光靠台灣自己不太可能。台灣剛好與世界級的公司業務與產銷結合，所以跟著世界各國的新技術標準，它們希望怎樣做，台灣就怎樣改。過去簡單代工、加工的時代已經過去。

　　台灣政府花很多時間講5G、AI、數位化或資安問題，歐盟與其他世界大國對台灣出口產品規定越來越嚴格，尤其是環保問題，過度使用能源，沒做好循環經濟，稀有材料無法零殘留，將來出口都會被加特別的關稅。

　　這個標準一直在往前走，包括台灣最近與歐盟有一個大突破——離岸風力發電（offshore wind power），這是大家都沒有想到的台灣「亞洲第一」。那是因為台灣被迫使用綠色能源（Green Energy），以前只有海上風電，這一塊若成，才可以提高綠色能源的供應比例。

　　Google等幾個世界級公司要來台灣設數據中心（Data Center），主要是因為台灣的電價便宜。台灣政府對外資要來，從來沒有設一些要件，都是百分之百沒問題，水電都會充份供應。水的問題已經顯現，台灣所有水庫滿載約二十億噸，但是台灣一年水錶上水用量超過72億噸，等於水庫要有三次滿載以上才安全。

　　我特別問桃園市長，桃園在發展工業商業，將來桃園會不會缺水？市長告訴我，翡翠水庫這幾年做了特別管道，每天可以送七十萬噸的水到原來石門水庫供應的地方，等於現在連原來石門水庫供應的七十萬噸水，都是翡翠水庫在承載。但水要靠天，現在不解決，將來投資可能要更大。

　　電的部分，我特別查台電的電源計畫，台電從來不知道台積電要到台南設廠、Google要來設數據中心。台電的能源計畫，政府如果不事先討論，將來會發生大問題。況且未來對綠色能源的要求比例絕對是一直往上增加。現在世界許多先進各國通過，二〇三〇年以後棄用汽油車、柴油車，到時候須用電量更大。當然電的種類——新能源也會變多。

　　現在從中央政府、地方政府或是智庫，要提出五年、十年更長遠、具前瞻性計畫，包括了解目前很多台灣人不一定注意的新科技。農業未來絕對不是靠土壤、陽光，必須靠發酵，人工直接快速生產各種人造細胞培養的東西。

　　因為大部分的國家污染已非常嚴重，例如鴻海要去設廠的美國威斯康辛州。十年前美國農業部邀我去訪問的時候，威斯康辛大學麥迪遜分校農業學院院長告

訴我，美國一般州的自來水都直接可以喝，但威斯康辛州的千萬不要喝，因為所有的肥料、農藥都已經滲透到地下水，一定要喝瓶裝水。

現在台灣的問題是，土地小、人口多，要加強各類生產，台積電隔壁就住農民，每一塊耕地又這麼小，將來農業和工業產生的問題，以及空氣汙染，不能用煤又不能缺電，政府兩方面都要同時處理，包括人才培育以及跟進世界趨勢，要提前布局。

最近中國大陸全面加強多邊國際組織工作，若用國家經濟體來算，台灣要贏得多數票並參與國際組織的機會其實很困難，除非中國點頭。除此之外，中國大陸以大量開放銀行、服務業吸引外資，這跟學高科技、偷智慧財產權不一樣。外資投資的服務業，尤其國際公司，在不景氣、遭遇困難或外國政府壓力下，可能會賣出股權，大陸本來對世界的服務業供應鏈不熟，日常生活的超市、量販店，最近一個個變成大陸的公司。中國可藉此學到世界產品到底哪裡來、哪裡買？因為量大，價格殺得下去。

幾年前康師傅在上海投資量販店，投完後從來沒賺過錢，有一天英國TESCO透過顧問公司收購，要康師傅開價，康師傅不敢，顧問公司要康師傅不必擔心，他們開價。TESCO如果買了這個上海最大的量販店，它將來對外國供應商施壓，全世界必須跟著降價，尤其像可口可樂。中國已經陸陸續續在觀察一些，經營不成功，但是有世界供應鏈的服務公司，未來中國不只是在科技、國防、軍火、資安等，連服務業都深入。如果中國大陸了解世界供應鏈產銷，將來國安的問題不是只有在我們現在討論的範圍，對於多邊的事情，台灣政府想好如何因應了嗎？

產業的銷售問題是每天的，希望主管機關可以設定至少超過三、五年的計畫，不能只寫一個簡單目標，過去政府談了很多方向，但是沒有議程、沒有時間表、沒有檢討，要怎麼做、怎麼分配？只有一個聽起來不錯、寫得很好的大戰略，但是不知道到底每一年要做什麼。

◆台灣智庫副執行長董思齊：

雖然在此消彼長的狀況之中，中國逐漸崛起，但是台灣並沒有因此而消失，更重要的一點，是有像高志尚董事長這樣的企業家，擁有宏觀的眼光，未來就在

義美這樣的公司，讓它能有更多的加值。高董事長不只是從他的本行，也看到了包括水、電、還有工業產業的趨勢，他認為政府必須要看得更長遠、看得更前瞻，而且須要有更多的討論，不只是政府還包括智庫。

除了台灣智庫外，接下來邀請到是台灣最重要經濟智庫——台灣經濟研究院院長張建一。張院長研究領域很廣，包括產業發展、政策規劃、品牌策略規劃，最近著作還探討上海台商回流、產業轉型、數位轉型的問題，他現在有很重要的目標，希望能強化台經院做為經濟智庫的角色。

◆台灣經濟研究院院長張建一：

一九九五年八月一日現任國發會主委龔明鑫找我進台經院，一年後，「戒急用忍」政策在一九九六年九月十四日提出，當時台灣對中國投資佔台灣GDP比重是全世界第二高，第一高是香港。

韓國是先升級轉型後才去中國投資，台灣是去中國後就不升級轉型，成本壓很低，包括工資、環保等，台灣就是這樣被磁吸過去。

一九四九年國民黨被共產黨騙，丟掉中國來到台灣，結果沒想到後來有一個更大的國家被騙——美國。一九七九年美國跟中國建交，兩國簽署貿易關係協定，包括給予中國最惠國待遇，直到一九八九年六四天安門事件，美國覺得中國都沒有處理人權問題，便改成一年審查一次。但是柯林頓一九九三年上任後又不一樣了，他雖然頒布行政命令表示，如果中國沒有在人權方面有全面、重大的進展，將失去一九九四到一九九五年度的貿易最惠國資格，但一九九九年，美中兩國就中國入世貿達成協議。二○○○年，美國國會通過法案將「最惠國待遇」更名為「正常貿易關係」，中國就有了永久最惠國待遇。二○○一年，美國推中國進入世界貿易組織（WTO），從此中國變得不一樣了。

「戒急用忍」，原文是「用忍戒急」，一說是康熙親筆寫給雍正，亦或佛家有言，「浮生如茶，破執如蓮，戒急用忍，方能行穩致遠。」意思是人生像品茶越品越香，像蓮花執著破水而出，不與淤泥同污，學會忍讓，不急不躁，具備這三點才能走得穩當，走得更遠。

用來經營企業也很貼切，特別是投資。古典學派認為經濟個體都是理性，經濟學大師凱因斯不這麼想，他認為所有企業投資都是動物本能（animal spirits）。台灣一九九一年開放到中國投資，當時投資中國的金額佔台灣對外總投資金額比重只有9.5%，一九九二年是27%，一九九三年是65%，一九九四年往下掉，一九九五年44%，等於對外投資一百元，有四十四元都流向中國。

一九九六年開始「戒急用忍」投資金額比重掉到36%，不過一九九七年又到比一九九二年慘，一九九九年掉到27%，是除了一九九一年外，比例最低的一年，接著投資金額比重一路增加，二〇一〇年增加到83.81%，等於對外投資一百元，有八十三元都流向中國。

從此以後高點就不見，一直降到二〇一九年37.85%，二〇二〇年七月約38.3%，官方統計一九九一年到現在，累計金額大概佔56%，可以看出整體趨勢的變化。

大家都叫李登輝民主先生，他也是台灣經濟轉型重要功臣，台灣過去降低成本（cost down），但總會有用盡的一天。中國投資基本上就是在騙人，一九九四年中國有個政策「國退民進」，很多國營事業試圖開放給民間，美國也跟著栽進去，柯林頓甚至送上最惠國待遇，習近平上台後情勢又顛倒為「國進民退」，加上新疆人權問題，才發現當初李登輝總統「戒急用忍」是對的。

台經院一直觀察台灣產業結構的變化，過去幾年雖然對中國投資越來越少，但是也不太投資自己國家，所以後來才有政府帶頭投資「五加二產業」。

台灣現在能見度提高，不會「Taiwan、Thailand」搞不清楚，這也是台灣企業很重要的機會。台灣不大、資源有限，但是世界很大，而且不只中國。台灣應該走向真正的全球化布局，善用全世界的資源，把台灣變成全球資源運籌中心。但若動不動就跟政府要水要電，短期當然可以得到幫助，但如果一直重複相同模式，這個國家就沒辦法轉型、沒辦法改變。

一九六〇年實施《獎勵投資條例》，那是台灣大投資的開始，往前六十年，一九〇〇年雖是日本統治台灣，但當時出口很多，糖、茶、米到日本，當然貿易金額跟現在不能比。現在光台積電可能就比當時整個台灣出口金額多，但是台灣確實在六十年一甲子的轉型充滿機會，我很期待二〇二一年，台灣開始一個大轉型時代。台灣做好自己，在民主、自由、人權的環境下，我們把台灣變成掌握世界經濟關鍵的力量，我們用這樣的力量，做該做的事情。

◆台灣智庫副執行長董思齊：

台灣從過去降低成本，所謂的「毛三到四」（毛利率百分之三到百分之四），到現在可以建立國家品牌並不是件容易的事，如何引領投資？更重要的是政府現在推「五加二產業」，五大產業一開始的目標是從在地出發，希望能夠連結世界，世界那麼大，台灣要如何進行連結，要更有策略的思考，有前瞻性的想法，「戒急用忍」就是一個起點，讓我們對事物有更長遠的觀點。

二十年後回頭看「戒急用忍」，發現它有跨時代的意義。接下來邀請的是《今周刊》發行人梁永煌，他除了財經領域專業的報導外，對轉型正義也有相當程度的研究，包括黨產問題，在二〇〇〇年曾舉辦過「戒急用忍」政策辯論會，對這個議題有很深刻的理解。

◆《今周刊》發行人、財經專家梁永煌：

今天題目是「戒急用忍與台灣當前經濟戰略」，基本上是回顧與前瞻，緬懷李總統為我們種下的樹，乘涼的時候思考今天我們要種什麼樹？

一九九八年民進黨中國政策大辯論，我擔任提問人，這場辯論的結論是「強本西進」，這是在一九九六年的「戒急用忍」政策之後，我特別摘錄當時民進黨強本西進最後的結論：「強化經濟體質與先進國家經濟整合，因此我國應注重高科技產業，提升人力資本，加強智財權保護，提高高階和監管……。」最重要其實是要與先進國家經濟整合，到今天還在談論這個問題。

台灣的強本不足、西進有餘，是當今經濟體質相對比較弱化的總結。二〇〇一年陳水扁總統執政，又提出「積極開放、有效管理」。這八個字的前後調整一下，如果「有效管理再積極開放」會好一些。

台灣對中國大陸的投資相對傾斜，累積到今年二〇二〇年第三季超過五兆三千億元，共一千兩百多家公司，其中最嚴重的是鴻海。鴻海在大陸的投資超過一兆兩千億元，它的淨值只有一兆三千億元，93%的資產淨值投資在中國大陸。

全世界的重要公司，這樣的比重非常少見，台灣從國家的投資到個人企業的投資，其實都非常集中。這個集中的現象在中美貿易戰下，變一個地球兩個世界，將來在物聯網（IoT）資安的衝擊下，生產地在中國的企業，會有很大的風險。

根據投審會資料，台灣是從一九九一年至今的對外投資中，累計投資中國大陸是最多的，佔二〇一九年GDP 32.59%，台灣的對外投資都集中在中國，對其他國家投資總和不及對中的三分之一。在檯面上有申報的，我們在中國大陸投資佔台灣GDP是一兆九千億美元，檯面下比檯面上可能還更多。

　　新加坡差不多也是佔三成，但新加坡是城市國家，高是合理的，台灣這麼高絕對異常。韓國只有5.06%，日本更低（1.99%），這也是為什麼蔡英文總統上任以來，希望台灣能放眼全球，不要只把眼光集中在中國。新南向政策是非常重要，美中貿易戰的衝擊給了台商很好的機會。

　　立訊董事長王來春在股東會說了一段話，蘋果的政策非常清楚，在中國賣的東西要在中國生產，美國的政策至少在川普總統任內政策也非常清楚，希望未來賣到美國的3C產品、有IoT產品、有5G產品，都要在中國以外的地方生產，只有這樣才相信它的安全性。

　　台灣二〇一六年後在中國大陸投資的金額已經慢慢降低，占對外總投資比重大概降了四分之一，以往一年約投資百億美元，現在大概只剩不到六十億美元的金額。

　　對中國大陸投資太集中，是台灣的第一個風險。第二個風險是產業過度集中，護國神山台積電的市值佔台灣總市值約三成，佔GDP約65%。台灣前十大市值公司中，有五家是跟電子相關、半導體或電子產業。

　　韓國前十大市值，顯然比台灣分散。台灣的上市公司，資本市場內市值高的公司，有一半集中在電子半導體產業，但韓國相對台灣就比較分散，韓國最大的企業是三星，它的市值也佔韓國總市值的三成，但它佔韓國的GDP只有26.36%。台積電未來幾年能見度非常高，但任何企業總有循環，一個國家的風險一定要有前瞻的未來學管理。

　　台積電市值佔台灣GDP比重太高。以美國為例，蘋果市值很高，約五十幾兆新台幣，但是它佔美國的GDP比重也不到10%。值得深思的是，台灣應該如何分散產業投資？

　　台灣要找到一個足夠分量的3C產業，讓企業轉型，電動車是很有機會的產業。電動車市場現在以特斯拉為主，特斯拉很多供應鏈都是台廠，特斯拉以外的非特斯拉的市場，正在快速的崛起。所有舊的車廠認清到油車已經沒有未來，一

定要發展電動車。台灣在這方面是非常有機會的。

國巨集團董事長陳泰銘，他併了美國被動元件大廠基美（Kemet），全球 Tier 1汽車零組件供應商都是他的客戶，基美現在變成台灣公司，原來總部在美國，但未來的總部就會在台灣。這是一個很大的一個轉變。鴻海董事長劉揚偉也提到，希望發展電動車代工。

我想這部分，業界自己要努力，但政府應該也有可以著力的地方，如何做很重要。

台灣的產業，其中一個比較重要的是軟體業，它在台灣不受重視，軟體業歸哪個主管機關？汽車歸工業局，但工業局說它不管軟體，以製造為主。另外，台灣的採購法對軟體業非常不利，有一個規定，違規會變黑名單，所有政府部門都不能再往來。違法或被判刑事罪，當然要這樣做，但事實上軟體的標規很難溝通，難免會發生一些違約的狀況。因為規格不清就違約，這對新創公司是很大的壓迫。

除了經濟戰略以外，有四個問題對台灣經濟的發展，也會有致命的衝擊。第一個問題就是勞保危機。勞保給付一百元的準備率或覆蓋率，德國大概123%、芬蘭125%、台灣只有7%。台灣勞保潛藏負債九點八兆元，馬英九總統說年金改革今天不做，明天會後悔，他已經下台了，把後悔留給我們了。蔡英文總統說，年金改革不馬上做就會後悔，已經過了四年了還沒做。台灣年輕人對於自己的危機、前途好像不太關心。

另外一個問題，是台灣從高齡化成為超高齡社會，超過六十五歲以上人口佔14%是高齡社會，在二〇一八年台灣就達標，到二〇二五年會超過20%，真正成為超高齡社會。世界上有幾個國家是超高齡社會：德國、義大利、日本，他們平均花二十八年，台灣只花七年。在二〇二五年，台灣每五個人中就有一個超過六十五歲，這對經濟當然是有影響的，因為勞動力會不足。

我們對高齡化社會有準備嗎？那就是一個風暴。

第三個問題是高等教育的弱化，台灣大學教師的薪水在亞洲沒有競爭力，只剩下他國的三分之一。如果一個國家沒有好的高等教育，會有長遠競爭力嗎？這其實是一個非常大的危機。

最後台灣的央行是全世界少有，每年固定繳庫一千八百億元台幣，近年央行

終於認輸了，它只能交一千六百億元，台幣太強，央行的市場操作就受限制，繳庫是對台灣金融體質很大的限制。

◆台灣智庫副執行長董思齊：

梁發行人用很簡短的時間說明台灣產業、經濟上面的狀況，提到台灣是以高科技中間財為主的產業，韓國以大企業為主、美國產業有點分散，當然在不同階段有不同挑戰，最重要是市場的挑戰要如何因應？

接下來要邀請的是台北海洋科技大學副校長呂曜志，之前是台中市經發局局長，不只是區域發展或者產業觀察，他都有自己的觀點。

◆台北海洋科技大學副校長呂曜志：

我在二○○六年回台灣，剛好進入張建一院長主持的台灣經濟研究院研究二所，當時的顧問就是陳博志老師，我們長期參與經濟部研究，以及李登輝總統的群策會活動。他每一場都到現場聽年輕人說什麼，我們都有受惠。

從一九六○年代到二○○○年，後冷戰期中國來和台灣搶生意，美國又開始新自由主義，不太管企業去哪裡投資，當時很多訂單都丟到亞洲，那時候又有農工轉型。

李登輝總統有一個哲學——「和」的概念，和就是一口禾，給人飯吃政治就會穩定，這是李登輝的政治精髓。第二個是很徹底執行新渡戶稻造的精神。以「肥料換穀制度」為例，當初蔣介石反對，覺得會影響財政、軍費，而蔣經國支持，後來推動成功，有一個背景因素影響。當初新台幣的改革，嚴重剝削台籍傳統大家族，再來又施行三七五減租，李登輝認為，如果要將農業資本過渡到工業資本，必須要把農業部門、本省人的情緒照顧好，所以他才會推動廢除「肥料換穀制度」解決農民問題，這樣才有社會的支持基礎。

當然李登輝是審時度勢、睿智的領導人，我引用已故的許松根教授分析，一九六○年代到一九九○年代台灣工業發展，美國的角色很重，美元的立場是什麼，然後降低軍費，民生發展石化，因為與傳統安全有關。

在工業資本要發展的情況下，如何調節台灣國內不同階層的情緒就變得很重要。鼓勵出口、減少進口、公營事業民營化，台灣經濟在跌跌撞撞的情況下，要

轉型又要深化，還得對接國際市場、照顧本省與外省家族資本上的流動與安排等，真的很不簡單。

李登輝省長任內，工業土地政策非常蓬勃，在一九八○年代成立台中工業區。台北市長任內蓋翡翠水庫，是中華民國台灣沒有追加預算、如期完成、按表操課的重大建設。

亞太經合會（APEC）一九八九年成立，台灣在一九九一年加入；世界貿易組織（WTO）一九九五年成立，台灣雖然在二○○二年入會，但從李登輝時代就開始準備，幕僚是現在的蔡英文總統跟陳博志老師，那是一個養成的階段，李登輝會帶人也會用人。

李登輝知人善任、充分授權，政策小組討論韓國會出事，台灣要做好金融上的應變。一九九五年行政院推動「亞太營運中心」，隔年李總統提出「戒急用忍」政策，並公開反對「亞太營運中心」，認為如果「亞太營運中心」以中國市場為核心，有必要修正，因為會有「要素價格均等化」問題，以及台商途徑依賴的問題，會讓兩岸產生不正常政商關係。

大量到中國投資的企業，會向中國銀行借錢，還是向台灣銀行借錢？一定會借台灣的銀行的錢。在「戒急用忍」政策之前，台灣經濟發展，公立銀行量能不足，所以有一波金融自由化，產生多家民營銀行（一九九一年至一九九二年間，設立十六家新銀行），再加上若沒有產經分離，大量開放五千萬美元以上投資，中國會不會把台灣資金全部拿走？這是有可能的。

二○○八年發生力霸集團掏空中華銀行逾千億案，相對算處理得好的案例，因為時任行政院副院長的吳榮義老師推動「二次金改」（二○○四年至二○○八年），把銀行金融過度（over-banking）的情況控制住。但若過程中沒有李登輝總統的「戒急用忍」政策，台灣金融問題可能更嚴重。

◆台灣智庫副執行長董思齊：

在座的幾位都是實質參與台灣經濟發展，對未來規劃非常有影響力的人。接下來邀請的，是台灣重量級人物，除了曾任行政院副院長外，目前也是台灣國家級投顧公司的董事長吳榮義，他不只做救火的工作，他也看前瞻的規劃。

◆台灣智庫董事長、總統府資政、台杉投資董事長吳榮義：

台灣政府在一九八九年左右，容許間接投資中國，一直到一九九五年江澤民採取文攻武嚇，用飛彈威脅台灣。李登輝總統才會在一九九六年實施「戒急用忍」政策。但是很不幸地，二〇〇〇年民進黨執政剛好發生「網際網路泡沫」（Dot-com bubble），前有金融風暴（一九九七年）席捲亞洲，那年台灣經濟成為負成長。民進黨第一次執政，國民黨趁機說民進黨沒有人才，一定要檢討「戒急用忍」政策。

二〇〇一年陳水扁總統開了「經濟發展諮詢委員會」分五組，分別為產業組（產業競爭力下降問題）、兩岸組（兩岸經貿關係改善問題）、就業組（失業率攀升）、財金組（財金情況日趨嚴重問題」）、投資組（投資環境惡化問題）。每一組都有三位召集人，我參與兩岸政策討論，當時整個社會因為戒急用忍施了很大壓力，決定要「積極開放」，反對者認為必須「有效管理」，但積極開放了有效管理卻做不到。二〇〇六年，又開了一次全國會議（台灣經濟永續發展會議），變成「積極管理、有效開放」，那已經是民進黨執政後期。

馬英九上任後，兩岸當然是大幅開放。直到二〇二〇年底，台灣投資中國的上市櫃公司超過一千六百多家（佔中國上市櫃公司總數逾七成），金額逾二點五兆元台幣，兩岸幾百萬人往來，跟過去李登輝總統時代完全不同。

現在談台灣經貿策略，要重新採取「戒急用忍」，對兩岸投資要有限制，不能和過去一樣。現在社會氛圍很清楚，武漢肺炎（COVID-19）二〇二〇年席捲全球，二〇一八年美中貿易戰，美國對中國商品採高關稅；接著又展開科技戰。二〇二〇年川普禁止政府承包商使用包括華為（Huawei）、中興通訊（ZTE）、海康威視（Hikvision）、大華（Dahua）與海能達通信（Hytera）等中國電信產品，截至二〇二一年六月，總共有五十九家中國企業被美國公司列入黑名單，這種情況台灣應該怎麼辦？

川普的政策，拜登會持續執行到哪種程度？會不會慢慢回到以前多邊高度與方向？台灣要禁止兩岸投資好像很難，但是供應鏈要重整，全球對中國做法也慢慢了解，台商知道錢在那裡很危險。

台灣有幾百萬人在中國討生活，但就台灣的主體性，還是必須要有應對的政

策。除了思考與中國的關係，台灣市場仍依賴世界，必須處理國際關係。台灣加入的第一個國際組織是世界貿易組織（WTO），經過川普隨意調高對中國的關稅後，台灣是小國必須遵守WTO的規則，但未來其他國家會不會遵守？

　　亞太經濟合作會議（APEC）只是政策的交換，《跨太平洋夥伴全面進步協定》（CPTPP）雖來原由美國推動的，但美國退出後，以日本為主，台灣加入門檻較高，中國進去的機會好像也不大。《區域全面經濟夥伴協定》（RCEP）是中國主導，目前尚未生效（根據協議內容，RCEP至少要在六個東協成員國和三個非東盟成員國完成批准，才會正式生效），且台灣進去也沒有用。因為台灣出口主力ICT資訊相關產品幾乎零關稅，傳統產品比較吃虧，但台商都已跑到東南亞投資了，或為了避關稅到南美洲。

　　台灣的產品在二○二○年出口快速成長，是因為碰上武漢肺炎，全世界的來往都被斷掉。未來台灣如果能繼續生產低關稅、免關稅的資訊產品，出口應該能持續成長，但最後還是需要雙邊協定解決問題，與美國的「自由貿易協定」（FTA）一定要簽，日本看能不能簽。多邊協定台灣現在碰到的幾個，WTO未來充滿不確定性，CPTTP希望能有機會加入，RCEP市場不大就算了。

　　台灣跟中國的關係要怎麼走？中國雖然修理台灣，去做生意的人還是很多，我們現在卻不談這個問題，李登輝的「戒急用忍」台灣現在敢不敢做？對當前的經貿發展策略，台灣需要好好思考。

◆台灣智庫副執行長董思齊：

　　透過吳榮義董事長的分享，發現我們現在雖然討論的是李登輝學，其實已經不只是做為一個總統的總統學，甚至是政府學。政府如何在這個時代下，遇到民間需求、世界環境改變時，該做些什麼？該怎麼做？在活動發起人林佳龍總結之前，李安妮董事長想和大家說一分鐘的話。

◆李登輝基金會副董事長李安妮：

　　今天的題目是「戒急用忍與台灣當前經濟戰略」，我想講私底下與父親談「戒急用忍」，它背後重要的思維。

　　我問他：「你怎麼會用這四個字？」他說：「這四個字我都不認識。怎麼知

道是什麼字,我又不是讀中國書的。」

「戒急用忍」這四個字,不是在他腦子裡的東西,也不是一個鎖國政策。

他常常講,投資者是有野獸個性的,輸人不輸陣,要趕快衝第一個。「戒急用忍」後面最重要的意涵是,台灣在經濟、政治,特別是兩岸的未來發展上,若有違背以台灣為主體生存的戰略思維情況,請大家不要急、忍下來。

在二十五年後,我們看到當時「戒急用忍」產生了一點效果,尤其是對台灣核心產業。

「戒急用忍」是讀中國書人的中國字,在李登輝腦子裡沒有「戒急用忍」這四個字。他沒有那麼高明,那四個字他不認識,是我們念中國書的人才聽得懂。

回過頭來看,二十五年後的今天,台灣面臨不同的國際政治局面,就像法國《Le Point》(觀點週刊)二〇二〇年十二月十日出刊的封面,台灣在國際場域中雖然是一個沒有背號的選手,但是仍奮勇向前,與國際間四個強權一起奔跑。

「戒急用忍」最主要的意涵,是衡量當下的戰略是什麼,不是真的把門關起來。與國家未來發展命脈相關的,我們要忍、不要急。

◆台灣智庫副執行長董思齊:

最後,我們邀請活動發起人林佳龍做總結。

◆台灣智庫共同創辦人、活動發起人林佳龍:

李總統在執政期間寫過一本書——《台灣的主張》(一九九九年),談到台灣的主體性、台灣的生存與發展;也在他的執政期間,台灣人走出悲哀,開始有幸福感。他知道台灣會繼續一直走下去,所以曾經說:「接下來台灣就交給你們了!(二〇一二年)」

事實上,他寫了一本書《二十一世紀台灣要到哪裡去》(二〇一三年),從過去思考未來,李登輝站在台灣的主體性,看生存與發展的問題。

在這個當下,「李登輝學」要處理幾個主題:台海危機、憲政改革、經貿戰略、農業政策以及進入民主的深化。

最重要的課題是,台灣每個人都須思考的問題:我是誰?我從哪裡來?我在哪裡?我可以往哪裡去?我怎麼去?這個課題在四百年來,台灣進入大航海時

代，成為世界的一部分就開始了。台灣歷經許多政權的統治，台灣人終於可以當主人。在二戰之後，台灣人都在尋找一個答案：「台灣要是台灣人的台灣。」這點已經做到了，台灣是人民直選總統跟國會，經歷了三次政黨輪替。

台灣也是世界的台灣，生存與發展和世界緊密結合在一起。不管深耕台灣、布局全球，都是作為台灣未來走向哪裡的基礎。台灣人不只靠隔壁的中國或靠日本，甚至只靠美國，這一點應該蠻清楚。

全球化會不會因為疫情或者美中對抗而改變？全球化大方向不會逆轉，先前走得很快，也許會稍緩盤整，不管多邊與雙邊的關係，或全球化與區域化的整合關係，多重秩序都在進行，不是馬上就可以世界一家。

這二十年來，台灣與中國加入世界貿易組織之後，經歷過從全球一個標準的世界工廠，中國的紅色供應鏈變成產業重要的供應鏈，但接著斷鏈，到現在走向短鏈。台灣資通訊或者5G未來的實驗場域有完整的產業群聚，在短鏈的時代，台灣有什麼優勢？這是未來經貿戰中最關鍵的。

目前我們也面臨一個狀況：「台灣是世界的台灣，跟台灣是世界好。」台灣的競爭力須放眼全球，這涉及國家隊。蔡英文總統在五二〇就職演說（二〇二〇年），提出六大核心戰略產品，就是提升台灣在全球的競爭力。

台灣要成為全世界供應鏈中，不可或缺的角色，接下來必須面對的就是，投資台灣的問題——台灣有沒有潛力（投資標的）讓更多的資金投資？台商回流資金投入股市與房市，會產生很多問題，應該倒向台灣的基礎建設與人才，這種移不走的非貿易財。

不管是蔡總統第一任提「五加二」或第二任期提的「六大」，都在進行中，如交通部成立交通科技產業會報，下轄十二小組，因應智慧電動車與5G實驗場域，包括像無人載具、交通大數據、智慧物流海空港，以及數位觀光。

台灣一方面要靠出口，我們的產業以製造業為主，可是內需市場的服務品質，從防疫大國到觀光大國，提升為生活大國，讓觀光客來旅遊時很樂意消費。

台灣的品牌（Taiwan Branding）如果能建立，每個產業的價值也都水漲船高。台灣已經被世界看見，如何提高不同產業別的形象與競爭力？

最後，台灣與中國在疫情中形成對照組，與數位極權統治對照的良善民主理。台灣的歷史壟罩在中共紅色陰影之下，以及中國崛起後的文攻武嚇，還可以

活下來,主要是台灣擁有「三力」:民主力(Empower)、資訊力(Inform)、創新力(Innovate)。

「Empowerment」指的是民主培力,台灣每個人在開放的社會中,做了很多決定,才決定現在能走到這裡。第二個是資通訊產業(Information),台灣每一個人能夠近用、分享資訊,讓資訊流暢通無阻,跟極權社會用控制完全不一樣。第三個是創新力(Innovation),而創新要有生態系統(ecosystem),不管國家或地方,沒辦法仰賴單獨一家產業打世界盃,所以應建立台灣大中小型企業的產業聚落,

在中部最明顯,口罩國家對就是一個例子,一個月內從一百萬份口罩變成一千萬份口罩,在快速變遷的全球化世界中,彈性、效率、創新使得台灣隨時可以如水般隨環境變化,甚至像變形蟲般生存與發展。這已經不是硬實力,而是軟實力,甚至是硬跟軟結合的巧實力。

台灣走過那麼多的挑戰,希望對世界有貢獻,這也是「我台灣我驕傲」。台灣在中國旁邊,已經從最危險的地方成為最安全的地方。

台灣是一個資源稀少的島國,沒有辦法自給自足,一定要藉由全球化發展出路,這個挑戰已經迎面而來。

討論李登輝或「李登輝學」,探討的是時代精神、歷史意識與政治領導,最重要的還是要政府與人民在關鍵時刻做出正確的領導跟選擇。

◆台灣智庫副執行長董思齊:

「世界的台灣,台灣世界好。」台灣要逐漸凝聚更多共識。

李登輝農本主義與台灣的未來

主持：董思齊

與談：林佳龍、吳榮義、吳明敏、陳吉仲、

丁文郁、蔡培慧、蔡易餘

二〇二〇年十二月二十六日

「民之所欲，長在我心。」李登輝總統用科學方法實踐理念，尤其農業就是最好的例了。

他推動台灣經貿走向國際的同時，也關注到城鄉差距擴大、農村人口流失，台灣農業以小規模經營的小農、兼業農為主，但將難以應付國際自由化的競爭。因此，希望培育農民成為有技術且有經營管理能力的農業主力。

台灣農業的發展，和國際兩岸、憲政改革、經貿戰略一樣，也奠基在李登輝時代的基礎上，是我們鑑往知來的寶貴時機，期待透過李前總統的啟發，共同思考台灣的未來。

「李登輝學」第四場座談會「農業政策：李登輝農本主義與台灣的未來」

出席嘉賓

◆主持人：董思齊／台灣智庫副執行長

◆引言人：吳榮義／台灣智庫董事長、總統府資政、台杉投資董事長

◆開場致詞：林佳龍／台灣智庫共同創辦人、活動發起人

◆與談人：吳明敏／全國農業金庫董事長、台灣農業產學聯盟共同發起創辦人

◆與談人：陳吉仲／農委會主委

◆與談人：丁文郁／《農訓》雜誌總編輯

◆與談人：蔡培慧／行政院中部聯合服務中心執行長、前立委

◆與談人：蔡易餘／立法委員

◆台灣智庫副執行長董思齊：

歡迎參加李登輝學系列第四場座談會：「農業政策：李登輝農本主義與台灣

的未來。」前面的三場包括了國際兩岸、憲政改革、經貿戰略。我們現在討論的這個課題很特別，李總統是一位優秀的農經專家，對於台灣農業有非常多期許，在他執政過程中做了很多改革，卸任後也做了非常多事情，所以用「農業政策：李登輝農本主義與台灣的未來」這樣的課題，邀請貴賓來討論。先請台灣智庫董事長吳榮義做引言。

◆台灣智庫董事長吳榮義：

李前總統一九四三年、日本戰前赴東京大學學農業，戰後一九四六年回到台灣大學就讀，一九四九年拿到台大農業經濟學士，一九五二年拿中美基金獎學金到美國去愛荷華州立大學（Iowa State University）攻讀農業經濟，一九五三年拿到碩士，同年返台工作一段時間，一九六五年赴美國康乃爾大學（Cornell University）一九六八年取得農業經濟學博士，論文獲美國農學會全美傑出論文獎，可見他在農業經濟方面的造詣。

在農業政策上的貢獻，比較廣為人知的是，李登輝建議蔣經國消肥料換穀制度，這個制度對台灣農民剝削、榨取，他很勇敢地提出建言，得到蔣經國同意廢除。這是對台灣農本主義、農業經濟的重要貢獻。當然，他還採取許多農業方面的改革。

李前總統以前是學者，做了很多研究，真正到行政院當政務委員，涉及農業方面，後來又擔任台北市長、省主席、副總統、總統，涉及範圍就不僅僅限於農業。

農業在早期當然重要，台灣今天經濟能夠發展到這種地步，日本時代農業經濟的發展，到後來戰後種種措施是關鍵。李登輝的農業政策對台灣經濟影響為何，這是接下來幾位專家討論的重點。

以農業為主的時代，比如戰後一九六〇年左右，台灣農業人口佔就業人口的一半，到現在農業人口佔就業人口僅約百分之四、百分之五，重要性很明顯不一樣。

李登輝的貢獻當然是將農業視為經濟重要部分，他推動政策將經濟結構一半比例以上發展農業，隨工業發展調整到現在，目前農業問題已跟當時不一樣，不過，農業轉型能夠順利，對台灣經濟的影響很重要。

◆台灣智庫共同創辦人、活動發起人林佳龍開場致詞：

從李登輝前總統的國際兩岸政策、憲政改革和經貿戰略，了解到他如何一步步帶領台灣邁向民主自由的正常國家。李前總統除了是「民主先生」、政治家，還是一位農業專家。

李前總統在二〇〇八年台大八十週年校慶時曾說：「若不是農經系的專業訓練，我無法做中華民國的總統。」農經學者出身的李登輝，關注農業政策和農民的福祉，並對台灣農業發展帶來重大影響。他在求學、擔任學者的時期，以科學的研究對台灣農業做出建言和帶來改革。

戰後台灣農業的發展，讓佃農漸漸擁有自己耕種的土地，但也讓農地破碎化，且為了「反攻大陸」而致力於糧食自給，全力生產經濟價值較低的糧食作物，再有「肥料換穀政策」強制把農業部門的產能轉到工業部門。這些導致農民本來就因生產糧食作物收入不高，又得將稻穀以低於市價的價格換取化肥。李前總統在康乃爾大學的博士論文就是以轉移農業部門的產值給工業發展為題，說明農民利益如何受損。 九六八年，他的論文還得到「美國農學會」的全美傑出論文獎。而「肥料換穀政策」也在李前總統經過不斷的研究、倡議，在他擔任政委時期，一九七三年廢止。以科學的方法實踐「民之所欲，長在我心」就是李前總統的風格。

此外，李總統非常有遠見和膽識，這也和台灣智庫的民調的結果相符。一九八一年，李前總統任台灣省主席，就提出「八萬農業大軍」政策，以培力農民，帶動農業結構調整。「八萬農業大軍」成為台灣青農搖籃，培育出許多後來的產銷班長。

儘管李前總統在二〇〇〇年卸任，還是持續關注農業議題也親自和農民接觸、造訪農村，扁政府所推動的農業金融改革就是最好的例子。當時政府想要一步到位解決農漁會信用部的經管問題，引發強烈反彈，過程中李前總統與農會界代表溝通、傾聽基層訴求，理解農會對農業經濟的重要。李前總統也認為農業金融需要改革，但要慢慢調整體質，不是直接衝撞，後來陳前總統採納了建議，促成了農業金融法和成立全國農業金庫，讓農業金融監理一元化，具體改革了逾放比過高的問題。

台灣智庫，在包括吳明敏董事長等專家學者協助之下，出版不少跟農業相關的政策建言與書籍。而我在擔任台中市長的期間，亦曾經推動過「青年加農、賢拜傳承」計畫，希望能透過連結農民、農業、農村、農產品，及農產加工品，讓農業有源源不斷的活力與創新。和李前總統的理念類似，我認為農業部門要有好的產值，自由化的發展，才能確保農民的福祉、農村的永續和產業的發展。

當時，蔡英文總統來台中市參訪時提到，她在擔任「世界貿易組織」（WTO）談判團顧問時，我國務農農民的平均年齡將近六十歲，然而在相關農業政策的推動與實施下，目前我國農民的平均年齡已經下降，倘能持續在農業注入新血，讓更多青年農民投入，「我們的農業將是下個世代競爭力的來源」。

最後，我認為農業的發展與永續也對區域平衡非常重要，農村形成良好的產業聚落，才能讓人口根留，持續耕耘我們的家園。

◆台灣智庫副執行長董思齊：

「民之所欲，長在我心。」李登輝總統用科學方法做研究，在他的號召下做了很多改革，台灣智庫也參與這過程。接下來這位李前總統的學生、全國農業金庫董事長，同時也是台灣農業產學聯盟共同發起創辦人吳明敏，我們邀請他來發言。

◆全國農業金庫董事長、台灣農業產學聯盟共同發起創辦人吳明敏：

一九九九年加拿大魁北克大學經濟系教授為蒐集「二十世紀台灣在世界經濟的角色」來台，由我陪同晉見李前總統，李前總統說：「在我任內，甚至在我的有生之年，應該看不到我心中對台灣的夢，但是，我一直在鋪陳基礎。」這應該是指，後面很多制度的改革，不可能一次到位。

一九六九年，當時我是大學生，李登輝除了是台灣大學教授，還被聘為農復會（中國農村復興聯合委員會）技正，正在推「農業建設四年計畫」，聽了不少李前總統對台灣農業結構改變的看法，他強調生產要素（Factors of Production），除了土地、勞力、資本，也納入技術。

李前總統一九六八年在康乃爾大學發表的博士論文《Intersectoral Capital Flows in the Economic Development of Taiwan, 1895-1960》（1895至1960年台灣經濟發

展中部門間的資本流動）中提到，開發中國家包括台灣，早期農業發達，透過農業剩餘價值支持工業發展，包括肥料換穀、租稅制度，甚至鐵路效益性的取消。當年台灣農業出口高，靠香蕉、甘蔗或稻米等，賺取外匯支持工業發展，李登輝認為一九六五年是關鍵年，工業發展超過農業，促使農業勞動力輸出，而農業發展因技術面落後靠密集耕種勞動力，後來發現勞動力慢慢不足、漸漸老化。

研究中李登輝也發現，農民組織與農地政策配合不上農業發展，且各個開發中國家，皆為支持工業發展而剝削農業。

李登輝在農復會當農業經濟組組長時，一九六九年便開始推「農業建設四年計畫」，一九七二年到行政院當政務委員。李前總統是我在中興大學碩士論文的口試委員，我也是李登輝學校國政班第一期的學生。我在美國俄亥俄州州立大學指導教授漢恩（David E. Hahn）和李前總統在康乃爾大學一起修過幾門農經系的課程。一九八七年起，有多次機會陪同外賓、學者、農漁業界領導人拜訪李前總統，也曾受李前總統之邀請，參與政策議題諮詢。

在台灣智庫負責農業論壇後，我覺得應該不只談論述，要真正接觸農民，二〇〇四年由我主導創立的台灣農業產學聯盟，以「真心疼農民，用心愛台灣」為成立宗旨，李前總統到場致辭勉勵，特別強調「農為國本、台灣優先、戒急用忍、國際連結」，這是他的核心思維。

李前總統擔任行政院政務委員期間，督導制定《農業發展條例》，卸任總統之後，二〇〇六年督促台聯立委起草「農業基本法」，立法精神是確保糧食安全、縮短城鄉差距，提高農業於國內外市場的競爭力，但「農業基本法」至今仍然束之高閣。

再來，若以農為本，首先要改善農民、農村的環境，用水、土質、空氣，最重要的就是醫療，近年有三個學校要申請醫學系，很多人反對，我覺得沒有道理，所有偏鄉的醫療都不夠。這個建議是跨部會的，如果以農為本，身體不好什麼都不用講。

任何制度的設計，應該要想到外部效果，我在屏東農業生物科技園區觀察到，進駐園區的廠商有一家用屏東的米，還有一家把養雞的污泥變有機肥料，這些都能促進農業政策落實，若未來制度設計或資金的投注上，都能想到對第三者效果，便能幫助農民改善環境，這是未來很重要的工作。

蔡英文總統非常關心青年農民，二〇一七年我接農業金庫，農委會也配合釋出優渥措施，包括青年從農創業貸款利率只要百分之零點五四，青年農民也從二〇一七年五百三十四位貸款六點零四億元，增加到二〇二〇年五千八百多位貸款六十多億元。

農業金融機構建立三支專線，若青年農民須要貸款，就請當地農漁會輔導員幫忙。青年農民單獨創業不容易，一位南非台商想回台創業，我建議他將枋寮附近養殖業小規模併購，利用太陽能板下做高價魚養殖，變成品牌才有可能打進全球，經營高消費市場。我一直鼓勵農民來跟我們談創造團隊、品牌，單單補貼一個農民，他也沒辦法做出好品牌。

一九七四年李登輝結束「台灣農業結構變動之研究」計畫時，序言寫到他非常擔心農民組織，尤其是一線的農漁會，怎麼讓它轉型、升級、活化？還有批發市場、農業金庫，將來一定要接軌國際。

◆台灣智庫副執行長董思齊：

台灣農業金庫因為秋冬季香蕉盛產，吳明敏董事長採購了南投竹山和雲林的香蕉，分享給在座貴賓。「農為國本，台灣優先」，接下來這位特別來賓，在他的辦公室上也有「農為國本」四個字，他是農家出身，年輕時參與五二〇農民運動（一九八八年），家裡經歷過口蹄疫事件（一九九六年），投身農業經濟研究，一直在火線上面對農業課題，對於農民需求非常了解，非常榮幸邀請到農委會主委陳吉仲。

◆農委會主委陳吉仲：

我想從李總統從政以來，對農業、對國家貢獻講起。只要到農委會二樓，都可以看到「農為國本」，我就從「農為國本」開頭。

李登輝總統的博士論文跟「農為國本」很有關係，他寫的農工之間資本移動，是在反映所有國家經濟成長過程中，排序一定是農業、輕工業、食品工業，然後慢慢到重工業、服務業、電子商業等，但是在發展過程裡面，絕對是把農業發展過程中賺的外匯移轉到其他非農業部門發展，這是完全正確的。現在也不會主張因為以前農業部門支持工業，工業就要毫無限制地回饋農業，我們的出發點

應該不是這樣。我們的出發點應該是要確認，國家如果沒有農業，國家不會是一個國家，我要從這個角度來凸顯農業的重要性。

回到關心農業，我有一個結論，很多問題沒做好都要歸咎農委會，尤其是主委，這些都是最基礎該解決的問題。

為什麼每一個職業都有職業災害保險，只有農業沒有？因為農業從來不被當成一個職業，直到二○一八年才有農業職業災害保險。如果沒有三十二年前農民走上街頭（一九八八年五二○農民運動），就不會有一九八九年的「農民健康保險」，但這只是給了十五萬三千元的死亡給付。

二○二一年終於有「農民退休儲金」，這個退休儲金制度反映在二○二○年的青農貸款有將近六十七億元，比二○一九年的十七億元成長了將近四倍。現在很多年輕人對投資農業有願景，至少一兩百個青農投入農業後，不只生產，還將行銷、創意、文化結合其中，在疫情影響經濟的狀況下有增無減，這代表投資農業已經翻轉，跟以前不一樣，或者也可能是非農業部門的薪資停滯。

換句話說就是，當基礎問題越多，反而創意轉機最多，但是年輕人投入農業後會問，為什麼我們八十五歲沒有退休金？

「農為國本」底下最簡單的概念，要有農民從事生產。光喊農業永續很容易，農業永續要有農地、水與陽光，可是若無人生產，農業就沒有辦法永續。農民生產如果連基本保障也沒有，當然無法永續。所以，這個福利體系要做好。

長期以來，台灣都看天吃飯，農損一年平均約一百四十二億元，獲得的現金補償大概只有二、三十億元，這種不歸究於農民生產部分的，本來風險就是政府要分攤，二○二○年《農業保險法》通過，現在已經有開始示範二、三十種農業品項，二○二一年會更大量執行，包括豬隻死亡的強制性保險，以及實施稻米的強制性收入保險。這樣的強制性保險，讓農業部門完善基礎建設的統計資料，建立風險分擔機制。

農民四大福利體系，在二○二一年一月全部到齊，包含農民健康保險、農民職業災害保險、農業保險與農民退休儲金。

以農民職業災害保險為例，「做事的人」是「沒做事的人」受傷的四倍，大太陽容易中暑、噴農藥容易中毒，職業災害保險一個月保費十五元，農委會補助十元，農民受傷住院就有九百元，沒辦法工作一天補助兩百三十八元，至少保障

農民基本權利。

福利體系建立完成了，但若沒把環境設置好，青年朋友要回來也是不可能的。

李登輝總統有一次欲將農田水利會改為公有、國有，原來農地分灌區內與灌區外，灌區內三十一萬公頃，灌區外三十七萬公頃，灌區內才有水用，灌區外自己負責，這長年來都是不對的。

農田水利會二○一八年已成為公務機關，有次去雲林灌區外，農民看得到烏溪的水喝不到水，後來以一千五百多萬元的工程經費解決了這個問題。本來灌區外因未因為不吃水種荔枝，現在可以改種高單價的葡萄。

要用水就有水可用，這些是農業部門最基本該做而沒做好的，現在才做了六千多公頃的灌區外，還有三十幾萬公頃待處理。「農為國本」要農業永續的話，土地、水、陽光加農民生產，都是重要因素。

解決所有農業問題，除了基本福利體系，大環境要顧好，除了要有水，土地是最大的問題，也是現在最沒辦法解決的問題。

務農卻沒有自己農地的比例越來越高，實耕者跟地主大多不同，因為全世界農地最貴的國家就是台灣，平均一公頃要價三千五百萬元到四千萬元。如果你是農民，有四千萬元買農地，會選擇務農嗎？所以才有三七五減租（一九四九年）、公地放領（一九五一年）、耕者有其田（一九五三年），現在應思考的是區隔農地經營權跟所有權，否則要達到李總統的八萬農業大軍（一九八一年）是不可能的。

為何李登輝總統設定的八萬農業大軍（農業專戶、種子部隊）重要？如果種一公頃水稻，農家一期（二月底插秧、六月底收穫）與二期（七月底插秧、十一月中旬收穫）賺款是淨利潤，假設一公頃十五萬元，一年你怎麼過？若十公頃便是一百五十萬元的淨利潤，所得不會輸給大學教授。這就是為什麼李總統當初希望把全國六、七十萬可耕作面積分配給八萬個農民，這樣才有辦法解決台灣長期以來最根本的結構性問題──規模太小、競爭力太低。

所有權跟經營權若分不開，政策再怎麼執行，面對國際市場，競爭力還是有非常大的差距。可是農業不是只有這樣，除了新冠肺炎（COVID-19）疫情，在過去三年，其實還有重大動植物傳染病，至少有五種都尚未在台灣發生，中國的非洲豬瘟就是一個案例。

非洲豬瘟從非洲肯亞傳到歐洲、南美洲，再到俄羅斯，傳了一百年，可是近兩、三年，亞洲大部分國家都有疫情，只要疾病侵入，農民就會被影響。口蹄疫（一九九六年）到現在讓畜牧業餘悸猶存，還有牛結節疹，這個疾病讓乳牛無法泌奶（二○二一年四月已傳入台灣），面對疫情，應用公開透明、跨部會、最快的方式處理。這個也是為什麼，除了基本福利外，基礎環境建設也要做好。

　　口蹄疫經過二十四年才「拔針」（停止施打疫苗），看起來簡單，其實很複雜。做任何農業政策，要從專業角度，絕對不能從政治角度。二○一八年七月，民進黨承受很大阻力，當時如果只考慮十一月九合一大選攻防，不做決定拔針，那台灣今日豬肉不可能已外銷世界了。

　　台灣遠洋漁業在二○一五年十月馬英九執政期間拿到黃牌，二○一八年十一月三千漁民北上抗議，十二月我去東港和漁民座談，他們問政府為什麼罰那麼重？漁民大部分教育程度低，不會用電腦，但歐盟要求每一船捕撈魚獲的數量都須填寫，我們用最笨的方法，弄了iPad放魚的相片，讓漁民用手指頭按數量。這過程花了很大的心力，歐盟二○一九年才解除遠洋漁業黃牌，否則四百億元的產值就會完全蒸發。解除遠洋漁業黃牌，是因為從專業角度做處理。

　　面對農業亦是如此，越錯綜複雜且牽扯政治議題時，反而越須專業。

　　第三個要做的是台灣農業基礎建設。台灣農業生產技術優良，可是生產後的通路出了很多問題，冷鏈體系台灣便失落了三、四十年的技術。日本最大通路商社長不斷強調，台灣冷鏈做好，農產品價格不會被特定通路商掌控，農民收入就會好。基礎建設不只是冷鏈體系，農會二○二○年成立一家公司，直接調節洋蔥價格對抗市場通路，這些都是最基礎的工作。

　　如果不是因為美豬要進口，我們不會發現台灣五十八家豬隻屠宰場沒有一家有「國際食品安全管制系統」（HACCP）認可，畜產品或者是農產品外銷，必須取合格證明，但是台灣竟然沒有。

　　學校午餐用在地食材不是很正常嗎？我從任職副主委（二○一六年）開了幾百場會議，面對炮聲隆隆，這不是大家想要的嗎？牽扯到交易、牽扯到地方政府，這件事變得很難。國產食材使用覆蓋率在二○二一年一月已達八成，會朝百分之百全部使用在地食材邁進，讓家長對小朋友的食安放心，也可和農民直接對接。學校午餐的需求帶動供給，辦戶外教學可以到合作農戶的農場、畜牧場，實

施食農教育。

把需求帶動供給與產業政策做好，農業的根本問題就可以一個一個改善。農業的產值五千億元，輸給一家電子大廠，可是農業在生態文化、環境上的貢獻不容小覷，尤其是面對未來極端氣候，沒有農業會更麻煩。

因為疫情，台灣一度在二○二○年擔心玉米、大豆進不來，那豬、雞、鴨、鵝都不用養了。台灣所有的蔬菜種子，除了馬鈴薯外，全部都是進口的，這些糧食安全平常不會發生，可是二○二○年就差點出狀況。這樣的問題發生，用最根本的方法，盤點每一個資產（肥料也都是進口），確認供應無虞，再生產也沒問題，糧食安全不是用講的，要用行動。農委會負責的當然不只有生產，如果需求端不消費農產品，我們的糧食自給率就會一直往下掉。

那怎麼促進大家多買國內的農產品？買不是為了農民，更是為了消費者自己，「農為國本」是為了國家。

◆台灣智庫副執行長董思齊：

只要把基本福利做好，再輔以基礎建設，台灣農業有很好的未來。在疫情發生後，蔡英文總統也提出民生戰略，強調產業非常很重要，農業也很關鍵，「五加二產業」中便列有新農業，被認為有創新的可能性，讓更多人才根留在地。

接下來邀請的是《農訓》雜誌總編輯丁文郁，他曾擔任農委會農漁會信用部賠付專款評價小組委員，也是《農業金融法》起草人，曾在李登輝總統身邊工作十八年。

◆《農訓》雜誌總編輯丁文郁：

我要講的是，卸任之後的李總統在農業上的貢獻。主要為四部分，前言、七項跟李總統合力之後有關的農業事件、李總統扮演的角色，最後的結論是十八年中，我在李總統身邊學到的事情，我所理解的他的農業觀。

李前總統政治領域的貢獻大家都很清楚，他說不管自己擔任什麼職務，都是一位農業人，他在農業這方面的貢獻作為，相對來說大家比較不了解。

尤其是他卸任以後，李前總統對農業的貢獻，更加沒任何記錄，我個人剛好有這個機緣，在二○○二年九月十日開始，就一路在農業領域跟李總統有很密切

的互動，身爲一個歷史見證人跟參與者，我有義務與責任記錄下來。

李總統卸任後做了七項有關的農業事件，他是二○○二年「一一二三與農共生」農民運動的催生者、促成制定《農業金融法》與建立台灣獨立於一般金融體系的農業金融體系。

在亞洲金融風暴（一九九七年）後，台灣金融（一九九八年）開始發生問題，二○○一年與二○○二年，政府在《金融機構合併法》的授權下，用強制的手段，將三十六間農漁會信用部直接交給銀行接管。這件事李總統用農業思維完全無法理解，他交代我有機會時，要還歷史一個清白。

另外，他確保二○○四年大選後農漁會不被秋後算帳，也是農業金融重建基金機制的促進者。二○○五年爲了處理金融機構不發生系統性危機，台灣成立「行政院金融重建基金（RTC）」，專門處理包括中華銀行等，經營不好的銀行退出市場，爲了讓農業金融體系更加健全，二○一○年RTC退場後，又留下兩百二十億元，做穩定農業金融體系用。他推動《農業基本法》立法，以及大家可能無法理解，李總統爲何在人生最後階段，要發展台灣肉牛產業，這七項都是我親身經歷。

「一一二三與農共生」是台灣有史以來，規模最大的一場農業運動，也是在二○○二年十一月二十三日之前，所有農民運動人數最多一場的社會運動。這場農民運動怎麼發生的？二○○二年八月二十二日財政部發布的農漁會信用部業務限制令，讓農漁會信用部有八成左右無法發展，在政策的強逼之下必須退場，像很多信用合作社改成銀行變成歷史名詞，引起三百四十二間農漁會領導者與農民恐慌，那一年很不幸的，台灣加入WTO，所有農產品價格都低於生產成本，當年三份柳丁買不到一份晚報（十元）。

九月七日，雲林縣各地農會到雲林縣長張榮味會館拜託他幫忙處理，張榮味邀請當時立法院長王金平到雲林縣接受總幹事們陳情，希望讓政策有轉圜，好巧不巧，那天剛好辛樂克颱風影響台灣，交通停頓，王金平沒辦法到現場。

二十一個總幹事僵持在縣長會館，雲林縣西螺鎮農會總幹事打電話和我求救：「所有總幹事都在這，王院長沒辦法來，農漁會信用部如果不見，農漁會就會滅亡，大家想不到辦法。」

我第一個想法是，目前在台灣只有兩個人能說服陳水扁總統改變政策，一位

是他太太吳淑珍，另一位就是卸任總統李登輝。但要了解農業、支持農漁會繼續存在的，可能只剩下李前總統。

李前總統的幕僚黃昆輝（時任群策會副董事長）跟張榮味是親戚，我向總幹事建議，請張縣長聯絡黃副董事長，希望能跟李前總統報告。九月十日，我人生中第一次見李登輝總統，我還記得十八年前在翠山莊他聽完我們報告後開口說：「不管什麼職務，我這輩子都是農業人，但是這段時間對大家比較抱歉，因為政黨輪替，我要幫新政府把政局穩定，再來幫忙怎麼發展台灣經濟，所以對農漁業的問題比較沒有注意，你們今天來跟我說，我才知道說事情變成這副德行。哪有用銀行來收農會信用部，這沒道理。」

「在農漁會開始服務以來，我所有農業政策的推動都透過農漁會幫忙，這個時間點，我應該出面替你們說話。」

九月十二日，我們邀請全國三百四十二個農漁會總幹事與李前總統公開談話。他提出兩個觀點：第一，請政府不要用金融手段解決農業問題。第二，台灣目前農漁會信用部問題的改革，應該有專法（《農業金融法》，二〇〇三年），設定一間農漁會信用部（全國農業金庫，二〇〇五年）。

二〇〇〇年政黨輪替後，李登輝總統跟陳水扁總統關係一向很好，而且理念接近，但是從那次開始，他們對重大公共政策產生磨擦。

李登輝總統在九月二十三日台聯的政策會議裡面，他公開向陳水扁總統喊話：「改革是好的，但是要照顧到中間農漁民權益，不好好處理農漁會信用部的問題，搞不好政權都會丟掉了。」

第二天陳水扁總統出席世界台灣商會聯合總會，公開回嗆李總統，「若因為怕失去政權而不敢改革者，是懦夫的行為。」李總統聽到心裡也很難過，九月二十六日，他透過農訓協會打電話約我跟當時祕書長見面，明白告訴我們，事情走到這個地步，陳總統的話說得很絕，我們心裡要有所準備，要透過農漁民的力量來讓政府了解到政策做錯了。

李總統開始慢慢規劃進行農民運動，包括十月四日與二十二日兩次會議，全國農漁會自救委員會決定，十月二十九日以縣市為單位，向縣市政府展開萬人農漁民陳情的活動；十一月二十三日，聚集到台北凱達格蘭大道向社會各界訴求。

當然，這中間還發生很多事情。

十一月二十一日晚上十二點半，我在辦公室竟然接到李總統打來的電話，第一時間問：「總統這麼晚了還不睡，怎麼了嗎？」他才說：「我想到兩天後，有十幾萬農漁民從中南部各地來到台北，我擔心他們的安全問題，擔心到睡不著。」

我聽完很不捨隨即承諾：「報告總統，我們一切都準備好了，一定會平安把農民帶回去。不會像一九八八年五月二十日，你當總統看到的那場農民運動，磚塊、棍棒跟流血的衝突場面。我向總統保證，但是請總統要求執政當局，讓我們和平地遊行，不要挑釁。」

李前總統答應也做到了。如果沒有李前總統，就沒有這場農民運動。這場農民運動創下了五項歷史記錄：第一、對話層級最高——前後任總統的正式對話；第二、負責善後的政府官員層級最高——行政院長游錫堃，他三次向總統請辭獲慰留，到最後由財政部長李庸三、農委會主委范振宗請辭負責。第三、訴求達成率最高：當時提出三大主張、十大訴求，一年落實八項。第四、人數規模最大，依台北市警察局空照圖計算，共有十三萬五千人，是之前所有社會運動之最。第五、最理性和平：中正紀念堂集結不到總人數的三分之一就塞滿了，但是沒有流血沒人被抓，五點散場大家乖乖回家。

為什麼李總統會發展肉牛產業？最主要為解決休耕的問題。李總統對「山頂種菜山下休耕」現象與政策一直無法理解，他常說台灣是一個沒有資源的國家，結果土地都在休耕，他認為不能將資源閒置。

二〇一一年推動農牧循環整合計畫的雲林斗南農會總幹事張有擇研究發現，發展台灣肉牛產業可有效解決台灣休耕問題，他的論述完整，我好幾次研讀資料，覺得可行性高，於是向李登輝總統報告，後寫成「台灣國產肉牛產業分析報告」在二〇一三年四月二十三日呈給李總統審閱，不到兩個禮拜，總統馬上打電話請我約張總幹事見面討論，如何解決關於台灣肉牛產業與休耕問題。

台灣肉牛當時進口約十三萬噸，台灣自產不到這個數字的3%，尤其當時進口還有狂牛症的威脅。李總統認同我們的想法後，二〇一四年訪問北海道、二〇一六年訪問石垣島，都將考察肉牛產業當做重要行程，他慢慢理解，要發展台灣的肉牛產業，除了政策配合外，就是要有好的肉牛品種。台灣吃的本土肉牛，基本上都是公乳牛與淘汰下來的母乳牛，沒有自己肉牛的品種。

李總統後來決定養出「台灣和牛」，二〇一六年十一月，李總統邀我在興蓬萊餐廳吃飯時，很高興告訴我，在陽明山擎天崗找到十九隻牛，外表看起來像日本「但馬牛」品系。

　　後來經驗DNA證明，是已適應台灣亞熱帶氣候的日本「但馬牛原種」，李總統認為有基因在這裡，可經育種培育出肉質細緻美味的「台灣和牛」，這是奠定台灣發展肉牛產業的契機。

　　台灣肉牛總數二〇二〇年約三萬四千三百多隻，所需要的牧草與面積，自己種要四千三百公頃，如果能將目前本土牛佔有率從3%提高到20%以上，就有辦法讓休耕面積減少四萬多公頃。

　　李總統的農業觀，「以人性與人道為經，實踐及公義為緯。」但是我在此強調兩件事：

　　第一件，我曾在李總統生前與他確認過，《農業發展條例》（一九七三年公布）不是由他督導與處理，那時他負責石化產業跟職業訓練，那是他過去農委會老同事負責的內容，所以會來和他討論。

　　第二件，如果沒有李前總統就沒有「一一二三與農共生」農民運動，也沒有《農業金融法》與全國農業金庫，更不會有台灣目前的農業金融體系。李總統生前思思念念的是要配合台灣農業環境與世界潮流，推動《農業基本法》的制定。

　　二〇〇五年八月，他交待我組織研議小組，一直推動到現今，目前立法有十六個版本，蔡培慧委員她也貢獻了一個版本，希望我們有機會完成李總統生前無法達成的農業抱負。

◆台灣智庫副執行長董思齊：

　　丁文郁總編輯在農傳媒發表〈記一段與李前總統登輝先生的農業奇緣〉，因為時間因素沒有辦法講很多，請大家閱讀那篇文章，有更多精采故事。

　　接下來邀請的是行政院中部執行中心執行長蔡培慧，她非常關注農業，在二〇〇八年聯合關心《農村再生條例》（二〇一〇年）的各界人士，成立台灣農村陣線，擔任立委（二〇一六年至二〇二〇年）時推動《農業基本法》、《有機農業促進法》（二〇一八年）等相關立法工作。

◆行政院中部聯合服務中心執行長、前立委蔡培慧：

今天並不只是農業政策的討論，其實是在談論一個歷史的延續。我接下來會分三個段落，來簡要闡述「以農為本以及未來的方向」。

第一個是走了三十三年的農保之路（一九八五試辦，一九八九正式開辦）、第二個是科技加農業、農業加科技的未來走向、第三個是農為國本以及城鄉共好。

首先，是走了三十三年的農民保險之路。二〇一八年在市長官邸舉辦「五二〇農民（一九八八年）運動三十週年紀念座談」，與會者包括當時協助把蔬菜載到台北卻被栽贓罪名載石頭的邱煌生，以及現任農委會主委陳吉仲。

當天剛好是《農業健康保險條例》（二〇一八年）通過三讀的時刻，農民保險在三十三年前的「五二〇農民運動」提出，希望建立完整保險機制，但是卻像拼圖一樣，只給予保險名目，事實上並沒有完整的保障，拖了三十年才完成「農民職業災害保險」。過去能夠參與農保的人，必須有一分以上農地（一分等於二百九十二點四坪），現在農地非常貴，應該慢慢分離所有權與使用權，給實際務農者農保。

二〇二〇年我們才完成最後一塊拼圖——《農民退休儲金條例》，讓三十歲就投入農保的人，工作到六十五歲後，退休可以領到三萬五千元，這件事情走了三十三年，中間經過李登輝，也是蔡英文總統在農業結構的改革方向。

除此之外，還有很多事情沒做，例如分離土地使用權與所有權。另外，我們必須面對台灣農地零碎化，農地所有權人大部分都只有一、兩分地，做農作物不一定能賺錢。除了分離所有權與使用權之外，要建立農地儲備制（政府用市價買地），做第三次農地改革。

現在的農地炒作，往往位置是臨路、平地蓋農舍，靠山，在田中間的沒人買，如果一直移轉繼承，便一直分散，如果沒有一個機制去買地，好比政府買回來，租給肯務農的年輕人，先租三、五年，做得好想買地，可用二十年的低利賣給他。如果有一個循環基金，不管是一百億元、兩百億元、三百億元，便能解決農地零細化以及農地所有權與使用權必須分離的問題。

每次講到農地買賣，大家想到的都是炒地皮，所以必須面對這個問題，才能建立台灣農業專區，要不然就只能一直蓋農業設施、蓋工廠。

第二個是農業生產的多樣化，必須有科技跟農業的連結。台灣農業的特色是多樣化生產，有全世界最多的番茄種類、各式各樣的雜糧，以及花卉。所以，農法要傳承、農藝要創新。

台灣農業除了日本時代奠定的基礎、農委會的農事所、農改廠四處幫忙外，每一戶農家都是農業實驗室，台灣的蘭花出口一年九千萬株，低於荷蘭的一億三千萬株，但是台灣蘭花的研發仍在進行中，慢慢地建立自己的種源資料庫。

有太多的微感測技術，全部掌握在台灣的科技業，包括專利，我們只需要轉型連結成為農業。例如無人機，噴頭可以撒農藥、照相、高低飛左右飛、鑽到稻作裡找稻熱病，可以協助農情調查。無人機能做的，除了給予還可以偵測，以及透過GPS定位的農情調查。

農業的科技絕對不只是科技業協助農業，而是農業也可讓廢棄物轉化為好的有形方向，協助科技業、協助生活材料。例如防疫，因為空氣清淨會想到活性碳，阻絕髒空氣。而台灣的工研院研究團隊已開發出「富氧炭化」技術，可將農業廢棄物消除臭氧、應用於醫療，大大提升廢棄稻殼的價值。

「富氧炭化」能除臭氧量，讓髒空氣穿透變成好空氣，不管是稻殼、菱角殼，或是廢菇包，消滅臭氧的效果皆極佳。科技加農業有無限的可能性，例如台灣已經研發以竹代塑、以竹代木，像菱角殼、纖維值較高的甘蔗皮、筊白筍殼都可以轉化為生活材料。

希望科技加農業的多樣化生產與多樣化運作，可以形成未來主流。我們千萬不要把農業當作產值低，或是沒辦法處理廢棄物，要把所有的農業廢棄物轉化可為生產用。

農業廢棄物還有一個隱而不宣的痛，就是燒塑膠布。農業用抑草蓆或溫室塑膠布，並無有計畫地回收，這件事情是目前的難題。其實只要多做一個動作，用機械把水跟土抖掉，即可回收塑膠布製作垃圾袋。換句話說，讓農業廢棄物的有機質，往生活材料方向前進；農業廢棄物的無機質，往再回收做塑化劑方向前進。

台灣是土地面積相對少的國家，農產品輸出或制定新南向政策，不能只想賣產品，而是我們掌握了什麼樣的關鍵技術。

台灣不管在品種、灌溉、集雨或農業經營，皆可用一支手機操控，生產的走向應該有機會做到「Made by Taiwan」——台灣來教你怎麼做，而不是一定要

「Made in Taiwan」──只有末端產品輸出。所以，科技加農業、農業加科技是未來的走向。

第三個「農為國本，城鄉共好」立基在台灣有傳統。農藝是蒙刻在身體的技術，它掌握在非常多的長輩、科學家，還有第一線農耕者身上。我們應該系統性的整理，並讓農村住得下去，光靠前瞻計畫無法解決城鄉基礎設施的不足，交通、醫療以及教育三個議題，一定要面對。

在交通上，以高雄、台中與台北三個主要高鐵站為例，它們便是重組台灣城鄉意識。比如南投埔里到高鐵站大約四十分鐘，台中豐原到高鐵站也差不多四十分鐘，但是距離感卻不同。同樣地，台中到台北，比台北到台中容易多了，因為都會本身的拉力。有意識重整農村與都市距離，不只是空間距離，也是提升軟實力，這就必須提振教育類型，強化農村教育的多樣化。

而醫療上，派駐醫療公費生到各偏鄉地區衛生所，或是邀請大醫院設分院，比如彰化基督教醫院去南投設分院，如此才能具體解決因為城鄉交通距離而衍生的醫療差別。

我們要把農村的好，健康的食品、優雅的環境，人本共生的哲學思維延續下去，未來不管金流、物流資訊流，也須有農事服務業大隊重新在農村建制，如同農委會的農村再生或地方創生，讓一批又一批的隊伍在農村生活。

◆台灣智庫副執行長董思齊：

如何用創新的方法，將農為國本的精神永恆傳承下去？農村的發展帶動區域發展，也是我們國家整體要思考的一部分。接下來邀請立法委員蔡易餘，在他的選區嘉義縣太保市有農戶在做精緻農業推廣，遇到建農舍時有爭議，則透過蔡委員向農委會爭取後平順解決。他雖然念法律，卻為了做更多選民服務而進台大農學院進修，我們來聽聽他的看法。

◆立法委員蔡易餘：

我是學法律出身，但是我的選區嘉義縣是一個很特殊的縣，沿布袋港從海到平原，再到阿里山，橫跨了所有不同高度農作的農業大縣，我幾乎都是跟農民、漁民、山上的果農，甚至阿里山的茶農在一起。對農業這一塊，我也是在問題中

找答案。

　　講到李登輝前總統，他人生最後這幾年推動日本和牛，取名為「源興牛」。取名是創造一個農產品變成精品的過程，所以農業要如何建立品牌很重要。我和立法院同事吃火鍋，看到菜單每一項食材都有寫來源——除了米，我看不到米的來源。

　　台東有池上米，西螺有西螺米，這都是已經打出來的品牌，但這樣還是不夠的。日本加入《跨太平洋夥伴全面進步協定》（CPTPP），每一個縣市都強調在地品牌，像熊本很認真推動「米」，我們都會說台灣人吃台灣米，但台灣人真的吃到台灣米嗎？米的品牌，是台灣未來可以努力的方向，除了讓台灣人確切知道吃什麼米、哪裡的米，可以推動稻米來源標章，強調在地優勢，聲勢拉起來後品牌就不一樣。

　　以茶為例，過去竹崎、梅山、番路、阿里山各鄉所產出的茶，都是各自為政，沒有善加利用「阿里山」的品牌，陳明文當縣長時（約二○○二年），將各茶區的產品整合在「阿里山茶」品牌下，每年透過舉辦比賽，評選冠軍茶。整個阿里山茶的品牌做起來，連越南茶也要說它來自阿里山。

　　東石外傘頂洲的天然保護，自然形成「東石蚵」的品牌。全國的盤商都在東石，盤商賣的卻未必是東石在地的蚵仔，台南蚵仔也叫「東石蚵」，雲林的蚵仔也叫「東石蚵」，甚至在台北也看到很多「東石蚵」。但實際上，東石的蚵民未必因為「東石蚵」這個品牌受惠，因為沒有人把蚵民串聯起來，做整體包裝。

　　再講到嘉義一度流行的小番茄，在太保、新港種植得很成功，很多人跟進的結果是這幾年價格又掉下來，逼得農委會限制申請國家溫室補助的農民不能再種植小番茄。

　　因為中間少了品牌，大家都可以輕易的取名，這是李登輝前總統希望我們接著做的——農業精緻化，如何做出市場差異性，這是很大的課題。

　　除了「建立品牌」，也必須真正傾聽在地的聲音。台灣養殖業很辛苦，現在養的三大家魚——鱸魚、虱目魚跟吳郭魚，這幾年價格都不好，漁民為了打平成本，最後都選擇「偷接電」。

　　養殖業最高的兩個成本，一個是飼料，第二個就是用電，差不多佔三成。在地方上，漁民的村落如果碰上台電稽查，村長會負責廣播，要大家趕快把機器藏

起來，這是一個很悲哀的景象。還好在二○二○年《農業動力用電範圍標準》上路，讓養殖用電有更合理的計算方式。

希望這一套新的用電方式，可以鼓勵養殖業漁民誠實用電，輔導漁民轉型。這些我們眼中的小事，卻是農村、漁村在地的聲音，除了生計問題，像這種麻煩的雜事，我們應該要替農漁民解決。

◆台灣智庫副執行長董思齊：

建立一個好的品牌，跟說好故事有關係，謝謝蔡易餘委員提供非常多的例子，包括要如何讓其他人聽到在地的聲音。今天與談貴賓們的發言，不僅讓我們更了解李總統對農業的關心、用心與奠下的基礎，也讓我們看到後繼者對農業發展的熱情與努力。他們真的都是登輝先生農本思想的重要傳承人，也讓我們看到台灣農業未來的光明前景。

從野百合到太陽花的公民參與

主持：董思齊

與談：林佳龍、葉啟祥、胡元輝、范雲、吳沛憶、林飛帆、鄭麗君

二〇二一年一月九日

　　世界上只有兩個國家經濟轉型後還民主轉型，成為先進國家，台灣是其中之一。從野百合、野草莓到太陽花，台灣經歷了幾波民主運動，但不同世代的公民參與有什麼不同？在這場座談中，我們邀請不同世代的社會運動參與者，透過他們的角度來談談他們心中的李登輝與台灣公民參與的課題。

「李登輝學」第五場座談會「民主轉型：從野百合到太陽花的公民參與」

出席嘉賓
◆主持人：董思齊／台灣智庫副執行長
◆引言人：林佳龍／台灣智庫共同創辦人、活動發起人
◆致詞貴賓：葉啟祥／中山長老教會牧師
◆與談人：胡元輝／中正大學傳播學系教授
◆與談人：范雲／立法委員
◆與談人：吳沛憶／台北市中正區、萬華區議員
◆與談人：林飛帆／民進黨副祕書長
◆與談人：鄭麗君／文化部前部長

◆台灣智庫副執行長董思齊：

　　在台灣由威權轉民主的過程中，李登輝前總統扮演非常關鍵性的角色。這場座談，我們首先邀請在李總統過世時做主禮、一九九〇年三月學運就與李相遇的葉啟祥牧師，來進行開場致詞。

◆中山長老教會牧師葉啟祥：

　　我跟李登輝總統有三次會遇。第一次是一九九〇年參加野百合學運，當時我

是神學院學生代表，後來進入總統府。但出來的時候，所有學生都很不爽，卻不得不落幕，那時候，我於李總統是抗議者的角色，對他的決定不是很滿意。

第二次是在二○○七年，已經過十七年，我是教會報紙的總編輯，去採訪李總統，印象特別深刻的有三件事情：第一件事情，我發現李總統很會喝酒，他請我喝酒，一直喝沒停。第二件事情，我發現李總統整整九個小時沒上廁所，我一直在跑廁所，所以他身體很不錯。第三件事情，就是他非常浪漫，他談到《白蛇傳》，法師幹嘛不讓白蛇跟許仙成一家？所以他改了《白蛇傳》。這是我們第二次會遇。

第三次的會遇，是我到台北服務，李總統邀請我一起做家庭禮拜。我發現，在他年紀最後的這個階段，對信仰有非常強烈的追求，所以差不多每年的聖誕節，我就到他家裡跟他一起做禮拜。這個時候我們角色互換，我是被他找去的牧師，以前都聽他講，後來換他聽我講，我們角色也改變了。我從一個抗議者、訪問者，最後變成一個牧者。

在這樣的經驗當中，我想起年輕時曾讀過韋伯（Max Weber），他說把政治當做志業的人要有三種特質：熱情、責任感、判斷力（洞察力）。

首先，熱情是對理想有踏實的熱情；其次，有責任的倫理；第三是冷靜判斷力。我在訪問李總統時問他：「有人說你很權謀，權謀跟信仰是完全衝突的概念，信仰講究的是誠實，但權謀要很多的謀略，你怎麼看這件事情？」他常講：「事情應該是怎麼樣就是怎麼樣。」不然就說：「我不是按照規矩來的人。」也常回：「讓人家批評沒關係，百姓好就好。我是基督徒，我要遵守上帝旨意，認真打拼。」他為理想付上熱情的代價。

從信仰的角度，他覺得要對上帝負責，該怎樣就怎樣，常常禱告、審慎判斷。如同韋伯所說的，心智和責任的倫理。他想將心中的理想成就落實。

像韋伯說：「若非再接再厲地追求這世界上不可能的事，可能的事也無法達成。」我在李總統的身上看到，他不是把政治當職業，而是人生的志業，同時是在世上的責任，也是上帝對他的呼召。

最後再分享一件事，美國前國務卿蓬佩奧也是一個長老會的信徒，他對台灣是中美斷交以後最好的國務卿，他為了對抗中國這個最大的共產主義國家到處跑，很多人問他：「為什麼要這樣跑？」很多人認為這是美國霸權，或美國想圍

堵中國，從政治上也許是如此。蓬佩奧受訪時說，「這是意識形態的問題，民主意識形態跟集權意識形態的鬥爭，所以他必須要如此努力。」

有人問他，他常公開說是基督徒，就像李總統也常公開說他就是基督徒，會不會被批評？蓬佩奧回：「我常說是基督徒，坦率地向人們表現真正的自己最重要，我的信仰影響我做決定的思考方式，以及我解決問題的方法。」

最後人家問他：「你是一位基督徒，對做決策有什麼影響？」他說：「上帝呼召我在這個世界做什麼，我就做什麼，這是我理解事情的核心。」不管是對李總統或蓬佩奧，都認為政治是上帝要他做的，用「上帝呼召」來理解所要做的事情，不管是在任何場所、任何職業，都用這樣的方式來看待所做的一切事情，有一天都要為上帝負責。

在李總統身上，我看見把政治當人生的呼召跟志業，他要完成的，是上帝要他做的那些不可能的事情，當他做完的時候，便可以向上帝負責任。

台灣的政治人物不一定要有基督的信仰，把政治當自己的熱情跟呼召，也許有各自信仰，那個信仰的對象是自己要負責任的，最後用責任把它完成。

◆台灣智庫副執行長董思齊：

葉啓祥牧師從抗議者、訪問者到牧者，看到李總統的熱情跟理想，非常理解他在想什麼，「職業」（vocation），它前面的字根字首「voc」，就是聲音、呼喚、召喚，李總統聽到這樣召喚、呼喚，到他晚年非常喜歡的四個字「誠實自然」，也呼應葉牧師所講的。

李總統雖然從執政者角色，卸下執政身分後，還是很希望推動二次民主改革，以公民的身分鼓勵大家進行更多的公民參與。接下來邀請活動發起人林佳龍做引言。

◆台灣智庫共同創辦人、活動發起人林佳龍：

李總統提到台灣的第二次民主改革，最重要的是「公民參與」。「公民參與」讓我們再一次看見台灣進步的力量，看到國家希望與美好未來。

葉啓祥牧師提到與李總統互動的三個階段跟角色，好像有百變的李登輝，但做為一個可以讓心靈跟信仰對話的人，會發現不變的李登輝，貫穿其間是他的精

神、理念和價值觀，他在不同階段有不同角色，他怎麼把它做好。

　　我曾經試著去詮釋李登輝這三個字，可以定義是一個「個人」，他的整個生命史，跨越三個朝代或政權的發展；可以把他當作一個「體制」，他經歷外來統治、威權到民主，呼籲要當新台灣人或新時代的台灣人到底該是什麼人？這代表一個時代精神的體現，時勢造英雄，英雄造時勢，也可以把他當作一個「時代」。要理解台灣現代史，很難把李登輝刪除。

　　李登輝掌權前與掌權後，到他從權力的殿堂走下變公民，不同階段他怎樣把政治做為志業，最後他做為一個公民，已經是後李登輝時代，有將近二十年，不只是手牽手護台灣，二〇一四年一整年的時間，他用雙腳重新再走一次台灣，這個行動就是告訴我們，民主是人民作主，最基層的事物人民可以自己決定，當然也要負責。

　　那時候我剛好以立法委員身分選台中市長，李登輝到台中好多次，每一個行程的安排我都有參與討論，去東勢看青農創業，當有災害時血本無歸，政府如何保障青年農民的創業？到台中港官田工業區，看傳統產業面對經濟轉型的挑戰，怎麼樣靠自己走出一條路。

　　我們看到人企業與財團的股價跟產值，台灣從口罩國家隊可以看到，產業的供應鏈如果沒有產業聚落——「群聚效應」，不可能這麼快速、彈性、創新，在一個月內，把一百萬片口罩產量增加到一千萬片。

　　台灣整個民主發展，李總統的角色一直在變化，他萬變不離其宗，民主就是人民做主，可是也要做得民主，每個參與民主的人怎樣做民主人，這個是很重要的心靈與文化提升——公民素質。

　　何其有幸，他在權力高峰，因為節制，沒有選第三次總統。第一次是間接選舉，一九九〇年經第一屆國民大會代表選出。在憲改後，一九九六年直接選舉，他才參選過一次總統。

　　到了二〇〇〇年，李登輝不能再選原本應是話題，但因為他對權力的節制，所以這個議題就沒有被很認真地討論。這可說是新民主時代來臨，《憲法》規定總統得連任一次。權力的獲得、行使到最後節制，在離開時的身影是最重要的。上台靠運氣，下台靠智慧，川普就是對照組，縱使他有千萬個委屈或理想，但身影就變得不大好看。

最重要的是這個關鍵時刻，他決斷背後的價值觀。李登輝經典詮釋民主的一句話，「民之所欲，長在我心。」這句話是他人生實踐民主的一部分，但他還是站在統治者的角度，我有權力了，我要聽見人民的聲音，我要去做對人民有利的事情，可是民主不是權力菁英才有，也不會因為權力菁英的質量如何而決定，而是在於所有的公民。

這有很長的路要走。不斷地深化民主、提升民主品質、擴大參與，透過這樣一系列的研討會回顧跟展望，找到李登輝的遺產，把他因為各種時空環境的因素，還沒有做到非常好的，再把它做得更好。民主是一場沒有終點的接力賽。

李總統有二十年沒有掌權，這一段的研究是很有趣的，他在做什麼事情，看什麼書，走什麼路，把這些好好地整理，是後李登輝時期，台灣人民可以做的公民參與。他不會因為曾經做過總統，整天指指點點或抱怨，或者是越做把自己弄得越回去。

他也曾經詮釋，民主主義並非只是握有投票權利，而是人民主動參與政治，通過監督政府才得以實踐，所謂公民參與，他提到要放權到地方，落實地方自治。地方自治不是一個地域上的概念——地方事務由人民做主，而是一個公民社會，在各行各業、各種社會組織，甚至社會運動的參與，那使一個社會更美好，可能有時候是批判、是少數的聲音，但是一個開放的社會是歡迎或容忍少數聲音，因為有一天少數聲音可能變成自然的多數意見。這就是台灣做一個民主的命運共同體或生命共同體，已經長出來的機制，可以自我修正。

二〇一八年台中市長連任失敗後，我不斷在檢討，當然可以怪罪很多外在因素，可是我們可以做得更好。面對韓流、面對假訊息、面對民怨，透過公投綁大選——曾經我們認為最自然實踐選舉與公民投票的方式——不只是選務不好導致的問題，而是每一個公投題目都沒有被討論、被社會好好深思熟慮，所以等到受懲罰了，事後才回到大法官解釋，這個社會不是那麼極端，只有可以不可以，是怎麼做符合多數人在現階段覺得是進步價值？要跟社會溝通到人民認為擔心的事不會發生或誤會，就是社會進步過程。

從野百合到太陽花，是台灣民主的演進，從爭取選擇的自由，到做出自由的選擇，在威權統治之下，連自己做決定的權利都被剝奪，校園還有特別權利義務關係，學生不能參政、選舉，幫忙當助選員都不行，上台會被退學，沒有選擇民

主政府的自由。我們那個時代,從學運、社運、政運,最後如果不去改革《大學法》怎麼校園自治?國會不全面改選怎麼確保校園自由?

台灣的民主發展,從二元對立進展到三元社會有機體的階段。「二元對立」指台灣是「移民社會」,多元族群、階級、性別、世代,交錯重疊的認同跟利益衝突,或者最後的整合;另一個指「外來統治」,歷代外來政權統治從沒問過台灣人的意思,就在國家跟社會的衝突當中,不斷地巡迴。四百年的台灣史很大部分都是:台灣島嶼原本美麗,受外邦統治了數百年,可惜英雄代代輩出,都半路犧牲。

台灣的歌很悲情,但民主化之後,新的旋律出來,台灣人可以當家做主。做主有權也要有責,在實踐過程中,才可以真正的做主人。重新建構與別人的關係,台灣社會中不同的人要建立關係,跟外在的人,甚至包括中國人也要重構新的關係。做為自由人,一定在關係裡面,處理什麼是自由。

自由是一個場域,自由不是孤立領域的集體,是在幾個社會場域,政治階段間能不能互為主體性。其實三元社會,不是社會對抗國家的問題,因為國家已經某種程度被社會代表,可以授權也可以拿回,可以選舉、罷免、創制、複決,地方選舉本身也是一種權力分立的機制,「三元社會」就是公民社會、政治社會跟經濟社會,這三個社會如果能夠支撐起來一個比較立體、金字塔型的結構,就會有很大的自由空間,可以依賴、依存,就能共好、共創、共榮。

台灣已經進化到這個階段,不是社會如何可能,或公民社會這個概念,而是社會表現在文化、政治、經濟、生活中,它各有一些特質,有各自主體性也相互依存。自由、平等、博愛,相對於法國大革命的三個價值,自由要如何可能,一定是文化、多元,不然怎麼能有自由?不同宗教信仰、不同性別認同、不同族群,台灣社會要去面對、建構,它內在跟外在的關係。

第二個相對於政治社會的是「平等」,一人一票、票票等值,這個制度至少要公平,透過這樣的方式行使政治權力,這是《憲法》保障,但也透過不斷實踐累積更多經驗。

第三個相對於經濟社會的是「博愛」,經濟是為了創造更大幸福,同時要分享幸福,就是「企業社會責任」(CSR),或聯合國「永續發展目標」(SDGs),必須要共好,如果竭澤而漁,最後我們是受害者。

台灣從民主進程來看，已經不是統治問題——「民之所欲，長在我心」，而是治理的問題。「管理」是把人當做事在管，「治理」是一種關係。現在萬物連網，資訊流讓大家都有一樣的力量。

「治理」（Governance），不是政府（government），那是權威，人民選出來政府後，政府制定法令、分配預算，治理是一種關係，開放政府（open government）、開放資料（Open data）的時代來臨了。

不是只要政府做得好，而是人民覺得參與期間，享有權利也負有責任。民主治理越來越困難，因為資訊與各種生產要素都在流動，流動本身很難實現承諾，講了越多政見，只要有一個跳票，可能就會全部被推翻，在民主治理中，這是一個挑戰。

我從台中市長到交通部長，也在摸索更好的治理。在台中綠川的整治，一開始民眾都是反對的，先蓋某些設備會沒有停車場，就必須用耐心跟社會討論，讓民眾自主做出決定，然後再改變。但是也曾經有失敗的例子，青年議會或者各種摘星計畫。

在交通部涉及很多工程、建設，好像都有必要性卻避不開土地徵收問題，涉及為了社會公益可能會犧牲個人權利，這時候怎麼處理公益跟私領域之間的關係？

民主的過程與結果一樣重要，我們期待民主有好的參與過程，結果也能是看得比較遠、比較深的選擇，大家一起參決定，讓社會可以更進一步。

台灣這一波的歷史機運是前所未有，防疫的成功與公民素質、對法治的觀念相關，已經變成文化或公民意識，台灣跟中國是不同的對照組，我們用另一種方式，展現公民與社會力量跟民主治理的經驗，讓台灣可以被世界看到，也讓台灣擺脫亞細亞孤兒的身分，把台灣經驗從共同苦難，加上共同的榮耀，這就是新台灣人。

看到香港，台灣應更珍惜現有的民主，在關鍵時刻站出來捍衛我們所擁有的，因為這些隨時可能被外來侵略者沒收，歷史上很多民主社會的滅亡，不只是因為內在的因素，還包括外力的介入。

◆台灣智庫副執行長董思齊：

從選擇的自由到自由選擇，從共同的苦難到共同的榮耀，台灣人已經從李登

輝時代，台灣人的悲哀到現在迎來台灣人的幸福。舉辦李登輝學系列活動，對於過去的回顧便是爲了迎接與展望更好的民主模式。

接下來邀請在野百合學運以記者身分做觀察，在太陽花學運不斷勉勵學生，而後更著手事實查核、不遺餘力阻止假訊息的胡元輝教授。

◆中正大學傳播學系教授胡元輝：

一九九四年春天，日本作家司馬遼太郎到台灣訪問李總統，訪問中李提到「身爲台灣人的悲哀」，引起討論跟爭議。

當時我在《自立晚報》當總編輯，下令做了三天連載，在這個過程中，台灣社會起了非常大的震盪，但當時李總統去中南美洲訪問，不在國內。總統府副祕書長戴瑞明解釋了一套說法，可是沒人知道李總統眞正的意思。

三天連載的最後一天，我請報社一位專欄作家試著做詮釋，自己也臨時寫了一篇，兩篇文章刊出後，讓台灣社會議論紛紛。

隔天，我接到正在中南美洲的李總統，請他身邊人士打給我的電話，他說李看了所有的反映，我所寫的最符合他的意思，就是「台灣人民要自己走自己的路，這是身爲台灣人的悲哀，而做不到的事情」。李總統希望，台灣人民可以自己走自己的路。

李總統卸任後，發表對這件事情的看法，對照當時我做的詮釋來看，人概慢慢理解李總統爲何這樣說。他說，「身爲台灣人，卻無法爲台灣盡力的悲哀，這就是我所謂的身爲台灣人的悲哀。眾所皆知台灣人長期以來有著無法自理自己國家的悲哀歷史，而我身爲台灣人，也曾處於想爲自己做一些什麼，卻辦不到的年代。」這個大概是最精要闡述李總統想的一段話。

「自己走自己的路」，他原來有一段話是這樣講的，我深深體會到台灣人的悲哀，台灣人沒辦法走自己的路，開創自己的命運。」

自己走出自己的未來，從根源上來看，既是李總統的生命哲學、政治哲學，也是一九九〇年野百合運動，到今天三十年來台灣的一個大領悟，我們的公民參與在這三十年來一步一步往前走。

從選擇的自由到自由的選擇，公民參與在一九九〇年野百合學運，要爭取的是免於政治控制，有決定自己政治未來的權力，這是最基本公民參與的要求。到

了太陽花學運，首先是希望民主深化。太陽花學運是立法院在沒有充分討論一個重大議題的前提之下，進來就算通過，這不是民主。換句話來講，在討論的過程當中，公民要有充分參與的可能。其次是這樣的條例，有可能變成別人來幫我們決定未來。所以，公民參與在三十年來，這條軸線其實是沒有變化。

李總統提過第二次的民主改革，在民主深化與鞏固的過程中，台灣需不需要重新思考，公民參與是不是屬於第二階段的任務，有待完成。

我以傳播領域中的兩個現象，印證公民參與的大流，幾乎跟這三十年來的變化符合。一九九五年曾參與野百合學運的陳豐偉醫師，創辦了《南方電子報》，可說是台灣公民團體參與產製新聞的先驅。一九九五年之後，公民媒體跟公民新聞運動，在台灣不斷地向前躍進。

我在公視服務的時候也看到這樣的趨勢，在二○○七年，推動了PeoPo公民新聞平台，目前已有一萬多人登入為記者，平台成立初期發生了一個事件，展現公民參與新聞產製的威力。當時有位叫大暴龍的公民記者，針對苗栗大埔事件—怪手進入農田，以農民自救會所拍攝的影片剪輯，做了非常簡樸的記錄。這個影片立刻在網路上發酵，沒有人能想像，一個公民發聲最後的結果，逼著行政當局必須收回成命，改變徵收農田政策，這是公民媒體非常重要的代表性事件，也代表三十年來，公民因為參與了新聞產製，參與了資訊傳播，可以有機會發聲，可以表達自己的意見。

第二個例子，是社區媒體。社區媒體應該要讓身處地方社區的居民，有機會交流討論，表達自己對社區發展的思維跟意見。在一九七四年，台灣有了第一個社區媒體《今日美濃》。可是台灣社會在社區媒體的概念上很薄弱，一直跟政府有千絲萬縷的關係。

社區媒體意識開展，也是野百合運動之後。一九九二年的美濃反水庫運動，當時《今日美濃》在月光山，真正開始把社區媒體當成地方居民交流的平台，這又呼應了三十年來公民參與的發展，爾後社區媒體有了大幅度的變化。

到一九九年發生九二一大地震，年輕人回地方重建，同時推出地方媒體，這個現象在近十年愈發蓬勃，包括參與太陽花學運的青年，他們創建如新竹的「風起uprisings」、「基隆物語」，大家都在想，進入一個運動之後，要怎麼繼續走下去。

我舉這兩件事情說明，野百合到太陽花，這不絕如縷的三十年，就是台灣公民參與如何在其中蠕動並找出自己的路，呼應李總統講的，要自己走出自己的路。

未來沒有路要走了，沒有任務在身上了嗎？完全不是。我周邊有非常多的人，當年以推動台灣民主政治、政黨輪替執政做爲一生目標，沒想到這個日子很快到了，在二○○○年政黨輪替後，他們覺得台灣沒有事情可以做了，但二○○○年之後到現在，台灣淘淘溪水出前村，有許多事情，在出前村的任務上遇到挑戰。

李總統在他晚年出的書，或是談話中，常提到第二次民主改革。他說：「希望大家跟他做陣打拼，共同呼籲公民的覺醒，讓人民宣誓自己才是國家眞正的主人。」什麼是國家眞正的主人，不是只有把參與當成權力的行使，同時它也是責任承擔。這涉及公民品質，民主人如何進一步成爲成熟的公民，這是一個需要千錘百鍊的過程。

◆台灣智庫副執行長董思齊：

人民做主、做民主人，不只是口號，是日常生活不斷實踐。透過這三十年來，野百合到太陽花學運之中，公民參與的主流尋找如何爭取我們的權利，同時現在開始進一步想，要如何付出義務和責任。

接下來邀請的這位來賓，不只是參與野百合學運，也致力在勞工運動、婦女運動或平權運動上的立法委員范雲，來說說她的觀察。

◆立法委員范雲

我一直在不同的場合，遇到當年的野百合世代。今天分享的，跟我的三個身分有關，我受到這三個觀點的影響。

第一個是野百合運動中的參與者，有第一線運動者的觀察；第二個學術上社會運動的研究者，我親身參與台灣民主過程中相當重要一場運動的經驗，不斷在做研究時浮現；第三個是成爲政治工作者，一開始是小黨，現在是民進黨不分區，我在做政治工作的時候，常常回頭看，在台灣歷史的關鍵時刻，政治人物做的艱難決定，後來是怎麼影響台灣歷史？

一九九○年野百合學運，是我第一次在總統府見李登輝，當時我必須整理他

講的東西跟大家報告，能夠讓同學們有所回應的話，就不會太失望。

一九九二年他掌權時，是我第二次在總統府見李登輝，當時我是民進黨邀請的公民團體代表，他見到我說了一句話：「范雲你還記得我嗎？」他其實是對年輕世代非常有熱情、很有幽默感。

後來我再見到他，都是跟我參與新政治——社會民主黨有關，他即使是在很高齡時，都不斷地在回應台灣的大議題。另外，他是一個愛智者，第二次見到我之後，每次都給我一篇他寫的小文章，我感受到他在關鍵時刻對年輕人的支持，以及他對新事物抱持開放的心胸，包含他談對社會民主理念的支持，這是他在政治工作中讓我印象深刻的人格特質。

李登輝在民主化的貢獻有兩件事，第一是他在關鍵時刻——野百合運動，掌握了重要政治機會；第二是藉由與野百合學生互動，成為民主化過程中的盟友。

現在來看好像理所當然，可是參與運動的人應該都知道，當年我們並不相信李登輝，但投票數出來，每個學校都是相對多一點的人覺得非得撤退，否則運動會失去支持，但不敢相信李登輝會實踐民主改革的承諾。

我們在廣場上弄個李登輝席，但因為國安因素，很多外圍群眾圍著，他沒有去。後來李登輝在傳記中提起，甚至跟我碰面的幾次都講過，他本來想去的這件事情。

一直到後來我研究社會運動，才發現當年李登輝的決定，不是多數國家社會運動、威權轉型的常態，是一個少數特例。

一直到現在，都還有人說李登輝利用了野百合學運，「利用」是一個單獨的權力觀點，但從社會運動的角度，運動創造政治機會，當年政權內部有人內鬥，非主流跟主流，內鬥創造了政治機會，相互鬥的一方要援引外部力量，野百合的價值是李登輝掌握了這個政治機會，他決定主動出招來跟學生互動，李登輝也可以從頭到尾都不理，但是理了學生不代表會有好的結果。

六四天安門事件發生在野百合運動的前一年，中共接見了包含目前在台灣的吾爾開希，可是後來卻發生鎮壓。李登輝主動出招，利用政治機會之後，他決定在民主化議題上，成為學生的盟友，實現了民主改革的期待。

當年台灣的確是處在衝撞中，國際政治的局勢是更開放的，台灣在第三波民主的浪潮之中，包含葡萄牙、東歐，但是華人社會相對沒有那麼好，中國剛鎮壓

天安門，新加坡一點動靜都沒有，而台灣政治卻稍有起色。國民黨在一九四九年丟掉中國大陸之後，校園一直是控制最嚴密的地方，國民黨認為校園是輸給共產黨的關鍵，所以對校園嚴密監控的，甚至勝過其他社會運動，當年校園的突破，對國民黨政權是很大的轉變。促轉會的紀錄，剛好是可以解密李登輝時期的國民黨，非常重要的歷史資料。

我被監控時間從一九九〇年一月到一九九八年八月，長達八年，當時的原因是「與分離團體的關係」，包含具體勾連不法事證批評法政，其實就是《刑法》第一百條的分離團體——台獨。後來解除的原因是《刑法》第一百條已修正，范雲只是「和平的台獨者」，並沒有用暴力脅迫方式著手施行。

後來有個「獨台會案」，在野百合學生運動之後，我們也上街頭抗爭，在過程中可以看到黨國體制的監控並沒有放鬆，甚至還想起訴其中一些人。包含一九九一年清華大學廖偉成等五個社會運動者，一起從校園宿舍被調查局抓走。

李登輝當時無法掌握情治系統，否則在抗爭之後，他的代表不會承諾《刑法》第一百條可以修，然後馬上把人放出來。我們現在看到促轉會的檔案，才能真正開始解密李登輝。

個人生命傳記也很重要，社會科學研究者也常常太結構，應該結合兩種分析，一個是社會科學情勢，當時台灣的容易與不容易；另一方面是李登輝到底在哪個關鍵時刻、國民黨內部的處境是怎麼樣、主流派跟非主流派路線的鬥爭等，才能真正看到：第一個當然是李登輝如何擁有權力，這當然是權力政治學；第二個當李登輝擁有權力之後，他如何在艱難的時刻選擇學生運動當追求民主化的盟友，一直實踐到總統直選。

學生運動與社會運動緊密結合，也符合民主轉型的理論——社會運動與政治運動要結合，當時學生運動內部雖有左有右，但兩個議題是大家的共識，一個是民主化，另一個是本土化，在野百合運動的關鍵時刻結合在一起，包括選擇本土的象徵，如果不支持本土化，而用大中國論述，國會就不會全面改選。

從歷史過程來看，那場學生運動遇到李登輝也是幸運，中國的六四天安門事件就是一個反證，其他國家的學生運動也是。野百合運動在群眾運動中的成功，是台灣歷史轉型中獨立的正面變項，讓台灣從青年參與被抓的悲情歷史，留下了一個幸運的歷史傳奇。

李登輝遇到學生運動也是幸運的，他掌握機會借力使力，排除了非主流派，而真正幸運的是這兩股力量結合，加上李個人權力方向有理念、信念，不管他要走的是把台灣悲情變成台灣幸福，或是民主化的路。

我們很容易忘記，當年其實不相信他，我也是在看完促轉會的檔案才了解。記得很清楚我怎麼在一九九一年罵李登輝，當時郝柏村當行政院長，我們覺得非主流派又回來了，李登輝就算開了國事會議又怎麼樣，加上發生獨台會事件，我們憂慮民主倒退。可是現在回頭看，那才是我們真正理解李登輝、理解台灣歷史的開始。

李登輝掌握權力後啟動六次修憲，讓台灣國家正常化，是我們這個世代應該走的路，也是共同的使命。

◆台灣智庫副執行長董思齊：

范雲委員從社會學角度看學生運動，我的指導教授黃長玲老師也做相關研究，發現台灣社會運動跟韓國工運比起來，台灣的暴力性沒那麼高，很多人說是因為經過寧靜革命，其實不是單純寧靜革命，是有非常多的學運前輩在社會運動的努力，讓台灣能得到今天的民主。但是在重要時刻，領導者怎麼做，也非常關鍵。

接下來邀請的是參與許多學生運動，也曾當過民進黨民主學院主任、民進黨發言人、媒創中心副主任，現在是台北市中正萬華區議員吳沛憶。

◆台北市中正區、萬華區議員吳沛憶：

我是太陽花學運的參與者之一，與李登輝前總統沒有任何直接互動經驗，但是他確實是在我的人生成長回憶中—作為一個歷史事件—很多時刻出現，也是我對政治好奇的起點。

我的家人都是政治冷漠者，只有我爸爸對政治狂熱，小學時我被爸爸帶著參加陳水扁準備參選台北市長的造勢活動，在現場久了就很容易被大家感染。

有一年，新聞都在講台海危機，中國的飛彈可能會射過來，然後模模糊糊知道好像要開始選舉了，那是一九九六年第一次總統直選，有一組候選人是李登輝，有一組是彭明敏與謝長廷，我印象中家裡有鯨魚的襪子，應該是彭明敏的

LOGO，我以為爸爸支持他。但以爸爸對國民黨厭惡的程度，他後來卻投給李登輝，我感覺政治很複雜、很奇妙。

高三時，已卸任美國總統的柯林頓來台灣演講（二○○五年），他說台灣跟中國不是國家與國家關係，我相當震撼，台灣怎麼不是一個國家？台灣當然是國家，一個美國前總統說出的話應該不是亂講，我開始對台灣的歷史感到好奇。

任何人了解台灣歷史，心裡一定會有一股憤怒的情緒，為何上天給我們不公平的處境，應該怎麼做？所以，大學我念了政治系，認為以後可以去當外交官，但當我一成熟之後，馬上就了解，政治是非常複雜的事情，也不是外交能解決。總之，我對政治產生了興趣。

第二次跟李總統有生命際遇，是念大四參加野草莓學運（二○○八年）的經驗，李登輝有來廣場上。很多人不清楚野草莓學運是什麼樣的運動，那是馬英九當選總統，發生了很多事情，第一件就是中國特使陳雲林來台灣，新聞上看到台北街頭不准民眾拿國旗，我跟同學在想怎麼有可能有這種事情，到底新聞報導是真的還是假的，我們就騎機車插著國旗以及圖博的旗子，在圓山飯店繞了一圈，最後真的被警察攔下來，後來開啟了我的學運參與。

接著有大埔事件、反國光石化、反媒體壟斷，不是為了學生運動去參與，而是當你看到這些事情，你覺得它不對，你就想要一起站出來發聲，最後這些事情被稱之為學生運動。

在太陽花運動之後，李登輝也有幾次發言，其中特別重要的是，他認為是學生運動領導了社會，台灣人開始意識到民主不只是投票，而是當人民主動參與政治，人民認為有權利可以參與這個政治延伸的過程，這是他覺得很重要的意義。

這句話或是說這樣的辯證，我在二○一八年參選市議員，成為民意代表之後，也常回頭反思，問自己到底什麼叫民主，因為我所參與的是代議政治的過程，我們是政治權力的代理人，這個權力是民眾借給我們，要我們來監督日常生活中大大小小的事情。

這些權力來自人民，也屬於人民的，我們可能清楚這件事情，但是在整個代議政治的執行當中，我其實感到很困惑。

舉個例子，二○一七年中央修了《民宿管理辦法》，過去台灣的法律只有在非都市地區才能設立民宿，這幾十年來很多年輕人返鄉修復老屋，開立咖啡店或

民宿重振地方經濟，但在都市區台北市不能開民宿。過去的法規裡面，二〇一七年中央修法後賦予地方政府權力，如果劃設人文歷史街區，在街區中可合法設立民宿。很多年輕朋友跟我討論，桃園、高雄、台南、新竹都在劃設，台北為什麼沒有？

我的選區萬華是一個古城區，非常適合民宿，我開始跟市政府進行溝通，這當中有非常多來自旅館業者的壓力，市政府並沒有那麼大的意願想開放設立。我希望至少開一個公聽會，市政府告訴我，地方的民眾不一定會同意、民意代表的意見不一定代表地方的意見，這個訊息一出來，我接到許多里長的反彈，他們擔心劃設下去以後，做都更或是限建、禁建等會受影響。

在隔壁的大稻埕有類似的歷史風貌區，但它在法源上完全不一樣，這個公聽會最後演變成地方上十幾個里長串聯反對，以及地方上開咖啡廳、做新創的年輕人動員來發言。因為有一半的民眾、尤其是里長統統反對，這個案子基本上就終止在公聽會。

那一次我非常挫折，回去一直反問自己，我是一個民意代表，應該為民意發聲，但是當民意是分歧而多元的時候，我應該要堅持自己的價值還是為了多數民意發聲？這究竟怎麼評判？我們所謂的為民發聲，民意不會只有一種民意，從我的職務上應該怎麼做？如果重來一次，我可以做更好的是，在前期應該花更多的心力，一個一個的去跟地方上反對的里長或民眾溝通資訊，不應該讓市政府一下子把資訊丟出來定調。

什麼是民主？當我們在講公民參與的可能，重大的政治或新聞事件，民眾的資訊來源比較多，可是當我們回到日常生活的民主，資訊多是非常隱晦的，這些資訊有沒有確實被傳遞？也許公聽會的通知只發到里辦公處，但是開會通知不等於事情的資訊，我們如何讓應該收到資訊的人有充分的資訊？且在了解資訊的前提之下，才有參與的可能與更多能動性。

要讓民眾參與，政府或是具有權力的人有更多責任，要主動提出資訊讓大家了解，才能做出判斷。這是我當民意代表過程中，很深刻的感觸，我們這一代年輕人對政治越來越關切，也非常有行動力，但在基層、比較傳統的地方社會上，看到的是缺乏細微小事務的公共討論。

一般民眾或年輕人有意見，可能會直接上網，用1999市民專線表達他的聲

音，可是在地方的政治過程中，缺乏年輕人參與，我們每一個人對生活周遭都去參與、監督政治，我們的民主會更加深刻、深化，權力才不會被少數人所壟斷。期待下個世代可以建立起地方的公民社會。

◆台灣智庫副執行長董思齊：

我在十多年前認識沛憶的時候，還是大四學生，準備要去考研究所，這一路上看到她從體制外參與學生運動，然後到體制內加入政黨，做為民意代表，她也看到民意不是只有一種聲音，民主不是只有投票一種形式，她很努力在透過各種方式希望能夠讓民主更深化。

民主是沒有終點的接力賽，現在這一棒接到了年輕世代，接下來我們要邀請到的，也差不多是同一世代，也是參與野草莓運動、反媒體壟斷運動、太陽花學運，以及ECFA學生監督聯盟召集人，現在也在從事政黨政治活動的民進黨副祕書長林飛帆，我們邀請他來發言。

◆民進黨副祕書長林飛帆：

我在跟李前總統幾次交談、接觸經驗中，他不會常常把過去所做的事情一再分享，他會和你談現在的問題是什麼？台灣應該要做哪些事情？

一直到他晚年，都在強調年輕人應該注意哪些台灣接下來的問題，包含好幾次我們談論到二次民主改革，他認為台灣的新世代，不管是從野百合一路到太陽花，他期待一代接一代，可以完成台灣人民的民主改革。

在他擔任總統的十年中，六次民主憲政改革，有一些事情沒有完成。國民黨從威權轉型到民主的過程中，很大程度結合了地方派系的各種力量，雖然政治慢慢轉型，但留下了一些懸而未解的問題，甚至地方勢力或地方生態某種程度上更加嚴峻，成為台灣民主改革過程當中另一種負面牽引力量。

李前總統很清楚，在那樣的年代中，改革的優先次序是什麼，在過了那麼多年之後，還有哪些事情沒有完成。

這個世代的年輕人，在太陽花運動的過程中，看到台灣民主發展在代議政治的過程中出現一定程度的瓶頸，這是當年馬英九主政時期極度不尊重民意，試圖把台灣往另一個方向帶—完完全全的親中路線，讓政治、經濟與社會的種種資源

依靠中國。

親中路線發展導致台灣有雙重矛盾，第一個最主要的矛盾來自於民主代議制度中，看不見可以代表台灣主流社會民意的空間。不只是二○一四年的太陽花運動，也包含自馬英九二○○八年執政以來，開放兩岸重新交流甚至復談的過程中，產生的龐大危機感。台灣主流民意或是台灣是主權獨立國家，這個事實在馬英九主政情境底下，因為代議民主無法充分反應台灣人的認同與認知，這套制度也削弱我們在主權上面的主張。

第二個重大矛盾就是兩岸。台灣有一個核心的關鍵問題，在過去無論是李前總統執政、陳水扁總統上台，還是到馬英九時代，這二十至三十年來，社會的糾結就在國家認同。

從二○○八年到二○一四年，甚至一路到二○一六年這段期間，除了民主代議制度，在現行體制中無法反應台灣主流想法或認同，在國族或國家認同議題上也產生極大的矛盾，投射到台灣人對於自己未來國家定位的一種想像。

這兩個主要矛盾在那幾年產生很大震盪，也是為何我們這個世代在二○○八年到二○一四年採取這麼多直接的行動，也才會有無論是野草莓、反媒體壟斷、太陽花運動，甚至到太陽花結束之後，馬政府還是不願意放棄這樣的道路，持續進行馬習會。

這樣的社會矛盾，也沒有在二○一六年政黨輪替後全部被解決。舊有的憲政制度架構，經過陳水扁總統執政的最後一次修憲，確實完成一定程度改革，但負面或連帶沒有解決的問題還是存在，包含國會體制、五院制度等。

二次的民主改革，有幾個意義，第一個是對台灣民主深化的期待，民主深化是一個關鍵，但是不見得只著眼於國會改革，也包含進一步深化公民參與，如何在不同面向中，讓公民社會的力量變強。

另一部分是憲政改革，我們要如何讓台灣憲政制度能更符合主流民意，一直面對非常高的門檻障礙。最有共識的是十八歲公民權，必須有九百萬人投票支持才達修憲門檻，但實際上這仍是高度障礙的門檻，也很難達成。

現在民主困境分幾個面向，包含二次民主改革、憲改、台灣人自我認同建構、台灣人的精神是什麼？我們這個世代，有幾件事情要共同思考，第一個是如果要完成二次民主改革，或進一步民主深化，應該從哪些面向著手？這是最大的

問題。

　　台灣進入一個新狀態，包括香港、美國，或剛完成脫歐的英國等也發生類似狀況，在民主治理的過程中，如何面對現行民主制度與民粹主義浪潮興起的矛盾。二〇一八年韓國瑜浪潮興起，到現在力量某種程度上還是存在，反體制、反建制，而反建制不一定是保守概念，建制在台灣語境跟香港不太一樣。台灣社會存有一股潛在的民粹浪潮、對體制的不信任，不是嘗試用深化民主的角度改革，而是希望瓦解、破壞甚至摧毀對民主的信任，這是當下面對最嚴峻的問題。

　　在這背後當然還包括中國因素的存在，是這個世代面對台灣未來挑戰，跟李登輝不一樣的地方。野百合世代花很多心力處理台灣民主轉型走向政治民主，透過國會全面改選到總統直選，完成台灣民主化。

　　但是台灣現在面對的挑戰已不是民主轉型跟深化，而是這個世代的年輕人，缺乏對未來二十、三十年的共同願景。

　　我們這個世代要思考的重大問題，除了民主深化、二次民主改革如何完成，接著要做的是，擘畫對未來二十、三十年的願景，包括民主願景、對治理模式新的想像、經濟發展的新思維、如何面對國家安全的問題，特別是台灣現在的特殊地位，在國防、國安上面臨更多挑戰。複雜程度不亞於當年李登輝總統執政時期。眾多複雜的不同面向，需要這個世代共同集思廣益，透過不論是公民參與形式，或是更多審議的討論，慢慢進入對未來二十、三十年願景的擘劃想像當中。

　　即便我在民進黨中央工作，每天碰到最多需要處理的，就是口水戰跟日常的政治攻防。當檯面上主流的政治人物每天不斷被各式各樣的訊息綁住，台灣公共討論的品質與空間是下降的。

　　我們這一世代的年輕人，越來越多同輩在思考未來台灣二十、三十年，不只是民進黨如何維繫執政，而是民進黨執政能夠解決，不管是如何深化民主、面對國家安全新挑戰，以及社會經濟轉型過程中的新危機與機會。

　　另外一個重要的啟示是，李前總統當年提出特殊國與國關係的兩國論，現在的台灣，不需再把自己放在悲情脈絡底下，或是視為一個弱小民族，我們要有相當程度的信心，台灣經歷過民主轉型、多次政黨輪替、跟中國多次交手，台灣從退出聯合國、甚至台美斷交後，慢慢一路到現在的演變。

　　過去在外交關係的受挫，到現在在外交關係的拓展，從以前大家不認識台

灣，到現在大家認識台灣是亞洲當中非常少數的進步民主國家，台灣成為亞洲第一個婚姻平權國家，在防疫上可以貢獻全世界，在中國打壓情境下拓展外交空間，二〇二〇年經濟表現甚至超越很多先進民主國家。

我們應該站在台灣是一個有能力、可以在國際社會當中，扮演負責任民主國家的角度，去投射接下來二十、三十年，去思考接下來自己的定位。

這也是李前總統會希望看到的，台灣年輕世代思考、擘劃台灣未來。我們這個世代更重要的不在於政治紛紛擾擾，有一種討論希望把台灣拉回過去純粹依賴中國式的想像，拉回到對民主不信任、扭曲、曲解，將台灣民主當成亂源。台灣民主討論的品質在逐步提升，國家專業治理的能力也不斷精進，對於產業發展想像、甚至區域中扮演的角色也更加強化，我們應該站在這樣的基礎下，去思考台灣的未來。

談論李登輝學或李登輝前總統帶給我們的時代意義，最重要的是延續他過去不斷強調的，在二次民主改革、深化民主之外，思考台灣面對挑戰如何提出願景，這是我們這個世代的責任。

◆台灣智庫副執行長董思齊：

台灣不斷地在民主轉型之中掙扎，在民主認同之間徘徊，最後又面臨由內民粹，由外中國因素的困境，在雙重矛盾與雙重困境之下，如何找到新時代願景？新的世代看到這些問題，他們也希望繼承李總統的想法持續下去。

太陽花學運世代完了之後，我們又要再回到野百合世代，接下來邀請的是文化部前部長鄭麗君，她當時也是行政組中的一員，她後來除了很多豐富的政治經驗外，也不斷地在想像，如何做更好的公民參與形式，從二〇一七年全國文化會議、二〇一八年全國文化資產會議，到二〇一九年全國博物館論壇，不斷地由下而上，尋求在專業與公眾之間找到平衡。

◆文化部前部長鄭麗君：

先從野百合遇到太陽花說起，太陽花學運年輕人佔領國會那一刻，我還在當立委，那一瞬間突然回想起一個畫面，一九九一年，野百合學運後一年，開始啟動修憲的時刻，我在台大校門口發起絕食抗議，抗議老國代沒有修憲正當性。二

十幾年之後，我們已經成為國會議員，卻被太陽花佔領國會，直指代議體制失靈，我那一刻是很羞愧的。

二十幾年了，我們還需要年輕一代佔領國會，擋下服貿協議，過去我們不是只稱野百合世代，還跟人家稱我們是學運世代，好像台灣只有我們做過學運，那一刻我再也不稱自己是學運世代，因為學運的歷史已經改寫了，現在有新的學運世代。

這兩個時刻，在我絕食那次，是台灣真正的憲法時刻，開始啟動修憲，也是我人生第一次的憲法時刻。太陽花學運之後，也迎來一次修憲的機會，那一次我擔任修憲委員會召委，那是我人生第二次憲法時刻，那一次我們在國會是少數，結果是失敗的。

兩次學運的公民參與，跟台灣民主的歷史息息相關，兩波學運面對時代的挑戰是非常不同的，野百合世代對抗威權、追求民主、選擇自由；太陽花學運面對的挑戰更多重。

首先是兩岸在先經貿後政治的整合，從貨貿、服貿到和平協議的議程就在眼前；第二個是代議體制失靈，沒有辦法反映當時社會的主流民意；第三是在台灣經濟發展模式底下，社會不均化、年輕人機會流失的世代正義問題。

兩次學運迎來台灣重要的兩波憲法時刻，太陽花學運是失敗的，而野百合學運啟動台灣民主化關鍵契機，是來自野百合之後，李登輝總統回應了學運的訴求，選擇民主化做重要道路，透過修憲帶來台灣憲政體制轉型。

野百合遇到李登輝，是幸運的學運。但鄧小平鎮壓六四，習近平鎮壓反送中，如果野百合遇到的不是李登輝，不知道歷史會怎麼走。政治家的三個特質，第三個判斷力（洞察力），特別指政治工作者盱衡局勢的能力，從現實中找到實踐的路徑，對理想有熱情，不是為權力而權力，更重要的是他在局勢中的洞察力，在歷史機遇下，台灣走上了民主化。

在歷史機運之前，台灣從一九二〇年代台灣文化協會，每個世代所啟動的知識運動、思想運動、文化運動、文學運動，乃至自由化社會運動，當年有勞工、性別、環境等多元的議題，已經累積相當久的社會力，所承載的社會改革議題，絕對不是只由下而上——由修憲所帶動的民主轉型，台灣人所渴望的不完全是這些。

台灣民主的三個關鍵，一個是社會力，一個是李登輝，還有二〇〇〇年的政黨輪替，讓台灣人走入向自由選舉的民主生活。

野百合世代三十年了，我自己所親身參與的社會改革，常常先求有再求好，很多改革一路走來有時前進、有時後退，有成就也有未竟之功。這就是民主改革、社會改革的必然，或說勢必要走過的路。

第一個是憲改，《憲法》中的人權憲章不足，如何追求一個權責相符的憲政體制提升可課責性，七次修憲，門檻修成像祖宗遺訓一樣高，這些都還要再克服，不知道這屆國會能不能再迎來一次憲法時刻。

第二個是「人民作主、公投運動」，從沒有公投權苦行到有《公民投票法》，有高門檻的鳥籠公投走到降門檻有公投權，但是二〇一八年迎來的公投討論品質非常差，未來必須深化，像歐盟民主的深化期，也是台灣民主的一種試煉。

第三是言論自由，早年我們參與過廢除《懲治叛亂條例》、《刑法》第一百條，言論自由在數位時代還有很多新舊的挑戰，還在繼續進行當中。

第四個是婚姻平權，同志大遊行二十幾年，從社會倡議進入民主體制，透過大法官釋憲，又經歷一個挫敗的公投，最終由立法院凝聚共識，通過婚姻平權的修法。修法後才是社會平權的開始，法律不會成為歧視的來源，但不代表它能夠泯除所有社會歧視。還有許多行政法規，對於同志婚姻或家庭的權益要進一步檢視，甚至是社會倡議。

我們都曾經參與過反核遊行，可是到蔡英文總統這一任，台灣才開始認真做核能轉型，做發電廠結構轉變，我們要追求的不是只有發電廠轉型，而是如何實現綠能社會，以及建構一整套的能源治理體系。

所有的改革都不是一朝一夕完成，理念可能提出來很久，必須要靠社會運動不斷地體制外倡議、努力，也需要進入體制的朋友，在體制內把理想做出來，通過治理落實理念，困難度不低於做社會運動。

民主社會本身就是一個價值分歧的社會，在不斷參與對話思辨當中，形塑一種民主治理、共同治理的路徑，這是一個民主社群永遠的追求，也唯有透過參與對話跟治理的過程，才能鞏固民主社群共同核心價值，讓價值基礎越來越穩固，往同一個方向走。

歷史不是一個人往前走一百步，是能讓一百個人往前走一步。為什麼李總統

會提二次民主化？他提出很多公民、社造、社區、在地參與，我們這個世代是走入民主化的世代，太陽花是成長於民主化的世代，當下往未來看，新時代的挑戰是如何再民主化，每個時刻都可以追求更民主的社會，每個人可以是自由人、民主人。

最重要的是，大家如何凝聚共同未來，下個階段更大的目標跟理想？接下來最大的總目標是，台灣已經民主化，以一個民主化國家如何永續生存、永續發展？不要忘記主體是人民，權力來自於人民，生存永續發展的主體是每個個人。

但它有內外挑戰，還有國際社會的各種壓力，內部挑戰是首要面對的，不管是極端政治，或者全球都有的現象——民粹政治，它某種程度是來自於社會公平的問題。

當一個民主社群要團結往前走，是讓人人有機會、人人有希望，台灣是少數人可以生活很自由，大多數人被綑綁，無法實踐個人生命的自由。如何讓台灣社會內部團結，建立更壯大的社會共同體，是最基本的問題。

從二〇〇〇年到現在，台灣GDP累積成長超過70%，平均薪資成長，但平均以下的人數也在成長。這二十年來房價、房租、學費漲多少？我們的照護體系卻還未催生，一個世代比一個世代更艱辛。

如何追求人生擁有一份不等的機會，追求個人實踐的自由？第一個挑戰就是來自台灣內部的團結，應該要讓人家共同往前走，讓每個人能發揮軟實力，所以教育、文化、科技等社會投資是重要的。

民主社群也會面對環境的挑戰，如極端氣候的能源治理，面對科技變遷的數位轉型、數位治理，面對中國威脅如何防禦民主？如何用軟實力與民主價值聯結國際社群？不同世代要用不同視野，為台灣看得更遠，這也許是我們這個世代該做的事情，該承擔的責任。

懷念一位政治前輩最好的方式，是把政治做好。用民主治理在台灣實踐做為民主國家的新典範。我們在二十世紀走過民主化，年輕一代非常有機會讓台灣創造亞洲民主治理的典範。

◆台灣智庫副執行長董思齊：

一個人走一百步不如一百人共同走一步，在關鍵時刻，如何能讓台灣民主再

進一步，需要更多的公民參與，也需要更多人透過參與對話，才能實現共同的民主。最後，我們邀請台灣智庫共同創辦人，林佳龍活動發起人來爲我們總結。

◆台灣智庫共同創辦人、活動發起人林佳龍：

台灣智庫這次的一加五場的座談會，設計上有個脈絡。第一場在台灣智庫，以直播方式邀請三個世代——跨時代的人——包括李敏勇的《夢二途》，寫李登輝與彭明敏兩位阿公輩世代走的路，都爲了讓台灣人做主，也希望參與發展更美好的台灣社會，不管他們的路徑是什麼。

另外一位是范疇，他走遍台灣、新加坡、香港、中國大陸，現在從他的角度看台灣、香港與中國的發展，有自己的一套論述。第三個是魏德聖，他的《台灣三部曲》很大膽，已經開始拍攝了。

他們三位在第一場討論時代精神、歷史意識與政治領導，不是把「李登輝學」變成意識形態的宣傳，而是當成一個研究課題。我們研究李登輝，相當於研究他所經歷時代的台灣，這和我們有最深的關係。

那一場有文化、有人文，有精神面的高度，李登輝這個面向常常沒有被探討。他的生命越到後面就越回到年輕時的理想。青年李登輝、中年李登輝、老年李登輝，經歷三個不同政權時代的角色。李登輝學研究可以觸動我們討論，台灣跟每一個人生命的關係，不管過去與未來的發展。

後來五場就是在以前李總統的市長官邸，第一場是台海危機與台灣的選擇，第二場是憲政改革與民主深化聯繫，第三場是台灣的國際經貿戰略，第四場是農業政策或新五農，從農民、農業、農村、農產品、農產加工品，地方創生怎麼眞正回到土地。第五場是兩個學運世代談公民參與。李登輝的人生向度很廣，不同的人可以三百六十度切象限來與他深入對話。

台灣有時代性課題，特別是中國的崛起，有機會也有威脅，這是外在影響台灣的因素。

台灣走過白色恐怖時代，不只是如電影的《返校》到《末代叛亂犯》，那是存在思想的陰影與恐懼，不敢做自由人，現在紅色陰影籠罩香港，也影響台灣。台灣還是有一些問題不能公開討論，我們自己心中有個警總，只是從白色警總變成紅色警總，從香港看台灣，以及兩岸盤根錯節的關係，使得我們的社會，特別

是政治人物，好像不應該去談一些問題。但台灣社會不能夠自我檢查。

二次民主改革要改什麼，還可以更好？台灣是體制內改革體制的民主改革，也是分期付款式的民主改革，尾款要不要付？台灣人要不要擁有主權？香港人有再多的自由與法制，沒有辦法落實民主、擁有主權，就隨時都可以被沒收。

台灣社會好像碰觸主權問題就是政治化，但沒有主權怎麼會有人權？人權與主權也是一體兩面，中國的國進民退，所有的企業都是共產黨控制產權，再有錢叫你閉嘴就得下市，包括馬雲。

主權的概念不是符號，不是國號叫什麼，政治學上，一個國家要有人民、土地、政府、主權，這個行為本身是否構成主權國家，本質上與名詞上的討論要適度分開。

一個民主的發展有所謂的常規（Routine），協商式的民主一定有改革路徑（Reform path），用舊的體制改革，比如修憲或選舉，慢慢讓人民可以做主，回過頭要重新修改體制，台灣人願不願意討論？這就是李登輝總統最後說的「特殊國與國關係」。兩岸關係很特殊，可以是國與國、人與人的特殊關係，但最後都必須處理。

如果政府無法滿足人民基本的生活需求，也會被推翻，講再多理念也無法國家正常化。台灣在民主化過程中，很多時候便宜行事，先求有再求好，當我們已經有了之後，如何讓它更好，而不是反過頭來綁住我們。

因為在體制內改革，所以尊重中華民國憲政體制，可以有增修條文，有很多是憲政的實踐。在理念上，每一代都要為自己做主。

美國開國元勳不是Founding Fathers而應是Founding Brothers，湯瑪斯・傑佛遜（Thomas Jefferson）有一個理論，每十九年政府要重新建構與人民的契約關係，每十九年要有概念上的歸零，以及對於憲政體制的反思跟修改。美國兩百多年的民主發展中也有二次憲政革命，都是先求有再求好，但要越來越好，如果綁住下一代更好的機會，太剛性或有憲改上的限制，應該要被檢討修正。

第一個層面是台灣與中國的關係，第二個層面是憲政體制自我完善的修正機制。第三個層面是從程序民主到實質民主。

為了民主化，我們對民主採取最低標準，程序上有選舉，但選舉後治理的結果是否帶來多數人更好的生活？不是一下子要強調實質上完全的公平正義，但程

序的公平正義也要能促進實質的公平正義。

　　程序性的民主也有必須處理的問題，參與本身就是一種價值，人有尊嚴、主體性，參與就是「we the people」，一枝草一點露，無論公民投票的直接民主，或是審議式民主，要成為生活日常。不是只有投票那天你是自己的主人，其他的三年又三百六十四天都是奴隸。民主是每一天都在公民投票，不斷地確認生命共同體彼此的關係，這是一個有機體。

　　　從選擇的自由到自由的選擇，選擇的自由就是可以投票、做決定，自由的選擇是沒有威脅利誘、有正確的資訊，不是假訊息充斥，或網軍衝聲量、帶風向，讓台灣社會變得很浮動。

　　李登輝總統提二次民主改革，其實是給我們最好的資產也是功課，好好地做會很有趣，我們也會發現，其實不是所有偉大的事情，都被李登輝總統一個人給做完了。

第三部

學術筆下的李登輝

時代的課題 × 世代的對話

李登輝學

——————— 研討會

活動地點 集思交通部國際會議中心 國際會議廳 3F
台北市中正區杭州南路一段24號

場次資訊 2021.1/15(五)-1/16(六)

1/15(五) 09:30 - 17:40

09:30	進場	
10:00	開幕式	
11:40	午餐	
13:30	第一場	李登輝主政時代下的台灣 (1988-2000)

	主持人	國史館館長	陳儀深
	與談人	台灣智庫共同創辦人	林佳龍
		台灣智庫執行委員	賴怡忠
		台北海洋科技大學副校長	呂曜志
		前外交部政務次長	高英茂
	評論人	國史館館長	陳儀深
		前外交部政務次長	高英茂
		台杉投顧董事長	吳榮義
		台灣智庫共同創辦人	林佳龍

15:10	回應與綜合討論	
15:30	茶敘	
16:00	第二場	世代觀點看李登輝 — 從政治改革到社會改革

	主持人	臺灣亞洲交流基金會董事長	蕭新煌
	與談人	立法委員	范 雲
		台灣教授協會代理會長	陳俐甫
		台北市議員	苗博雅
		民進黨副秘書長	林飛帆
	評論人	中正大學傳播學系教授	胡元輝
		臺灣亞洲交流基金會董事長	蕭新煌

17:20	回應與綜合討論	
17:40	散場	

1/16(六) 09:00 - 16:30

09:00	進場	
09:45	開場	
10:00	第三場	李登輝的精神與傳承

	主持人	國立故宮博物院院長	吳密察
	與談人	政治大學文學院院長	薛化元
		中研院台灣史研究所副研究員	吳叡人
		實踐大學應用日文學系助理教授	蔡亦竹
		中研院民族學研究所助研究員	黃智慧
	評論人	國立故宮博物院院長	吳密察
		國家文藝獎得主	李敏勇
		中研院台灣史研究所副研究員	吳叡人
		新台灣國策智庫研發長	李明峻

11:40	回應與綜合討論	
12:00	午餐	
13:30	第四場	綜合圓桌論壇 — 二十一世紀台灣要到哪裡去

	主持人	台灣大學社會學系教授	陳東升
	與談人	台灣智庫共同創辦人	林佳龍
		桃園市市長	鄭文燦
		嘉義縣縣長	翁章梁
		立法委員	邱顯智
		《VERSE》創辦人	張鐵志
		促轉會委員主任委員	楊 翠

16:00	閉幕式	
16:30	研討會圓滿結束	

主辦單位 Thinktank台灣智庫 台灣國家政策研究協會　協辦單位 李登輝民主協會 臺灣故故協會　合作單位 臺灣新國文印

聯絡人資訊
02-2370-6987 # 260
duldsamkeit@gmail.com

李登輝學 × 學李登輝
民主台灣的時代精神、歷史意識與政治領導

李登輝學研討會紀實

張若瑤、董思齊彙整

由台灣智庫所策劃與邀請李登輝基金會共同舉辦的「李登輝學」系列一加五場座談，在智庫與基金會緊鑼密鼓的籌辦與進行之下，穿越二〇二〇年的最後一季，於二〇二一年初結束。隨即，在李總統過世後的第一次冥誕（二〇二一年一月十五日），智庫與基金會舉辦了為期兩天的「李登輝學研討會」，作為整個系列活動的暫時句點。

從「民主先生」到「阿輝伯」，李登輝一生的剪影，映照出這個時代——或者說「台灣」這個共同體——無數光輝與黑暗時刻。終結蔣氏王朝的故步自封，乘著第三波民主浪潮衝出台灣認同的一道沉潭之路，無數個體因李登輝產生交集，在路的前端破開體制障礙，或走或停，用不同姿態，刻畫民主台灣的雛型。在本書「第三部：學術筆下的李登輝」，我們將以這篇紀實起頭，記錄這兩天研討會的點點滴滴，同時於其後，將收錄四篇分別討論李登輝的領導與治理、李登輝的對外政策、李登輝的經貿戰略，以及李登輝的精神與思想的學術專作，為這場首次李登輝學的學術盛宴進行註記。

開幕式

在惋惜與不捨中，李登輝離開了，沒有留下隻字片語，卻觸發了因他而起的「未竟之役」戰鬥前奏，究竟台灣還有沒有一個如他般足智多謀、心懷鄉土的領導者？

李登輝基金會董事長李安妮在父親離開後，反倒是從至親好友、同僚，甚至庶民百姓的文字中，有新的發現與感觸。她說：「李登輝基金會剛好在反思，一個沒有明星的基金會往哪裡去？二〇〇〇年以後，父親以公民的身分，投入民眾

基層生活，持續推動民主深化工作，這也成為基金會努力的方向。」

李安妮董事長回顧「李登輝學」每一場座談會，「在國際兩岸的場次，實際從戰術到戰略層次討論台海危機，讓年輕人了解。在憲政改革場次，我雖參與第七次憲改，但和父親主導的前六次相當不同，擔憂憲改之門是否從此關閉。在經貿戰略場次，詮釋了『戒急用忍』，此詞彙不是父親的語言，其意涵是在國際間、兩岸間競爭下，要為台灣產業發展奠下基礎。在農業政策場次，因為丁文郁總編輯分享父親參與農運的過程，了解爸爸如果不是上帝安排在體制內做工，一定在街頭上造反。」

李安妮認同在李登輝學系列座談會前導講座中**國家文藝獎得主李敏勇**所提，「寧靜革命如何進行下去，是當今台灣人的課題，不要讓它成為歷史的頓號或句號。」以及**戰略作家范疇**建議台灣人時時自問國家共同體的思辨「我是誰？我從哪裡來？我在哪裡？我可以往哪裡去？我怎麼去？」還有**導演魏德聖**的呼籲，「期待台灣政治人物要有人文歷史關懷，提醒政治人物要把選民當人民。」李安妮希望「選民要把自己當公民」，台灣社會才能更健全。

「李登輝學」除點出我們要往哪裡去，怎麼在應有的基石上踏穩腳步、往前邁進，還有一個重要意義——年輕民主國家台灣需要更多本土政治家，透過新時代年輕人來建構台灣政治的原型，而不再是殖民、外來的，而是本土產生。李安妮認為，李前總統若有遺言，就是「台灣民主要更深化，台灣人民更團結。」

台灣智庫共同創辦人、交通部前部長林佳龍透過自身與李前總統的交集，從自己為反抗者、研究者到追隨者，感謝自己的人生有幸跟時代巨人交集。林佳龍建議，可從時間跟空間軸線看待李前總統的轉變。時間軸線從其人生演進探討李經歷不同外來政權到成為「新台灣人」；空間軸線從歷史中同時進行的各種秩序，在同一個時空交織出的「脈絡」，看李前總統的變革型領導。

林佳龍認為，紀念李登輝，不只因為他是重要人物，而是認識他便更能了解台灣一百年來的歷史。「李登輝」三個字是研究台灣發展的一把鑰匙，研究李登輝是為了研究台灣的過去與未來。

「請不要佇立在我墳前哭泣，我不在那裡，我沒有離開人間，……我已化身為千縷微風，翱翔在無限寬廣的天空裡。」李前總統曾在歲壽八十六歲壽宴高唱一首日文歌《千風之歌》，闡述自己的生死觀。「從這首歌可以體會，李登輝不

只是有形體的個人，他是體制，更是個時代。要了解台灣，探討李登輝是最好的路。」林佳龍表示：「李前總統曾說『台灣就交給你們了』，此時是接棒的時刻，不能中斷。『李登輝』是我們共同資產。」

曾因「戒急用忍」政策，而在二○○一年參與陳水扁總統「經濟發展諮詢委員會」的**台灣智庫董事長吳榮義**認為：「以經貿戰略角度切入，『戒急用忍』相當關鍵，也是當今政府應該繼續實施的政策。」

隨著兩岸交流增加，台灣經濟成長率下降，台商錢進中國，就無法根留台灣。在中國投資的台商，轉移台灣出口力道，也成為中國對美出口的主力，台灣對美出口同時就下降。人民幣相較於其他亞洲貨幣持續大幅貶值，外企有強大的投資設廠誘因，台商也爭相前往。吳榮義董事長強調，「有當初的『戒急用忍』，台灣產業才能維持到現在，而保有『護國神山』。」

「一個政治家在國內政治成功，在國際政治不見得受到同樣的肯定。」**國史館館長陳儀深**認為，以一九九六年的台海危機而言，在台灣舉行總統大選期間，中國製造軍事威脅，一方面塑造蠻橫黷武的不良形象，一方面也意外受到美方展示強人的武力予以嚇阻，這至少是一九七九年《台灣關係法》施行以來，美國宣稱嚴重關切台海問題「和平方式解決」的口惠以外，一次具體而有效的行動介入，為台、中關係畫了一條紅線，也為「戰略模糊、雙重嚇阻」做了積極註腳。

李登輝政府透過美國國會施壓，固然得到柯林頓總統讓步給予簽證，得以在康乃爾大學的公開演說，但事後為了讓北京政府放心，同年八月柯林頓寫給江澤民的信中，「反對『兩個中國』和『一中一台』的主張，反對台灣獨立，反對台灣加入聯合國……」等說法，對台灣的未來頗多框限，「反對」和「不支持」意義大不相同。

李登輝康乃爾之行的負面連鎖效應不止於此，還包括後來的共軍演習、台海危機，即便美國出動兩個航母戰鬥群，但是柯林頓為了「彌補虧欠」，一九九八年訪問中國時，在上海公開宣示「三不政策」：不支持台灣獨立、不承認兩個中國、不贊成台灣加入聯合國等國際組織。這是美國總統首度在公開場合中如此大力靠向中國版的「一個中國」原則。

陳儀深分析，李登輝的康乃爾之行「不但無助於和平解決台灣問題，反而加劇了美、中之間的軍事對立。」「在美國心目中，李登輝不再是個民主自由的推

動者，而只是個『麻煩製造者』。」

　　既使如此，李前總統還是運用了多方勢力，於國際局勢不利時，在台海危機中讓台灣國家化。

第一場：李登輝主政時代下的台灣～寧靜革命十二年

　　李登輝在政治舞台上發光發熱的年代，是一九八八年至二○○○年，他當總統的十二年，也是台灣關鍵的十二年。李登輝以兵不血刃的方式，促成台灣總統直選，在一九九六年台海飛彈危機的時刻，他不畏中國共產黨文攻武嚇，在內外交逼的情境下，成為台灣首任民選總統，之後更不戀棧權位，在二○○○年時，和平轉移政權給陳水扁總統，這也是台灣第一次政黨輪替，坐實台灣為主權獨立國家、不受中國控管的真相。

　　世人對李登輝的評價是多變的，那是因為他經歷多種角色轉變，到底李登輝是改變的、還是不變的？

　　台灣在李登輝主政的時代，經歷威權到民主的轉型，李登輝展現比一般領導者更大的影響力，**台灣智庫共同創辦人、交通部前部長林佳龍**在發表「重探台灣轉型中的變革型領導」一文時指出：「李登輝是務實的理想主義者，也是務實的民主派。他有理念跟方向感，若無這些特質，務實就會變成投機，無法帶領民主化，甚至過程中會下台。」

　　「民主過程好像在解聯立方程式。要控制變項，哪狀況要先解？」林佳龍認為，李登輝的「民之所欲、長在我心」策略，原本是脆弱的、沒有政治權力，但因與人民站在一起，動員人民支持他，最後壯大取得權力，進行改革。

　　李登輝的聯立方程式也是賽局，與國民黨保守派、民進黨、中國共產黨、台灣社會互相形成多重賽局。所以他提出兩國論、宣布特殊國與國關係，就是期盼台灣民主化、本土化、強化國際地位。

　　在林佳龍觀點中，「李登輝學」應該至少有三個研究面向：李登輝作為一個個人、體制甚至是時代。「實踐民主深化、豐富多元文化、與世界連結共好」是李登輝的第二代民主改革，台灣若持續深化民主和公民參與，便可邁向他口中的

「下一個二十一世紀的台灣」。

國史館館長**陳儀深**則認為，對台灣人的歷史立場，李前總統內心應有定論，但他跟彭明敏選教授擇不同道路，農經專家要解決農業問題，所以要進入體制才能改變。

外交部前次長高英茂是李登輝在康乃爾的學長，他發現台灣政治領導人物，沒有一個像李前總統這麼喜歡研究抽象理論與架構性問題。高英茂認為，要了解李前總統，必須從動態時空環境檢視他在理論與架構上的堅持。

李前總統晚年常說：「我不是我的我」。高英茂指出，李前總統強調要了解自己是不是自己，以及台灣是不是台灣的台灣；台灣究竟是外來政府控制的台灣，還是台灣人能發揮自己精神的台灣？這些都是非常哲學性的問題。

高英茂認為，一九八八年後，李前總統對台灣的貢獻與發展深遠，尤其民主觀和價值觀，更是台灣發展的DNA。

國史館館長**陳儀深**指出，李前總統生命史與時代背景交錯，提供「李登輝學」最好的研究，令前總統有從軍背景，史對知識探討非常積極，求知若渴。

台灣智庫諮詢委員賴怡忠談到台灣民主化過程指出，國內總談政治領導的轉型，但卻較少關注國際結構的改變。過去十五年到二十年間的國際關係，是造成現今國際上缺乏反擊「一個中國」聲音的原因之一。賴怡忠回顧冷戰後的民主化過程，以及台美中的關係變化，「一中問題從九〇年代一直困擾台灣到二〇一七年，若非民主化，一中差異至今仍無法獲得逆轉，香港事件恐在台灣出現。」

李前總統的民主化，以及向美國提倡「對中、對台政策脫鉤」，雖一開始美方有所顧慮，但到了二〇一三年歐巴馬政府終於開始考慮此方向。現今總統蔡英文提出的新南向政策，也是源自於李前總統的南向政策，在大中國主義思維下，以務實外交重新定義東南亞與台灣關係。

賴怡忠強調，「目前的新冷戰時期，台灣地理位置跟科技發展，讓台灣成為對抗的中心；即使挑戰巨大，但卻可能是台灣國家地位正常化的契機。」賴怡忠認為，該怎麼促進局勢往這個方向變化，回顧李登輝時代，可以得到靈感。

以「在新冷戰環境下捍衛民主－與三十年前的李登輝經驗對話」為文，賴怡忠指出，現今面臨中國的威脅和新冷戰時代，新的挑戰和困難更為巨大，和三十年前很不一樣。賴怡忠認為，李前總統的做法和選擇，所形成的路徑和方式，可

以帶來一些靈感，重新定位台灣與他國的關係和角色。

外交部前次長高英茂指出，新冷戰時期的發展，造成世界不安定，對台灣也很危險。過去一年多共機擾台越來越厲害，台灣地位跟策略非常重要，怎樣應付是下一個重要課題。高英茂憂慮新冷戰會繼續惡化，台灣面對的挑戰會更多。

台灣戰後資源缺乏，農工資本的轉移，是從一系列的土地改革政策開始，新台幣改革則是配套，恢復農業生產力，才能穩定人民就業。**台北海洋科技大學副校長呂曜志**以「產業結構轉型與農工資本轉移」為文，探討四十年來台灣農業與工業間，資本與人間的轉變。呂曜志指出，李登輝是第一個用系統性方法推估台灣農業年生產率的人，以致往後才能有各種補貼的措施。

李前總統對土地和人民的感情，從土地改革到政治決策，都是希望資本移動不要巨幅影響台灣人生活。呂曜志認為，他對農業金融體系的政策、提出《促進產業升級提例》、成立三大科學園區等，是因為李前總統明白，光靠企業家仍不足以帶動台灣經濟，他期盼下一輩青壯人才能發光發亮。

台灣智庫董事長吳榮義補充，對於農業轉型到工業過程，勞動力是重要的貢獻，一直到企業大量投資中國之後，才出現就業問題。農村剩餘勞力的運用，與台灣勞動教育訓練有密切關係，到現在轉型成較高科技為主，要感謝教育引導人才發展。

第二場：世代觀點看李登輝～從政治改革到社會改革

相較於一九八九年腥風血雨的中國天安門廣場，終結於坦克鎮壓與機關槍掃射；一年之隔，海峽的另一岸，一九九〇年熱血激昂的台灣野百合學運，卻揭開一連串憲政改革的序幕。

自小受日本教育，在學風自由的台灣大學完成大學學位並任教為人師，兩度赴美進修拿到碩、博士學位，經歷三種教育模式的薰陶，李登輝內心的多元樣貌，或許是他在進入黨國系統後，始終未站在威權體制那方的原因之一；他對社會運動、世界思潮抱持鼓勵和好奇心，更因勇於擁抱進步思潮，而成為不一樣的領導者。

李登輝對台灣民主化有巨大貢獻，在關鍵時刻面對權力的競逐，縱使無法控制情治系統，他仍赤手空拳走進第一線。「李登輝掌握民主化運動的政治機會，以直面、正式態度積極主動與學生對話。」**立法委員范雲**認為，當時正值國民黨內鬥，李登輝援引外部力量，巧妙成為野百合運動和民主化過程中改革的盟友。

國民黨時期對校園控制嚴格，近年促轉會檔案解密，可知情治系統不在李登輝掌握之中，學生即使可上街頭，仍被嚴密監控。范雲感嘆，當年野百合運動學生在廣場，十分擔心會血洗街頭，「遇到李登輝是我們的幸運，台灣歷史能有李登輝，也是集體的幸運。」范雲希望，未來跨世代的力量能繼續集結，推動修憲讓台灣國家正常化。

在台灣，民主洗禮幾乎都從社會運動開始，街頭是政治人物的養成場域，不管支持或反對，社會運動是民主歷史重要的歷程。

台灣教授協會代理會長陳俐甫比較太陽花和野百合運動指出：「李登輝是太陽花運動外圍的溫暖支持者，在野百合運動則是被衝撞的對象，要說服民眾他是民主領袖。」野百合是學生為主的運動性質，對於國民黨內鬥，民進黨消極的不滿，要求迴歸《中華民國憲法》，是國族問題，並未有明顯反中性質。太陽花運動則先從NGO等專業組織帶動思考，學生被說服參與，演變為公民運動，更因反對服貿、中國經濟勢力入侵，有明確反中意圖。

台灣亞洲交流基金會董事長蕭新煌認為：「學生運動救了台灣民主，野百合運動與李登輝共同創造民主改革跟民主轉型，沒有學生，李登輝缺乏助力；若學生沒有李登輝借力使力，運動也難成功，兩者缺一不可。」蕭新煌表示，太陽花其實也是受益者，挽救二○一四年後快崩盤的民主。

身為解嚴後出生的世代，**台北市議員苗博雅**認為，一般人只要做一件改革就名流青史，但李登輝卻做如此多改革，讓他在台灣政治史上很特別。這些絕對不是一個人的功勞，是很多人前仆後繼，在他任內，造成實質改變。

民主運動是台灣政治改革的動能來源，但若不是李前總統在那個位置有意志踩下油門，大家現在也不會像這樣坐在這裡。苗博雅表示，她並非要偶像化李登輝，許多人對李有強烈批判，如黑金政治、轉型正義進度微小，但這些事難道是李登輝執政才有嗎？

「這是寧靜革命的代價。」苗博雅認為，我們迴避流血革命，代價是分期付

款式的台灣民主，享受主權在民，同時卻仍要解決地方派系糾葛，處理長期未決的轉型正義問題，以及經濟發展面臨社會主義考驗，這些都是下一代要償還的。

「李登輝面臨命運的考驗，展現出來的不屈服，是我們當代政治工作者最缺乏、也是最需要的特質。」苗博雅強調，政治學家韋伯（Max Weber）曾提到，熱情、判斷力跟責任感是政治工作者需具備的特質，李登輝是台灣歷史上唯一具備這三特質的總統。她身為解嚴世代的政治工作者，在李前總統身上學到的就是，我們要用「不是我的我」，打造「台灣是台灣人的台灣」。

以「世代觀點看李登輝－世代觀點看李登輝——從政治改革到社會改革」為題，**民進黨副祕書長林飛帆**指出，太陽花世代大多出生在解嚴後，政治性會如此強烈，恐怕是因為台灣面臨民主轉型上未完成，可能退潮的情境。

二〇一四年太陽花運動能和平結束，林飛帆認為，有幾個重要關鍵，包括台灣當時還有強大在野黨，加上公民社會結合，是引導台灣社會往進步改革的方向前進的力量。從二〇〇八年野草莓運動開始，所有運動參與者都受到野百合的影響，都有一個「要走和平非暴力」的原則，和韓國或其他民主化國家，以及香港有又大不同。

「我們經歷民主鞏固時期倒退的憂慮，抗爭鞏固民主體制，台灣做為亞洲少數民主燈塔，是不是要扮演一點角色？」林飛帆指出，李前總統晚年談話，貫穿他一生的政治思想，有兩個重點，第一是持續重視民主轉型的重要性，強調二次民主改革，強化台灣人自我認同；第二是中華民國和中國的關係，如處理飛彈危機、特殊國與國關係。

「我們慢慢磨練出如何看待民主的信仰。」面對台灣民主未竟之業，林飛帆強調，關鍵是「讓台灣成為台灣人的台灣」，成為台灣人共同的信仰跟信心。若沒有信仰跟信心，面對挑戰跟威脅人心會動搖。台灣在李前總統過世之後，最重要的就是思考，如何完成沒有完成的民主改革，讓台灣有共同願景來面對新的挑戰。

中正大學傳播系教授胡元輝回應：「新世代談李登輝完全沒有神格化，反而從中看到台灣發展是一代接著一代努力的結果，顯示若研究『李登輝學』，不應該把李前總統從台灣脈絡上抽離，是大家一起與台灣這塊土地上的努力。」李前總統的一生充分詮釋了，對於舊的道德框架，是要打破舊框架，不斷自我超越。

「民之所欲，長在我心」的小故事：游錫堃眼中的李登輝

　　游錫堃與李登輝最早的交集，在一九八一年的台灣省政府，當時，游錫堃以險勝之勢選上省議員，而李登輝則是由台北市長轉任台灣省政府主席。一九八九年接替陳定南出任宜蘭縣長，擔任此職務長達八年，以「文化立縣」廣受好評。游錫堃的亮眼表現，被李登輝看見，一九九三年連戰組閣時，李登輝曾邀請游擔任交通部長遭婉拒，理由是「理念不合」。

　　現為立法院長的游錫堃回想起過去那段時光表示，李前總統帶動國家進步，引領台灣民主化，使台灣成為華人文化區的民主燈塔，雖然過去人們可能還無法即刻體會，但隨著時間過去，更加認識李前總統對台灣的貢獻。

　　游錫堃分享兩個故事，描述他眼中李前總統的特質。一九八三年十二月七日，李前總統擔任省主席時，接受台中縣選出的無黨籍省議員洪振宗質詢，當場承諾推動綠化運動，訂定「綠化年」，植樹一千八百萬棵。然而，這個承諾使省政府人仰馬翻，因為距離當時植樹的時間立春只有兩個月，預算年度剛過半年，沒有預算，也沒有樹苗。

　　為兌現主席的承諾，省政府各單位設法到處籌措經費，才湊足一百多萬棵樹苗。兩個月後的一九八四年二月十日，李前總統親自主持新成立的「綠化委員會」，公開宣示一九八四年內植樹一千八百萬棵，其後，各縣市政府積極推動，風行草偃，綠化效益顯著。

　　第二則故事，則和游錫堃自身有關。一九八二年五月七日，李登輝省主席上任五個月，到宜蘭縣巡視，在宜蘭縣政府聽簡報時，當時游錫堃僅三十四歲，與時任宜蘭縣長的陳定南及地方人士建議規劃「南港—頭城隧道快速公路」。李當場裁示，請被其譽為台灣公路之父的公路局局長胡美璜答覆，胡美璜直接說沒有經濟價值，游錫堃當場大罵胡美璜信口開河。游錫堃闡述，「沒想到李主席不但包容晚輩的不禮貌，還立即公開承諾撥一百萬元進行勘查和規劃。」次月，又追加至三百八十萬元勘查；次年，再用一千五百萬元辦理「南港—頭城間隧道公路地質評估報告」，之後計畫轉由中央辦理，促成建造今日的北宜高速公路。

　　游錫堃以兩個故事，闡述李前總統對公共事務的熱情、魄力、重然諾與理想，並且在執行時不受行政程序束縛，「這些特質是李前總統擔任國家元首能夠

多次修憲，終結國民大會、促成國會全面改選、總統直選，推動國家進步，完成台灣民主化的重要原因。」

「李前總統於公於私都是令人尊敬的前輩，參與了歷史也改變了歷史，在風雨飄搖之際，爲台灣定下未來方向。」引用李前總統的座右銘「民之所欲，長在我心」，游錫堃認爲，這是台灣人民對李前總統的集體記憶，也應是全國最高民意機關立法院的核心信念。

對比台灣與香港，香港一九四六年之後，聯合國至少曾三十一次決議，鼓勵香港獨立，但是香港那一代人經歷不足，甚至當年港督讓民眾普選，香港人民也不願意，才有一九八四年《中英聯合聲明》，決定了香港的命運，「菁英分子的任何一步會造就國家的未來。」

游錫堃強調，「香港在反送中訴求之一就是雙普選，而台灣的雙普選就是李前總統任內完成的，包含一九九二年國會全面改選、一九九六年總統直選。」這兩個選舉是台灣最重要的民主基石，也是李前總統留下的資產，奠定台灣與其他華人國家不同的政治制度、政治基礎。

第三場：李登輝的精神與傳承～自然而然的生命共同體

台灣是一個多元移民的社會，四百多年前，這塊土地上，有葡萄牙人與西班牙人短暫停留的足跡，歷經荷蘭人與日本人的統治，在二戰前後，又有大量華人移入。而今，因少子化與人口高齡化，引進爲數不少的東南亞外配與移工。被海洋圍繞的一方孤島上，乘載著多元文化與族群，而海島上的居民，卻缺乏對這塊片土地的認同，與從時間縱軸回望歷史後的理解與深度。

國民黨進入台灣，在蔣介石的主導下，一九五三年開始推動中國文化基本教材，蔣經國也延續此方向，而其中，看不到台灣主體性教育的內容與發展。**政治大學文學院院長薛化元**認爲，李登輝執政前，台灣教育體系有結構性的問題，需要外力改變；在李登輝總統任內，民進黨從選舉中取得席次，本土勢力集結，李登輝借力使力，才往本土教育發展，在中央推動教育改革。

一九八九年選舉，民進黨得到六個縣市執政權，是空前的發展，推動母語教

育。李登輝總統則順應改革，一九九一年決定把音樂課本中不合時宜的指定歌曲淘汰，加入台灣本土歌曲。一九九六年開始推動鄉土教材跟論述台灣的課程，一九九八年正式使用。這是在體制內首度有認識台灣的教科書，是對台灣本土教育非常重要的事情。

陳水扁前總統也於高中裡增加台灣歷史篇章，甚至大學中的本土教育推動，也與李前總統有關。薛化元分析，從李前總統任內可以看到，他如何讓教育往地方放權、教育鬆綁，如何跟台灣本土教育連接。教育改革是李前總統的未竟之業，歷史不是一路往前，有時會前進、後退，再前進。薛化元表示，此時思考李登輝的教育改革，更能抓到歷史的脈絡。

故宮博物院院長吳密察指出，從李前總統的求學過程來看，他非常重視文化與教育，是舊制高校出身的，有一種對文化教育、現代思想近乎信仰的特質。

中研院台灣史研究所副研究員吳叡人表示，台灣內部族群認同分裂尚未消彌，但為了兼顧主權、民主化、內部團結，李登輝已做了最大努力。

「李登輝是個務實的台灣民族主義者，」吳叡人認為，在九〇年代重重制約下，台灣本土派不足於單獨建國，李登輝巧妙運用合縱連橫的力量，及利用折衷主義的意識型態戰略，融合中國元素和台灣主體性，並藉國際的力量，完成台灣建國的基礎工程。

李登輝雖然從未講台獨，甚至成立國統會，但大家都知道他確實在走獨立路線。吳叡人分析，轉型正義上，前期為了拉攏或收編部分國民黨，他只能處理受害者不能清算加害者。教育改革上，無論從民族主義的角度，獨立運動角度，李登輝沒有強力推動本土化，但他做的是迂迴、間接的改革，不會立即引起衝突。

吳叡人引用義大利的獨立運動，以「消極革命」來描述台灣的民主化，李登輝利用政權和民進黨力量進行折衷的改革，而台灣民主化可以視為台灣建國的關鍵過程。「李登輝是虎口下的總統，他有堅定的台灣人意識，有宗教信仰以大愛超越小我，還有哲學的信念和辯證思考的能力，可說是東亞現代史唯一的哲學家皇帝。」吳叡人表示，李登輝完成的消極革命，就意謂著一個未完成的民主化工程，既然未完成，就要繼續革命。

詩人李敏勇認為，李登輝進入黨國體制裡面，用黨國體制條件跟外部社會條件配合，進行有限度成功的台灣民主化與寧靜革命完成的國家條件，有他的成就

跟局限。台灣政治課題到現在仍然存在，是後李登輝時代必須繼續思考實踐的課題。

日本評論家司馬遼太郎在李登輝身上找到「公」與「私」的傳統特質，大正昭和時代培養的日本知青元素，和江戶時代的武士道精神也同時存在。**實踐大學應用日文學系助理教授蔡亦竹**表示，李登輝二十二歲前是日本人，他的青年時代，無論是黑格爾、卡萊爾、西田哲學，或是親鸞思想（佛教淨土神宗），都是大正昭和時期青年的「標配」。

身為基督徒的李登輝對親鸞思想產生共鳴，也就是不放棄善的追求，但沒有絕對的善，這讓李登輝找到和基督教的相同性，唯有自我意識很強的人，才會去做這種反思，在政治判斷、價值觀、國族都很負責任的李登輝，才能有這樣的體悟。

蔡亦竹認為，李登輝的武士道實踐性哲學，來自於日本人對於公的概念，也就是雖然高層可運作，但不專屬於任何私人。

「李登輝的大戰略是『誠實自然』。」**中研院民族學研究所助研究員黃智慧**認為，李登輝受日本教育的恩惠，武士道要實踐躬行；受日本的恩，而付出義。李登輝不只有日本精神，他還有基督徒信念、台灣精神；他是很好的平衡者，遇到什麼問題，就用一個方式解決。

黃智慧表示，「日本精神」是李登輝及其同時代的「暗語」，是戰後台灣人通用的詞彙，對抗中國惡行所詮釋的精神。李登輝也努力搭起台日的橋梁，提出對日本的戰略建言，用台灣經驗重新詮釋明治開國的狀況。他多次訪日，以對俳句的深刻了解打動庶民的心，在日本國會演講最後，向議員們說「拜託你們，請你們要多多關心台灣」，更突破萬難到靖國神社祭拜亡兄李登欽。

「李登輝認為台日之間應平等互惠，台灣和日本是命運共同體，應增進彼此的認識。」李登輝十分掛懷日本發展，他認為關懷日本是台灣角度出發，把餘生奉獻給台灣，持續鼓勵日本也是他的使命。黃智慧表示，李登輝留下的文化和精神資產，不僅要傳承，也要投資，「李登輝學」牽動的是台灣國內的歷史和解，也是台灣和解的鑰匙。

第四場：綜合圓桌論壇　台灣要到哪裡去？

　　「兩國論」是李登輝任期最後的未竟之業，從成立國統會到發表兩岸是「特殊國與國關係」，李登輝的轉變，或者讓支持者與反對者在一開始都看不明，而台灣民眾，則是錯過了一個為自己正名的好時機——因為自此之後，中國共產黨不但警覺防禦，還藉由全球化與加入WTO一步一步實踐大國崛起的「中國夢」。

　　「台灣對外問題是自主，對內問題是民主。」李前總統的同名著作《二十一世紀台灣要到哪裡去？》交代了台灣人應思考自身未來的課題。**「李登輝學」發起人林佳龍**強調，李前總統參與和改變台灣歷史之深入，讓至少三代、經歷三個政權的台灣人和他有交集，「李登輝」三字代表個人、體制，亦代表時代。

　　林佳龍認為，台灣應特別注意「政治時間表」，剛過去的二○二○年，世界已經發生巨變，從美中角力、數位革新到武漢肺炎肆虐，台灣重新被世界另眼相看；二○二一年是台灣人自一九九六年台海危機，總統直選做出關鍵決定後的二十五週年；而二○二四年是台灣自一六二四年荷蘭來台，台灣進入大航海時代後的四百週年，這幾年台灣意識的形成、台灣與世界關係的再定義，將會被視為此世代的主題曲。

　　中國的「政治時間表」——三個一百：二○二一年是中國共產黨建黨一百週年、二○二七年是解放軍建軍一百週年、二○四九年則是中華人民共和國建國百年。經濟戰略方面，中國力倡「二○二五中國製造」、「二○三五中國標準」，這些標誌著中國民族主義聲張、中國經濟掠奪與野心擴張的進程。林佳龍表示，中國利用全球化壯大自己，更對國際進行威權輸出、法律戰、輿論戰、認知戰。「台灣比各國都早面對中國威脅，了解中國如何以商逼政、科技滲透，因此台灣是世界的資產，台灣經驗相當珍貴。」

　　面臨武漢肺炎疫情衝擊、美中兩強的角力、數位時代的科技革新等挑戰，以政治研究的角度觀察，林佳龍認為，相同挑戰下的不同回應具有研究價值，而台灣可成為這個時代的民主典範，展現民主治理成功防疫的典範，和中國式對照組。「這歸功於台灣三十年來累積的民主力、資訊力、創新力。」

　　林佳龍指出，過去國家政權以暴力為基礎，透過公權力控制或統治，形塑出

國家——社會的二元關係，後來經歷民主化，權力得以和平轉移。然而，依據史代納（Rudolf Steiner）「三元社會」概念，社會中有三個重要的領域，分別是公民社會、經濟社會與政治社會；而林茲（Juan Linz）的論點認為，民主鞏固涉及公民社會、政治社會、與經濟社會，這三互為主體又相互依賴。它們之間的關係以及跟國家的關係，會決定國家或城市，能否成為健康的社群；它們在國家統治之前是什麼樣子，也會決定當統治關係改變時，社會如何調整並邁入新的穩定狀態。

法國的國家精神「自由、平等、博愛」是三元社會的展現，他們分別代表公民社會、經濟社會與政治社會。自由是民主的基礎，是個人在社群中的權利，一個完全孤立的人不擁有自由。自由包容差異、形成多元文化，而有公民社會。平等表示相同的權利和義務，對應政治。博愛是分配的均衡，人們互賴、創造與分享財富，對應經濟。三者的關係是否能理順、能平衡互動，攸關一個國家是否能夠永續。

「站在李前總統為台灣奠定的基礎上——民主化、本土化、強化台灣國際地位，台灣未來的議程設定應是實踐民主深化、豐富多元文化、連結與世界共好。」林佳龍強調，世界沒有辦法否認台灣的存在，而台灣能夠藉由深化民主，秉持進步價值、縮短城鄉差距、梳理中央地方關係，透過修憲和公民的實踐，邁向國家正常化。

回顧李前總統不只是李前總統的一生，更是台灣本身，**促轉會前主委楊翠**表示：「李前總統是個窗口，但不只如此，他還是打開窗戶的人。」「李登輝學」不只單純建構個人的圖像，而是連接台灣歷史過去跟未來的路徑。

楊翠從轉型正義的角度比喻，轉型正義就是讓過去傷口開花，這需要台灣社會集體努力，「李前總統就是最早讓傷口可以開花，龐鉅的工程當中，他是最早翻動土壤的人、最早護持花苗的人。」

二十一世紀台灣的未來中，轉型正義的工作無比重要，但也無比困難的。楊翠強調，「作為穿越黑暗的工程，要凝視、面對、詮釋、穿越黑暗，想像未來是怎麼樣子，必須要能夠對黑暗的詮釋有更深刻、更歷史化、更脈絡化、更普世的詮釋，才能想像真正的台灣未來。」韓國電影《一九八七：黎明到來的那一天》的關鍵詞是「有個人被白白犧牲，為何你無動於衷？」顯示韓國面對歷史已經可

以接受，進一步問如何行動；相較台灣《返校》的關鍵詞是「你是忘記了，還是害怕想起來？」顯示台灣的轉型正義還在如何記憶歷史上努力。

「台灣成為一個獨立自主、民主自由的國家有很多層面，其中也有文化主體的層面，包括如何回望歷史，看自己的文化。」楊翠認為，作為轉型正義的工作者，期待二十一世紀台灣家園空間，能看見文化層次、開放自由的美感以及歷史的承載，而不會只是景仰威權遺緒。

一九九○年野百合學運的廣場總指揮、現任嘉義縣長翁章梁回憶，一九九八年蔣經國前總統過世，當時不少學運人士擔憂鷹派上任，會開始抓人，還好李前總統繼任，建構台灣民主化跟自由化路線，這是台灣人有福氣的地方。翁章梁偶然在中古電視行看到轉播李前總統宣布解除報禁的畫面，以及後來李前總統對司馬遼太郎提到的「台灣人的悲哀」，確實釋放許多台灣人長久被壓抑的情緒。

李前總統是農業專家，「八萬農業大軍」的構想能夠反映作為農業縣的嘉義縣的發展與挑戰。「他認為台灣應該要有專業農，收入完全來自於農業，但其實台灣有很多農民的收入不好，主要收入可能來自小孩，或是其他工作，所以李前總統有很大的企圖，但這需要很多努力。」翁章梁指出，農業長期不是被大力鼓勵的產業，連一輩子從農的父親也希望自己不要當農民。

「農委會認為全國農地要有七十五萬到八十萬公頃的農地，這是以糧食自給率、每人生存基本熱量乘上人口數所計算。」翁章梁分析，以類似「碳權」的概念思考，嘉義縣五十萬人口，乘上多少熱量，嘉義縣要有多少農地，這很清楚；台北市有多少人，乘上多少熱量，台北市需要多少農地，也很清楚。

然而翁章梁指出，財政上的另一種角度思考，嘉義縣要負擔全台灣糧食生產，應該在經費上以碳權交換的概念得到挹注，用這些錢幫忙台灣有更多的專業農，讓他們有更多科技支援也願意安心耕作。「如果台灣需要農民，應該要有些制度設計跟規劃，讓專業農能在這塊土地盡早實現。」

「嘉義問題也是台灣問題。」翁章梁表示，嘉義縣面對的農業問題，第一個是土地被法令綁住；第二個是老化，因為六○年代人口外流到台北、台中、高雄，老年人口比例高；第三個是就業，嘉義縣過去發展一直在農業上，還有簡單工業區，即便想要把農業人口留住，但是還是拉不住人口外移。「這三個問題是過去長久台灣政治經濟發展過程的問題，嘉義的發展並沒有得利於交通更便捷、

人口教育提升，反而因為交通、教育讓人口外移更快。」

從區域特色跟區域治理角度來看，嘉義前身在日治時代與台南、雲林都叫做「台南州」，地方上有共同生活圈、共同文化廟宇，但現在因為制度與資源不均，不利區域治理。翁章梁以設立藝文場館為例，應蓋在嘉義地區的都會──嘉義市，但卻分屬不同地方政府，導致嘉義縣需要相關場館卻不能蓋在最有效益的地方，而不同區域的特色也難以發揮，「二十一世紀的台灣，可以好好思考特色治理、國土規劃，嘉義的問題就是台灣的問題。」

VERSE發行人張鐵志表示，九〇年代在李前總統主政下，台灣一直不斷往前，直到政黨輪替，這也包含未完成的革命，如後來發生的太陽花學運，是台灣年輕人對於希望深化民主，強調公民參與的重要象徵。

對於現今的美學和流行文化，張鐵志表示，太陽花學運進行了一個典範轉移，新一代年輕人對於權力的政治想法的改變，以致對美學、生活方式、文化創意的重視，有獨特的品味，「《返校》成為暢銷電影，代表年輕世代對轉型正義的重視，且有濃厚興趣；而不少台灣設計師也開始從宮廟中去找靈感，新一代擁有尋找台灣文化認同的DNA。」

「文化是國家的靈魂、信仰價值及生活方式。台灣有軟實力，輸出的是我們的價值跟生活方式。」張鐵志認為，下一個十年應該更重視文化，希望能夠透過文化創造台灣的魅力，說一個新的台灣的故事。

「世世代代的台灣人心都有問同樣的問題，台灣要往哪裡去？」**文化部前部長鄭麗君**表示，野百合學運集體向李前總統提出這個問題，當年訴求除了廢除動員戡亂體制，也提出政經改革時間表，其實就是在問台灣要往哪裡去。

引用近期中研院社會所兼任研究員吳乃德描述美麗島世代的書《台灣最美好的時刻》，鄭麗君指出：「台灣民主轉型有三個關鍵，一是透過文化力、社會力凝聚的抗爭與行動，二是當年李前總統回應野百合學運的訴求，決定歷史的方向，三是政黨輪替。」台灣的民主轉型有李前總統選擇民主化的路徑，因此國際稱他為「民主先生」。

「不是民主化了，台灣就能成為應許之地，太陽花學運的發生令她當時備感震撼。」鄭麗君認為，當時面對民主制度失靈、經濟社會發展、身分認同，三合一的問題。因此後來民進黨執政，兩岸路線開始不一樣，又在香港反送中運動之

後，世界看到集權政治本質，台灣認同更強，「但是時代課題是否已經被回應了？」

民主轉型除了要追求民主化做為國家化道路，而有了民主制度，更要催生民主社會。鄭麗君以擔任四年部長之後的反思，提出幾個應該重新思索之處：

第一個是經濟發展的模式，以及資源分配結構。儘管台灣在疫情中站穩腳步，薪資在成長，但是平均薪資以下的人口比例也在成長，也就是所得分配不均化。房價、房租、學費上漲，照顧體系未完善，讓個人、家庭可能非常辛苦，而「高等教育的反向重分配」，優勢家庭孩子可以考上低學費高品質的學校，弱勢家庭的孩子只能上高學費而品質參差不齊的學校，這只會加強原本的分配結構。此外，區域的資源分配不均也造成地方特色難以發展，鄭麗君強調，「社會共同體的建構，沒有辦法集中權力完成。」

第二個是重視個人軟實力的發展，面對數位科技挑戰，不是只重科技研發製造、產業競爭力提升，而是追求具有公共扶持能力的數位社會。第三個則是綠色社會，如何有能力回應氣候變遷。

鄭麗君認為，面對未來必須有永續觀，不只是環境意義上，更是指民主社會的續存與茁壯。「李前總統提二次民主化，不僅隱含體制的再民主化，也隱含公民的再民主化，公民不斷參與帶來的活水跟動力，讓民主社群不斷往前走。」鄭麗君對台灣很有信心，二十一世紀可以創造民主治理的典範；民主社會面對的挑戰，要用民主深化面對，要用更民主的方式克服。

閉幕式　我們的國家叫「台灣」

台灣不是中國的一部分，中國從未統治台灣，過去沒有、現在沒有、未來也不可能。台灣要找回主體性，現在就是最好的時機。李登輝前總統為台灣民主鋪了一條路，而能不能如願走向「國家正常化」，這就是留在這塊土地上的人必須持續努力面對的課題。

李登輝基金會董事長李安妮認為，父親的名字後面加上「ism」或是「logy」非常需要勇氣以及承擔。李安妮全程參加「李登輝學」系列活動，「每

一個場次都在探討台灣要往哪裡去，這也是不同世代的共同課題，其實某種意義就是在探討台灣學，只是李前總統在其中扮演重要角色。」

「李登輝學」裡客觀變項是過去三十年的歷史因素；主觀變項，就是李登輝這個人作為政治家、領導者的特質，包含其對這片土地的關懷、其宗教信仰，及其哲學觀。李安妮期待，「李登輝學」往前走，最後能形成「台灣學」，在類型上能成為東亞、亞洲華人社會一種特殊形態政治發展。

台灣智庫共同創辦人、交通部前部長林佳龍表示，台灣走過民主化的道路，時代的課題與世代的對話是不會停止的，而李登輝學所探討的時代精神、歷史意識與政治領導，主旋律仍是民主。「民主在其他民主國家也受到很多挑戰，其中，民主能不能面對中國霸權崛起，將是全世界問題，我們可以思考台灣經驗如何分享給全世界。」

政治領導仍是關鍵的，李前總統在《最高領導者的條件》一書裡提到：「領導者具備的特質跟條件，是左右國家興衰，企業成敗的因素，因此個人組織，應該形成堅固的生命共同體。」李總統生前認為目前台灣需要全力追求的目標是建構台灣主體性、強化國家認同及邁向正常國家，「我們需要信念堅定、正當、能領導我們向前邁進的領導者。」林佳龍引《美國總統的七門課》一書強調，領導人必須目標清楚、人格貴重，並有願景的傳承。

「台灣的孩子，要勇敢自信，連結世界，但要謙虛向前，呼應蔡英文總統所提的勇敢自信、世界同行。」林佳龍呼籲，李登輝總統已經為台灣種出一片森林，我們現在有民主的土壤，更要持續種樹，持續看顧，留給下一個世代，更豐富的資產。

李登輝：台灣轉型中的變革型領導[*]

林佳龍

國立中正大學（台灣智庫共同創辦人）

Bo Tedards

財團法人國策研究院文教基金會（現為民主基金會國際合作組主任）

一、摘要

　　不可否認，李登輝在台灣的政治發展進程上扮演了一個十分關鍵的角色，同時再次證明領導能力是民主化的關鍵因素。他憑藉著出色的政治手腕改變了既有的遊戲規則，更自成時局中的獨立變數，成為一位實質的「變革型領導者」。在他任職總統的十二年間，李登輝不但帶領台灣脫離獨裁政權，走向嶄新的自由民主體制，更在這段轉型動盪的時期，成功維持了當時社會的穩定和高度的經濟發展。令人驚訝的是，在轉型時期，李登輝及國民黨執政地位並未受動搖，也因此，許多觀察家認為台灣民主轉型成功的結果早已預先決定。的然而，史料記載卻顯示並非如此，而是有許多特定因素，包括李登輝操縱政治角力維護自身地位的方式等多項因素，才有效創造出推動台灣民主化進程的有利條件。維持並持續掌握政治權力對李登輝在平衡民主化、在地化以及強化台灣國際地位的三大目標上更是不可或缺的手段，他在關鍵時刻採取同盟關係及立場轉換等多種手法，維繫各方微妙的平衡。本文作者將李登輝時代分成三個階段：繼任總統之初、權力鞏固之後，以及尋求歷史定位時期（最後一個時期持續至今），並描述此三階段中台灣民主化的進程。接著，以針對台灣民眾進行的民調，分析民眾對李登輝表

---

[*]　本文原名"Lee Teng-Hui: Transformational Leadership in Taiwan's Transition"，發表於*The American Asian Review*，Vol. XX. No. 22, Summer, 2002.

現的看法，並且依據三大目標評價李登輝。儘管在李登輝的領導之下，台灣成功地結束了舊威權政權，但新的民主體制尚未能完全扎根，而他的影響力仍持續在「後李登輝時代」發酵。

二、李登輝對台灣政治發展的重要性

在李登輝擔任總統的十二年間，台灣經歷了巨大的政治變革，威權時代畫下句點，民主的基石開始奠定。因為轉型過程的和平，有些人以後見之明將此歷程視為必然的時代洪流，然而當我們回過頭重新審視這段歷史，幾個關鍵時刻會對未來造成什麼影響，在當時看來絕非肯定的，事實上，在一九八八年沒有人準確地預測今日的台灣會是一個怎樣的景況。

那麼該如何闡述台灣的民主化呢？從全球各國的「第三波」民主化浪潮中得到的經驗加以比較的話，儘管有些客觀因素，領導才能一直都是至關重要的。因此，姑且不論史冊上的偉人，單就台灣的案例來說，李登輝的角色必須被肯認。

當年正值內憂外患之際，台灣面臨著嚴重的外部威脅，國內也因國家認同產生眾多分歧，但李登輝推動民主改革過程卻相當平和，更同時兼顧了高經濟成長率及社會的穩定。

是怎樣的領導特質和策略使得李登輝在轉型過程中成為一位成功的領導者？李登輝自身的貢獻有哪些？受限於什麼？後李登輝時期如何與前期承接？台灣社會又是如何評價他的成就呢？

三、維持平衡的目標與手段

李登輝在任期即將結束前曾主張，他擔任總統的三大目標即為：台灣民主化、在地化以及提升台灣的國際地位。[1]這些目標皆本著台灣獨特的歷史，以台

---

[1] 最顯見的是李登輝在一九九九年所出版的*The Road to Democracy*著作《台灣的主張》，台北：遠流出版公司，1999年。

灣爲中心。台灣經過日本的殖民統治和國民黨的威權專政，從來沒有感受過眞正的民主，台灣人民乃至社會菁英，皆從未擁有當家作主的權利。另一方面，由於國民黨以中國爲主體的執政思維，尤其是於國際間聲稱代表中國合法政權的行爲，讓台灣在一九七一年後就被聯合國拒之門外，連帶喪失了絕大部份的邦交，國際關係就此停滯，如同被放逐的國家一般被國際社會邊緣化，李登輝將其稱之爲「台灣人的悲哀」。[2]他也表示，完成這三項目標，是他給自己的歷史使命。

　　這三項目標都具有非常重大的意義，我們可以直接以此評估李登輝的成就，當然也可以用李登輝追求自身利益的角度分析他。因此，我們將他的任期劃分爲三個階段；第一階段當中，他著重於掌握實權，權力鞏固之後的第二階段，便是延續權力並且開始逐步推動他的政治議程，而在任期進入尾聲的最後一個階段，他則開始思考自己的歷史定位及以及後世對他的看法，而這 一階段即使在他卸任總統後仍持續進行著。

　　以另一個角度來看，李登輝可謂是一個「務實的民主派」，縱使有著對於民主制度的理想，但當面臨政治生存的危機時，他也願意做出必要的妥協。最重要的是，他擁有最人化領導角色的必須能力。他透過設定目標、建立聯盟、動員民衆、選擇行動時機、有效利用資源、形成領導正當性的論述，同時維持各方勢力平衡等等的政治手段。李登輝所具備的才能，不僅延續了國民黨在民主轉型過程中的主導地位，也透過革新的作爲對隨後的政治發展施加影響力。

　　結合目標導向和謀略手段二種分析，可描繪出李登輝作爲「變革型領導」[3]的特質。隨著社會型態的轉變，李登輝也不斷調整自己去滿足各個時期的社會需求。一方面，不停變化的環境引導著他；另一方面，他也同時影響了革新的方向與腳步。面對瞬息萬變的情勢，他推動實質目標及建立自身政治地位的優先順序會視情況更改，所運用策略也截然不同。

　　在傳統的賽局理論模式中，規則和主要行爲者都是固定的，換句話說，其結構是不會變的，主角只能在其中行動。然而自一九八〇年代後期以來，台灣的結

---

[2]　1994年李登輝與日本作家Ryotaro Shiba訪談時，首次提出這個論述。參見司馬遼太郎《台灣紀行：街道漫步》，李金松譯（台北：台灣東販股份有限公司1995年）。

[3]　這個詞彙是從Archie Brown和Lilai Shevtsova所編輯的 *Gorbachev, Yeltsin & Putin: Political Leadership in Russia's Transition* 一書中，Archie Brown "Tranfsormational Leaders Compared: Mikhail Gorbachev and Boris Yeltsin"借用的（華盛頓：卡內基國際和平基金會2001年）。

構不斷產生變化，遊戲規則也在改變，為了因應環境的變遷，不同行為者的偏好也跟著轉換，進而形塑新的結構。李登輝身為體制核心的行為者，擁有絕對的影響力，因此他成為了台灣政治體制更替中最重要的變數。[4]

四、李登輝時代的各個階段

後見之明可以看出，李登輝行為的背後是以改革為主軸的政治議程和論述，但在短期內，對他而言，確保自身權力及鞏固國民黨政權是當務之急。他如何在這些需求間取得平衡，以及在設定改革的議程、時機和程序；又如何建構並保持同盟的運作、擴大改革陣營、維持民眾支持，都能看出他在台灣整體民主化和結構變革過程中的果斷，以下分析將詳述李登輝在每個階段面對這些挑戰的方法及採用的策略。

第一階段：取得權力，一九八八至一九九〇年充滿不確定的年代

一九八八年一月十三日是台灣歷史上非常重要的日子。那天，蔣經國去世，土生土長的副總統李登輝根據憲法的繼任程序接任總統職務。當時，沒人預見這將是一個新時代的開端。相反地，多數的統治階級仍將其視為一個集體統治的時代，並將是蔣經國政策的延續。

蔣經國的政策是什麼呢？在他人生的最後兩年，蔣經國面對民眾要求政治改革的壓力日益增長，他改變了原有強硬的立場。於一九八六年，他默許第一個反對黨，民主進步黨（DPP）的成立。一九八七年七月解除了戒嚴令，四個月後，蔣經國再度發布了一項命令，允許中華民國（ROC）公民前往中國（中華人民共和國，PRC），表面上以探親的名義前往，實際上開始從事間接貿易和投資的行為也並未被干預。最後，在一九八八年的一月一日，蔣經國解除了報禁。然而，此時，《動員戡亂時期臨時條款》依舊保持它的效力並凌駕於憲法之上；總統和

4　其他重要的人物也經歷了相同的過程，舉例來說，民主進步黨（DPP）在那段期間起初採取了較為激烈的台獨立場（最終於一九九一年通過了所謂的「台獨黨綱」），隨後又撤回（一九九五年時宣稱台灣沒有必要再次宣佈獨立）。這些立場的轉變在政治的遊戲規則上也造成不小的影響。

國會議員直接選舉並不存在；兩岸關係持續視爲內戰狀態；一個中國的原則仍是不可挑戰；以及所有關於台灣獨立的言論絕對是禁忌。

換句話說，在李登輝上任總統之際，台灣的民主化進程仍處於尚未成熟的階段。此外，包括李登輝本人在內的所有人，都不相信他能眞的成爲一個繼任者，或者是他能在隨後的權力鬥爭中生存下來。[5]最直接的前例就是，當蔣經國的父親蔣介石於一九七五年去世，當時的副總統嚴家淦直接接任，並不順地履行了不到三年的正式任期，直到年輕的蔣經國（顯然是被指定爲繼承者的人）被任命爲止。同樣地，李登輝台灣本土的背景，以及其缺少顯著的權力基礎與在黨的機器中相對孤立的窘境，許多人也僅僅將其視爲在一九九〇年任期結束前，一個傀儡領袖而已。

最初的權力鬥爭

李登輝在最初的這段時期，以操縱國民黨內部的派系鬥爭並運用任命權來鞏固他的權力作爲主要的策略手段。[6]然而在他逐漸掌權之際，族群和民族認同的問題漸漸浮出水面，保守派人士開始挑戰李登輝。三個事件說明了這項過程。首先，在一九八九年三月九日李登輝訪問新加坡的返國記者會上，他針對新加坡媒體使用「台灣來的總統」稱呼他表示，「雖不滿意，但可接受」，雖然這項聲明客觀地描述了李登輝的立場，但也立即遭到保守派人士的質疑，認爲應要堅持「中華民國總統」的稱呼。接著，同年五月財政部長郭婉容前往北京參加亞洲開發銀行年會，當演奏中華人民共和國國歌時，她雖起立，但以雙手抱胸的姿勢表達抗議的立場，同樣也引起批評，認爲李登輝違反「一個中國」的原則。同一時間，台灣獨立運動開始在國內升溫，鄭南榕以自焚抗議政府限制台獨運動言論自由，許多組織及學者紛紛提出新憲法版本。某些台獨主義的人士在一九八九年組成了「新國家連線」公開倡導台灣獨立，並在當年的立法委員增額補選上輕鬆獲

5　李登輝曾多次表達這樣的觀點，例如在〈台灣的主張〉,頁62。

6　舉例來說，他任命李煥取代俞國華爲行政院院長，爾後，一九九一年，欲憑藉著郝柏村在國軍的地位獲取影響力，遂改任命郝柏村爲閣揆。此外，李登輝也以任命蔣緯國爲國家安全委員會秘書長、沈昌煥爲總統府秘書長等手段與蔣家建立連結。有關更多的細節，參見周玉蔲《李登輝的一千天：1988-1992》，台北：麥田出版社，1993年；以及何洛編著《李登輝全紀錄：1923-1996 李登輝先生與台灣的政治發展軌跡》，基隆：生活智庫出版社，1996年。

得勝選。對保守派來說，李登輝未能壓制這些政治活動，就是對他的第三擊。

保守派人士對李登輝的不滿在一九九〇年總統大選時到達頂點，故提名另一位候選人參選，挑戰李登輝。在缺乏黨內支持的情況下，李登輝轉而向改革派勢力尋求更廣泛的社會支持。在此期間，社會上開始大量出現要求「老賊」（即為「資深民意代表」，於一九四九年之前於中國當選民代者）退休的聲浪，尤以學生運動組織和中產階級為甚。李登輝抓住了民主化的契機，接見了學運代表，同意召開跨黨派國是會議進行民主改革，為民主改革定調。這項宣布將改革力量帶進議程設定的過程，不僅讓李登輝得到與保守派人士抗衡的力量，也鋪設出台灣邁向民主的道路。[7] 如此的發展與Adam Przeworski對於民主化的描述十分類似，他提到：「民主化的第一個關鍵是統治集團的某個群體，轉向外部力量取得支持。」[8] 這也展現了李登輝對民主的理想與其政治生存的實際需求之間模糊重疊的部份。換句話說，他為了擺脫保守派勢力的束縛，建立起在台灣政治的有效領導地位，推動民主也是必要的手段。

圓桌論壇與民主化

國是會議的召開賦予了李登輝的改革進程正當性，但也為反對勢力提供了影響民主化方向的絕佳機會。會議期間，反對派領袖運用議題選擇、建構聯盟、離席威脅、媒體動員等多項談判策略，[9] 迫使許多國民黨溫和派接受一些他們的主要訴求，包括總統直選、立法機構的全面改選、省長直選以及憲法修正[10] 等提

---

[7] 李登輝於一九九八年十月十九日受林佳龍訪談時提到：「在我接任總統之初，就有想要召開國是會議的想法，但早期的狀況並不適合這麼做。後來一九九〇年《中國時報》刊登關於國是會議的聯合呼籲為了提供了極大的助力。接著是三月的學生運動，當我接見學生時，除了對他們的愛國情操和提倡改革的精神表示贊許之外，也接受了他們召開國是會議的提案。」他進一步說明：「在當時要經由國民黨推動改革是非常困難的，因此國是會議可爭取到外部力量協助改革的推動。當時保守曾批評這個體制外的會議，但由於社會聲浪高漲，最終只能順應民意。」

[8] 參見Adam Przeworski "Some Problems in the Study of the Transition to Democracy"，由Guillermo O'Donnell、Philippe C. Schmitter及Laurence Whitehead合著 *Transitions from Authoritarian Rule: Comparative Perspectives*（47-63），巴爾的摩：約翰·霍普金斯大學出版社，1986年，頁56。

[9] 有關民進黨在國是會議上的談判策略，參見林佳龍在一九九六年十二月十四-十五日第三屆台灣政治學會年會上所發表的〈台灣的憲政選擇政治〉。

[10] 一九九八年十月十九日李登輝與林佳龍的私人訪談中提到對於召開國是會議的立場：「在國是會議期間，我採取了開放的態度給予大家討論的空間，當時最重要的是終止動員戡亂時期。我相信舉行國會全面改選是關鍵，因為藉此可削除政治舞台上的保守勢力進而從根本上改變權力結構；

案，並做成國是會議正式決議。如同Yossi Shain和Juan Linz所指出，只要制定了選舉的時程，民主化就不容易再脫軌，因為這不僅成為社會大眾的期待，也讓政治人物都將精神集中在下次的選舉上。[11] 一旦邁開民主化的腳步，在轉型期間掌握國家機器的人物便會對轉型的成敗有著關鍵的影響，包括改革的速度、新體制的規劃以及選舉的實施和時程。由於台灣的民主化過程並沒有出現政變或革命衝突，使李登輝得以主導轉型的進程，就是Shain和Linz口中所說的，由現任執政者主導之看守型臨時政府，[12]儘管國民黨仍握執政大權，但實際上，自召開國是會議後至初選前，李登輝政權所擔任的就是這樣的角色。台灣雖揮別威權主義，但新民主制度的型態仍然充滿著未知數。

即便國是會議之後，許多舊秩序的結構和法律仍續存著，例如《臨時條例》，甚至是《憲法》本身。李登輝此時的狀況與西班牙後佛朗哥時期的Adolfo Suarez相似，事實上，兩人在追求民主化的策略上也十分相似。從本質上來看，他們都在現有的憲法框架下進行改革，直到改革的勢力累積足夠量能時才轉向建立新秩序。西班牙的經驗顯示，要以政治協商的形式推動改革，領導人除了要有民主化的決心，還需具備維持強硬派和激進勢力間平衡的能力，以及何時與哪方進行策略性結盟的精準判斷力。李登輝如同Suarez一樣被夾在兩個對壘的陣營中；而不同的是，李登輝還要面對來自中國的外來威脅。

轉型時期的多方角力

如圖1所示，在轉型時期時，李登輝與國民黨保守派、民進黨和中國三方進行了三層賽局。在這場賽局中，沒有明確的規則、建制、機關，甚至無法確定敵友身份，同時各方陣營中又都存在著許多內部矛盾可成為發起動員的機會。因此，個人領導素質就顯然至關重要。經詳細分析便可得知，當李登輝單槍匹馬分

至於總統直選，我並沒有強烈支持或反對。我認為採取務實的態度，循序漸進，才是成功的唯一途徑。」

[11] Yossi Shain and Juan Linz合著*Between States: Interim Governments and Democratic Transitions*，劍橋：劍橋大學出版社，1995年。

[12] Shain和Linz（1995）將臨時政府分為四類：革命型臨時政府、權力共享型臨時政府、現任看守型政府和國際臨時政府。經過他們比較分析表明，臨時政府的型態對於國家成功整合或陷入分裂局面，以及民主轉型有著決定性的影響。

別與三方交手，確實無法保證能有勝算，但他卻能在單一方面上，將三方對他有利之處相互聯結在一起。他成功的關鍵便在於他明智地透過選舉和圓桌會談向台灣人呼籲，讓人民在這場賽局的關鍵時刻中加入，成爲了他堅實的後盾，再加上他技術性的操縱議題，能夠聯合任一方去與其他勢力抗衡，進而獲得最終勝利。

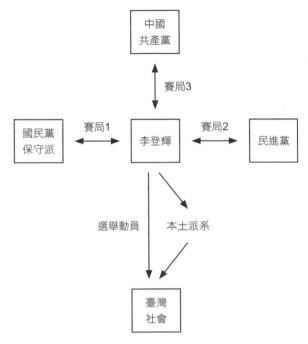

▌圖1　李登輝的多方平衡賽局

第二階段：掌權，一九九〇至一九九九年

在國民大會結束後的時期，身爲成功在過渡時期脫穎而出的最高政治領導人，李登輝仍面臨種種重大挑戰，任何一項都可能成爲導致政府垮台的危機。因此，在這個時期，李登輝更著重於化解危機並維持和擴大他的影響力。

對國家認同採取折衷的論述

就潛在威脅的規模與不穩定程度而言，也許最棘手的議題就是國家認同的問題，也就是圍繞在台灣認同與中國認同之間，以及支持台灣獨立抑或是兩岸統一

的立場衝突。國民黨最初是一個由外省菁英份子所掌控的外來政權，由於民主化必將涉及到政治權力的重新洗牌，因此族群和身份政治的出現是無可避免的。而且，雙方皆意識到彼此已困在一個不允許任何妥協的零和衝突之中。

為了因應這個挑戰，李登輝採用了一項切合實際的戰略以平衡統獨議題所帶來的內部與外部挑戰；在國家地位的問題上，李登輝巧妙地避免了被迫選擇任何一方；取而代之，他會根據所在的場合，交替使用「中華民國」和「台灣」，進而延伸出「中華民國在台灣」的說法，盡可能獲取更廣泛的群眾支持。當他被問及如何處理眼前的台獨議題時，李登輝申明：「民進黨的台獨黨綱僅處於政黨聲明的階段，尚未發展成實際行動，因此我並不需要反對它。」他補充道：「起初，我強調『中華民國』和『蔣經國』的政策；但是，在擁有實權後，我開始強調『中華民國在台灣』或『中華民國台灣』，現在我交替使用『中華民國』和『台灣』，這些舉動都是刻意採用的策略型手段。」[13]

隨著他的政治地位漸趨穩固，便開始以「台灣是一個名為中華民國的主權獨立國家」和「中華民國是一個主權獨立的國家，其領土為台灣、澎湖、金門和馬祖」之類的說法拓展論述。換句話說，他保留了中華民國的正式名稱，象徵性維持著最終的統一的概念，但實際上卻將台灣視為一個主權國家，完全獨立於中華人民共和國之外。[14]

至於身份的問題，李登輝最初的作法是通過強調自己「既是中國人也是台灣人」，並主張個人可以同時擁有多個身份，來減緩二分法的煽動性。依照他自己的描述，「凡是認同台灣、熱愛台灣，並代表著台灣而努力的都是台灣人，努力奮鬥、爭取民族復興且不曾放棄統一目標的都是中國人」。[15]後來，在民主化和本土化進一步發展之後，李登輝根據公民身份的原則調整了他的論述，創造了「新台灣人」的概念，更偏向以台灣人身份為主的意識，而非中國認同。李登輝在《台灣的主張》書中提出「創造中華文明的新搖籃」的思想，他解釋：「這是基於全體台灣人民，而我們認同的基礎是『我們都是台灣人』，這是由台灣人民

---

[13] 一九九八年10月19日李登輝與林佳龍的私人訪談。

[14] 參見林佳龍〈台灣民主化與國族形成〉收錄於林佳龍、鄭永年主編《民族主義與兩岸關係》，台北：新自然主義出版社，2001年，頁217-66。

[15] 行政院新聞局主編《犧牲與艱苦：李登輝總統言論選集》，台北：行政院新聞局出版，一九九五年。

共同努力創造出來的。」同時也說：「最重要的是要先讓台灣獲得國際承認和地位。跟中國相關的一切問題可以往後再解決。」[16]

由於李登輝在關於國家認同的議題中，戰術性的採用折衷的論述，導致台灣民眾對他真正的立場有著截然不同的看法。根據民進黨在一九九五年和一九九六年進行的民意調查，大約四分之一的人認為李登輝支持台灣獨立，另外四分之一的人認為他支持兩岸統一，百分之十的人認為他傾向維持現狀，甚至還有百分之十五和百分之二十五的人表示無法評判或不知道李登輝的立場。[17]即使在經過一九九六年總統選舉後，全國性民調也仍然得到類似的結果。最有趣的是，在李登輝任職八年後，許多人認為李登輝抱持著跟自己相似的立場。如表1所示，在贊同獨立的團體和贊同統一的團體中，都有多數人相信李登輝和自己在國家身分認同上有著共同的立場，但仍有40%以上的人無法決定。

表一　一九九六年社會大眾對李登輝在國家地位立場上的看法

受訪者的立場	受訪者對李登輝立場的看法					
	支持獨立	支持統一	維持現狀	無法判斷	不確定／未作答	合計
支持獨立	25%	21%	19%	23%	13%	295
支持統一	8%	54%	15%	9%	14%	199
維持現狀	16%	24%	23%	15%	23%	744
無意見	3%	10%	4%	6%	78%	168
估受訪者總數百分比	15%	26%	19%	15%	26%	1,406

資料來源：國立台灣大學治科學系306研究室於1996年3月選舉後立即進行的全國性調查。

這些結果在很大程度上可以歸因於李登輝成功地在主權議題中混淆了他的立場。固然，在他第二任總統任期尾聲，拋出了明確傾向台灣獨立的「兩國論」立場，民眾的認知也相對清晰了，但當時台灣的民主化轉型已無法倒退，台灣人的自我認同也儼然成為主流，批判的聲音所產生的影響也相對薄弱。

---

[16] 李登輝《台灣的主張》，頁62、78。這個想法最初是在一九九五年1月的一次演講中提出的，後來成為總統選舉的主要口號。

[17] 民進黨民意調查中心分別於一九九五年5月9日、一九九五年5月13日、一九九五年9月24日、一九九六年3月9日、一九九六年3月16日、一九九六年3月25日共進行了六次調查，每一次調查的受訪者數在1,000-1,500之間，在百分之九十五的信賴區間下，誤差值小於百分之三。

其他挑戰與回應

　　除了首要的國家認同問題外，李登輝在推動國是會議前，還面臨三個核心的挑戰。當下的任務是，讓國是會議的改革共識「合憲」或「合法」。其問題的癥結在於如何讓現任的「老賊」為改革法案投下贊成票，但又能將他們排除在後續民主化議程制定程序之外，以防止保守勢力阻礙民主化議程的進行。

　　第二個挑戰是如何使台灣獨立運動合法化，並允許所有社會力量參與即將舉行的全國大選，以確保新政府的合法性。正如我們從西班牙和許多其他國家的經驗中學到，民主化進程唯有讓反對派勢力參與（無論是分離主義還是民族主義），才能避免「體制歸因」甚至暴力革命行動產生的風險。然而，選舉顯然為固守國家認同問題的群眾提供一個動員的舞台，也加深了統、獨勢力與保守派勢力衝突的可能性。

　　第三項挑戰則來自海峽對岸。台灣社會的分裂、民主化的開始以及國家身份問題的顯現，都可能會引起中國的不安，甚至導致北京決定發動攻擊。因此在維持台灣安全和主權前提下，同時推動民主化、本土化是一項十分困難的任務。

　　面對這些內部和外部的挑戰，李登輝任何的失誤都可能對自身的統治基礎，甚至對整個民主化進程造成災難性的後果。但從後人角度回顧過去，李登輝擁有維持穩定路線的必要能力，同時採用多種策略來實現這一目標。首先，他將民主化置於統獨爭議之上，這不僅使他避免了「雙線作戰」的窘境，亦為自己開創出一個更有利的競爭地位。國是會議之後，李登輝隨即成立了國家統一委員會，一個直接隸屬總統府的新單位。針對成立的時機，他做出如此的解釋：

> 建立國家統一委員會的主要目的是在台灣民主化的進程中，『中立』中國因素。因為一次只能進行一項改革，無法兩邊同時進行，較好的處理方式是等到民主化發展到一定水平後，再處理兩岸問題。[18]

---

[18] 一九九八年十月十九日李登輝與林佳龍的私人訪談。民進黨首位國家統一委員會成員康寧祥證實，國統會當時的成立的確是出於戰略目的。他回憶當時李登輝指派給他的角色就是組止任何支持統一或可能延伸超越李登輝所事先設定的共識成形（林佳龍的個人訪談，2001年7月20日）。

李登輝公布了《國家統一綱領》以完善國家統一委員會的成立，該文件清楚地表明，台灣和大陸是獨立的政治個體，並暗示兩者均不受對方管轄。它還列出了統一過程的三個階段，以及每個階段的條件。從戰略角度來看，《國統綱領》的作用是在於分散和拖延統獨之間的對抗，並爲民主化後相關議題的辯論創造一個概念性的框架，以這樣的方式，獲取改革的時間及更良好的環境。

其次，李登輝決定修改現行《憲法》以因應新目標，避免意識形態衝突伴隨任何起草新憲法的意圖發生。例如，在改革初期，李登輝向國民黨黨員發表演說，其中就提到：

> 現在，我們強調的是『中華民國意識』，也就是既非『統一』也不是『獨立』，而是一個超越統獨的立場。在此基礎之上，我們將進行內部改革、大陸政策和完成統一。我們必須繼續寫中華民國的歷史。因此，憲政制度的改革絕不能通過起草一部新憲法來實現，而應以修改現行憲法來進行。[19]

一九九一年四月，李登輝以行政命令結束動員戡亂時期，正式宣布兩岸終結內戰狀態。這代表中華民國的管轄範圍已重新定義爲台灣本島、澎湖、金門及馬祖，並承認中華人民共和國管轄範圍的現實，建立起後續「國與國」的對等談判也立基於此。同月，國民大會決議廢止《動員戡亂時期臨時條款》。隨著程序的推進，李登輝主導了多次憲法修正案，以《中華民國憲法》的名義，根據目的和規劃，逐步將《中華民國憲法》改造爲適用於台灣的框架，新的台灣憲法最終應運而生。

第三，在外交舞台上，李登輝採取平衡發展的政策，既利用務實外交的原則參與國際事務，又透過經濟與交流來促進兩岸關係。但假若兩岸整合的步伐超越台灣國際化的腳步，台灣海峽問題將被定義爲中國內政，進而嚴重威脅台灣的主權和安全，因此台灣必需不斷強化與其他民主國家的關係，積極參與國際社會，將台灣海峽問題國際化，給予台灣更多籌碼能制衡來自中國的壓力，並最終得以

---

[19] 李登輝《經營大台灣》，台北：遠流出版社，1994年，頁376-77。

和平解決衝突。李登輝提出以下分析：

> 用座標圖來作說明，假設縱軸上方代表為『統一』，下方為『獨立』，橫
> 軸右邊為『兩岸問題國內化』，左邊為『兩岸問題國際化』，臺灣當下大
> 致處於第一象限，也就是『統一和兩岸問題國內化』的狀態。如果台灣能
> 夠逐步加深國際社會的交流，以長遠來看，台灣人民在兩岸關係發展上能
> 擁有更多的選擇。[20]

另一方面，為了不激起中國的激烈反應，某些國際活動仍會以較消極的方式
處理，就以申請加入聯合國運動為例，儘管國內曾針對這項議題推動連署運動並
獲得人民廣泛支持，但並沒有被積極徹底執行。

第四，作為一位政治家，李登輝並沒有迴避利用自身的職權，推動更有利於
自身處境的議程。本質上，他推動憲法改革進程的方式遵循了若林正丈所稱的
「分期付款式的民主化」。[21] 首先，在國是會議之後，李登輝向尚未完成改選的
國民大會提出第一輪修正案，當時，國民黨在議會中仍佔壓倒性多數，因此自然
能很順利地將中華民國政府結構「憲法化」。儘管反對勢力提出了強烈抗議，但
仍寡不敵眾，最終因現實考量，只能被迫按照李登輝訂立的規則行事。在一九九
一年的國民大會選舉中，李登輝確保了國民黨所提名的候選人絕大多數都是第三
代以下的台灣人。有了這個新的基礎，李登輝主動接觸民進黨，使他在往後的幾
輪修憲，例如決定總統直選，持續握有主控權。李登輝在一九九六年直選中取得
勝利後，再次採取圓桌會議的型式召開了跨黨派的國家發展會議。這次會議做出
包括省政府虛級化、取消立法院閣揆同意權以及改革立法體系等決議，並以此做
為下一輪修正案的依據。將各階段憲法改革整合來看，可看出李登輝偏好先行利
用圓桌會議戰略達成共識再進行下一步動作。該策略的好處是可獲得更廣泛的社
會支持以平衡保守勢力，但又不會讓他被特定細節所捆綁，從而保持他運作的自
由度。李登輝在多階段憲法改革皆展現出卓越的政治頭腦：不僅以修正案的名義

---

[20] 一九九八年十月十九日李登輝與林佳龍的私人訪談。後來在《台灣的主張》中也表達了類似觀點。
[21] 參見若林正丈《分裂國家與民主化》中文版，月旦出版社，1994年。最初在日本發行，東京：東
京大學出版社，一九九二年。

實際上完成了憲法撰寫，還同時進行民主改革並保持政權在握。

第五，李登輝使用建立和調整結盟關係的手法，讓自己在整個過程中維持主控權。起初他利用國民黨內外省精英的內部鬥爭，與務實派聯手對抗強硬派以穩定政局；當社會大眾對於改革的支持達到一定程度，再透過圓桌會議將民意引介入談判以增添改革計劃的正當性；一旦他獲得了改革力量的背書，便轉向與保守派合作，以推動憲法修正案和法規的實施；在民主化的旗幟下，他運用議程主導權逐漸將民進黨和其他改革勢力的訴求加入，並透過本土化一步步從改變國民黨的本質；為了避免統獨勢力正面衝突的風險，他優先關注內部民主化力量的組成，直至明確獲得社會普遍支持及正當性後，才開始積極地尋求國際化以及對台灣更有利的兩岸框架。

最後必需提到，李登輝最大的優勢在於危機時刻能十分有效利用輿論的能力，並以選舉來打破政治僵局。從一九九一年至一九九六年，台灣社會進行了一系列選舉，成功為國家刻劃出了「奠基性選舉」；一九九一年的國民大會選舉和一九九二年立法院選舉中，李登輝成功地孤立國民黨內強硬派和激進反對派，而「老賊」的離開大大削減了保守派陣營的實力。另一方面，民進黨在第一次全國大選中未能取得百分之二十五的席次，導致其無法在政府分權中取得有利地位。許多人認為（無論此說法是否正確），民進黨挫敗的主因正是一九九一年十月所提出的「台獨黨綱」，這樣的輿論形象有如激進獨派支持者被邊緣化的效果，也因此促使民進黨開始策略性地向中間的立場靠攏。

採取更堅定的立場面對中國

一九九三年至一九九五年間，李登輝與許多地方派系結盟以鞏固自己在國民黨內部的權力。在一九九三年八月的第十四屆黨代表大會上，李登輝輕鬆連任黨主席，致使競選失利的一些非主流派人士離開國民黨並組建了新黨。同時為了攏絡民進黨或其部份支持者，他開始調整政府的外交及兩岸政策，不僅不再強調嚴格的「一個中國」原則，而且提出新的論述，包括「台灣優先」、「主權在民」和「命運共同體」；在實質政策方面，他與民進黨聯合發起了進入聯合國的倡議，並提出「戒急用忍」和「南向」的國際投資政策以平衡、和緩兩岸關係的發展。

中國對此做出強烈的反應，緊張的局勢更在一九九五年李登輝前往康乃爾大學訪問後達到頂峰。此後，中國加大了軍事威脅，並開始系統性的針對李登輝進行人身攻擊。然而北京的惡意行徑非但沒能對李登輝造成傷害，反而刺激了台灣人民更加團結支持他。面對中國接踵而來的言語和軍事威脅，李登輝明確認知到他必須獲得並維持人民的支持，而他以民主和民意來抵抗中國壓力的作法，也確保了他在第一次總統直選中輕鬆勝選。

自李登輝在一九九六年大選中成功獲得總投票數的百分之五十四，中國希望主政者換人的念頭也隨之落空，儘管如此，北京政府也不願意退讓。中國採取了新的外交戰略，從美、日等大國著手對台灣施加壓力，這是中國成功誘使美國闡明「三不」立場的由來（不支持台灣獨立、不支持「兩個中國」或是「一個中國，一個台灣」以及不支持台灣加入主權國家組成的國際組織）。面對如此情勢，李登輝以所謂的「兩國論」（又稱「特殊的國與國關係」論）作出堅定的回應。自此兩岸關係凍結直到李登輝任期結束。

第三階段：鞏固政治遺產，一九九九年至今

在第二任期的後半期，可看出李登輝更專注在建立自身的歷史定位。從他所做出的決定來看，不僅是為了加強社會對他政績的肯定，也為了確保在他三個目標下所提出的各項政策能延續下去。

「兩國」論

在這方面最顯著的作為是在一九九九年七月九日，宣布兩岸關係應定義為「特殊的國與國關係」。這突如其來的聲明甚至讓相關單位的政務官皆措手不及，而他選擇以德國之聲的採訪作為公開此重要聲明的管道也令人感到困惑。除此之外，由於李登輝事先並未與華盛頓進行溝通協商，此舉令美國惱火。中國也以此為藉口，取消北京海峽兩岸關係協會主席汪道涵即將訪台行程，而此行程原本被視為兩岸關係突破的重要會晤。

事實上，自一九九八年七月柯林頓在上海發表「三不」談話後不久，李登輝便委任國家安全會議（NSC）召集顧問成立「強化中華民國主權國家地位」小組。該小組向李登輝提議以「特殊國與國」為兩岸關係定位。其直接的目的是為

了控制美國「三不」政策所造成的傷害。然而，從國內政治角度來看，它對李登輝的歷史定位還有另外兩個作用。首先，它成為重要的歷史標記，清楚地紀錄李登輝說在台灣的中華民國和中華人民共和國不僅是「兩個政治個體」，實際上分別是獨立國家，只是彼此具有「特殊的」歷史和文化連結。其次，二○○○年選舉的佈局早已全面展開，很明顯地，當時有三名候選人，國民黨的連戰、背離而獨立參選的宋楚瑜和民進黨的陳水扁。而「兩國論」的聲明為的就是限制李登輝繼任者在政策上的選擇，進而延續後來被稱為「李登輝路線」的執政方向。[22] 也因此帶來了正、反兩面的影響：首先，這能夠降低繼任者在新任期之初就必須表態回應的政治風險，但其次，這也增加試圖駁回此立場的政治代價。實際上儘管多數人民都支持該理論，但卻沒有任何一位總統候選人明確地公開支持李登輝的聲明。[23] 隨著競選活動的進行，很明顯中國希望連戰或宋楚瑜當選，並放棄「兩國論」。但選舉結果只是進一步確認了「李登輝路線」的發展。

在發布聲明不久之後，李登輝出版了《台灣的主張》，以全新的角度描述他的政治生涯，呈現出將他自己重新定位為「台灣之父」的企圖。實質上，這本書是李登輝以書籍形式呈現「台灣人的悲哀」那篇社論，同時首次列出了他三大政治目標以及「李登輝路線」的內容。

二○○○年大選和卸任

在二○○○年三月十八日的選舉中，陳水扁以獲得百分之三十九的選票當選，以極小的差距擊敗了宋楚瑜。另一方面，國民黨的正式候選人連戰僅有百分之二十三的選票而位列第三。由於國民黨一再強調連戰在民意調查中處於領先地

---

[22] 這個說法一開始是出現在黃輝珍（時任國民黨黨報《中央日報》發行者，後為國民黨發言人）一本較鮮為人知的著作《李登輝路線：前進國家新世紀》（台北：中央日報出版社，1999年）。二○○○年總統大選的前一周，李登輝的顧問兼老友許文龍公開宣稱陳水扁是「李登輝路線」真正的繼承者，這一消息立即在媒體上迅速傳播開來，但李登輝以獨特的方式否認了許文龍貼的標籤，並繼續為連戰站台，然而當他退下國民黨的大位後便接受了這項說法。同年七月初，李登輝正式向許文龍承認由陳水扁繼任台灣總統是件好事，因為只有陳水扁能走出李登輝的政治路線（二○○○年七月十五日林佳龍對許文龍的專訪）。

[23] 林佳龍〈The Two-State Theory and Cross-Strait Relations,〉在亞太文化與經濟學術基金會、紐約市立學院經濟系及紐約市立大學經濟系所舉辦的Taiwan's Modernization in Global Perspective會議中發表（2000年4月1-4日）。

位，且大多數媒體的猜測大多都偏向連戰勝選，這一選舉結果令大多數台灣人都感到相當驚訝。

選舉後的隔天，一群支持國民黨的鐵桿支持者聚集在國民黨中央黨部表達憤怒。其中大多數的人都投票支持宋楚瑜，並認為若宋楚瑜被國民黨提名為正式候選人就能贏得勝利；有些人則是跟隨國民黨的路線，投票支持連戰，卻沒有意識到他們實際上是在分散反陳水扁的選票。所有人對於陳水扁的勝利感到震驚，並試圖為敗選找到替罪羔羊，他們把矛頭指向了李登輝。首先他們指責李登輝將宋楚瑜趕出國民黨，其次，則是指責他在選舉的關鍵時刻暗中支持了陳水扁。當然，第一個指控基本上是正確的，李登輝的確在背後操縱，讓宋楚瑜無法有被正式提名的機會。但第二個指控似乎就顯得不切實際，因為李登輝實際上花費在連戰競選活動上的精力比多數人所預期更多。儘管如此，憤怒的群眾仍要求李登輝辭去國民黨黨主席之位。

李登輝原本已宣布自己將繼續任職到九月黨主席選舉為止，但他出人意料地於三月二十四日辭去黨主席一職，將黨內全數權力交給連戰。這一事件表示李登輝仍然信任連戰。他不僅願意為連戰的敗選負責，並自願承擔黨內批評的重擔，而且他顯然有信心在無特別準備下，將主席一職留給連戰。

對多數的觀察家而言，當時李登輝的辭職，應已是準備好從活躍的政治生涯中完全退休。整個二〇〇〇年下半年，他似乎不太關注國家的重大事務，比如秋天企圖罷免陳水扁一事，第四座核電廠續建案，或是隨後的內閣改組等，更完全不干預連戰所領導的國民黨改革行動，反而埋首於高爾夫球場上，甚至連黨員身分都沒有重新登記（據指出，一些重要的親李人士也沒有重新登記）。談論到建立總統圖書館，大多數人認為他想寫回憶錄來講述自己的故事，但此刻很明顯地可看出，李登輝實際上是對自身歷史定位是相當在意的。

與連戰的決裂

二〇〇一年二月，國民黨宣布不打算繼續對宋楚瑜採取法律行動，是決定性的時刻。[24] 先前於總統大選期間，國民黨籍立委曾公開文件披露宋楚瑜侵佔大筆

---

[24] 〈國民黨放了宋楚瑜一馬〉台北時報，2001年2月9日，頁3。

國民黨黨內用於照顧蔣家遺眷的資金，國民黨隨後提起訴訟要求收回這些資金，但據悉已被用於投資美國房地產。這項指控對宋楚瑜的支持度造成了莫大的傷害，甚至可說是造成他大選落敗的主因，也因此成為宋楚瑜與其前政黨和解的最大障礙。

國民黨與宋陣營曾為打擊陳水扁政權而聯手過，但國民黨正式宣布不追究此案，更加證明了雙方陣營關係已進一步和緩，更為宋楚瑜打開迴歸國民黨的大門。此外，這個時間點恰逢國民黨與新黨、親民黨組建聯合政府的討論，後來稱之為「泛藍陣營」（藍色是國民黨的顏色）。

此刻，李登輝完全失去對連戰成為其接班人的信任。[25] 競選期間，連戰作為一個候選人並沒有任何突出的表現，而選後卻做了很多舉措欲吸引失望的外省人迴歸國民黨，李登輝在此之前從未懷疑過連戰的忠誠度。陳水扁就任總統，連戰擔任國民黨黨主席，李登輝確信「李登輝路線」將仍是台灣政治的主流。然而當連戰與李登輝費盡心思為他擺脫掉的宋楚瑜結盟，等於是對李的公然背叛，李登輝因此開始考慮以其他策略來保存他的治國理念。

台灣團結聯盟的形成和二〇〇一年選舉

二〇〇一年夏天，當時正在進行十二月國會選舉提名，李登輝決定採取行動。而民進黨已完成提名程序，選擇了保守、防禦性的策略，目的在於確保至少維持該黨現狀，但也代表民進黨無法取得立法院多數優勢。[26] 此時的國民黨和親民黨明顯陷入無從協調提名人選的窘境，甚至縣市長提名也是，立委選舉則提名了過多的參選人進行角逐。

---

[25] 李登輝隨後描述了連戰曾就宋楚瑜案最終決定前與李登輝進行會面，他建議不要放棄訴訟，但連戰仍堅持其做法，讓李登輝對連戰在如此敏感的議題上獨斷獨行的做法感到非常失望。（與林佳龍的訪談，2001年7月30日）。

[26] 台灣的立法委員選舉當時是複數選區單記不可讓渡投票制（SNTV）。這種制度下，政黨只能通過在其候選人的每個地區內分配選票來最大化其席位；同理，若提名過多的候選人可能導致政黨支持度分散，總得票數相當，但取得的席位卻減少。因此每個政黨將在每個地區提多少候選人至關重要，但要在選舉前事先規劃好，以保留充裕時間挑選候選人。參見林佳龍〈地方選舉與國民黨政權的市場化─從威權鞏固到民主轉型（1946-1994）〉載於陳明通、鄭永年主編《兩岸基層選舉與政治社會變遷》，月旦出版社，1998年，頁169-259。有關國際比較的觀點，參見Gary Cox *Making Votes Count: Strategic Coordination in the World's Electoral Systmes* 劍橋大學出版社，1997年。

六月十六日，前內政部長黃主文透露，他正在協助李登輝和不同政治團體進行一系列的會議協商，打算籌組新政黨加入國會選舉，即台灣團結聯盟（TSU），該黨於八月十二日正式成立，目標在取得立法院三十五個席位並與民進黨結盟。[27]台聯黨以「李登輝路線」為基礎，強調台灣主權和穩定台灣民主，而李登輝（仍保有國民黨終身黨員身份）以做為其「精神領袖」表示支持。

　　在許多方面來說，這是重大的發展。首先，這意味著李登輝「退休」時期的中止，並發出重返政壇的訊號。其次，這也代表了他與國民黨最終決裂；李登輝以他一貫的精明，以拒絕退黨之姿來加深社會大眾對他的同情，迫使國民黨不得不在九月二十一日李登輝正式為台聯黨競選站台後開除他的黨籍。李登輝對國民黨的義務自此解除，開始持續攻擊他效力多年的國民黨是一個「外來政權」並直接批評連戰。[28]第三，在統獨議題上透過台聯黨重新將自己定位在為民進黨的那一側。除了「外來政權」的說法外，他亦一再強調中國的危險性，並譴責陳水扁政府放寬「戒急用忍」的經濟政策。這些論述使他受到死忠台獨份子壓倒性的支持，尤其正當這類治理上的重大事項削減了他們對民進黨的支持。

　　選舉結束後，李登輝更進一步成立了「群策會」，作為「行動智庫」。[29]提供穩定台灣政治、制定政策的方向。實際上，該組織的目的之一似乎也是為欲脫離國民黨的人士提供媒介，作為決定加入民進黨或台聯黨前的庇護。此時李登輝仍持續就重大議題發表一系列公開聲明，尤其在關於憲法改革上，他更公開呼籲建立一個完全的總統制。[30]

開創新局

　　李登輝在二〇〇一年轉變策略的作法，使大眾對他的立場出現兩極化的看法，那些之前對他的本土化理念存疑的人士認為這是公開宣戰；而那些具有台灣認同的則欣喜若狂，李登輝這種聲望的人表達出他們真實的感受。在國會選舉中，許多候選人將他們的競選主軸放在親李登輝或反李登輝的立場上；知識份子

27　"Lee Says Public Is Fed Up with Bickering"台北時報，2001年8月13日，頁1。

28　"Lee Brands His Successor as "Pathetic""台北時報，2001年10月1日，頁1。

29　"Lee Inaugurates Taiwan Advocates"台北時報，2001年12月4日，頁1。

30　"Lee Teng-hui Seeks Presidential System"台北時報，2001年12月20日，頁1。

間也出現同樣的現象，親中的學者和專家比以往更高調地抨擊李登輝，另一方面，面對將李登輝妖魔化的指控，許多親台學者急於為他辯護，其餘的則將原來對他的批評都靜音。

在政治領域上，李登輝的判斷總是十分準確。首先，他精準地在民進黨採取保守策略的選區為台聯黨缺乏聲勢的候選人找到切入點，並成功贏得大量選票（8.5%）。他成功的部份原因在於察覺親中勢力對民意的影響已相當微弱，以至於即便是公開對峙仍能帶來正面效果。舉例來說，那些在選戰中企圖挑戰李登輝的候選人最後幾乎都是以落敗收場。

最重要的是，透過這步行動，他為自己塑造了一個「台灣之父」的新形象，或許永久地鞏固了他的歷史定位。

五、李登輝的成就和侷限

無論是崇拜者還是反對者，沒有人可否認李登輝在台灣歷史上的重要性。在他任職的十二年間，台灣實現了民主化，並伴隨著高經濟增長和社會的穩定發展。儘管兩岸關係尚未得出根本的解決辦法，且台灣的國際地位仍不穩定，也缺乏足以稱為一個主權國家的地位和尊嚴，但至少台灣人民已成功擁有掌握自身命運的最終決定權。圍繞在國家認同和地位問題的主觀想法和情感，往往讓李登輝角色與成就的評價都帶些偏頗，不同的歷史觀點自然會導致不同的詮釋，這也解釋了不同族群、統獨光譜上不同位置的群眾對其評價上的差異。對於那些具有強烈台灣認同的人來說，李登輝不僅是「民主先生」，還是台灣立國的始祖。另一方面，有強烈中國認同的則是將李登輝視為「叛徒」，民主化僅僅是達到分裂主義目的的偽裝。

為能有效對此議題進行分析，我們並不強調恪守中立立場，本課題的探究只以台灣全體人民福祉為原則。從這個角度來看，我們應如何從民主化、本土化和確保台灣的國際地位的三大目標去評價李登輝呢？他在民主化方面的表現獲得了廣泛的好評，在台灣建立民主制度的功勞實至名歸，但在提升台灣民主素質方面卻並未取得亮眼的成績。在本土化方面，李登輝的任期中，台灣本土菁英快速地

在社會各界晉升並擔任領導職位，他同時也建立起台灣人民顯著的自我認同感。然而，時至今日台灣認同仍然持續受到中國認同的挑戰，這方面的改革並未完成。至於台灣的國際地位，李登輝始終表明將維持台灣事實上的獨立，並擴大台灣於國際事務的實質參與，但在外部和內部壓力下，這兩方面的實際成果都相當有限。

　　大多數的台灣人基本上對於李登輝執政都給予了相對正面的評價，整體而言，他非常成功地終結舊時代，在建立健康的新體制方面則取得了部分成功。當然，他的歷史定位仍不斷在變化（他本人也仍持續宣揚理念），「後李登輝時代」中台灣的發展將大大地影響對李登輝的最終評價。

台灣人民眼中的李登輝

　　對李登輝成就的評估都應從民眾對其評價談起，他卸任前的民意調查就指出，就李登輝擔任十二年總統的整體表現而言，有71%的民眾給予合格分數（滿分100分中超過60分），只有18%的民眾認為李登輝的表現不及格，平均分數為67分（請參閱表二）。從更細的層面來看，有74%的人在「促進民主改革」方面對李登輝的表現表示肯定，10%的人則給低於60分的分數，平均得分為73分。至於在「維護台灣主權」上，74%的人認可他的表現，12%則認為他表現不及格，平均得分為71分。李登輝在「處理兩岸關係」這一方面表現較差，64%認為他表現合格、22%則給予了不合格的分數，平均分數為64分。此外，在「改革貪腐」一項上，民眾並未對其留下成功的印象，只有34%的人認為他的表現合格，而有

表2　台灣人民對李登輝表現的評價

	0-50	60-69	70-78	80-89	90-100	不確定／未作答	平均分數
整體表現	18%	22%	24%	19%	6%	12%	67
促進民生改革	10%	15%	16%	27%	17%	15%	73
維護臺灣主權	12%	16%	20%	24%	13%	14%	71
處理兩岸關係	22%	22%	19%	17%	6%	14%	64
打擊貪腐	50%	21%	8%	4%	2%	16%	48

資料來源：山水民意研究公司於2000年5月2日至4日進行的調查，對20歲以上公民所進行的電話採訪，包含1020有效回覆，278個拒絕，以及在95%的信賴區間下，誤差值小於3.07%。

50%的人則認為他失敗，總平均分數只有48分。可明顯看出，在前兩方面，民眾相當肯定李登輝的貢獻，在第三個方面是尚可接受，然而在最後一個方面則令多數民眾感到不滿意。

在表三中，將上述調查的結果根據受訪者自己宣稱的背景做進一步細分，可從數據上看出，在「促進民主改革」方面，國民黨和民進黨的支持者都給李登輝很高的分數，分別有54%和58%的民眾給予高達80分以上的高分。國民黨支持者給予的平均分數為76分，民進黨支持者的平均分數為78分；特別值得一提的是，民進黨支持者打得分數還略高於國民黨支持者。另一方面，親民黨和新黨的支持者所給的分數明顯偏低，平均分數分別為68分和61分。此外，國家認同和族群背景對這項調查的結果也有著顯著的影響。整體而論，外省人和自我認定為中國人的民眾對於李登輝在民主化成就的評價，相較於第三代以上的台灣人和自我認定為台灣人的民眾，平均分數少了約10分左右。同樣地，那些認為中華民國領土僅限於台灣、澎湖、金門和馬祖的人給李登輝的評分比認為中華民國領土涵蓋中國大陸的人高了7分。這些數據都可清楚看出，國家認同讓人們對李登輝成就的看法存在極大的歧異。另一項重要結果則是，專業人士對李登輝的評價大大低於其他職業群體，其歸因或許來自於專業人士對貪腐和黑金政治崛起的強烈不滿；至於性別和教育程度，這些因素與李登輝表現的評估則沒有呈現顯著相關。

因此，可以合理推論，外省人和自我認定為中國人的民眾給予李登輝較低的分數，多源自於對李登輝國家認同說法的不贊同。對於某些外省人以及對中國的認同感特別強烈的人來說，李登輝的民主化推廣動機並不單純，而是希望進一步透過推動本土化，並最終達到台灣獨立目的的手段。根據先前的研究，在理論層面上，這兩個群體實際上比台灣認同者抱持著更強烈的民主價值觀，也是他們對蔣經國發起政治自由化[31] 並未反對的主因，但李登輝在推動同一個理念上，卻被他們認定為是本土化和尋求獨立的行動，導致他們對李登輝於此方面的成就打折。另外可能的狀況是，居住於城市地區和任職專業領域者多為外省人，對於李登輝在任期內日益嚴重的貪腐情形有著強烈的反彈，這也是造成分數差異的部分原因。

---

[31]　參見吳乃德與林佳龍〈Democratic Consensus and Social Cleavage: The Role of the Middle Class in Taiwan's Political Liberalization〉，收錄於蕭新煌編著《Discoveryof the Middle Classes in East Asia》頁201-18，台北：中央研究院民族學研究所出版，1993年。

表3 「促進民主」評價調查受訪者背景分析

	0-59	60-69	70-79	80-89	90-100	不確定／未作答	平均分數
政黨偏好							
國民黨	7%	12%	15%	32%	22%	13%	76
民進黨	5%	14%	17%	31%	27%	6%	78
親民黨	18%	20%	20%	28%	8%	5%	68
新黨	23%	20%	18%	20%	12%	7%	61
無	12%	15%	14%	27%	14%	18%	72
不知道	7%	11%	12%	10%	10%	51%	70
國家認同							
台灣人	4%	15%	16%	27%	24%	14%	78
台灣人和中國人	14%	14%	17%	28%	14%	13%	71
中國人	14%	20%	15%	25%	10%	16%	68
不知道	3%	12%	14%	12%	3%	57%	69
族群背景							
閩南人	7%	15%	17%	28%	17%	16%	74
客家人	12%	11%	16%	22%	27%	13%	75
外省人	21%	20%	15%	24%	8%	12%	64
原住民	31%	20%	7%	20%	8%	14%	63
國土範圍							
僅限台灣、澎湖、金門及馬祖	7%	15%	17%	33%	23%	6%	76
涵蓋中國大陸	15%	19%	18%	25%	14%	10%	69
不知道	9%	8%	9%	12%	5%	57%	68
專業背景							
軍人／警察／公務人員／教職人員	6%	13%	21%	34%	23%	4%	76
私部門僱員	10%	19%	17%	35%	16%	3%	74
勞工	10%	17%	19%	22%	15%	18%	71
僱主／自僱者	9%	15%	11%	31%	30%	4%	77
專業人士	24%	15%	19%	27%	26%	0%	65
農民／漁民	5%	10%	12%	24%	13%	37%	75
無業／待業	11%	13%	16%	22%	12%	26%	71

資料來源：同表2

民主化成就

　　李登輝最顯著的成就無非是守護著台灣和平地建立民主制度，讓台灣在經歷一百年的殖民與威權統治之後，終將主權賦予人民。更具體地說，李登輝的成就可以分為以下幾類。第一，立法機構的改選和總統直選，亦意味著國內所有重大決策建置將直接或間接地反映人民的意志。儘管部分聲音指出蔣經國曾規劃要進行全面的議會改選，但這樣的說法並無具體證據的支持，當時蔣經國僅同意逐步展開增額補選流程，再加上嘗試建立類似「大陸代表制度」的方式取代逐漸凋零的「資深國會議員」，以避免失去治理中國的正當性。[32] 一直到一九九〇年，李登輝召開國是會議並宣布要在兩年內完成修憲，隨後在大法官會議中決定讓當時的「資深國會議員」退休，全面改選一事才正式浮上檯面。在總統直選方面，在國是會議召開之時，儘管李登輝曾對此抱持著支持的態度，但仍避免積極推動此項改革，而採取了消極的態度，直到一九九二年他政權更加穩固後，才堅定地朝這方向推進，也因此與保守派陣營徹底決裂。

　　雖然李登輝成功推動有競爭的選舉，但仍存在著重大的缺陷，其中最值得提及的即為缺乏選舉制度的改革，特別是在立法機構中惡名昭彰的「非讓渡投票制度」（SNTV），以及不分區席次的間接問責制度。此外，健康的政黨競爭僅在李登輝卸任後才開始發展，而這個過程仍尚未完成，包含競選籌資、遊說、政商關係、媒體所有權與監管以及候選人與公職人員的資產監督等方面建立明確且公平的規則。

　　第二部分則是憲法改革，它使一個更適合台灣的憲法產生。在李登輝的領導下，憲法改革透過循序漸進的方式進行，在他的任期內，完成了共六次的憲法修訂。實際上，每次修憲設計都考量到直接的政治影響，並逐漸累積成憲政體制的根本轉變。在改革開始之前，中華民國憲法制定獨特的「五權」和四級制度，儘管該制度對於一九四〇年的中國能有所用處，但多數人都認為並不符合當時的台灣。[33] 在經過六輪的憲法修正後（成果在原始條文的末尾附加為《增修條

---

[32] 參見林佳龍〈解釋台灣的民主化：政體類型與菁英的策略選擇〉，林佳龍、邱澤奇主編《兩岸黨國體制與民主發展》頁87-152，台北：月旦出版社，一九九九年。

[33] 參見林佳龍〈半總統制、多黨體系與不穩定的民主：台灣憲政衝突的制度分析〉，林繼文編著

款》），半總統制正式啟動，但改革的步伐不能停止於此。半總統制強化直選總統作為行政部門領導者的角色，加強立法院作為一院制議會的權力，並廢除了自治省政府，從而提升了縣市政府的地位。另外，李登輝在一九九○年決定通過廢除蔣中正戒嚴統治的《動員戡亂時期臨時條款》，這正式將《憲法》恢復為政治與法律體系核心的地位，同時也等於單方面宣布對中華人民共和國的內戰正式結束，從而承認其對中國大陸領土統治的事實。

這些貢獻都是非常重要的里程碑，台灣首次實施真正分權的憲法制度，但該制度仍令人混淆且脆弱，且缺乏健全憲法制度應有的權威。陳水扁在任期內的前十八個月與立法院之間的權力鬥爭，就是這些缺陷最明顯的結果。李登輝選擇漸進式的改革，而不是斷然一次性全面改寫憲法，勢必也需承擔讓陳水扁面臨如此局面的部份責任。儘管下階段的改革重擔已落在後代領導人的身上，但值得注意的是，李登輝本人已經公開承認這個錯誤，並在二○○一年底，他積極參與各大辯論會，呼籲採取純總統制。[34]

李登輝民主化第二個主要的成就是民主理念與行為，他推動民主化進程中沒有任何暴力與硝煙，這點無疑是最有價值的貢獻。在他的任期中，對於來自各方反對他的人，始終保持著寬容的態度。從一開始，他就默許台灣獨立言論的公開化，進而大大地擴張言論自由的範圍。他也取消黑名單限制，允許流亡的激進分子返回台灣（甚至於參加國是會議），釋放政治犯並允許他們參加選舉，這些都是在象徵意義上最引起共鳴的措施。同樣地，李登輝在面對嚴重的批評，包括統派支持者的示威遊行時，也容忍其言論自由權，並謹慎地避免了對相關活動任何形式的鎮壓。與前任的行為明顯不同的是，李登輝沒有動用安全部門騷擾反對者，也未施展任何暴力或逮捕無辜者的「白色恐怖」手段，同樣沒有指示媒體和教育體制將觀點不同的人排除在外。從這個角度來看，在李登輝統治下，政府對人權的保護獲得了顯著改善。此外，儘管他仍因偏袒和貪腐而受到批評，但與亞洲大多數領導者相比，他顯得相對清廉許多。

在任期結束前，李登輝為即將上任的陳水扁政權提供了有力的協助，這也維持了他在這方面的貢獻。透過他的協助，不僅確保了平順的政權交接，也為未來

《政治制度》，台北：中央研究院社科所，2000年。
[34] 參見註28。

常態性的政權輪替奠定了寶貴的先例。即使他的政黨和他的繼任者在選舉中慘敗，李登輝這一慷慨舉動也進一步讓其贏得了公眾的尊重，甚至讓陳水扁尊稱他為「台灣民主改革之父」。[35]

然而，李登輝促進民主價值方面的紀錄，仍存在著明顯的缺陷，最令人遺憾的是，儘管他緊握著國民黨黨的機器，但他明顯未採取任何行動使國民黨脫離其龐大規模的商業行動（據估計掌握超過一百億美元）[36] 或是遍布整個軍事與公務系統的組織網絡，相反地，他在一九九六年的競選活動中，巧妙地利用了這些資源，並授權將其用於支持各級國民黨的候選人。另外，在他的領導下，地方派系被帶入了國家政治舞台，在地方選舉中普遍發生的買票行為也因而擴展至國家級選舉當中。想當然爾，這為李登輝提供了關鍵的支持，並有效提升了國民黨贏得選舉的能力，但也直接導致「黑金政治」的影響力急遽增加，再加上李登輝對於私人財團和政治人物間裙帶關係的容忍，在其任職期間貪腐情形逐漸惡化。至於在人權方面，李登輝並未針對在舊政權時嚴重侵犯人權行為的加害者起訴，將未受懲處的嚴重事件粉飾太平。

本土化成就

李登輝第二項重要成就在於提升了人民對台灣歷史的意識和政治認同。在一次採訪中，李登輝提到，促使他推動民主化的關鍵因子實際上就是本土化的經驗，這份「身為台灣人的悲哀」鞭策他努力將國民黨政權轉化為台灣政黨，期望「將台灣變成屬於台灣人的台灣」。[37]他曾在一九九四年向國民黨黨工發表談話時強調：「如果我們為了追求更廣泛的身分定位，而忽略了對台灣身分的認同，只會導致二者都失敗。」[38] 由於本土化牽涉到族群之間的權力分配以及重新對國家和歷史進行定位，某種程度來說，推行本土化的障礙並不比推行民主化來的少。事實上，為達到本土化這個目標，李登輝任內的每個階段都面臨許多不同的挑戰。

---

[35] 〈President Lee Welcomes Chen,〉台北時報，2000年3月31日，頁1。

[36] 梁永煌、田習如等編著《出賣國民黨》，台北：財訊出版社，2000年，頁137。

[37] 一九九八年十月十九日與林佳龍的訪談。

[38] GIO編著《Sacrifice and Hardwork》頁51。

李登輝學×學李登輝
民主台灣的時代精神、歷史意識與政治領導

在民選官員的方面，權力的重新分配獲得了相當的成功，官員的比例多與各族群的規模呈平衡佔比，但公務員仍多爲外省裔，且原住民的比例嚴重不足。儘管李登輝的民主化直接伴隨著本土化，包含國民黨內的本土化，但他不斷提拔福建和客家族群進入領導階層，無可避免引起了外省族群的不安，進而最後選擇出走，加入新黨或後來的親民黨。連戰敗選後，這方面的不滿透過抗議民眾和評論家傾瀉而出，他們公開地把砲火集中在攻擊李登輝，並將敗選歸咎於本土化政策。當然，這些抗議行爲並不表示外省族群希望回復早期的威權時代或反對權力平均分配，但的確顯示國民黨爲全然呈現出的中心思想定位掙扎。

國家認同方面，李登輝以台灣命運共同體的概念發展出一個全新、多元族群的身分，如「台灣優先」和「新台灣人」的口號就可作爲例證，還有相應而生的「既是台灣人亦是中國人」的概念。這個做法是結合了降低統獨意識間衝突的策略，亦即考量目前中華民國的主權僅在台灣地區，但並不排除未來統一可能的戰略思維。更重要的是，他試圖創造一個以人民爲主體，而非族群和民族主義中心的新政治身分；他提倡「主權在民」，並主張只有全體台灣人民才能決定台灣未來。吾人可以說，經過幾年的努力，他成功地實現了這方面的目標，因爲至今大多數台灣人民都接受了某種形式的台灣身分，以及中華民國在台灣是一個主權獨立國家的現實。根據最近的民調指出，大約40%的人認同自己是台灣人；45%的人認同自己是台灣人亦是中國人；而只認同自己是中國人的比例則縮小至15%左右。[39] 此外，將近70%的人認爲中華民國的領土僅包涵台灣本島、澎湖、金門和馬祖；約80%的人同意唯有居住在這片土地上的人民才有權利決定其未來。[40] 簡而言之，儘管仍有部份人士認爲台灣是中國的一部份，台灣人僅爲中國人的一個子集，但台灣作爲獨立個體的概念，已逐漸在社會紮根。

以重塑台灣的歷史角度來看，李登輝選擇了折衷的路線，試圖讓中國文化和台灣特有文化均衡發展。值得注意的是，隨著時間的推移和台灣政治發展，李登輝對歷史的描述也產生變化，他在《台灣的主張》中描述了這段心路歷程：

---

39 林佳龍〈National Identity and Taiwan Security,〉，頁60-83，Alex C. Tan, Steve Chan及Calvin Jillson 編著《Taiwan's National Security：Dilemmas and Opportunitsie》，倫敦：Ashgate，2001年。

40 參見林佳龍〈台灣民主化與國族形成〉收錄於林佳龍、鄭永年主編《民族主義與兩岸關係》，台北：新自然主義出版社，2001年，頁217-66。

在參與第八屆總統大選時（一九九〇年），我以「為中華民族創造一個新時代」做為競選主軸。顯然，這個主軸既不是「台灣」也不是「人民」為主，而是傳統的「中華民族」。直至一九九六年第九屆總統選舉中，我提出「主權在民」的口號並特別強調「傾聽人民聲音、進行民主改革、建立一個主權在民的新時代」，同時也提出「經營大台灣，建立新中原」的理念。[41]

這份簡短的摘要可清楚看出，李登輝任期之初，他十分謹慎地不違背既有的中華民族論述，隨著掌控度和權力的提升，他開始採用越來越多以台灣文化和台灣歷史經驗為主的用語。一九九四年提出的「身為台灣人的悲哀」一說，是一個重要的分水嶺。這項論述凸顯了台灣經歷了各種外來統治，但台灣人民始終無權決定自己的命運的獨有經驗。即使如此，李登輝在任期間亦未全然拋棄傳統觀念，採用純台灣視角進行論述。在這方面，他最大膽的言論如下：

在台灣這座島上有著「本土台灣人」、外省人和原住民等族群，不可否認的，要有一個共同的身分定位是很困難的。但這也意味著，台灣能夠融合不同種族和歷史背景，並創造出有別於中國大陸的全新族群，這就是「經營大台灣」和「建立新中原」的含義。[42]

當然，如前所述，當他卸任總統後，這些台灣論述的措辭變得更加強烈。

總體來說，李登輝支持發展台灣文化和歷史論述的作法，可從他將更多以台灣為中心的內容放進教科書、為二二八事件提供更完整的解釋、承認日本殖民時代對台灣建設的貢獻以及促進社區發展和心靈改革等等方面看出。然而，在任期間，他仍避免直接挑戰主流的中國論述，也許在創造一個以台灣為中心的論述上，他的貢獻會隨著「台灣之父」的新角色繼續發展下去。

---

[41] 李登輝《台灣的主張》，頁75。
[42] 同上，頁78。

國際化成就

　　相對與民主化和本土化，李登輝在確保台灣國際地位的成就相對平庸。當然，由於兩岸關係的情況特殊，外部環境幾乎不利於任何外交關係的發展。在李登輝任期間，透過所謂的「務實外交」和元首外交，著重強調台灣主權和參與國際事務的權利，並說服其他國家正式承認外交關係、推動加入聯合國和闡明「兩國」論，但這些動作在中國強力的反擊之下，結果都相當令人失望。

　　雖然進展甚微，至少台灣的地位並未被削弱，李登輝堅決捍衛台灣的主權、尊嚴和安全，他沒有對中國「一國兩制方案和平統一」的提案讓步，即使面臨軍事威脅也不接受台灣「香港化」，相反地，他強化了台灣的軍事能力，包括提出了反攻戰略。在經濟政策方面，針對中國投資他採用「戒急用忍」的政策並推行「南向」投資策略，以大幅降低台灣對龐大鄰國的依賴。從政治上來說，他試圖使台灣局勢「國際化」，例如，尋求（最後得以加入）成為亞太經濟合作會議及世界貿易組織成員、和美日安全框架發展連結、表明意願加入任何戰區導彈防禦系統、增加外交盟友數量、從事「二軌外交」、擴大經濟和人道主義援助計劃、吸引外國投資進入台灣以及促進「亞太營運中心」計畫等等。同時，他也試圖與北京進行正式對話和談判，但因持續缺乏互信，不論是以政治個體、兩國或是特殊國與國關係的對話機制，雙方在李登輝任期內並未建立起在平等基礎上的對話機制。

　　面對台灣社會各個政治團體意識形態的挑戰，再加上來自中國的持續打壓，要在這個領域有所突破絕非易事。但至少台灣透過經濟實力與民主化所獲得的尊重，得以在國際社會保有一席之地，且未失去主權。事實上，台灣如今已是一個已開發和民主的國家，勢必能夠在國際社會獲得更多的支持和同情，而現在大權已移交至陳水扁政府，望其能利基於現有的成績，讓台灣國際地位更加穩固。

六、結語

　　毫無疑問地，李登輝是台灣最聰明、有技巧的政治家和政治領袖。當國民黨

成為少數在「第三波」民主化浪潮中，經歷奠基型選舉仍能保有政權的執政黨，我們就必須承認李登輝的政治才能的確是世界一流的。自一九九八年他從蔣經國的影子底下走出來的那一刻起，他就持續以近乎完美的形式，精準判斷民之所向，並於任期內達成這些目標。同時，在國民黨科層中他還展露出其「宮廷政治」的天份。這些能力的結合是他長期成功治國的重要原因。

可以看出，李登輝在其政治生涯中三個階段分別運用的手法。第一階段，李登輝處於弱勢和被動的地位，因此他十分謹慎地避免踰越蔣經國的改革框架，並依靠國民黨內溫和派取得內部支持。他的基本目標是在他治國的合法性和正當性中找到平衡點，換言之，即是在保守勢力和激進勢力間找到平衡，在這方面，他對宮廷政治的掌握是成功的最關鍵因素。在第二階段，他從國是會議到所有的奠基選舉以及各輪的憲法修正案，都採用對社會呼籲、創造輿論的方式。在此期間，隨著台灣民主化轉型的完成及鞏固，李登輝主政幾乎未在競爭中吃下敗仗。[43]

李登輝對民意的重視以及滿足民意的決心，絕對夠格讓其被稱為一位民主主義者，他本人顯然也將這份成就視為自身歷史定位的核心。但分析此過程，可以合理推論，民主化之於李登輝來說是獲得和維持權力的手段，並非純粹的理念。他視選舉為遴選行政和立法官員最有效的方法，但他也願意使用非民主手段，例如與腐敗的地方派系結盟，以利用其支持確保國民黨的勝利。另一個例子是，他也從反面看待言論自由，也就是國家不應阻止人民表達其政治觀點，但他對國民黨掌控媒體，尤其是控制廣播媒體，並沒有什麼積極的作為，相反的，他為了自己的目標而加以利用。正是這些民粹主義的行為，讓李登輝被貼上了「務實的民主主義者」的標籤。

相對的，李登輝在致力於促進台灣人身分的認同，並期望達到事實上的獨立一事上更具決心。透過本研究，可觀察出，他在這方向的推動是逐漸增強的趨勢，反之在他第二任期內，宣揚民主化和人權卻不順遂。這項決心也包含了部份的民粹主義，當時大多數台灣人希望維持主權獨立於中國之外，這也符合李登輝

---

[43] 唯一的例外是在1994年的台北市長選舉，當時被視為李登子弟兵的黃大洲在與民進黨的陳水扁、新黨的趙少康的三強競爭中落敗。除了一方面可能表示著台北選民的特殊性，另一方面卻似乎預言著二〇〇〇年的總統選舉結果。

李登輝學×學李登輝
民主台灣的時代精神、歷史意識與政治領導

本身身爲一個土生土長台灣人的經歷；一個在日本殖民統治下長大，又在國民黨的統治下生活的台灣人會有的心聲。

在他準備卸任總統之際，他在理想和政治生存間的壓力逐漸消失，歷史定位成爲他首要的考量。那個時候，很明顯「民主先生」、「起身對抗中國的人」以及「台灣之父」等稱呼會讓他在歷史上大放異彩。同時，這樣的定位須在後續的執政者經營下還保持完整才有價值，因此他勢必要以發表「兩國」論的聲明，從爲國民黨站台，迅速轉向支持新任民進黨政府，進而支持台聯黨的成立，並積極參與二〇〇一年的立法委員選舉。就眼下結果而論，李登輝在這方面做得十分成功。僅管社會對他的評論相當兩極化，但他核心追隨者的數量比任何時候都來得多、來得強大，而且陳水扁政府並沒有改變國家政策的基本框架。他相對失敗的部份可能在於國民黨快速衰頹，但他再次敏銳地利用事件的發展，採取快速而有效的行動使自己脫離了政黨，將自己的歷史定位置於政黨的生存之上。

這就是所謂的「變革型領導者」，李登輝能夠根據眼前的需要以及國民情感的變化，相應地去調整自己的立場。當他推動改革進程以鞏固自己的地位時，他成功改變了政治環境，創造新的選項並改變了輿論。同時，身爲國家元首（和前任國家元首），他能夠透過「開講」去牽動民意。

因此，我們可以很肯定地說，李登輝對於台灣發展，特別是政治發展的影響是非常重大的。透過自我利益和理想主義的獨特結合，李登輝將台灣帶入了一個民主且具自信認同感的新時代，他在台灣歷史上已確立了明確的地位，在未來的幾年中，他的歷史定位將提升或衰敗，仍待後續觀察。

在新冷戰環境下捍衛民主：
與三十年前後冷戰伊始時
走向民主的經驗對話[*]

賴怡忠

台灣智庫執行委員

一、台灣民主面臨的新冷戰環境與舊問題

從二〇一六年起，美國民主基金會就開始警告有關世界民主出現退潮的問題。之後民主基金會更出版中俄銳實力如何影響其他國家民主體制的分析，中國以銳實力影響其他國家的問題被正式提上檯面。

雖然有些人主張是美國川普政府打響美中新冷戰的第一槍，特別是二〇一七年底出版的「美國國家安全戰略」，系統性批判了過去四十年美國的對中政策，加上之後的貿易戰，因此啟動了美中新對抗，之後這個對抗態勢再轉向新冷戰。但實際上美國國安戰略的最終決定，與中共十九大會議結論，包括其發表的政治報告等有關。這份報告使美國確認了中國的意圖，對自身的看法以及對世界的態度，我們可以說，中方十九大的作為對於美國國安戰略對中國的定性起了最後一腳的作用。

中國十九大政治報告對於自由民主價值「西方化」，否認其為「普世化」，持續以創造的歷史展開其對地域的主權宣稱，這使得台海議題被給予不同的觀測視角。在對中國提出新的定性後，美國國安戰略開始將台灣民主視為重要的戰略資產，因為與中國的競爭本質是價值的競逐，不再只是美中利益存在的分歧，中國對台灣的威脅與進犯，就不是統獨問題，而是華人獨裁體制與華人民主體制的

---

[*] 本文發表於台灣智庫主辦，「時代的課題×世代的對話：李登輝學研討會」。地點：集思交通部國際會議中心國際會議廳3F。時間：2021年1月15日。

對抗，特別是獨裁體制基於對自身正當性的不安全感，必須消滅民主體制以維持自身正當性不會被挑戰。美國對台灣民主的看法因此出現根本轉變。**舊的問題在新的視野下可能會出現質的變化。**

二、李登輝促進民主化過程剛好是冷戰結束時

如果說民主現在是台灣對內的最大共識與社會團結的基礎，對外是台灣建構國際身分以及存在正當性的主要來源，那麼如何發展與鞏固民主，就成為台灣永續生存任務的重中之重。而這個過程，是從李登輝開始的。先前兩蔣時代，威權體制依舊，其自我宣稱的正當性主要在於中華法統，雖在蔣經國執政後期開始出現自由化與終結蔣家王朝的跡象，叮是體制之後的主要工作更放在如何提振經濟發展，將步向民主化與將推動民主化視為主要任務，還是李登輝。

李登輝推動民主化表面上看似屬於內政的改革問題，但當時的國際背景卻會提供一個非常不　樣的理解方式。台灣與韓國都在約略相同時間出現自由化，向民主化的發展的時間也近似。根據所謂的的三波民主化中，台灣、韓國，以及前東歐國家的民主化往往會被歸為的三波民主化的主要範本。值得注意的是，這些民主化發生的時候，剛好也是冷戰結構步向瓦解的時期。

前東歐國家因冷戰結束與蘇聯解體，是在脫離了蘇聯掌控後出現民主化的浪潮，同樣的狀況也發生在芬蘭，只是當時芬蘭早已有選舉（但永遠只有某種蘇聯可以接受的人可以被選上），因此民主化反而發生得較晚一些。

韓國的民主運動在八〇年代就十分興盛，但是具有民主象徵意義的候選人當選總統，卻是到了九〇年代，冷戰結束之後才出現。但韓半島的南北韓關係已經出現極大變化。隨著蘇聯解體，其對北韓的支持不再，北韓發現自己完全受制於中國，加上一九九二年中韓建交，北韓感到被北京背叛而出現前所謂未有的孤立感，一方面平壤開始發展核武，同時也從一九九〇年一系列南北韓和解條約走出，再度強調「先軍政策」，發展核武以作為談判籌碼、訛詐經濟援助、或是不再仰賴冷戰的「中俄朝vs.日韓美」南北三角平衡，積極建立可以自主戰略威懾的軍事力量，成為平壤思考的目標。

這個局勢對南韓也產生某些效果。同樣在冷戰結束後其內部政局不再受制於冷戰時代的南北三角對峙架構，韓國的北進政策使首爾分別與莫斯科及北京發展關係正常化，美韓同盟更足以抵禦北韓，對民主化造成威脅的外在不穩定因素已逐漸在淡化。九○年代到二○○七年韓國接連出現金泳三、金大中以及盧武鉉等三位不同於威權體制，甚至是過去民主運動領導者擔任總統，可見韓國政治氣氛的變化。

但對台灣而言，固然一九八九天安門事件讓世界輿論對於兩岸出現逆轉。八○年代中國因鄧小平經濟改革，胡耀邦的自由化實驗，相對來說台灣直到一九八七解嚴前，先後出現美麗島事件、林家血案、旅美異議人士陳文成教授被殺害事件，以及情治單位派遣黑幫殺手去美國殺死美國公民劉宜良等事件，使得兩岸在美國（以及國際觀感上），是中國領先台灣甚多。當時中國被視為勇於改革的前鋒，台灣則是特務橫行，甚至去國外殺害他國公民的無良反動體制。這一切直到一九八七年解嚴，解除黨禁報禁，以及開放來台中國老兵回鄉探親等，開啓了系列政治自由化，台灣在美國（以及在西方主要國家）的印象才逐漸改觀。但在一九八九年之前，雖有不錯的經濟成長，但政治高壓形象依舊，當時國際上多認為北京比台北更改革。到了一九八九天安門屠殺事件出現，國際才驚覺到中國還是共產黨獨裁體制，不容許異見。而一九八九年底的柏林圍牆倒塌，東歐開始自由化，加上一九九○台灣的野百合運動在李登輝主政下沒出現北京的流血鎮壓。台灣與中國的印象在國際上就此出現了逆轉。兩岸的政治方向也走向完全相反的道路。一方日益堅定地走向民主，另一方堅定的維護一黨專政體制，把民主視為西方顛覆共黨的陰謀詭計，會帶來共黨覆亡的洪水猛獸。

北京之後的政治收攏日益強勢，胡耀邦自由化的氣氛已一去不復返。中共內部主張改革的勢力被系列驅逐或是買收。但也是因為出現鎮壓，中共對自身的正當性開始高度緊張，對於任何獨立於共黨的全國性力量都不容許，不管這是中國民主黨一九九七年的組黨運動，還是一九九九年天安門出現的法輪功訴求，都不被允許並予以嚴厲打壓。也是在這個基礎上，對台灣民主化的發展感到芒刺在背。一方面是擔心隨著民主化日益深化，台灣人民證明華人可以成功發展民主，將其「亞洲價值論」狠狠打破，同時也擔心隨著民主化出現的台灣認同，會讓台灣離中國越來越遠。當中共失去馬列主義的正當性，也因天安門屠殺使其缺乏明

確的統治正當性後，經濟發展與民族主義成為正當性的關鍵，台灣獨立會挑戰其高舉民族主義大旗，甚至北京認為會帶來其他地區（新疆、西藏、內蒙等）的分離主義。

另一方面，台灣民主化發展過程出現的體制化，包括選舉總統等，也在強化台灣國體的正當性，以及使台灣取得冷戰結束後在國際的發言權。這更令中國感到難堪。這也是中國在一九五八年後首度對台灣發動的軍事威脅，不是來自台獨主張，而是台灣的民主總統選舉。中國擔心台灣的成分，與其說是台灣宣布獨立，更應該說是台灣實踐民主體制對北京政權的正當性挑戰，以及民主體制因提升台灣國際發言權而使台灣出現向國家地位實體化與正常化的發展。這個問題延續至今。

九○年代台灣人民主要關心的議題是清明的體制與對台灣主體的捍衛，李登輝透過促進民主化與提倡台灣主體的自豪感，強化台灣主體性的發展，民主化在此不僅是內政的選舉政治及其他，也是台灣認同的制度性強化。但清明體制的部分就需要更下功夫，而這不太可能在短期內取得成果，甚至某些強化台灣主體的實際操作，必須在其他要求上出現妥協。這也是二○○○年標榜「清廉、勤政、愛鄉土」的民進黨可以在三方選舉勝出的主要理由。

三、欲克服「一中政策」對台灣民主永續的挑戰

但台灣民主化的發展在國際結構上，卻出現與韓國及東歐不一樣的問題。東歐因脫離蘇聯統制而出現民主化的新空間，韓國在冷戰結束南北三角對峙解體，雖然北韓開始發展核武，但其主要是防衛性而非進攻性作為，平壤也深知一旦發動戰爭其必敗無疑，北韓能做的是將南韓首爾視為其砲火下的人質，讓美韓同盟投鼠忌器，但不會輕易發動戰爭，因為這幾乎意味著北韓政權的末日。但台灣面臨的問題卻是，中國雖然威權獨裁還殘殺自己學生，冷戰時代卻是美國盟友，冷戰結束後還能利用北韓核武議題向美國進行戰略議價，之後美國內部出現要求享用後冷戰和平紅利的呼聲，更讓美國對中政策「外包給全球化」。所謂經濟發展幫助中國走向政治自由化的說法，以及「需與中國交往防止其被孤立以避免第二

次冷戰」的論調也甚囂塵上。前者讓美國持續有一派人馬認為即便出現天安門事件，根據冷戰合作經驗，中國依然是美國可以合作的戰略夥伴，特別是北韓議題。後者則是經濟交流萬萬歲，維持經濟交流不僅可以鞏固美中關係，更可以因此緩和兩岸關係，也可能因此培養出中國內部中產階級使其走向更開放與自由化。為了這個主張，不僅美中應避免對峙以維持和平來促進經濟交流，也鼓勵台灣與中國積極交流與兩岸對話。

為了維持和平，台海不能出現緊張。但新的和平公式還沒出現，過去一中政策就持續下來。之後為了辯護冷戰結束後要持續一中政策，美國政策圈出現一種主張，說一中政策因兩岸都有默契之故而維持了八〇年代的台海和平，也使台灣領導人願意走向民主改革。因此違反一中政策就是無腦的冒進主義，而台灣民主如果挑戰一中，更是會帶來緊張的民粹。當時甚至有一種說法，台灣民主不意味著台灣人民的選擇都是對的，都要美國背書。當台灣民主違反美國利益，美國就沒有捍衛的必要。

這種說法開始區分出「遵守一中政策的民主是負責任的民主，挑戰一中的民主是不負責任的民粹」，美國基於國家利益，無須對違反其利益的民主有任何承諾。前者否定民主本身隱含的前途選項開放的前提，後者明白指出美國與獨裁國家合作否定民主，甚至坐視其摧毀民主都是可以的，因為這符合美國的戰略利益。當談到了這個程度，到底美國的戰略利益是民主的鞏固與擴大（克林頓總統第二任期的國安戰略），還是大國間的短期利益交換呢？

不可以挑戰一中的這個命題，後來是美國一中政策台海經營的主要起始點，之後不論是「戰略模糊」，還是「不獨不武、雙重嚇阻」，都與這個基礎有關。中國對台軍事威脅，美國沒有因為《台灣關係法》而有必然助台的義務；「台灣不獨以換取中國不武」，但只要中國還沒攻打台灣，台灣任何可能被中國視為「趨向台獨」（不是宣布台獨）的政治動作都需要被壓制，以維護台海和平。這個操作讓中國取得定義台獨的新空間，美國為了台海維和，不斷回應中國的要求以穩定台海局勢，之後甚至變成「台灣須採取某些作為以使中國確信台灣不會有挑釁之舉」的對台要求。這個新發展導致隨著台灣民主化越制度化，台灣認同越強，美國越擔心中國的可能反應，因而更想要約制台灣，導致台美關係的爭議面並未因民主化的進展而更多趨同，反而變得越來越大。這個發展直到二〇一七年

底美國重新評估對中政策後，才出現真正逆轉。

四、面對現在的挑戰，李登輝前總統三十年前的作為提供何種靈感

現在台灣面對的局勢較過去有所不同，關鍵在於中國崛起及其作為，各國逐漸不再對中國抱持幻想，經濟改變中國論不再有說服力，但崛起的中國卻成為無法單方面抑制，其經濟規模以及其與全世界整合的程度，也挑戰過去經濟交往促變中國的主張，因為可能被改變的不再是中國，而是西方國家可能被中國改變。過去對中政策「交往vs.圍堵」分享同一個假設，亦即美國與西方世界的實力可以透過交往改變中國，或是透過圍堵封鎖中國。但現在這麼命題被改變為「如果圍堵不了而被迫交往，如何在交往中不被中國蠶食鯨吞使自己被改變，還能夠建立新的防中戰略平衡」。三十年前對中政策著重進攻的方法，現在則是著重如何自保。

在這個狀況下，捍衛台灣民主，並因此促使台灣邁向國際地位正常化的任務，會變得更具挑戰性，但不必然意味著更為困難。三十年前我們要說服其他國家需重視中國對台的打壓與威脅，以及一中政策對台灣民主所造成的困境。三十年後我們無須進這個說服工作，因為中國不僅打壓台灣，也在打壓其他民主國家（日本、印度、澳洲、加拿大、瑞典、捷克等），來運用其經濟力量支持非民主國家，與對民主國家內部展開滲透破壞。大家都知道一中政策與現實不符，更是把台灣放入非常不公平的框架中處理，也因此限縮了與一個有能力且有活力台灣的未來發展空間。但大家在思考的是，一但要偏離一中政策，他們會受到中國什麼樣的報復，以及可能要承受何種後果。如果有個可行的替代方案，現在的氛圍是其他國家會願意嘗試的。

李登輝在冷戰結束，新國際結構在醞釀時，的確想掌握時機多開展對外空間。除了宣布不再與中國互爭正統性外，更在當時的限制下，以務實外交展開突破，出訪東南亞，並為之後的南向政策（一九九二至一九九八年）打下基礎。在對美關係上，也提出美中、美台平行交往的看法，引導美方以平行方式，而不是

讓美中、美台、兩岸這三組雙邊關係互相纏繞的主流思考，希望美中、美台關係不要彼此影響，使美台關係有更自主空間。

此外，也利用當時全球經濟體制重整的契機，先戰略性地以加入類似經濟聯合國的WTO為主要目標，輔以區域的亞太經合會為亞太區域的參與重點。在政治屬性的聯合國以外，先搶得經濟領域聯合國的入場券與發言票。

在東亞區域戰略上，則是利用一九九五至二〇〇〇年美日同盟再整備的機會，發掘台灣與美日同盟交往的空間，正確認識到日本在台海安全所可能扮演的關鍵角色，讓美日同盟，而不只美國，成為台海安全的關鍵參與者。這個發展不是多了一個日本而已，而是使一個區域同盟成為台海安全的重要角色。一方面提升助力進一步鞏固美國對台海的承諾，同時也讓中國的計算更為複雜，並讓台海議題進一步多邊化與國際化。

當然李總統時代也利用機會與不少先前沒有建立關係的國家建立務實交往的代表處或辦事處，透過增加存在感以獲取台灣與其他國家關係的實質提升。有增加邦交也有因局勢驟變而斷交者（例如韓國、沙烏地阿拉伯、南非等）。與這些國家關係的變化與冷戰結束帶來的區域局勢變化有關。當時台灣極力要對外發展，可是遇到「一中」的強烈逆風，甚至這個逆風在民主化後還直吹三十年，直到現在才逐漸出現新的機會與限制。但是退一萬步想，如果當年沒有民主化，台灣可能今天就不存在了。

這代表如何靈活運用新冷戰局勢的機會與觀察限制，以鞏固民主為主軸，會是新的操作基礎，一如當年李登輝總統的作為。不管這是促進印太戰略平衡上系統性強化台灣與「四方安全對話」的關係（不只是台灣與美、日、澳、印這四國的雙邊關係），發展台灣與民主國家的價值合作，建構新的國際合作空間，利用新經濟模式崛起的機會，發展出新國際經濟與社會合作的平台，並充分利用台灣與既有邦交國的資源與關係，促進台灣在國際的資源合作與既有國際組織存在感等。

五、台灣成為新冷戰結構關鍵點，要使「地位正常化＝維持現狀」成為主流視角

因為台灣現在新冷戰架構的中心點，除了須顧及台海日益升高的軍事緊張外，也需理解到台灣地位正常化，已經不是可以透過台灣內部單方面的政治主張而獲得解決。這是因為台灣位於新冷戰架構的中心點之故，任何移動都會動見觀瞻，甚至可能會被認為是改變結構的大事。

台灣地位正常化即是維持現狀，因為不牽涉具體領土的更動與主權的轉移，反而與中國統一才是會改變東亞，甚至是全球戰略軍事的超級大事，但台灣地位正常化也可能被認為是在改變現狀，因為不僅一中政策正式走入歷史，與台灣交往的規則與模式，以及國際組織的互動都會有巨大改變，這是因為台灣不是無足輕重的國家，台灣面積與荷蘭/瑞士相當，人口相當於澳洲，經濟生產總值超過瑞典，但次於瑞士，人均所得超過沙烏地阿拉伯，購買力平價超過德國，環球軍力相當於加拿大，但軍力強度指數還超過以色列，外匯存底超過香港與印度，還是英國的2.5倍[1]。而這還是根據二〇一八年的統計數字，現在二〇二一的Covid-19疫情之下，台灣的排名只會更往上走。這意味著台灣地位正常化不僅對中國，對全世界都會有影響，但更可能是正向的影響，因為其他國家可以更光明正大利用台灣提供的資源。

正因為可能有各種不同認知與說法，如何切合當時主流認知的需要，使台灣正常化成為世界普遍的期待，這個對台灣永續生存以及深化民主的助力就會變得十分關鍵。與三十年前李登輝總統的經驗對話，對於現時我們要面對的議題，相信會很有啟發性。

---

[1] 「一個澳門人眼中的台灣」，今周刊，2019年7月5日 https://www.businesstoday.com.tw/article/
category/80407/post/201907050025/%E4%B8%80%E5%80%8B%E6%BE%B3%E9%96%80%E4%BA
%BA%E7%9C%BC%E4%B8%AD%E7%9A%84%E5%8F%B0%E7%81%A3%EF%BC%9A%E8%BB
%8D%E5%8A%9B%E6%AF%94%E4%BB%A5%E8%89%B2%E5%88%97%E5%BC%B7%E3%80%
81GDP%E6%AF%94%E7%91%9E%E5%85%B8%E9%AB%98...%E7%82%BA%E4%BB%80%E9%B
A%BC%E5%8F%B0%E7%81%A3%E4%BA%BA%E7%B8%BD%E6%98%AF%E7%9C%8B%E6%8
9%81%E8%87%AA%E5%B7%B1%EF%BC%9F

李登輝先生對台灣經濟發展之貢獻[*]

呂曜志

台北海洋科技大學副校長

一，背景與前言

　　經濟政策與經濟表現之回顧，一向爲以總統爲核心所進行之史學研究的核心之一。在政治學的領域當中，針對民眾對總統核心特質的偏好分析中顯示，經濟政策一直在討論的核心範圍之中。在自由民主國家陣營中，美國等領導性民主國家的重要智庫，亦常以經濟政策爲主題來分析各個總統之間的領導風格差異，例如美國企業研究院（American Enterprise Institute）高級研究員Herbert Stein曾經擔任尼克森與福特總統的經濟顧問委員會主席，並曾經撰寫《總統經濟學》（*Presidential Economic*）一書，足見經濟政策及其施政成效，作爲一個單獨主題，已足以定調不同總統的施政風格與歷史定位。

　　在台灣，政黨政治與民主深化的發展進程晚於歐美等成熟民主國家，在一九八七年解嚴前的台灣，處於一黨專政時期，即便解嚴後開放人民籌組政黨後的台灣，主要政黨的中國國民黨與民主進步黨之間的經濟政策路線差異，仍有待經濟學界與歷史學界的梳理與釐清，以至於相較美國共和與民主兩黨迥異的基本經濟理念，欲從不同黨派的總統當選人來分析其經濟主張之差異，進而釐清其經濟施政貢獻與特色，並不容易。

　　所幸台灣從一九八〇至二〇二〇年的四十年間，不論在制度面與實體面，其經濟建設所獲致之成績是有目共睹的，成爲新興開發中經濟體（Newly Development State）的典範。因此台灣這過去這四十年來的各個階段，即便大體上共同服膺在

---

[*] 本文初稿發表於台灣智庫主辦，「時代的課題×世代的對話：李登輝學研討會」。地點：集思交通部國際會議中心國際會議廳3F。時間：2021年1月15日。

自由市場經濟主義的原則下，但由於各階段台灣社會與經濟發展上的需要，政府施政的方針，優先順序仍有所不同，因此我們仍然能夠從經濟發展政策的研擬過程中，刻畫出該任總統及其團隊的施政風格，與具體功過。

　　前總統李登輝先生，是中華民國歷任總統中，少數以經濟建設為核心專業的國家領導人。歷任省農林廳、農復會、行政院政務委員、官派台北市長、官派台灣省政府主席、中華民國第七任副總統，一九八八年繼任中華民國總統，在其政府服務生涯的軌跡中，係以一專業學者身份，從基層開始歷練，並具備地方與中央完整的治理經驗，尤其在一九八四年開始擔任副總統之後，積極籌組經濟政策顧問小組，規劃經貿國是，是以本文以一九八〇中期以降的台灣經濟發展脈絡與政策角色，梳理李登輝總統崛起與領導時期的時代精神，歷史意識與政治領導。

二、李登輝對台灣經濟發展的歷史貢獻

（一）七〇年代的石油危機期間

1.建立農工部門間資本移動的實證資料

　　七〇年代以前的台灣，由馬歇爾主義指導美國國際開發總署在對台經貿制度，產業技術與資金援助的支持下，台灣貨幣改革獲得穩定，新台幣信心並未崩潰，戰前所建立的在台金融體系恢復秩序。此外在土地改革與陸續恢復接受日產單位之生產，並改制為國營事業單位的支持下，農工部門資本移動獲得初步的成果，在工業資本自主程度初步建立下，也回頭帶動農業生產力與農家剩餘資本的累積，這對於台灣北中南各區域產業群聚的均衡發展，有著重要的影響。這個時期的李登輝作為農業經濟學者與農復會的技術官僚，其具體貢獻為建立較為完整的農工部門資本移動實證資料，藉以作為當局施政參考，並獲得農業政策首長蔣彥士先生等人的矚目，也是這個時期，建立李登輝先生與台派相關農政與財經學者的互動關係。

2.推動農政改革，作為應對石油危機之配套

　　在此同時，七〇年代到八〇年代中期的台灣有一個值得探討的背景議題，此

即為物價，貨幣政策與外匯市場鬆綁，特別是有關利率與匯率管制的相關政策。由於七○年代初期美國產生停滯性通膨，加上冷戰在中東地區的衝突，國際化石能源價格一度飆漲，導致能源進口國家連帶產生供給面成本推升的通膨，當時的台灣面臨劇烈的物價與失業率挑戰。原因首先是因為在七○年代初期的台灣，一開始在國際收支上是有出超的，為了維持新台幣兌美元匯率的相對低點，中央銀行釋放出大量的新台幣收購出超的外匯，使得當時台灣貨幣供給呈現寬鬆的狀態，新台幣放款利率一度也下降到相對美元放款利率低的水準，詎料一九七二年後的美國經濟情勢逐漸惡化，加上石油危機，使得輸入性的成本推升與國內寬鬆貨幣環境的需求拉動兩個因素形成堆疊效果，政府不得不先採取兩種策略，一方面提供補貼與微調價格機制，以穩定民生供需與物價，其後在整體物價環境趨於穩定之後，立即著手擴大基礎建設以提升國內實質有效需求。

「提供補貼與微調價格機制」，「擴大基礎建設以提升國內實質有效需求」這兩個大方向，時任行政院政務委員，與其後擔任台北市長與台灣省政府主席的李登輝先生，都間接地扮演了許多角色。

首先在提供補貼方面，一九七四年一月二十六日蔣經國內閣提出「穩定當前經濟措施」，其中針對大宗糧食如黃豆與小麥等進行基價補貼，有效減緩輸入性通膨對民生物價的影響。當時為什麼有效？其中的關鍵政策基礎，在於李登輝先生與當時的農業經濟青壯派學者如許文富先生（後擔任省農林廳廳長）等人，主張台灣應將部分稻米生產面積轉種植多元雜糧等經濟作物，並進一步在李登輝先生擔任蔣經國內閣的政務委員時，於一九七二年推出「農村建設方案」，推動農業機械化，擴建農村公共設施，推動高價值作物種植，實施農產品保證價格；於一九七三年頒布加速農村建設九大措施中，進一步廢除肥料換穀制度，減輕農民負擔，拉大整體農業生產力與多元糧食供給量，才使得台灣在第一次石油危機所連動的食品物價輸入通膨上，得以有效的透過補貼措施加以抑制。

表一　台灣、日本、韓國在1974年與近年能源危機期間之經濟與物價變動情形

單位：年增率（%）

年別	台灣				日本				韓國			
	經濟成長率	躉售物價指數	消費者物價指數	食品消費物價指數	經濟成長率	躉售物價指數	消費者物價指數	食品消費物價指數	經濟成長率	躉售物價指數	消費者物價指數	食品消費物價指數
1971年	12.9	0.0	2.8	3.6	7.3	-0.8	6.6	6.1	9.4	8.6	13.4	
1972年	13.3	4.5	3.0	7.8	9.1	0.8	4.7	3.7	5.8	14.0	11.7	
1973年	12.8	22.9	8.2	8.2	9.9	15.8	11.5	13.0	14.9	6.9	3.2	
1974年	1.1	40.6	47.5	47.4	-1.2	31.4	23.2	27.9	8.0	42.1	24.3	
1975年	4.2	-5.1	5.2	5.1	2.4	3.0	11.7	13.0	7.1	26.6	25.3	

資料來源：

1. 行政院主計處「國民經濟動向季報」（主要國家經濟成長率、躉售物價指數年增率及韓國消費者物價指數年增率）。

2. 行政院主計處「物價統計月報」（台灣躉售物價指數年增率與消費者物價指數年增率）。

3. 日本總務省統計局（消費者物價指數及食品類消費者物價指數）。

4. 行政院主計處「國民所得評審委員會第202次會議」資料（韓國食品類消費者物價指數年增率）。

3.參與十大建設與修訂獎投條例，奠定台灣經濟轉型基礎

　　在擴大基礎建設以提升實質有效需求的方面，雖然十人建設深植四十五歲以上廣大台灣人民的歷史記憶，但實際上絕大部分的十大計畫項目，不是在一九七三年之前就已經提出或開始執行（例如中山高速公路與中國鋼鐵公司），不然就是在當年剛好水到渠成啟動（如鐵路電氣化，臺中港與蘇澳港），因此十大建設，可說是當時行政院諸多重大公共建設計畫的整體包裝性名詞。

　　反之，當年較少提及的法治基礎建設，對政府引導民間投資，與後續影響台灣經濟發展至為深遠的，乃是行政院所陸續頒布修訂的《獎勵投資條例》。在李登輝先生擔任政務委員的期間，行政院於一九七三年三月二十二日修正《獎勵投資條例》第五條條文，目的在於提供農會、漁會、合作社等所附屬之工廠或生產單位在相關生產設備與土地上的稅賦優惠措施。這項法律修訂的經濟意涵，再度實踐了李登輝博士論文所圍繞的台灣農工部門間資本移動策略，讓舊有的台籍資本家（如台南幫、台塑王家等）在台灣各地得以成長茁壯，後來加上謝東閔先生擔任台灣省政府主席所提出的家庭即工廠政策，從不同資本深化程度的群體，鞏固了台灣當時政治穩定性的社會經濟基礎。

（二）八〇年代的經濟自由主義，全球化，與台灣產業轉型期間

1.背景：全球化方興未艾與資訊工業萌芽發展

美國在廢除金本位體制後，基於搭配冷戰期間的對外政策，國際經貿戰略的主軸之一為主導關鍵性的國際經貿組織，並推動一系列的國內制度鬆綁，鼓勵美國企業對外投資與委外生產，進而掀起了全球化，並提升美元的國際地位。

由於利率高漲，一九八〇至一九八二年的美國國內經濟衰退很嚴重，但由於美元購買力強，以及雷根政府的減稅政策，美國家戶部門保持一定的購買力並維持美國的內需經濟發展，同時也增加了美國消費者購買外國貨的意願，持續支持二戰後的第一島鏈與歐洲國家恢復生產能力，防堵國際共產主義蔓延，東亞的雁型理論生產分工於是逐漸成形。

然而全球化也伴隨著美國對亞洲新興經濟體的龐大逆差，一九八四年雷根在總統大選壓倒性連任後，國會體系接受美國大企業的建議，認為應該要回復到更為基本的相對經濟實力來決定主要貨幣之間的匯率，因此有了一九八五年的《廣場協議》，許多工業國家改採管理浮動匯率制度，美元被大量拋售，部分資金回流到美國並導致利率開始走低。

此時的美國雖然利率開始降低，且雷根政府的銀行監理機構放寬了對貸放的管制，並提高信用保障的額度，但若沒有新產業的成形，過多的資金恐會推升營建業等資產的泡沫化。所幸IBM，康柏電腦，以及微軟等公司陸續在八〇年代初期推出最早世代的個人電腦相關軟硬體產品，帶動了資訊工業的普及化發展，對亞洲以及台灣的全球化與產業轉型而言，也帶來同步的新機會。

2.持續推動產業園區建設，促進產業群聚成形

台灣經濟雖然受惠於前一波的輕工業加工出口，體質上累積了許多外匯存底；資本存量、利率以及金融籌資市場的健全性，也達到相對穩定的水準，但是出口產品的全球競爭結構是脆弱的，在全球化與《廣場協議》的雙重影響下，隨時可能受匯率或其他因素影響，而被其他國家所取代。因此發展新的成長動力產業，成為當時政府重要的施政方針。

一九七八年至一九八一年，李登輝先生擔任官派台北市長，具體推動台北市

東與南區的擴大都市計畫，促進台北市都市計畫的均衡發展，為首都金融業與後來相關總部經濟發展，奠定基礎，此外與行政院協力推動翡翠水庫建設，也奠定了雙北產業發展的用水環境。

　　一九八一年至一九八四年初，李登輝先生轉任台灣省政府主席，當時配合中央政府全力發展資本密集工業，並同步轉型發展資訊工業關鍵產品下，主要的角色是持續提供高品質的產業基礎建設。因此廣開相關產業園區的諸多政策與行政執行作為，也是具體鼓勵民間資本，持續移轉美日技術，投入台灣產業轉型的重要政策。

　　台灣在一九七〇年成立經濟部工業局之前，產業園區的開發主體以省政府建設廳為主，後移交給經濟部工業局依《獎投》，《促產》與《產創條例》等進行開發與管理，然而省建設廳的角色並未完全退場。李登輝先生在一九八一年至一九八四年期間，便主張區域與城鄉平衡發展的觀念，陸續主導開闢了大園工業區，頭份工業區等。一九八四年擔任副總統後，台積電於新竹科學園區成立，等到九〇年代時李登輝時任總統，完成南部科學園區的建立。

　　在形塑台灣產業群聚與促進產業轉型上，八〇年代的李登輝先生雖然不是站在行政院第一線的執行者角色，但作為地方首長，他所推動的區域均衡發展，擴大產業群聚腹地，亦有著時代性的具體貢獻。

（三）九〇年代的新興經濟體崛起，磁吸效應與戒急用忍政策

1.背景：貿易自由化與中國等新興市場崛起，要素價格均等化造成磁吸挑戰

　　在八〇年代歐美新自由主義與全球化的背景下，除了東亞第一島鏈國家外，中國也是其中的受惠者。中國與西方關係早在七〇年代初期就逐漸好轉，在鄧小平掌權後，與西方關係更加穩固，就內部而言，中國自一九七八年底開始推動改革開放政策，經過了十幾年在各項市場，稅制與國退民進等改革上的努力，在九〇年代初期已經獲得顯著的成效。

　　整個八〇年代的中國經濟變化相當快，在改革開放初期的一九七九至一九八一年，出口產品以紡織品與其他輕工業產品為大宗，具體的接收了許多五〇至七〇年代第一島鏈國家的成熟產業，中國在一九八一年已經沒有貿易赤字，並且一九八二年開始呈現順差，一路至今。此外八〇年代中國大量吸引外資，並藉由發

展觀光旅遊來推動服務貿易與拉近西方國家對中國的認識，累積了相當的外匯。

　　一九八七年台灣宣佈解嚴，兩岸開始各項民間交流，此時中國已經逐漸發展成為全球化的世界工廠，各項生產資源的價格相對低廉，甚至連人民幣匯率都處於貶值狀態，因此在要素價格均等化的磁吸效果下，台商赴中國投資的案件數與金額都開始大量增加，形成台灣經濟發展的另外一個重要挑戰。

2.戒急用忍政策與亞太營運總部政策的憲政份際

　　一九八五年到二〇〇〇年的台灣經濟，首先要面對的挑戰是顯著的貿易出超，與《廣場協議》後，新台幣匯率快速且結構性升值的問題；另外一個層面，則是需要考慮中國與東協等新興國家經濟體加入全球化產業分工體系後，台灣的經濟與產業定位需要如何重新調整？

　　從產業面而言，資訊科技產業當然在這一段時間得到顯著發展，技術上也與新興國家之間保持一定程度的領先，但民生工業產品等進入門檻較低的成熟產業，便面臨新台幣匯率升值的推力與中國生產資源價格相對低廉的磁吸拉力。過去不少家庭即工廠時代所發展的中小企業開始到中國布局，台灣也歷經了一段泡沫經濟的過程，許多民眾移民海外或置產，從個人或企業的角度而言，「走出去」變成是該時期的一個主要的現象。

　　這種「走出去」，也就是到生產資源更加豐富的新興國家投資，形成「投資帶動貿易」的雁形理論趨勢，自然使得許多政策制定者認為，實體經濟的生產或動或許可以往海外佈局，但台灣仍然可以作為管理中心，發展總部經濟。因此亞太營運中心計畫，就是在這個時空環境下所推出的政策。

　　持平而論，亞太營運中心的六大中心，多半的實際計畫涉及「國內法的調整放寬」以及「關鍵基礎建設的持續投入」兩種樣態。舉例而言，航空與海運兩個中心的概念，都是持續加大與優化基礎建設及相關軟硬體，金融中心的主要內容，則側重在發展與健全化更多的金融產品與交易市場。簡言之，就是一項改善台灣投資環境的中程計畫，扮演支持台灣經濟轉型的間接與基盤影響性。

　　然而這樣的作為，並未能撼動要素價格均等化的磁吸態勢，也不能使台灣取代香港與新加坡，成為外商與台商經營亞洲市場的營運總部。外資來台投資的主要原因，仍來自於台灣在科技產業上的群聚與效率，以及人才與技術的基礎素

質，而非整體經商環境的國際化。

作為總統的李登輝先生，對於行政院提出的此基盤性計畫，基於憲政體制，大體並無表達太多意見，筆者觀察，畢竟該項計畫兼採制度改革與擴大基建，並且在基建部分內容，仍屬於各部門別依照時程所提出的中長期計畫，因此如同十大建設一般，並無特別增加與側重之處，且整體計畫經費規模已經比郝伯村內閣時提出的八兆八千億預算要來得小很多。

而在上位的政策基本目標與設定邏輯上，李登輝先生對於以中國作為腹地的「投資帶動貿易」發展模式，表達了直接的憂慮。一九九六年八月，李登輝出席國民大會答詢時明白指出，「以中國大陸為腹地，建設亞太營運中心的論調必須加以檢討」。同年九月，在接受國安會諮詢委員黃天麟先生，以及台灣大學經濟系陳博志教授等人的建議，李登輝先生拋出「戒急用忍、行穩致遠」主張，之後並明確界定：「高科技」、「基礎建設」禁止，「單一投資五千萬美金以上」專案審核，作為亞太營運中心計畫的關鍵配套。

從回顧歷史的角度，筆者認為亞太營運中心決策的過程，體現了李登輝先生兼顧憲政體制，處事抓大放小的治國心法。

以包括中國在內為腹地市場的亞太營運總部計劃，欲鞏固台灣在亞太的運籌地位，實際關鍵還是在台商對外投資帶動貿易的產業實體投資核准與管理，以及物流及人流等實體運籌的一系列安排。其中在對中經貿關係管理方面，依照憲政慣例屬於總統直接管轄的大陸事務委員會，雖然與經濟部及交通部等直接具有行政管理權的部會不同，但依據一九九二年所制定的《兩岸人民關係條例》，陸委會可以直接透過法律與行政命令，對兩岸金流，人流，物流加以管理與約束。

此外，一九七二年總統府為組織精簡，曾經在動員戡亂時期國家安全會議的組織中，剔除主管經濟協調動員的國家總動員委員會，但李登輝先生一九九一年擔任總統時，首先廢除《動員戡亂時期臨時條款》，並依照《憲法增修條文》，重新調整國家安全會議相關組織成員，並將經濟部與財政部等部會首長納入。上述一系列的修憲，與總統府及行政院之間分工的憲政體制安排，在戒急用忍與亞太營運中心兩者政策上的憲政關係上，充分發揮效果，吾人實可學習李登輝先生對於台灣重大國政上的制度安排，的確有其高瞻遠矚之處。

3.南向政策的奠基與亞洲金融危機的因應

亞太營運總部政策，姑且不論與香港，新加坡，上海，東京等總部城市的國際競爭強度及實際收效如何，就策略面向上，推動台灣經貿自由化與國際接軌，並且持續精進，成為台商全球佈局總部的原訂目標及精神，仍有其正確性與重要性。而既然以中國作為市場腹地的策略必須進行調整，則同屬於亞太營運中心的策略腹地範圍，強化對東南亞國家雙邊投資與貿易的「南向政策」，便成為對中戒急用忍的另一配套措施。

南向政策的成功與否，固然不能以政治任期驗收的角度來評斷，實因國際貿易的結構性發展，一向是受制度等途徑依賴因素，以及當時的總體經濟，產業經濟與國際金融條件所影響，因而往往無法由單方政治任期內的相關施政成效所決定。南向政策被外界評價為「不成功收場」，主要原因多半來自於東南亞國家在當年時空環境下的制度障礙，過度仰賴外債，財政收支結構惡化，國際貿易收支條件不佳等多項因素所影響。

此外在葛林斯潘（Alan Greenspan）主政下的美國聯準會，為了抗衡通膨，美元利率在一九九三至一九九五年顯著提升（圖1），美元資產吸引力轉而提高，進而推升美元匯價，同時因東南亞各國多半採取盯住美元匯率的貨幣政策，因此東南亞貨幣相對其他非美元貨幣的匯價因而升值，造成出口不利影響。在當年東南亞國家這樣的對外貿易狀態，加上財政收支狀況不佳與投資法規環境尚未具體優化下，台灣南向政策的「未成功」是必然，而且反而讓台灣在一九九七年亞洲金融風暴中，避免對東南亞國家的過多曝險，因此台灣內部相對的因應政策，仍有可挽回之處。

大體而言，在判斷以美國為首的世界銀行與國際貨幣基金將出手挽救受波及的亞洲國家外匯及金融體系後，台灣在一九九七年至一九九八年因應亞洲金融風暴的相關因應措施，即以產業為主，金融為輔。在產業方面，政府要求公股行庫針對一九九八年第四季後逐漸受到實體經濟影響的中小企業，採取繳息不還本的過渡措施，藉以提高企業內部的流動性，另一方面，中央銀行對金融行庫採取較寬鬆的融通措施，並且在一九九七年的外匯市場上重重打擊套利炒家，成功捍衛新台幣外匯市場的交易秩序。

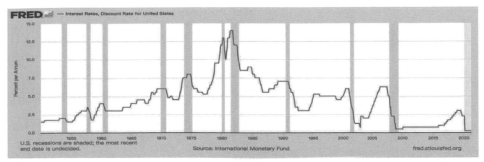

資料來源：FRED Economic DATA

▎圖一

　　此外，李登輝先生在一九九六年台海飛彈危機下，當選中華民國第一次的人民直選總統，當年台灣內部金融環境已出現若干民營新設銀行與農漁會的超貸及擠兌，加上票券業內部人員的舞弊案件，本土性金融危機即將爆發。所幸在主管機關強力介入，以及亞太金融中心計畫中有關國際金融市場持續深化與改革等持續推動下，部分體質較弱的國內金融機構已經在爆發亞洲金融風暴前獲得改善，可說是前面的第一波危機處理，建立第二波危機處理的基礎。

　　綜觀南向政策，主因可說是未逢天時，進而未得地利與未盡人和。然而平心而論，地利與人和上，第一波南向政策對於台商經營越南，菲律賓，印尼等市場，仍然具有承先啟後的作用，例如我國在菲律賓蘇比克灣與越南胡志明與河內的耕耘，長期均獲得成效，而且持續累積至今，並非任期內所能評斷功過。

4.台灣加入GATT與WTO

　　一九九〇年代後的全球經貿，已經到了全球化的一個成熟階段，在一九八五年廣場協議之後，匯率因素已經不能作為西方國家所主導全球化下，全球經貿體系失衡的主要爭端問題，而眾多的關稅與非關稅障礙，以及各國國內法的調和問題，逐漸成為國際上新的協商重點。

　　一九八六年，關稅及貿易總協定GATT展開第七回合的烏拉圭回合談判，歷時七年半，並於一九九五年建立世界貿易組織WTO；台灣自李登輝先生繼任總統後的一九八八年，於農委會成立專案小組，一九九〇年正式加入GATT，並於一九九二年參與烏拉圭回合的全面談判，並於一九九五年申請加入WTO，二

○○二年元旦成功入會。

　　加入GATT與WTO的過程中，開放國內農業市場，國內農業與相關產業工作者所受到的進口產品競爭衝擊，一直是最敏感的政策議題。在農業部門上的相關政策工具，也必須符合WTO的入會規範，降低補貼的性質，而朝向損害救濟，貿易平衡，以及輔導從業人員提高生產力等面向實施。

　　職是之故，作為台灣加入WTO的配套，李登輝先生總統任內推動設置「農產品受進口損害救助基金」，降低加入WTO對國內農產品的衝擊，另外針對農業工作者，亦推動老年農民福利金（老農津貼），照顧農民老年生活，對於開放後的台灣農業，奠定長遠的社會保障基礎。

　　就長期而言，加入WTO對台灣的影響是深遠的，對於台灣整體經濟規模與連結國際市場的正面效果，遠勝於國內法層次與計畫性的亞太營運中心。

三、結語：從財經施政看李登輝先生的領導風格與時代精神

（一）以人為本，重視機會公平，並授人以圖自強

　　台灣是一個小型開放的經濟體，缺乏天然資源與市場規模，經濟發展的一切命脈仰賴人力資本所累積的技術，管理與創新優勢，從一九六○年代以來，逐步累積實體資本與國際商譽，奠定台灣產業在全球的供應鏈地位。

　　既然台灣仰賴的是人才，則經濟發揮的舞台，就是產業的創新競爭力，以及全球運籌能力。李登輝先生明白台灣的前途，由人而起，因此自政務委員以來的每一個職務，政策的核心都以人為本，在台灣持續累積實體資本的過程中，也相當注意到各群體之間的機會公平問題。

　　在農工資本移動的時代，他持續提出政策改善農民技術與管理能力，減輕農民負擔，並預作配套，因應農業面對全球化下的市場開放，降低農業從業家庭在台灣經貿發展過程中的社會相對剝奪感。

　　在資本累積，進口替代與出口擴張階段，他在台北市長與台灣省政府主席的歷練，與企業界連結，累積相當的社會資本，後來更進一步引導台籍資本與外省資本協力合作，各司其職。從解除航空業，銀行業與高等教育市場的管制，我們

都看得到李登輝先生在尋求台灣社會各群體之間的平衡，所做的努力。當然若干管制產業的市場開放，都會伴隨著政治尋租與代理人問題，而有若干的副作用，但也是這樣的機會公平，使得政局相對穩定，營造憲改與其他內政議題上的推動空間，完成了「寧靜改革」。

（二）台灣優先，重視系統性風險預防，擺脫途徑依賴

李登輝先生深知台灣經濟成果一切得來不易，須盡一切力量，保存台灣經濟發展的成果，其中最重要的是基礎建設、產業群聚、產業人才，以及包括外匯存底在內的貨幣資本。台灣雖然腹地有限，難以支撐每項產業的規模發展，台灣產業也勢必要佈局全球、掌握商機，但李登輝先生在大原則上總堅持得住，在小細節上總關照得到。

在農業金融方面，他為農漁會信用部請命，讓如今台灣的農業金融除了農業金庫之外，地方大部分農漁會仍維持信用部存在，這種產業特性專用的資本網路，在他的堅持下保留下來，並且持續穩定茁壯；在貨幣資本縱深方面，台灣資本市場健全化與產品多元化多半在其任內打下堅實基礎，讓台幣計價資產市場的胃納量，始終保持在一個穩定擴大的格局，甚至使台灣成為外資在亞洲資本佈局的主要市場。

在人才養成方面，開放專科升格科大並廣設新大學雖然評價不一，但如今台灣有更多的大專院校可以成為台灣各產業產學合作的重要推手，而不是僅集中在少數國立大學上，仍然是不可抹滅的事實。想像若今天台灣只有不到三、四十所大學，則不論是兩兆雙星產業政策，或五加二產業創新計畫，產業間人才之間的排擠競合將更加激烈，對台灣長期發展，未必是福。

最後在戒急用忍政策上，李登輝先生深知經濟上的磁吸效果並非沒有變化的一天，但在兩岸政治屬敵對關係與中國法治無法保障台商安全與權益下，對台灣資金與人才的磁吸，不但可能沒有回流的一天，並可能產生代理人政治，成為台灣民主深化發展的不可控因素。因此台灣優先，重視系統性風險預防，並且擺脫途徑依賴，讓台灣成為「世界的台灣，台灣世界好」，是李登輝先生留給後輩吾人的努力目標，也是他象徵的時代精神。

李登輝精神與台日關係：
克服過往，連結斷層，指引未來[*]

中央研究院民族學研究所助研究員

一、前言

　　李登輝先生著述甚豐，在生前最後一本書上曾透露（《熱誠憂國 日本人へ
伝えたいこと》），雖然已屆九十三歲高齡，常被夫人曾文惠女士笑說：[1]

> 「你不是一個已經做了十二年台灣總統的人嗎，怎麼一天到晚總是在憂心
> 日本的事啊？」，那也確實，我每天都很注意接收日本的新聞訊息。若要
> 問，為何我是那麼樣放心不下日本呢？因為我很擔憂，如果日本不能強健
> 起來的話，台灣也會撐不住啊！[2]

　　在其他著書或演講中，李登輝也多次強調，台灣與日本，彼此之間具有如同
「生命共同體」般的重要性：

> 很多日本人不理解，台灣對日本而言，不只是讓日本製商品輸出的一個浮
> 在南方海上的島嶼而已；台灣對日本來說，是日本的生命線。[3]

---

[*] 本文發表於台灣智庫主辦，「時代的課題×世代的對話：李登輝學研討會」。地點：集思交通部
　　國際會議中心國際會議廳3F。時間：2021年1月16日。
[1] 本文於最初向李登輝先生與曾文惠女士表達敬意，以下人物皆省略先生／女士敬稱。
[2] 李登輝2016：45-46。
[3] 同前書2016：77。

284　李登輝學×學李登輝
　　　民主台灣的時代精神、歷史意識與政治領導

不過，當他終戰之後離開日本，二十三歲回到故鄉台灣，從一名優秀的農經學者被拔擢從政開始，一直到當上了政要台北市長以及省政府主席，甚至到六十一歲，被蔣經國指定為一國副總統，這個期間內，日本社會幾乎沒有人注意到李登輝的存在。李登輝自己，也從來未曾公開表示對日本有所關切，以及其人格型塑、知識涵養、精神信念與日本的密切關係。

李登輝首度感性吐露內心的第一本書，出版於一九八五年，名為《愛心與信心：李登輝先生證道見證集》。那是除了學術論文之外，李登輝進入政壇後參加佈道會的證道與演講詞，書後還收了幾篇他周邊人寫的感人溫馨文章。其內涵真摯，求道過程令基督徒感動，於是被結集成冊於專門出基督教類書籍出版。雖然他已經貴為副總統的身份，卻非常謙遜，自己序言不寫，也沒請他人寫，還拜託編輯，千萬不要提他的副總統身份。[4]

一九八八年李登輝意外繼任為中華民國總統，這個變化攸關亞洲政局動向，但是日本竟無一本關於他的書。日本的中國問題專家也只有找到這本著作先翻譯，因此八九年首度被翻譯成日文即是該書，日文題為『愛と信仰　わが心の內なるメッセージ』（副標題修改，意思為，我內心的訊息）。這本首次和日本讀者見面的書裡，他寫了一篇簡短二頁短序，說明其內心基督信仰的重要性，此外還做了一段政治發言，因為在那年剛發生了六四天安門事件。他譴責中國不應血腥鎮壓民主化運動，期待在接下來新世紀，要以要「和平與協調」來代替二十世紀「戰爭、革命與對立」的想法。[5]

翻譯者原為中國問題專家，書局感興趣的本是國共問題以及兩蔣後中華民國走向，譯者卻被李登輝如宗教家求道的堅貞信仰與溫暖家庭人味所感動。和其他同出版社系列書籍迥異，這本書內容都是八〇年代在省主席、台北市長期間心靈證道講稿，若有稍微提到政治，也是追隨孫文三民主義，要以三民主義統一中國，尊崇兩蔣父子的基督信仰，書裡一篇也沒有提到他與日本的關連。

一九八八年，李登輝接任了總統大位後，一開始就連番遭遇驚濤駭浪的內外信任危機、百合花學運、國會改選以及與國民黨外省人勢力纏鬥等歷程。八〇年

---

[4] 李登輝 1988[1985]：191。

[5] 李登輝 1989:3-4，日語版最後還多加譯一篇濟南教會牧師所見的李登輝父子，讓譯者感動不已。出版社名為早稻田出版，但和早稻田大學無關。

代末期到九〇年代初期，台灣有許多書籍與評論家注意到這位特殊的本省人總統崛起政壇的手腕。眾人焦點都放在注意新總統與舊體制的省籍矛盾與政治鬥爭問題，曾入微觀察這關鍵一千天的記者周玉蔻，也僅提及說李登輝「很少談及日據政府對個人的影響」。[6]

最早在日本輿論界對這位總統的專訪，是一九八九年五月九日讀賣新聞編輯部，注意到台灣從兩蔣時代的意識形態思維，似乎要改為重視現實的外交策略。另外，李登輝就任總統後，在對日外交上，為了打破無正式外交管道的障礙，他開始舉行以學術發表「亞洲展望」研討會，一位記者深田祐介在參加活動時，親耳聽到這位總統竟然日語表達流暢自如，而且非常理解日本人的心境。[7]於是他先在《文藝春秋》一九九〇年五月號，登載了一篇訪談記，內容淺顯，李登輝還告知，其實他每月有閱讀《文藝春秋》與《中央公論》，這是兩大中間保守的政論雜誌，可見他其實都在注意日本輿論動向，內容也稍微談到自身的日本教育基礎，主要還是基於談台灣經驗對照共產中國之成功，在日本界才開始引起一些注意。[8]

一九九三年起，大文豪司馬遼太郎在遍歷近四十個地域（包含國家）後，最後來到了台灣。他很巧合地，竟與李登輝為同一年出生，在戰爭時期又曾經同為陸軍預官第11期生，由他的角度來觀察李登輝，是最自然不過了。在《週刊朝日／台灣紀行》連載中，他以近身角度，多次成功地描寫這位誠懇熱情，言行舉止中散發出奇特魅力的李登輝總統，終於引起廣大日本論壇的注意。出版後該書立即熱賣，2年加印13刷。尤其是一九九四年由《週刊朝日》率先刊出的二人對談中，李登輝先生道出：「生為台灣人的悲哀」這句話，隔日在台灣「自立晚報」被翻譯報導出來，立刻引來了對岸中國的嚴厲批判；在日本，也引起愛好歷史的讀者群，開始注意到台灣內部的族群認同問題與主體意識。[9]

從今日來回顧李登輝，後人可能很難以相信，一位對日本有如此深刻的感情的人，直到人生七十歲之前，他並沒有機會道出其自身與日本關連。就任一國最

---

6 周玉蔻1993：322。不過，她已經察覺日本教育必然對後來李登輝的人生觀有關。
7 「亞洲展望研討會」的日文為アジア・オープンフォーラム，從1989年開始每年舉行，到2000年為止共12屆，從這個非正式管道讓許多台日各界人士進行交流。
8 這篇與深田記者的對談，日後收錄在李登輝1995：28-29。
9 若林正丈1997：39-63。

高位三軍統帥的總統，數年之後，他才對司馬遼太郎說出心聲，此後他就放開了顧忌。他說：「以前沒有說，是因為時機未到。自從我接任總統，到了一九九四年大體上一切已經安定下來，雖然總統還沒直選，可是國會陸續改選了，軍隊國家化也順利推動」。[10]

回溯他一系列豐碩的著作，整體上，日文書要多過於中文。大部分先在日本出版，或者跟日本人合著。有些著作，再被翻譯成中文，也很多沒有翻譯成中文。就算是翻譯成中文，在日本熱銷的書，在台灣並沒有暢銷。

可以說，從言論與出版層面來看，李登輝的讀者群在日本，要遠多過於台灣，他對台日關係影響之鉅，不在話下。然而，以時間階段來看，從二十多歲到七十歲之間的人生，李登輝先生與日本，看似沒有關連，或者說，這個關連性刻意被隱藏，也完全被漠視，其斷層時期竟然長達半世紀之久。

換一個角度想，倘若沒有李登輝在晚年，用老命迸出渾身力氣支撐住台日歷史關係的斷層，或許這個斷層沒有連結的機會，可能會被持續漠視下去。

二、李登輝與被歷史消音的同世代們

李登輝對日本人開始講述自己內心世界的這件事，經過了一趟相當迂迴的路線，首先披露於日本輿論界，再傳回台灣。不過，在中文翻譯出版前，這份在《週刊朝日》的日文連載，對生活在台灣的日語世代們，已經先帶來了莫大的震撼！[11]

一九八〇年代筆者在日本留學時仍在戒嚴時期，新聞的國際版對台灣政治資訊報導極為稀少，多為負面。記得八八年蔣經國逝去的訊息，終於登上了頭版，但是對於繼任總統李登輝，卻只有簡單帶過。九〇年結束留學回到台灣後，筆者參加了以日語寫作的台灣文學作家們名為「益壯會」的每月定期聚會。我總是先到該會召集人王昶雄家中先坐一下，才跟數名老人家一起漫步走去午餐聚會。記

---

[10] 李登輝2013：86-89。

[11] 日本語世代或稱為日本語族，或是李登輝先生常用來自稱「元日本人」，司馬遼太郎書中曾用「台灣系日本人」來稱呼，參見司馬1994：75。

得是從王昶雄家先拿到影印本，前輩的意思是，要我先睹為快。書可能才剛出版，還沒有到達台灣，大家就用影印本傳閱。「益壯會」出席者以日語創作的台灣文藝作家或同世代友人為主（包括：巫永福、鐘肇政、龍瑛宗、阮美姝、杜潘芳格、劉捷、鄭世璠等），會上他們互相走告，非常興奮、熱烈地討論這個消息。

　　他們口中提到的李登輝，好像是熟悉的友人一樣，不過實際上認識接近李的人應該很少數。這些日語世代的作家們歷經煎熬，有些人轉換成中文寫作（聚會時大都還是用日語交談），但也仍然有許多人，持續用日語短詩創作。歷史最久的《台北歌壇》（一九六八年成立）也在此時期，由台灣人戰後持續寫的日語和歌《台灣萬葉集》獲得菊池寬賞（一九九六年），終於受到日本文壇與社會很高的評價與注意。其後俳句、川柳等這些日語文藝短詩作品也相繼在日本出版。受到這些鼓舞，大約也是九〇年代之後，台灣日語世代所撰寫的許多自傳式書籍，有相當數量在日本出版問世。

　　在那之前，台灣文壇上，日語是沒有用的語言，也是被污名化、屬於殖民主的語言，多半在非公開場合的家庭之間傳達，也是長輩們之間分享秘密的語言。九〇年代後，以日語寫書自傳或回憶錄的人，不斷增加，例如：柯旗化、楊威理、鄭春河、蔡焜燦、柯德三、楊素秋……等。[12]他們是一群被消音長達半世紀的世代，解嚴之後，總算可以開始以日語自由地撰寫他們的內心感受。他們大膽打破過去的禁忌，以日語撰寫；有些自己翻譯，或請他人轉換為中文，也有很多書只有日語，沒有中文版。因為日語才是可以表現自我的工具，讀者、知音也自然地以日本人居多。

　　李登輝也不例外，他是台灣人在日治中期出生（一九二三年），成長時遭逢戰爭，受過完整日本教育，以日語及母語思考，可是成年之後卻遭遇中國大陸政權來台統治，他是經歷語言表達要重新轉換學習的世代的代表人物。李登輝在總統期間內，以日語發言，或在卸任總統之後，清楚道出所受日本教育的影響以及對「日本精神」的肯定等等，這些都讓同世代的台灣人產生極大的共鳴。筆者一九九〇年代後參與這些日語藝文社團活動，鮮明地感受到，台灣日語世代們非常

12　這些書籍的分析參見黃智慧2020[2003]：287。

李登輝學×學李登輝
民主台灣的時代精神、歷史意識與政治領導

注意李登輝的言行，像是說出了他們心聲一樣。當時一首川柳會長的短詩，詠出他們對李登輝的認同：[13]

　　李登輝の長い顔タイワンの顔

　　（李登輝長長的臉，就像是「台灣」島嶼的形狀）

　　敏銳的司馬遼太郎，在台灣的旅行中也觀察記錄了這種特殊的現象。從他抵達後，帶領他走遍台灣各地的蔡焜燦、何既明、陳舜臣、楊克智以及他所訪談的許多人，也都幾乎是這些使用口語的世代，裡面包含和佬、客家以及原住民各族群，透過與這些以日語爲母語的世代的直接對話，司馬認識了具備多元文化的台灣人特有氣質。

　　引領他進入台灣的人，還有所謂「灣生」的田中準造、永山義高，他們重回故鄉新營、嘉義農林學校等地，司馬遼太郎也不忘細緻描寫了這些和李登輝同世代的灣生日本人，尤其是他們如何思念故鄉的悲戚心境。在這趟紀行開始不久，司馬也事先閱讀了台灣人所詠和歌與俳句作品，他特別注意詩中關於台灣這個矛盾又複雜的國家在語言與認同作品中的表現，司馬遼太郎深刻感受到這是一群特殊的人，也是特殊的世代。他下筆說：「從文化、教養的層面上看來，這個世代真該被堂堂稱爲一種『少數民族』」也不爲過」，「能產生李登輝這類人物的台灣，真是一個奇特的島嶼」。[14]

三、李登輝精神及他對日本的恩義

（一）「誠實自然」：受日治教育、「武士道」、「日本精神」薰陶之恩

　　在出發前往台灣之前，司馬遼太郎在思考這會是一個什麼人？見到人之後，

---

[13] 今川亂魚編2006：83。
[14] 司馬遼太郎1994：126，43。

就算是行遍日本與世界角落的大作家也非常意外，聽到這位他國總統在交談中自然地對他說：「司馬先生，我在二十二歲之前，是日本人喔！」還跟他說，在殖民地的人所受到的教育，即是成為理想日本人的人格道德教育，要具有奉獻「公」的精神等等，司馬不僅非常意外，甚至私下內心感到有些狼狽不堪。他沒有想到，戰後那麼多年來，認真奉行戰前日本教育理想人格者，不是日本人，竟是當年被殖民的台灣人。

如前所述，歷經了半世紀之久，李登輝逐漸穩固政權，推動各項民主化改革，降低國民黨政權的外來性，他開始講述自己的人格養成，毫不諱言地說明自己在求學時代，所受益於日本時代在菁英教育下自由閱讀成長的薰陶與啓發。

李登輝記憶力驚人，從小學時代愛讀《兒童大百科》，稍長到淡水中學，之後在台北高校與京都帝大就讀的時期博覽群書，尤其是哲學上的自我、生死問題。在此時期，他讀遍最新潮的各國哲學。例如：歌德《浮士德》、卡來爾《衣服哲學》以及康德哲學、中國儒學、易經與魯迅、俄國文學以及日本哲學與佛學（如：鈴木大拙《禪と日本文化》、西田幾多郎《善の研究》、倉田百三《出家とその弟子》）等，在學校的國文課裡，他也認真學習日文古典《古事記》、本居宣長《玉勝間》，還有作為當時知識份子所普遍閱讀的教養書籍，包括許多明治大正時代夏目漱石等人文學名作以及俳句短歌等。李先生自述在日本時期大量閱讀，要離開時已經擁有岩波文庫七百多冊的書籍，本來想找不到工作的話，回台後就可開一家舊書店，可見他從小即喜好閱讀、追求新知。

他自承在十分艱難的十二年擔任總統任內，受到了新渡戶稻造名著《武士道精神》許多啓發，得以渡過許多危機時刻，達成了台灣島史上第一次的民主化改革。卸任後不久，二〇〇三年即著述出版了讓日本各界為之感動的《「武士道」解題：ノーブレス・オブリージュとは》一書。

書中，李登輝用其一生歷練得來的智慧結晶，結合對西方哲學的理解以及作為基督徒的信仰體悟，完整又深刻地分析這本幾乎已經被戰敗後日本教育體系給徹底否定的「武士道」與「大和魂」精神的真諦。

新渡戶稻造此書在一九〇〇年以英文出版時，正是日本剛經歷明治維新大改造而崛起後，對西方列強解釋日本引以為傲的精神特質。李登輝在台北高校一年級的時候，讀到新渡戶給台灣製糖會社幹部們的講義，當時非常感動。新渡戶的

農學專業以及基督信仰，對後來的李登輝都有很大的啓發。

李登輝在許多場合，毫不掩飾感謝「武士道」精神帶給他強韌堅定的道德感。這些道德包含了「義、公、勇、仁、禮、誠、忠」的規範，最切忌口說不練，重要的必需要能「實踐躬行」的行動力。二〇〇八年出版的《最高指導者の條件》書中，他指出最高指導者的精神特質，除了個人人格特質、基督教徒信念、「台灣精神」之外，還有「日本精神」這四根支柱在支撐。[15]

在後續許多書籍以及在台日各地演講中，李登輝前後一貫，交代了他的人格成長歷程中，對於日本教育的恩惠與啓發感恩不已。如果比較在亞洲殖民地中，同樣也受到日本教育的政治家，或可看出李登輝的特殊性。

日本從十九世紀中葉明治維新改革之後，是亞洲最早施行殖民統治的宗主國，在殖民地熱烈推行近代教育的國家。台灣是統治最長的地方，推行教育時間也最久。以韓國爲例，其實當過總統的朴正熙（一九一七－一九七九），金大中（一九二五－二〇〇九）以及金泳三（一九二七－二〇一五），這三人也都是在日本殖民地教育下長大，受過相當完整的日本教育的總統，可是他們從未盛讚日本教育，除了私下場合或是私人友誼，可能使用日語和日本人交談。公開場合上，則對日本嚴加批判，除了金大中因受過日本庇護較爲親和之外，其他2人都採取極爲強硬的反日與否定殖民時代的立場。或許是成長歷程，不若李登輝受到日治時期施予的菁英教育，他們戰後也有各自遭遇的人生歷程，面臨的國家威脅也大不相同而難以比較。

不過，李登輝所肯定的日治時期的教育優點，並不是他一人獨特之見。他在著述的書中，數度提到同一世代蔡焜燦等人（著《台灣人と日本精神》）的言論，這些人在前節所述，台灣日語世代所著作大量的回憶與論述中都可以看到，他們認爲人生前期所受到的日本教育，其代名詞可用「日本精神」來概括。

所謂「日本精神」在這個世代而言，不僅在戰前，令人意外的是，在台灣尤其是在戰後大量地使用。這個名詞所指述的是，從日本時代學習來的勇氣、誠實、勤勉、奉公、自我犧牲、責任感、清潔等等的德行。李登輝也一樣，他在著述中所指的「日本精神」，大部分都在旁邊加註了台語發音（リプンチェンシ

---

[15] 李登輝2008：147。

ン, littpunjingsin），顯示這已經是脫離了日本殖民期的脈絡，被台灣人日語世代對抗來自中國惡行壓迫所詮釋的「日本精神」。[16]

　　能夠有這些台灣人詮釋的「日本精神」、「武士道」等肯定的言論公諸於世，首先也要與李登輝任內進行民主改革措施有關係，若不是他先讓台灣脫離了言論禁制的時代（通過廢除《刑法》一百條等），若非如此，李登輝以及他的同世代們對於日治時期由親身體驗得來的經歷，只能流傳於家庭與同世代間，也難以被外界得知。

　　不論如何，如此誠實地，對自身年輕時所受之殖民地教育學恩，毫無政治考量，也不顧慮會被國內外政敵所攻擊，也政治不正確，甚至影響台灣與中國的關係，李登輝先生仍能自然誠實表白交代並侃侃而談，這樣的國家最高領導人，仍是世界上少見。

（二）「實踐躬行」：搭起台日歷史斷層橋樑之義

　　剛卸下十二年之久的總統任務以及國民黨主席時，李登輝先生覺得身心清爽，當時（二〇〇〇年）他對往後人生目標有好幾個想法，告訴了日本好友中嶋嶺雄。例如：想到原住民地區傳基督福音，或到大學繼續學習新的生技科學知識，以及開創NGO組織，讓台灣貢獻國際社會，成為國際成員等等；同時，他也清楚地表達了「我的餘生，希望能奉獻給台日關係的親善事業」。[17]

　　日後果然他實踐了這個理想，在沒有正式邦交的情況下，盡其最大力量改善台日關係。這些友好親善的實踐行動，大致可以分成三個部分：

1.國策大戰略建言

　　李登輝在擔任總統期間，一直在思考台灣在亞洲的戰略生存策略。其中對台灣、日本、中國、美國，他都有明確的國家策略與方向，並且希望台灣與美國、日本結合起來對抗北朝鮮與中國。

　　對於日本，他尤其希望日本要恢復自信心，他一直鼓勵日本人心，不要因為敗戰而否定過去一切。他也建議，日本社會不要太過僵化，要恢復活力，就需要

---

[16] 蔡焜燦2000：240。如果是日語發音，則是nippon seishin或者nihon seishin。

[17] 李登輝、中嶋嶺雄（共著）2000：239

像台灣具有多樣性與包容力。

　　他希望日本要擔任起亞洲諸國的雁行團隊領袖，其他包含：對憲法第九條改正、安全保障、金融安定、災難應變、女性地位提升、核能、物聯等新技術產業各面向，都需有大局觀與具信念的領導者哲學等。李登輝許多戰略性的思考，從一九九九年仍在總統任內《台灣的主張》書中已經明確，後來更加以細緻化。他以明治維新的靈魂人物坂本龍馬的「船中八策」為例，讓日本人更容易理解。這些國策方向建言，一直到最晚年許多著述仍持續，雖然國際局勢變化與日本歷經三一一東北大地震的巨變，二十年來幾乎這些方向仍都一致，並朝著他所預測的方向發展，顯示李登輝是位具真知灼見的大戰略家。

　　但是，畢竟台灣是一個國際上不被多數承認的小國總統，一九七二年之後，與日本沒有外交承認，卸任之後，在國內繼任者也不見得依照他的方向前進，如何幫助日本恢復自信，他的苦心婆心，如何才能被日本更多數國民聽到？

2.訪問日本，直接訴諸國民

　　卸任總統之後，他離開國民黨以及國內政治圈漩渦，此時健康上出現了問題，以就醫的名義，敲開日本的大門。從二〇〇一年，到二〇一八年六月為止，前後總共有九次訪日。

　　卸任後不久，二〇〇一年李登輝計畫前往岡山縣倉敷市治療心臟，起初日本政府顧忌中國的態度，以高度政治考量，不敢讓他進入。之後在森喜朗首相力挺之下，才得成行。[18]之後，二〇〇四年~二〇〇五年初，訪關西大阪、京都，二〇〇七年訪問東北「奧之細道」，接受後藤新平賞，並參拜靖國神社。二〇〇八年訪沖繩。二〇〇九年訪高知、熊本。二〇一四年訪問大阪、東京、北海道。二〇一五年到東京日本國會的議員會館演講。二〇一六年訪問沖繩石垣島視察牛隻養殖。二〇一八年是最後一次，再赴沖繩，為和平祈念公園的二戰台灣人戰歿者慰靈塔揭碑。

　　李登輝每次訪日都掀起罕見的民眾歡迎熱潮，在健康恢復之後，首先回到京都大學探望恩師柏祐賢，相隔一甲子的師生會面，這是回報「學恩」的起點，也

---

[18] 當時的森喜朗總理與台灣友好，緣起於父執輩好友中的台灣人橄欖球傳奇名將柯子彰，此乃從戰前殖民地時代以來，人際之間友誼的延續，其作用有時也影響政治考量。

是日本民眾所重視的人性層面，去除政治因素的干擾。

這數次的回訪中，對日本民眾發揮最大魅力的要屬二〇〇七年去東北「奧之細道」旅行，除了顯示李登輝的親民作風與日本文化深厚素養之外，也接受第一屆後藤新平賞，回程時去東京參拜靖國神社，他以文化、以人性的角度，講出與中國、韓國對靖國神社大相迥異的看法。這個想法未曾動搖，一直到二〇一八年九十五歲高齡，仍念念不忘爲包含其兄長在內的戰歿者，留下「爲國作見證」的慰靈碑。

而對日本政壇發揮最大影響力是二〇一五年在東京的國會眾議員會館的演講，主題是「台灣的典範轉移」，講述台灣成功的民主化經驗，也加入從明治維新成功的角度，來對日本政界後輩勉勵。這是史上第一次，台灣卸任總統在日本國會演講，台下超越黨派的眾議員及助理來了近三百位聽講。此次訪問，在東京還曾與安倍總理私下會面，給予許多勉勵與期許。在翌年出版的最後一本書上，道出送給他三個勉勵，希望他「冷靜・謙虛・忍耐」，而安倍也回報台灣努力擴大親善的空間。

李登輝在晚年對日本政界的努力，不僅維繫了從他還在任的時代九二一大地震後的友好氛圍，以至於後來三一一東北大地震與台南、花蓮地震等這些民間自發性互助交流與實質友好行爲。他不辭旅途辛勞，親往日本多次，每次演講與受訪，都讓日本人民透過他，感受人格魅力以及如傳道者的信念勇氣，並更加認識台灣戰後發展，以及百年來的台日歷史關係。

3.成立智庫，草根行動，推動台日交流

＊在台灣——群策會／李登輝基金會，台聯黨，李登輝民主協會。

在總統卸任之後，二〇〇二年民間智庫「群策會」正式立案成立，開辦「李登輝學校」，在國內推動以台灣主體性的社會教育工作。二〇〇三年領袖學院「國政研究班」也展開對各地方與社會階層菁英的社會教育，主題包括：台灣的國家正常化、台灣優先、民主紮根、社會問題、農民權益、勞工權益、青年權益、台灣文化、族群認知、體育、美術、音樂等等，幾乎包羅各類以台灣爲主體，所需要面對的各項問題層面，並以紮實且草根的方式進行。二〇一〇年「台灣李登輝之友會」轉型籌組爲「李登輝民主協會」，「群策會」於二〇一

二年改名為「財團法人李登輝基金會」，除了台灣本土教育之外，推動台日交流不遺餘力。

李登輝的草根與地方出發的精神，在政治上，被政黨「台灣團結聯盟」（簡稱：台聯黨）所繼承，他們在反中國壓迫與經濟併吞上（反ECFA，反服貿），都是身體力行，以各地巡迴演講或街頭連署的方式，直接面對人民，從草根民眾的底層喚起對問題的認知。

*在日本——日本李登輝之友會

在日本方面，「日本李登輝友の會」稍後於二〇〇二年底設立，積極在日本各地推動台日交流。尤其是每年舉辦「李登輝學校台灣研修團」，自二〇〇四年十月開辦以來，到二〇二〇年十月，已達到三十二次訪問台灣。每次大約為期四、五日，除了從早到晚排滿台灣歷史、社會、政治等相關課程聽講之外，加上一日考察台灣各處，深入理解台灣歷史。十多年下來，畢業生總數將近千名。日本李友會也同樣化為草根式作法，希望把理念傳達給日本社會的普通人民，其影響及於各行各業與各年齡層。

除了台灣研修團學習之旅的作法之外，日本李友會也扮演智庫一般的角色，遊說日本政府改善戰後長年以來，對台灣歷史與地理的錯誤記載。例如：在居留證上，把台灣寫成中國，教科書地圖上把台灣寫成中國等，在國防安全上，積極推動「日台交流基本法」，加強台日間的安全保障等。

這些都是受到李登輝的精神感召，在台灣與日本民間推動的交流，其成效逐漸展現，每年台日之間在民調上互相友好程度逐漸升高，且地方自治團體與台灣各地正式簽定文件締結成姊妹或友好地區城市，在李登輝卸任後這些年來，快速增加，數量已經到達近百個，在沒有正式國家外交關係下，能做到這樣多的地方自治團體的友好，不得不歸功於許多民間團體，也包含李友會，長年在草根活動的成效。[19]

---

[19] 台日之間友好與姐妹城市或簽訂友好促進備忘錄的數量，根據日本台灣交流協會2021年7月官網統計資料為99個。

四、李登輝對台日歷史關係留下的珍貴資產

在近代殖民主義盛行數百年來，台灣是日本在十九世紀末才獲得的第一個海外領土，也是在亞洲殖民治理時期最久，長達五十年的實驗性殖民地。日本對台灣而言，也是歷史上首度在語言、度量衡、文化、衛生等「統一」台灣「各自為政」眾多族群的政權。彼此雙方，都是第一次遭遇的初體驗，自然產生許多遭遇上的問題有待克服，在五十年反覆實驗中，有成功也有失敗的經驗。

這五十年恰好跨越明治後葉、大正與昭和前期三個時期，使得台灣治理的五十年，對西方列強獵取殖民地五百年的歷史而言，一點也不算久，可是其內容卻跨越近代日本三個時代的政治風格，使得台灣的施政有其豐富與多樣的面貌。

回顧李登輝到二十二歲為止作為日本人的時期，恰是日治時代的後半期，他所經歷的台灣與日本的歷史關係，可以大分為二類。這二類關係對後世以致於今日，仍有其深遠的影響：

（一）殖民史的關係

如前所述，近代世界殖民史上，日本是後進國，卻是歷經明治維新，勵精圖治之後，在亞洲第一個有能力擴張領土的先進國。初期也不知道要如何治理這個尚有許多「化外之民」的台灣；為了面子，其實對台灣投入了超過其國力的投資。在最初開始這項前所未有實驗的時代，許多來台獻身於治理事業的日本人，多是明治時期誕生，涵養明治維新精神的人物。李登輝所贊賞的伊澤修二（一八五七－一九一七）、新渡戶稻造（一八六二－一九三三）、後藤新平（一八五七－一九二九）等人都是這樣的人物，對台灣在教育、農業、醫療、公衛、都市設計上的貢獻，以致於李登輝青年時期所經歷的八田與一（一八八六－一九四二）對台灣農業水利的貢獻，這些都是具有客觀基礎因殖民帶來的正面效益，也受到被殖民者所歡迎與評價。

李登輝先生誕生的一九二三年，恰好是在日治五十年中期，那時台灣治理在歷經初期十位武官總督之後，迎來了第一位文官總督田健治郎。田總督本身漢學素養豐富，作漢詩，也用漢文書日記四十年，對台灣底層漢人文化有比較高的理解。他認知到初期治理時期的強力手段已經過時，於是進行文明改革，鼓勵台日

二個異文化交流認識，設立多個高等教育機構，舊制台北高校也是其中之一。

李登輝幸也不幸，誕生在台灣人相當程度接受日本統治的時代，成長於現代化實驗下來所留下好的成果，讓台灣文明接觸近代化而萌芽開花的時代。在人生青年時期，正好跨入大東亞戰爭的時代，在全國總動員的政策底下，他們這個世代面臨了家園與國家存亡的威脅，不得不思考國家（公）與自我（私）的關係，做出自己的選擇。

縱然如此，他並不是沒有注意到殖民者與被殖民者間的知識水平等各方面落差，造成無法短期消除的差別待遇。所以，他也曾說台灣人在日治時代有一種邊緣人（marginal man）的感覺，受到外來者的統治仍是「悲哀」的感覺，當然戰後另一個外來統治也是。但是他的使命，就是要將這種「悲哀」扭轉為「幸福」。

（二）戰爭史的關係

在台灣日治殖民期內，有初期與末期二種戰爭，其性質大不相同，台灣人的立場也變化很大。李登輝誕生成長的時代，沒有經歷到初期將台灣納入領地的遭遇與征服戰爭，不論是平地漢人或原住民族，日本統治初期的很多小規模戰爭，李登輝在歷史回顧上，並沒有太多提及。對他影響最大的是，整個世代的青春時期正好迎向了大東亞戰爭的高潮，他自己後來提到，在台北高校時期，就很想報國從軍，後來在京都帝大就讀時，轉而志願從軍。這可以從他在高校時期，《台灣日日新報》曾刊出對這位年青人的一篇報導可以看出，他當時認為，義務教育制度與徵兵制可以將本島人轉變為日本人，也可以消除二族群的差別與歧視。[20]

受到這種時代教育的本島年輕人，對他們而言「志願從軍在當時是很普通的感覺」。[21]他最親近的大哥李登欽也是如此，他以海軍特別志願兵第一期優秀的合格者（三十萬人報名，嚴格考試挑選出一千名）身份光榮入伍，後來戰死於菲律賓。因為骨灰沒有還鄉，李登輝的父親到九十八歲高齡去世為止，不願相信長子的死亡，因此家族並沒有為他做墳墓。這是為何李登輝先生一直想要去靖國神社參拜的原因，因為只有在靖國神社祭神殿上，他的大哥每日受到祭拜。

---

[20] 見1943年6月28日『聞け、この熱意』，9月22日則刊出對大哥岩里武則的報導。
[21] 李登輝2015：49。

李登輝是與他的世代是台灣在日治後期參與二次大戰戰爭的見證者，這個戰爭經驗因為奇特的命運，在更換成為中華民國政權後，一段真實的歷史卻成為禁忌，必須隱藏深埋心底。戰後很長一段時間，國家忠烈祠奉祀與台灣歷史無關的辛亥革命以來的各次近代中國內戰的戰歿者，加上台灣歷史初期對日反征服戰的戰歿者，卻沒有任何地方准許奉祀台灣人在大東亞戰爭的戰歿者。在戰後台灣歷史上，對於不同的戰爭歷史經驗，有政治正確問題，也有族群歧視問題，造成遺族的痛苦，身為當事人也是遺族的他，比誰都理解。

因此在當上總統之後，一九九〇年在台中寶覺禪寺內，李登輝為大東亞戰爭遺族們立下「靈安故鄉」碑文，以追悼戰歿者，安慰遺族。後來一九九二年烏來立下高砂義勇隊慰靈紀念碑也加以援用。這些都是來自於他自身成長與家族的經驗，也是許多同世代台灣人與日本人一起經歷過的戰爭洗禮，也是最能彼此理解的心理感受。

上述這二種歷史關係，就是李登輝先生所親身經歷的過往，他只不過誠實地說出他的看法與感受，應該是台日共同的珍貴資產，卻在台日都容易遭受誤解。

五、李登輝與其世代所受到的誤解與苦難

（一）來自台灣的懷疑與批判

前述這二種台日的歷史關係，牽涉到台灣戰後從中國逃難來台的統治族群的深刻誤解與懷疑。他們跟日本之間，完全缺乏殖民史後期的治理經驗與並肩作戰的戰爭史經驗，這並不是所謂史觀問題，在史觀之前，不同族群的對日歷史經驗，當然造成了不同的對待方式。戰後在兩蔣時代也是戒嚴時期，長久統治台灣的外來政權，其族群被稱為「外省人」，初期與日本的關係是剛結束了敵對關係，後方又有共產黨追擊，因此來到台灣，對台灣人在日本時期前述二項的真實歷史與感受，並未給予尊重與理解。

在對待台灣人民所受到的日本殖民統治，戰後初期把這些台灣知識菁英貼上了「奴隸」、「漢奸」的污名，後來引爆二二八事件以及後續白色恐怖等衝突，

對於這個衝突，在學界已經有很多的反省與討論。然而在實質行動上，李登輝就任總統後，他沒有國共的歷史包袱，對內對外，都率先踏出了和解的第一步。他在一九九〇年，率先打破禁忌，開啓了對二二八事件的研究、紀念與賠償補償等法案與組織的推動，更與二二八受難家屬直接會面，撫慰並接受他們的訴求。在一九九一年，廢止《動員戡亂臨時條款》，一九九二年更制訂了《臺灣地區與大陸地區人民關係條例》（也就是俗稱「兩岸人民關係條例」），讓台灣內部的原中國大陸人民可以合法往來，對岸也可以合法來台並保障婚姻繼承關係等，這些行動與作爲，都解決了來台的國民黨背負的歷史包袱，這個歷史包袱造成與中國人民之間無法可依循往來而懸置空轉的問題。

可是這樣的努力，在戰爭史關係層面上，並沒有受到國民黨以及其一貫的歷史意識的肯定。最凸顯的案例是一直到終戰七十年後的二〇一五年，高齡九十二歲的李登輝，在日本《VOICE》雜誌上刊出對往日的感慨，其中提到過往大戰時期，他與兄長都是爲了「國家」而戰。這個文章內的「國」字，是有刮號的，意思是這個國家，指涉的是過往的事。然而，引起了當時在任總統位置上的馬英九，對著媒體以「李登輝是做過12年中華民國總統的人，居然說出出賣台灣、羞辱人民、作賤自己的媚日言論。怎麼對得起抗日犧牲的先賢先烈，及二千萬犧牲的軍民同胞？」來嚴厲批判。這種反應，可說完全錯置了台灣的歷史位置，後來國民黨內也還不少抱持同樣的立場，無法接受台日歷史關係的事實。對台日的歷史關係的解讀不同，迄今仍是台灣國內政治紛擾的因素之一。

（二）來自日本的懷疑與批判

來自日本社會內部，對於李登輝參拜靖國神社，認爲日本要修改憲法，需要擁有自己的軍隊，且肯定殖民時代的貢獻等言論，有些人認爲是跟國內的「保守派」、「右派」、「右翼」的言論一致，因而不能認同李登輝的台日歷史連結的作爲。這些是日本國內的史觀問題，亦即同一族群文化的人，戰前也曾共同經歷戰爭，但是戰爭結束後，必定會有不同的解釋與作法。

李登輝用他的人生歷練來看待日本戰前歷史，也是他自己親身經歷的一段歷史，卻正好遭遇到日本史觀的不同論戰。因此，他參拜；靖國神社，遭到日本記者質疑時，他會反問：如果是你的家人，會怎麼想？意思是，這和是否讚揚軍國

主義，也與左右派的政治鬥爭都無關。對於日本戰後教育，他常在著書中講到，反對把戰前所做的一切，都過度地，全面否定掉的作法。他使用「自虐式史觀」來加以批判，這正好在日本國內的左右二大史觀中，站到了其中的一方，使他捲入了在日本歷史學界史觀的激烈對立當中。

但他是有原因的，從台灣的角度來看，他認為如果整個否定掉過去的作法，就使得日本人民在戰後，不關心台灣的歷史演變以及受到中國壓迫的處境，日本政府戰後在外交政治上承認中國，就斷絕了與台灣許多公式接觸等，讓台灣人「受苦」，尤其是長久以來，無法以母語表達自我，對日本文化處於隔絕狀態，甚至在國際孤立的處境上，日本還給予冷漠對待。如果日本理解過去的五十年的台日歷史關係，應該要更重視台灣才對。

尤其在九〇年日本經濟泡沫化之後，國民信心漸失。李登輝希望藉由對過往尤其是明治維新時代曾經令日本人為傲的精神文明之肯定，也強調文化與自然的調和的一面，讓日本重拾信心，鼓勵日本社會恢復活力。他從來未曾讚美過軍國主義，也深知讓日本走上敗戰末途的致命傷所在。但是，傷痕畢竟必須克服，檢視他的一生，實踐了民主，揚棄了獨裁，訴求和平，被說成右派史觀並無證據。從他的著書中，常強調心靈革命，愛與信仰，以及慈悲與關懷，甚至要從悲哀扭轉為幸福，這些必須有的行動力，都是正面的價值觀。

在他成長階段初期，所受到日本的啟發與受益，等到他有能力回饋的時候，就真誠回饋。他已超克台日殖民歷史關係，也是世界上少見，對舊宗主國回饋且願意「加倍奉還」的被殖民者。

（三）來自中國的懷疑與批判

如同前述，在李登輝當上總統之前，國際上沒有人注意到他，也包含了中國共產黨。老實說，本篇論文主要在談李登輝所連結的台日歷史斷層關係，就這點而言，中共是局外人，並非利害關係人。然而在國際上，一個出生就是日本人的李登輝，竟然可以超越了兩蔣時代的格局，一一解決了國共內戰以來的死棋僵局，從「現實外交」路線，讓台灣內部的中國國民黨不但另闢蹊徑，還從絕境復活並超脫一躍成為東亞先進的民主燈塔，這讓仍陷入在國共內戰思維內的中共無法接受。

中共早先對於這個對手李登輝拋出的兩岸人民往來關係的法制化，以及九〇年代辜汪會談的和平接觸等，並未加以拒絕；更何況中國的崛起，需要台灣的資金、人才與技術。而李登輝試圖解決的台灣內部外省人族群帶來的歷史文化衝擊，中共也無可厚非。

然而，讓中共開始感受到不安的是，李登輝一方面設立「國統會」，似乎不講「台獨」，並且自己也說從來沒有主張「台獨」；但實際上，他卻在堅實地建立讓台灣遠離中國的精神文化的重建工程。這包括了多次修憲與教育改革，在憲法上加入原住民與多元文化，並專注於加強台灣人主體意識，開放全民選舉總統，一步一步，終於揭露「兩國論」，說兩岸是「特殊的國與國關係」。這個深刻用意，實質上否定了中國夢想的統一大業。在經濟交流上，李登輝也提出警告台灣企業不要貪圖中國廣大市場，而要「戒急用忍」，於是中共對李登輝影響力的全面圍堵與攻擊不遺餘力，包括訪問美國康乃爾大學母校等。

李登輝對中國的理解與印象，卸任後曾在一篇演講詞中提到，該演講名為：「終戰前後兩個時代的台灣文化比較」，他說人生中經歷的日本時代雖然是殖民地，但是國家體制、社會運作卻比較合理，立基於「法治精神」。而後來的中國人來到之後的作法，卻是口說和實際作為不一，讓人民產生恐懼。他說：「有二十多年的時間，晚上我都不曾好好睡覺」，不知哪一天會被帶走。因此他走過兩個時代，深知其差異，時時反躬自省，因此作為領導人，他要推動民主化和本土化，這比政治語言上喊出獨立，還具有優先性且有必要性，先建立自己的「文化國度」，唯有如此，「台灣社會才能真正成為我理想中那種既有民主自由，又是公平正義的國度」。[22]

六、結語：理想的台日歷史關係及其未竟之業

什麼才是理想的台日關係？李登輝在晚年著作中曾清楚闡述：[23]

---

[22]　李登輝2002：138-144。

[23]　李登輝2012：113。演講時間在2010年7月，主題「台灣與日本的百年來的歷史，今後的關係」。

台灣與日本兩國之間，未來應立基於平等互惠的關係。不可以把台灣視爲中國的一部份。日本與台灣是命運共同體。……我真心期待，台灣與日本兩國的國民，能多理解百年來的台灣歷史，增進相互理解，向著新時代的未來關係往前邁進。

此外，他也抱著理想提及未來，希望IOT第四次產業革命以及生醫技術，日本與台灣成爲密切合作的伙伴。[24]這些理想是否如同過去應驗的眞知灼見，會照著他所期待的方向走，誰也不知道，有待時間的檢驗。然而，就台灣內部的歷史重整作業而言，蔡英文總統就任以來，所帶動轉型正義、處理國民黨黨產、原住民轉型正義及設立「國家人權委員會」等作爲，並未停下腳步，可以說持續繼承了李登輝對自國內部不同族群的歷史差異，所延宕累積的歷史問題，加以一一清理。然而，在與日本之間，蔡英文總統甚少對歷史發言，她專注在共同面對的地震災害問題上的互相支持與救助，很謹愼地緊隨著以美國爲首的民主國家安全陣營裡，扮演恰如其份的角色。

就日本方面而言，如李登輝在著作中曾數度指出，過去日本對於台日的歷史關係的關注甚少。少到連李登輝的世代自己懷疑，是否只是片面對日「單相思」，日本並不領情？[25]然而，日本政府其實有其很重視的歷史問題。

二〇〇一年十月開始，日韓首相會議認爲二國之間，確實有歷史問題，因此從二〇〇二年起，連續三年舉行「日韓歷史共同研究」，二〇〇七年展開了第二期計畫。不僅如此，日中之間也有歷史問題，二〇〇五年仿造對韓國的作法，實施了四年期「日中歷史共同研究」計畫。從國家層級，政府主導來討論雙方對歷史的歧見的作法，不論其間是否能消減歧見，產生共識（當然，多半仍沒有共識），可是，對照之下，明顯忽略了台灣。縱然台灣是日本史上第一個海外殖民地，期間最久，有其種種存在的特殊性，卻沒有推動過歷史共同研究。難道，台灣與日本之間，沒有歷史問題嗎？

殖民史的課題：從19世紀末開始，大量的日本人追隨政府來到台灣，他們也正是李登輝世代所見到，讓台灣社會從清代前近代國家轉向近代國家的知識與勞

---

[24] 李登輝 濱田宏一（共著）2016：80。
[25] 李登輝2014：4。在此處用日語「片思い」來形容這種感覺。

力提供者，許多人出生在台，也埋骨於台灣。然而，因戰敗後，日本無力交涉，任由國府接收大量在台灣的日本民間人財產。雖然在《台北和約》，又稱為《日華和平條約》第三條明訂，日本在殖民地公有財產可放棄，民間人包括企業法人的財產要另外再論，卻無法得到中華民國政府回應。日本國內如何面對自己人民於戰後的犧牲，台灣如何解釋這些並非合法取得的「國有財產」？台灣對日治時期的歷史整理作業，從李登輝的世代開始，逐漸清理。政府方面先清理了與外省人之間的衝突，也強調在二個時代裡台灣人抗爭的層面。但尚難以表現李登輝世代所強調的較為平衡的面向。近年來，日本時代研究風氣頗盛也有成果累積，但是在觀光交流如此頻繁的時代，還沒有一間適合日本人來台學習台灣歷史的場所。這些都是李登輝在他的世代，燃盡全力接續歷史斷層的任務之後，需要後人繼續努力之處。

戰爭史的課題：台灣成為日本殖民地的初期，台灣人曾力圖反抗，當時耗費許多日本的財力與生命，最後強力鎮壓並兼施教育與建設以得民心支持，才有日治後葉的開展。這裡面在面對日治後半，台日共同建設的那一段李登輝世代歷史的同時，也不忘前期雙方的衝突與犧牲。對於原住民族，更是首度遭遇的國家統治勢力，原住民在台歷史悠久，與清帝國對峙數百年並未失去土地，也未接受統治。然而，日治初期的征服戰爭及歸順談判，使得原住民族首度進入國家統治的歷史時期，且在二次大戰期間與日本並肩作戰，死難者為數甚鉅，和台灣平地人一樣，在台灣仍未獲得國家正視，沒有國家級對戰歿者的追悼設施。甚至於在二戰後日本所放棄的對台統治權裡，並沒有對台灣人與原住民族有所交代，對於台灣要建立自己的國度，增加了很大的難度。而戰爭時期，台灣人日本兵的郵局儲蓄存金與保險等，戰後靠著人民力量對日開始求償，雖然長年訴訟，終於獲得補償。然而，只有三分之一領取，日台政府雙方都沒有追究為何大部分沒有被領取，也無完整報告即草率結案。這些種種，都留下對台日歷史關係的隱憂，也是未竟的事業。

李登輝在台日關係上，超克歷史過往的恩怨，銜接台日歷史斷層，並指引未來航向。期許後輩吾人繼承李登輝精神，學習他堅定的信念與實踐力，持續將台灣社會內部多族群相處底下的衝突，轉為新世紀的「和平與協調」。今後與日本的關係，持續修復歷史斷裂與傷痕，開展以李登輝精神為共同基礎的台日關係新樣貌。

七、參考書目

*以下分成李登輝與他人相關著作二類，前者以年代排序，後者以姓名筆畫排序。

（一）

李登輝　1988[1985]《愛心與信心：李登輝先生證道見證集》，台北：宇宙光出版社。

　　　　1989《愛と信仰　わが心の內なるメッセージ》，永渕清敏譯，東京：早稻田
　　出版。

李登輝　1995《台湾がめざす未来：中華民国総統から世界へのメッセージ》，陳鵬仁
　　譯，東京：柏書房。

李登輝　1996《經營大台灣》，台北：遠流出版社。

李登輝　加瀬英明（共著）1996《これからのアジア》，東京：光文社。

李登輝　1999《台湾の主張》，東京：PHP研究所。

李登輝　中嶋嶺雄（共著）2000《アジアの知略：日本は歷史と未來に自信を持て》，
　　東京：光文社。

李登輝　小林よしのり（共著）2001《李登輝学校の教え》，東京：小学館。

李登輝　2002《慈悲與寬容：跨越希望的門檻》，台北：台灣英文新聞出版。

李登輝　2003《「武士道」解題：ノーブレス・オブリージュとは》，東京：小学館。

李登輝　2004《921大地震救災日記》，台北：允晨文化。

李登輝筆記/李登輝口述歷史小組編註　2004《見證台灣：蔣經國總統與我》，台北：允
　　晨文化。

國史館李登輝口述歷史小組編輯　2005《李登輝總統照片集》(「家族相簿」、「從政之
　　路」、「國政舵手」、「領航台灣」)，台北市：允晨文化。

日本李登輝友の会編　2007《李登輝訪日　日本国へのメッセージ2007旅と講演の全記
　　錄》，東京：まどか出版。

　　　　2009《誇りあれ、日本よ 李登輝・沖縄訪問全記錄》，東京：まどか出版。

李登輝　2008《最高指導者の条件》，東京：PHP研究所。

李登輝　2012《日台の「心と心の絆」：素晴らしき日本人へ》，東京：宝島社。

李登輝　2013《為土作見證：李登輝的信仰告白》，台北：遠流出版社。

李登輝　2014《李登輝より日本へ贈る言葉》，東京：ウェッジ。

李登輝　2015《新　台湾の主張》，東京：PHP研究所。

李登輝　浜田宏一（共著）2016《日台IoT同盟　第四次產業革命は東アジアで爆発す
　　る》，東京：講談社。

李登輝　2016《熱誠憂国　日本人へ伝えたいこと》，東京：毎日新聞出版。

（二）

上坂冬子　2001《虎口の総統：李登輝とその妻》，東京：文藝春秋。

今川亂魚編　2005《李琢玉川柳句集 醉牛》，大阪：新葉館出版。

王輝生　2020《李登輝訪日秘聞》，台北：前衛出版社。

司馬遼太郎　1994《街道をゆく四十　台湾紀行》，東京：朝日新聞社。

伊藤潔　1996《李登輝伝》，東京：文藝春秋。

早川友久　2020《総統とわたし》，東京：ウェッジ。

李靜宜　2020《漫長的告別 記登輝先生以及其他》，台北：東美出版事業有限公司。

河崎眞澄　2020《李登輝密錄》，東京都：産経新聞出版。

周玉蔻　1993《李登輝的一千天》，台北：麥田出版。

　　　　1993《李登輝・一九九三》，台北：吳氏圖書公司。

門田隆將編　2020《李登輝　愛する日本人へ　日本と台湾の梯となった巨人の遺
　　言》，東京都：宝島社。

若林正丈　1997《蔣経国と李登輝「大陸国家」からの離陸？》，東京：岩波書店。

張友驊　1992《李登輝的霸權危機》，台北：新高地出版社。

陳芳明　1991《李登輝情結》，台北：前衛出版社。

徐宗懋　1997《日本情結：從蔣介石到李登輝》，台北：天下文化。

徐淵濤　2001《日本浪人「岩里政男」再替李登輝卸妝》，新北市：徐淵濤。

張義祥　2002《出賣國魂的李登輝》，台中市：張義祥。

黃文雄　2011《鉄人政治家　李登輝の原点》，東京都：文藝春秋。

黃智慧　2006〈「戦後」台湾における慰霊と追悼の課題——日本との關連につい
　　て〉、《現代宗教》pp.51-75，東京堂出版。

　　　　2020[2003]〈台湾における「日本文化論」に見られる対日観〉，收於三尾裕子
　　編《台湾における「日本認識」》，pp.261-301，東京都：風響社。

鄒景雯　2001《李登輝執政告白實錄》，台北市：印刻出版。

蔡焜燦　2000《台灣人と日本精神》，東京：日本教文社。

衛藤征士郎，小枝義人　2001《検証李登輝訪日：日本外交の転換点》，東京：ビイン
　　グ・ネット・フレス。

代結語
二十一世紀台灣要到哪裡去

林佳龍

　　二十一世紀台灣要到哪裡去？儘管二十一世紀已經過了二十年，但我想這仍舊是每個台灣人都關心的課題。而其實這也是李故總統在二〇一三年所寫的一本書的書名。在這本書中，李故總統提到：「台灣對外的問題是自主，對內的問題則是民主。」他同時提到：「台灣如何在全球化的規則下，像與其他國家一樣與中國正常經貿交往（其前提是台灣本身的產業健全、就業充分、成長共享），同時以實力與智慧捍衛政治自主，提防失去經濟自主從而失去政治自主的危險，是我們不可忽視的課題。」

　　我在李登輝學研討會的論文發表中，曾提到我們所推動的「李登輝學」研究，其實包括了李登輝作為一個個人（Individual）、作為一種體制（Institution），以及作為一個時代（Era）等三個面向。作為台灣民主化的推手，李前總統從政時期以「民之所欲，長在我心」作為治理國家的依歸，同時援引公民社會的力量，推動政治改革；而在他卸任後，則以「新時代台灣人」的公民身分，持續倡議民主深化的理念長達二十年。在他擔任總統的時候，他運用總統的體制權力，扭轉局勢；在他成為公民之後，他則提出公民倡議，希望能深化民主改革。而更重要的是，他一方面回應時代課題，另一方面也影響與改變了他所身處的時代。

　　李登輝總統一生，鑲嵌在台灣現代史內而開展。他不只在歷史脈絡下思辨與行動，他的思想與作為也影響著台灣歷史的發展。從日治時期、到國民黨威權統治，最後到民主化時代，台灣在這關鍵的百年間，歷經了政權與政體的轉型。這巨變的大時代，給予李前總統開創的機會，而他也在歷史機遇下，進一步形塑了台灣史的形貌。也因此，李故前總統壯闊波瀾的一生，近百年的人生歷程，不但與台灣這片土地緊緊相連，亦與台灣人的命運緊密結合。他的精神與思想，以及他的領導與治理模式，應該透過建構「李登輝學」來研究發揚，並做為持續深化

台灣民主的基礎知識。也因此，討論李登輝，其實也是希望能探討對應整個時代的課題。

大家知道嗎？二○二四年，將是台灣正式進入大航海時代的四百週年，也就是台灣參與世界的第四百年。台灣人意識的內容與形成，以及台灣與世界的關係，其實是我們這個時代的主題曲，而認識和把握我們的時代精神與歷史意識，則是政治領導的關鍵。儘管我們站上世界舞台四百年了，現在的台灣還仍舊是個年輕的民主國家，一九九六年總統直選至今不過二十五年。

不過台灣，其實是比較政治學中的特殊案例。到目前為止，世界上只有兩個國家，能夠突破中等所得收入陷阱，在實現經濟轉型之後，又從威權體制轉行為民主政體，完成了政治轉型，那就是韓國與台灣。而台灣之所以能夠走向至今不可逆的「民主深化」階段，我認為，就是因為在關鍵的民主轉型時期，做為領導人的故前總統李登輝，他抓住黑格爾所說的時代精神（Zeitgeist），才讓台灣得以有機會走到今日的榮景。我們已透過了李登輝學研討會，充分地討論李總統所處的時代。

那我們現在所處的，是一個怎麼樣的時代？

我們所處的是一個巨變的時代。過去一年來，世界面臨著前所未見的巨變。除持續升溫的武漢肺炎疫情外，我們亦見證美中兩強的角力爭奪，同時還體驗數位時代的技術革新。這三者交互作用並加劇影響，二○二一年將繼續挑戰著每個國家的領導與治理。

武漢肺炎疫情自二○一九年十二月在中國爆發，在美國造成死亡人數已超過第二次世界大戰。近來病毒出現變異，疫苗的問世與施打未趕上疾病傳播速度，二○二一年是否能平息尚是未知數。而疫情對人類社會的衝擊是全面的，從個人生活方式、經濟活動到跨國經貿與政治，無一不受影響。

國際政經局勢的巨變，則以美中角力最顯著。中國借全球化崛起與壯大，刻正意圖改變世界秩序，不但用國家力量進行不公平貿易，更挾多邊主義圖謀單邊利益，以一帶一路、中國標準等戰略意圖改變遊戲規則，希望實現中國的大國夢。這使得美國不惜以全面抗中的方式，希望能扭轉中國掠奪式經濟行為。

而疫情還導致「無接觸經濟」成主流，並且大規模促使人們加速生活的數位化。5G所帶來的生活變革，則是新常態生活的基礎。線上、線下服務的整合、

在地化、即時、個別化服務的需求，加深人們對數位科技的依賴。

　　也因此，眼前我們所面對的，不僅是少子化、能源轉型等大家都熟知的課題，我們遇到了在巨變之下，思維和行動都必須進行典範轉移的關鍵時刻。巨變造成世界政治、經濟與科技典範的轉移，然而，並非每個國家都能很好地回應如此巨變。而在巨變環境中的創新領導與創新治理，則是讓未來台灣能否成為「世界的台灣」、「台灣世界好」的關鍵之處。

　　在台灣智庫「人民眼中的李登輝：『李登輝學』民調」中，有一個題目問到：「過去一年，台灣人的防疫與經濟成果受到國際的肯定與矚目。請問身為台灣人，您感到光不光榮？」結果，有將近九成（88.4%）的民眾為自己身為台灣人感到光榮。這意味著台灣人民引以為豪的，已經從過去的MIT（Made in Taiwan：台灣製造）或是DIT（Design in Taiwan：台灣設計），轉變成為BIT，也就是Brand in Taiwan（台灣品牌）。

　　這也是為何我一再強調，我們必須積極打造與建立台灣的國家品牌。過去台灣在世界上原本被視為兩岸關係的「麻煩製造者」，但疫情之後，中國成為世界的問題，而世界對台灣的認知則已改變。事實上，台灣可說是人類的方舟，是世界的實驗室。一方面我們能跟國際接軌，另一方面我們也十分了解中國。也就是說，隨著中國崛起，台灣就更成為世界不可或缺的存在。因為，我們比任何國家都還要了解中國，所以，台灣成為中國問題的解答。如果沒有台灣的存在，不論是政體還是意識形態的鬥爭上，民主政體可能都會面臨挑戰，「台灣模式」成為其他民主國家解決問題的典範，進而幫助其他國家。台灣應該好好發揮我們的民主力、資訊力和創新力，不只展現正常國家的樣貌，還要成為對國際社會有貢獻的成員。

　　我們產業的競爭力、我們社會的開放，自由、民主跟法治，還有在國際上，我們沒有威脅，還能來幫助其他國家。台灣藉由這樣的過程，獲得國家定位跟認同感，也讓國家光榮感更為顯現。比較台灣跟中國在這次防疫的工作，呈現獨裁與民主政權面對疫情回應策略的不同，呈現了相當清楚的對照，這是我們的民主力。

　　台灣資訊非常發達而且自由流通，亦有資訊整合運用的能力。不管是戶籍資料、健保、出入境，這些資訊都是非常詳實而完整。這些大數據、資訊藉由數

位匯流，提升政府效能，也成為我們做決策的依據。這種資訊力造就台灣未來國力基礎，未來國力的衡量標準其實不表現在硬體建設，而是一個國家的資訊整合能力。

台灣相對其他國家比較有彈性、有效率，我們很容易適應環境的變化，加上國民素質的提升，形成有競爭力的創新力。以國際脈絡來看，微觀行動的匯集，過去台灣人一次次用投票深化民主，我們的意志展現推動了台灣國際地位的改變，但國際關係不是台灣單方面可以決定的，巨變下創新的領導也必須洞察國際的局勢，以台灣為主體，引導台灣趨吉避凶。

我們所引以為傲的民主，是一種政體的型態。在數位匯流時代，政府的角色不是宰制，人民也不應該是原子化或破碎化的個體。台灣是小而美的國家，在民主力上面，符合民主的基本，是個非常動態的國家，這也反映在我們的制度彈性上。而台灣的資訊流也是很暢通的，若民主必須要讓人民作主，則數位時代必須要謹慎地處理資訊流。

台灣好不容易從「有選擇的自由」，到「自由的選擇」，我們透過包括健保系統在內的資訊流的處理，來深化台灣的民主體制。而在全球化之中，透過資訊的流動，才能達到跨域的整合，才能有創新的出現。也因此，民主力、資訊力與創新力，這三者是一種互動的有機三角關係。奠基在台灣過去的民主化與經貿戰略成果之上，台灣需要下一個三十年的遠見，我們必須運用台灣的社會力、資訊力、民主力，讓台灣在下一個時代自信立足。而這，需要全體台灣人共同的參與，以及齊心的努力。

藉由李登輝學的研究，提煉歷史的同時，也讓我們能洞見未來。我們看到當時宏觀的局勢，也細究微觀行動的累積，同時給未來的創新領導與治理許多啟發。李總統在他所處的時代，帶領台灣邁向民主化、本土化與強化國際地位。那二十一世紀台灣要到哪裡去？台灣已用「實踐民主深化」、「豐富多元文化」，以及「與世界連結共好」來進行自我實現，展現出與世界同行的新台灣人樣貌。

在三大巨變之下，台灣的民主治理方能更完善，除要有社會力、資訊力、民主力，另外國家與社會之間的「關係」，也得理順。民主就是制度要更完善，我們的制度強的地方就在台灣的巧實力，其他國家反而要來台灣朝聖，需要來了解

台灣的奇蹟，而防疫的成功也的確讓台灣更有信心。我們運用巧實力，以自信來展現我們的微笑力量。因為，台灣是世界的台灣，台灣世界好。

最後，李前總統雖然已離我們而去，卻也留下了「作為一個台灣人是什麼意義？」這個課題，同時引領我們繼續思考：生為台灣人的悲哀與幸福，以及國家正常化的未竟之業。而跨越民主轉型、經歷民主鞏固，持續民主深化的台灣，面對中國日益強烈的威脅，台灣人如何才能成為具有主體性的自由人，成為一個正常國家，決定自己的模樣，這是包括筆者在內的所有台灣人，跨越時代與世代的重要課題。

未完待續
這一年，我們用書寫記憶李登輝

主持：董思齊
與談：林佳龍、李安妮、李靜宜、李敏勇
二〇二一年七月三〇日

我們敬愛的民主先生——李登輝前總統過世將滿周年。這一年來，許多思念李前總統的朋友，選擇用各種不同方式來記憶與懷念他。

七月三〇日李前總統逝世滿周年的這晚，台灣智庫邀請兩位在這一年出版與李前總統有關書籍的作家，分別在今年七月出版《夢二途》的作家李敏勇老師；

與人稱李總統「第一文膽」，在極短的時間內完成《漫長的告別：記登輝先生，以及其他》的李靜宜執行長，加上與我們一同推動李登輝學的林佳龍共同創辦人與李安妮董事長，一起聊聊這一年，大家如何用書寫來記憶李登輝。

這兩位作家，一位用記敘小說，一位用抒情散文，再加上林佳龍與眾人合力完成的第一本「李登輝學」論文專書《李登輝學×學李登輝：民主台灣的時代精神、歷史意識與政治領導》，雖是三種不同文體、三種不同風格的書，但同樣都滿懷著對李前總統的敬意。在這個特別的日子，讓我們一同向愛讀書的李登輝前總統致敬。

「這一年，我們用書寫記憶李登輝」線上座談會

出席嘉賓
◆主持人：董思齊／台灣智庫副執行長
◆引言人：林佳龍／台灣智庫共同創辦人、活動發起人
◆與談人：李安妮／李登輝基金會董事長
◆與談人：李靜宜／東美文化執行長、《漫長的告別：記登輝先生，以及其他》作者
◆與談人：李敏勇／國家文藝獎得主、《夢二途》作者

◆台灣智庫副執行長董思齊：

今天是很特別的日子，是李登輝前總統告別我們一週年的日子。為紀念李前總統，在台灣智庫共同創辦人林佳龍先生的號召下，台灣智庫和李登輝基金會選在這個特別的日子，舉辦這場「這一年，我們用書寫記憶李登輝」線上座談會。

在開始前先介紹參加座談會的幾位貴賓。第一位是李登輝基金會的董事長李安妮。第二位是知名翻譯家與作家，《漫長的告別：記登輝先生，以及其他》作者、東美文化執行長，李靜宜執行長。第三位是國家文藝獎得主，《夢二途》一書的作者，詩人李敏勇老師。最後一位是發起李登輝學系列活動，同時以總策畫人的身分，推出《李登輝學×學李登輝：民主台灣的時代精神、歷史意識與政治領導》的台灣智庫共同創辦人林佳龍，林前部長。

在請林佳龍部長進行引言前，邀請大家一起來看一段影片。在這段回顧「李登輝學」系列活動的剪輯影片中，你們可以見許多熟悉的身影，並且聽到他們對李前總統的看法。看完這段影片後，我們有請台灣智庫共同創辦人林佳龍前部長

來幫我們進行開場引言。

◆台灣智庫共同創辦人、活動發起人林佳龍開場引言：

大家好，很高興與大家在線上相會。我想現在大家心情都很緊張，因爲奧運正在進行中，而台灣隊正在奧運上展現訓練多年的實力。雖然比賽總是有贏有輸，但最重要是過程中，台灣眞的是緊密的連結在一起，全台灣人爲我們的台灣隊努力加油。羽球的麟洋配（王齊麟、李洋）確定進入奪金戰，我們的小林同學（林昀儒）銅牌戰到第七局都表現很優異，雖然最後沒有贏得比賽，但我們還是持續來幫台灣隊加油！

回到主題，爲什麼要邀請大家從書寫來談李登輝，是因爲李登輝前總統跟我們在座的每一位都有交會。事實上因爲他很高壽，我們現在還活著的人也勢必都曾經跟他有所交集。今天是他辭世一週年，我們台語叫「對年」，是追思懷念的一天，我們相信他在天上也始終在看護著我們。

找自己心裡面感到欣慰的是，在他過世時，我問自己一個問題：「李前總統爲台灣做這麼多事，站在巨人的肩膀上，我們能夠做什麼？」那時候我就想說，至少能來辦一系列的研討會、論壇等活動，讓大家來分享彼此跟他互動的經驗和體會。也因此，在他過世那天到冥誕不到半年的時間內，台灣智庫舉辦了一場直播前導講座、五場講座論壇、一場兩天的學術研討會、同時還有三次的民意調查。而串連一系列活動的主題則是：「時代的課題×世代的對話」。

之所以設計這樣一系列的活動是因爲，台灣今日的處境跟一九九六年時有一些相似之處。另一方面，就像台灣人現在都希望台灣隊的選手在奧運場上能有最好的表現，可是我們到底名稱是什麼？現在ROC被別人用走了，而且是國際體協對俄羅斯的懲罰（俄羅斯奧委會，Russian Olympic Committee）。那我們到底是誰？從哪裡來要到哪裡去？李總統一生都在思考這個問題，也留給我們非常寶貴，由他個人所建構的哲學跟他身體力行所帶來的具體影響。

所以我想在此時他辭世週年，我們在追思的過程，他會希望我們更往前看。在他的基礎上，我們也會去想說如果他今天還在，跟我們一起面對現在的環境，他會做什麼決定？也因此這一年來，每一個人都用自己的方法，有公開的有私底下的，訴諸文字或語言，也有放在心上的來追思他。

我覺得今天的安排特別有意思，「這一年，我們用書寫記憶李登輝」，我們把一系列跟安妮董事長辦的活動集結成書。我很欣慰能做到一年前向大家承諾想做的事情：辦了「李登輝學」系列研討會，出版一本專書。更高興的是，找到一群共同努力實現這個承諾的人。

敏勇老師他所寫的《夢二途》我是一讀再讀，我自己印了一千本，也寫了一些感言跟好朋友分享。另外我們李靜宜執行長，李總統的第一文膽所寫的《漫長的告別：記登輝先生，以及其他》，裡面的每一天我都是很惜讀，每一則都怕念太快，因為在體會的時候進入那個情境，我也好像是在現場一樣，今天靜宜執行長也現身說法。所以我覺得今天的安排，就是大家透過我們說「讀冊」，也是一種聊書，可以聊天、聊地，談我們心中的李登輝和台灣的未來。

談到讀書，我回想起他曾跟我講的一句話，是十七年前我到台中的時候，他跟我講過的話。在最初的時候，李前總統曾經是我反抗的對象，但到最後，卻是我追隨的對象。我自己在人生的每個階段跟他的互動交集，真的是收穫非常大，所以我也很想跟大家分享。他這句話是這樣講：「學政治一定要多讀書，尤其是要透過人文思想的淬煉，深刻感受到作為一個政治人物該有的情感及責任。」我就以這一段話作為一個起點，做為這一場座談會的引言。

◆台灣智庫副執行長董思齊：

共同的苦難與共同的榮耀，造就一個生命共同體。我們在李登輝前總統的帶領下，從台灣人的悲哀變成幸福的台灣人。這一路過程中，在旁陪伴與看顧李前總統的就是李安妮董事長。在李前總統逝世周年之際，安妮董事長最近一定非常忙碌、辛苦。我們也很高興聽到總統府回應基金會要把李登輝紀念圖書館，建設在台大徐州路舊法學院的這樣的訴求。我想不應該只是圖書館，應該要把那邊變成民主園區才對。接下來我們聽聽李安妮董事長的分享。

◆李登輝基金會董事長李安妮：

首先，我想接續剛剛佳龍提到父親過去跟他說過的那句話，我也由衷的要跟佳龍說：「無論是作為一個政治人物或是政治學者，該有的情感與責任你都做到了！」我為什麼要先這樣講？其實去年在辦完父親後事，我還在沉澱與收拾心情

的時候，突然接到智庫的通知，告訴我佳龍想要辦「李登輝學」的相關活動。我當時一方面很興奮，另外一方面心裡也有點忐忑。當然這裡頭最主要的是，佳龍長期以來我一直將他視為是一位學者，所以他跟我提要做這件事的時候，他作為學者的形象馬上就浮現在我腦中。他真的不失學者本色，展露對追求學問的熱忱。但一方面，我也覺得很沈重。因為學術界人都知道，要在一個人的名字後面加上-ism或-ology，是需要有高度的智慧跟勇氣。當然佳龍是有足夠的智慧，但勇氣的部分，我直覺認為會需要更多人一起來。因此我也決定參與這樣一個透過學術性的探究方式，來了解認識所謂的「李登輝學」。

之後智庫所辦的系列實體活動我幾乎全程參與，包括李敏勇老師與談的第一場直播我也都看了。我覺得所有的探討，最後就是回到我們走過的歷史，同時思考我們要往哪裡去，也就是台灣的未來。

藉著對李登輝的研究，多數學者在撰寫的論文或研討的對話中，可以觀察到「李登輝」大致是被作為一個自變項，過去九〇年代所發生過的歷史事件，則被當成依變項來討論。作為自變項，也就是佳龍在講的「李登輝學」的一部分，相關的討論可以從他的出生、他的思想、他的過程、他的人格特質等等，進入到他怎麼治國。此外，一個人如果在他的養成過程裡，使他累積了一些所謂的優勢，包括知識上的優勢，他如何透過、運用所擁有的優勢，去為他人提供服務、為社會帶來改變，去創造更文明、更進步的未來，而不是藉著這優勢來享受個人的特權，這部分也許也可以成為「李登輝學」研究的課題。我個人從《李登輝學×學李登輝：民主台灣的時代精神、歷史意識與政治領導》一書中，窺見到這樣子的影子。

這本書除了收集各場論壇中精彩的論著外，還特別在第一部分規劃了「人民眼中的李登輝」這個篇章，將論壇辦理期間所進行的幾次民調分析結果加以揭露，讓數字來說話，也用數字來幫民眾表達「李登輝學」的意涵。我個人所從事的研究大多是量化研究，因此對第一部分的資料感到特別有興趣，也看得特別仔細。我覺得無論是所採用的統計方法，或是對分析結果的詮釋，都相當成熟且深入，有別於一般報章雜誌上常見的簡化且粗糙的民調調查報告，非常值得讀者細細品嚐。

透過這本書的誕生讓我深切感受到，我們做了很多李登輝和台灣學的研究，

其最終目的不外乎希望能為年輕民主台灣培養更多的青年政治家。期待這些政治家能夠從李登輝身上去看到他的優點，去學習到治國的能力，去完備成為領導者的條件。

　　台灣過往所經歷的都是殖民的、外來的政權，我們應該透過更完善的規劃，好好培養我們的年輕人，使台灣能產生更多本土的、原生的未來政治家，也藉著這樣來創造台灣政治的原型。我想佳龍舉辦這一系列活動，最後也是希望能塑造出台灣政治發展的原型，讓台灣的獨特性在國際間再一次被看見。

　　回想父親晚年最關心的事就是台灣年輕政治家在哪裡？我們要怎麼去培養他們？讓他們為這片土地及人民好好來做事情。佳龍花了這麼多的時間，做出一系列相關探討，我覺得他背後有跟爸爸一樣的，愛土地、愛人民、以及對年輕世代的期許，這也是為什麼我覺得這本「李登輝學」專書值得一讀再讀的原因。

　　在座還有兩位非常知名的作家，我非常敬佩，尤其是李敏勇老師。我常跟他說作為一個詩人是很幸福的事，閱讀敏勇老師過去寫的文章，我都會有高度的幸福感，即便他在描述苦難或悲哀，也能讓讀者因情感得到宣洩而產生幸福感。

　　《夢二途》這本書，是他最新出版的著作，算是二十年前他所主持的那場「先覺世紀對談-跨越兩個國度的人生」的續集，或是完結篇。他用「夢的兩條路，淑世典範的心影」作為序說的標題，用「他們的夢還在嗎？台灣人還有什麼夢？」做為全書的結語。雖以歷史小說的形式呈現，但內容一如他過往的書寫，人、事、物都是真實存在的，沒有一絲小說的虛構性。全書二十章的佈局也帶領讀者走入台灣的特殊歷史境遇。許多重要場景與角落的文字運用，更可窺見其「精雕細琢」的功夫，你看他對四季的描述與形容就非常與眾不同。尤其在描寫「殊二途」兩人的人生、個性、思想、出生、行事風格……等對照時，選用了極為貼切傳神的對帳文字，像極了真正的文字藝術家。其實我花不少時間看《夢二途》，看了很多遍，因為我不自禁會去猜測他用這些字詞背後是否有特殊含意？他是否試圖植入或傳遞什麼樣的個人情感。我很希望讀者朋友們，也可以跟我一樣去細讀去享受此書的用詞與鋪陳。

　　最後我也要來分享閱讀靜宜這本《漫長的告別：記登輝先生，以及其他》的感想。以前或許是因為她看待老闆的家人有一定的分寸，總覺得和她之間有一定的距離。但我也常從旁觀察她，我很喜歡她的個性，也很欣賞她的文筆。說真

的，我原來不知道他是第一文膽，後來去問了蘇主任，才知道一些很重要的文字或一些演說還眞是出於她的手，這才體悟到她眞是軟中帶硬的才女。

有別於「夢二途」，靜宜這本書我用一個下午很快地就把它看完，因爲書中每一篇敘事都帶我回到歷史現場，尤其書裡還記載有我們同遊捷克，我們共賞音樂饗宴的種種。所以在看這本書時，我是急得不得了，急著想知道每一篇接下來呢？再來呢？還有呢？可以說是迫不及待想知道靜宜爲我保存了多少已被我封存的記憶。我很快的把她的文字看完，然後試圖從她爲我打開的日記本中，找出我過去曾經走過的，可能忽略的，或是我曾走過卻視而不見的東西。靜宜非常可愛、柔軟，用這樣的書寫方式，喚起親人、同事與李總統相處的記憶，也幫助大家從另外一個角度去認識李總統。對我來講，這本書讓我回過頭去重拾我忽略的、遺忘的歷史，去重溫我曾行經過、遺留過的足跡。

今天所談的這三本書就如我剛剛在臉書及時發文所寫：非常值得大家一讀再讀。謝謝！

◆台灣智庫副執行長董思齊：

安妮董事長一開始是用很理性的方式來跟我們分析怎麼樣建構「李登輝學」。「李登輝學」在林佳龍部長的統籌規劃之下，嘗試從人民的角度、政治工作者的角度、學術的角度等不同的面相來建構李登輝先生。當然這樣的嘗試還在努力中，需要大家一起來努力。

其實讓我很感動的是安妮董事長，每次都能夠用感性的方式來做收尾和總結，特別是我們在這本書有引用他的非常有名的一句話，她說：「先父對這塊土地跟人民的愛，像極了愛情。」這段話在我們的系列座談會中感動了非常多人，非常謝謝安妮董事長還有李登輝基金會。

接下來我們邀請到這位，就是剛剛也提到人稱第一文膽的李靜宜執行長。這位最佳的總統代言人，她其實眞的是多產，出版過非常多的翻譯與寫作。她在書中有提到，自己是希望不要讓別人覺得說有耽誤到工作的狀況之下，低調地把這些工作完成。從李登輝前總統過世到告別式那天爲止，她在很短的時間內完成非常動人的《漫長的告別》，我們一起聽聽看李執行長的分享。

◆東美文化執行長李靜宜：

謝謝大家，今天眞的非常的榮幸，有機會能夠在這麼有意義的日子，參加這場座談會。不過也突然驚覺到，一年的時間這麼快就過去了。就是在你不知不覺中，你以爲那些東西都還像是昨天一樣，結果他就已經成爲回憶了。但仔細一想，回憶這個東西就是這個樣子，回憶就是一個這麼奇怪的東西，隨著時間過去很多東西，你慢慢就淡忘。然後或者是他就變得像影子一樣，再不然就連影子都沒有了，連自己都忘記了。可是在某一個瞬間，你很可能會因爲某個觸因，聽到一句話、一段音樂，甚至某一個光影，然後你就突然想起一些事情，你就會發現回憶一直都在，只是你把它藏在心裡的角落裡面，你以爲你自己忘記，甚至於會懷疑它到底存不存在，但是其實他永遠都在。

去年這個時候，因爲李前總統過世的關係，一個在你生命中曾經佔有這麼重要地位的人，突然就永遠不在了，我覺得那對心理上的衝擊是非常之大的。所以就有很長一段時間，從去年的今天開始就沉浸在一種你很難解釋的情緒裡面，所以你就會一直反覆地思索一些東西，然後就會發現說有一些事情，我好像已經忘記了。但這個時候我好像突然又想起來了，也因爲想起了一件事情就想起了一串事件，就想起了更多的事情。我雖然覺得很高興，因爲你就會重新地把一些記憶挖掘出來，好像重新讓你得到了一些溫暖。可是我也很害怕，我會不會是現在想起了，但是過了一段時間我又把它忘記了？所以我是在一個很急迫的心情之下，想說要用文字把它寫下來。

因爲我平常就是習慣用文字梳理自己情緒的人，寫下這些東西眞的只是爲了自己，爲了自己過去的記憶去證明我自己的曾經有過的一些東西，所以也從來沒有想過要把這些東西跟其他人分享或給別人看。所以我在寫這些東西的時候，包括我身邊最親近的人，我的家人都不知道。每天晚上就是自己一個人坐在書房裡面，寫一個晚上甚至寫到天亮。

但是寫著寫著我慢慢覺得，李登輝先生對台灣的歷史來說，是一個這麼重要的人物。其實環繞著他發生的一切事情，對於所有的台灣人來說，都應該是一個共同的資產，應該是大家共同的記憶。儘管我跟他的互動都是私底下的互動，我認識的他，可能是很多是不認識的另外一個面貌的他。但是這一層的面貌卻是很

多其他人要完整的理解李登輝先生所必需要知道的部分。所以在一個很衝動的情況之下，我決定要把我寫的這些東西跟所有朋友分享，也就在非常倉促的情況下，寫出了這本書。

很多人問我說，你怎麼有辦法這麼快就把一本書寫出來？其實我自己是情緒非常澎湃，所以每一天想到很多事情會擔心忘了，然後又覺得我的筆沒有辦法停下來，因為停下來情緒就斷掉了。我就很想把我當下所感受到的，很澎湃的很複雜的情緒，能夠如實地把它呈現出來。我覺得這對我來說是件非常幸運的事情，可以在很短的時間裡面，把我的一些想法留下來跟大家分享。也很謝謝包括安妮姊在內的很多的前輩，很多過去的長官對我非常擔待。其實我寫這本書的時候有點擔心，會不會在很混亂的情緒之下，寫了什麼不該寫的話，但是還好大家都對我非常地包容。

回過頭來說，之所以可以寫出這本書，當然也是因為工作的關係。我覺得自己非常的幸運在剛踏入職場沒有多久，就能跟隨在李登輝先生身邊工作。其實對我那個年紀的人來說，那就是一份工作，也沒有多想。想說在總統府工作，就跟在其他公務機關工作沒有什麼兩樣。我就是公務員，我做的事情其實跟大家沒有兩樣。但事後回想起來自己真的是太天真，那其實就是我人生一個非常大的驚奇，跟我人生非常大的意外，對我這一生有了非常重大的影響。這個重大的影響不只是可以跟在國家元首身邊，見識到很多很多人見識不到的東西。更重要的是我可以藉著跟登輝先生很近距離的接觸，有很多的機會去觀察到一個偉大的人物之所以偉大是為什麼？而我經常可以從他的身上去理解到，他思考的高度是什麼？他為什麼會有這些的想法？他為什麼做成這些決斷？當然對於年輕的我來說，是需要很長很長的時間，用很多很多的工夫去學習，去跟上他的腳步。

我也曾經非常的挫折，因為大家都知道李先生是一個非常博學多聞的人。他就非常愛看書，因為當時有幫他撰稿的工作，需要知道他每天都在想一些什麼？所以每天知道他在看什麼書，我都盡量去找來看。我剛開始的時候是一點都不相信，因為他經常就是給一張書單，幾十本書就叫人家去買回來。我心裡頭都想說，怎麼可能！你這麼忙，一個禮拜要讀十本書怎麼可能讀得完，結果他每一本都讀完了。所以沒過多久，我就知道心存僥倖是行不通的，就是要開始認真去讀書。

那是我人生成長最快的一個階段，那個快不是因為見識到了很多事情，而是因為他逼著你必須跟上他的腳步。我必須要去讀很多的書，看很多的東西，充實我自己，並且試圖用我自己的理解，來理解一個國家元首眼中的世界是什麼樣子。當然這一年來過去的一些事情，有很多人問說那個年代那麼多的驚濤駭浪，你們到底是怎麼度過的。我每次碰到這樣子的問題，都思考很久。我想說「驚濤駭浪」這四個字，我從前在總統府工作的時候，從來沒有出現過這幾個字。儘管事後現在想一想台海危機、飛彈危機、外交變革或挫折，在外人看起來那段時間是台灣就是一個風雨飄搖，面對無數危機的時代，可是當時的我們，似乎從來沒有懷疑過，自己不能夠克服這些難關。就是我一直覺得我們是走在一條正確的道路上，道路上有無限的可能性，每天有新的挑戰，但這些挑戰都一定可以克服。

　　我覺得回想起來，其實就是登輝先生留下最大的資產，跟在他身邊工作，你就會永遠感覺的到你對未來充滿信心，你對你所做的一切充滿勇氣。你只要願意做，沒有一個困難是沒有辦法克服的。所以最近也經常在想說，我現在也離開公職追求自己其他的人生，經過了這些經驗能給台灣的年輕人一些什麼？我覺得每個時代有每個時代不同的困難，每一代的人有每一代的人不同的成長歷程。但是我覺得我們唯一需要堅持的，就是那樣子的勇氣跟信心。

　　就如同最近很熱門的奧運賽事，其實我們也可從這些運動員身上，看到他們的勇氣跟信心。我覺得台灣需要的就是這樣子的勇氣跟信心，需要的就是用共同的目標去凝聚大家，讓大家相信我們可以克服一切的困難，去完成我們所有人共同的遠大的理想。我想這就是作為一個曾經在李先生身邊，有過這樣好學習機會的人的體會。我想這就是從李先生身上得到最好的東西，而我也希望能永遠把這樣子的勇氣跟信心留在身上，繼續為台灣繼續為下一代去做更多的努力跟嘗試。謝謝！

◆台灣智庫副執行長董思齊：

　　非常謝謝李靜宜執行長，真的是非常感動的分享。透過記憶的分享，讓私人的記憶成為我們共同的回憶。每次我在讀李靜宜執行長這本書的時候，都彷彿可以聽到那一聲：「李小姐。」在李登輝前總統巨大的身影之下，我們可以看到她是如何跟在他旁邊，多麼覺得有方向感。而透過細膩感性的文字，讓我們真的可

以看到強勢領導的李總統形象之外，比較善解人意、有點俏皮的形象。如同李執行長提到，李前總統看非常多書，我個人是也有非常大的既視感，因為我們的佳龍部長也非常喜歡閱讀，常常分享很多書，我們也是必須要跟著來閱讀，雖然不輕鬆，但總是令人收穫滿滿。

我們聽完李靜宜執行長，用抒情的散文來做對李先生的回憶。接著我們要請國家文藝獎得主，李敏勇老師，談他的《夢二途》。剛剛林佳龍部長在引言中沒有念說他為這本書寫下什麼樣的推薦，我來稍微讀一下：「李敏勇先生的《夢二途》一書，以小說手法描繪李登輝與彭明敏的人生軌跡，讓吾輩台灣人得以借鑑李、彭兩位前輩的遠見與選擇，提煉出屬於這個世代的時代精神與歷史意識，繼續接棒台灣民主發展的未竟之業。」在李總統卸任不久之後，李敏勇老師就參與李登輝先生跟彭明敏先生這兩位先覺的世紀對談，從參與這樣的對談到觀察他們兩位，再到寫出這本小說，我們現在請李敏勇老師來分享一下他的觀察與想法。

◆國家文藝獎得主李敏勇：

二〇〇二年，我應邀到圓神出版機構擔任社長，剛好日本作家上坂冬子出版《虎口的總統》寫李先生。那時我就非常冒昧地寫封信給李前總統，說我現在圓神出版機構，希望能夠出版你在日本《虎口的總統》這本書。我們也跟上坂冬子接洽，想要徵得李先生的同意。當時很多人在爭取李先生這本書的版權在台灣出版，但那時候李先生答應讓我來出版。在我短暫的出版參與過程裡面，先後出版這本李先生有關的書以及李登輝學校教本等兩本書。

後來，我就想邀請李先生跟彭明敏先生，這兩位非常特殊的歷史際遇，一九二〇世代一前一後在台灣政治史扮演重要角色的人來對談。他們兩個在戰後中分別從京都大學跟東京大學回來，在台大完成學業，當時也是常常相聚的台灣跨越戰前戰後世代歷程的人，所以就辦了「跨越兩個國度的人生」。

我很希望從兩位具有文化意識、知識涵養，同時對台灣戰後的政治有深度介入的他們，來分享他們學習成長的歷程，以及他們參與政治的歷程。事實上我是那個時候才跟李登輝先生有接觸，也是後來才知道，他多多少少看了一些我長期在媒體的專欄的文章，所以對我有一些認識。可能對我作為一個詩人的角色來出版他的書也很欣慰。之後就常常有機會跟李先生接觸，甚至變成有跟他會面的機

會。有一次在家裡我太太接到李先生打來的電話，李先生很高興地問我在不在，說他寫了一篇脫古改新的文章，如果我在的話，他馬上要請快遞寄給我看一看。

　　我覺得李先生在我印象中是非常特殊的政治家，這種政治家是特殊的台灣歷史構造，跨越戰前戰後特別是一九二〇世代台灣人知識份子，後來在台灣的戰後的各種產業嶄露頭角的菁英。我們知道李登輝的前輩們大多屬於二二八事件後，所以他們二二八事件看到很多台灣政治菁英受難，然後在戰後踏出他們實踐腳步的台灣人。我在李先生去年過世的時候，想到「夢二途」這個書名。所以用大概兩個多禮拜的時間，希望能夠發表，趕在李先生的追思告別會之前發表完。這個小說是在《蘋果日報》，用大概一個禮拜的全版去連載，我想算是我對李登輝先生的一種致敬，特別我把他放在跟彭先生的對照來看。

　　我在想李先生的夢是什麼？我常常想起司馬遼太郎來台灣訪問他，然後用場所的悲哀所透露的李先生，他的夢就是把台灣的悲哀到幸福的，這個西田幾多郎場所的悲哀哲學的體會。對台灣特殊歷史構造裡面的場所的悲哀，他有深刻的體會，可是他是一個得到偶然得到機會的政治家，後來在政治場域裡面能夠實踐，要把台灣人帶向「身為台灣人的幸福」這樣的一個政治家。而且這個是非常特別的，我在看台灣的歷史，台灣人的受難的形象特別多，成功的形象很少。我特別用李先生跟彭先生的遭遇，可以來看的話就是很典型台灣戰後的歷史充滿身為台灣人的悲哀，特別是二二八事件那麼多的菁英罹難，這些原來是可以在台灣人的社會裡有發揮高度貢獻的人。

　　我覺得這在一九二〇世代李先生、彭先生他們存在非常深刻的印記，而李先生這個夢想實現性，非常特別。特別的一點是他進入實際的建制是偶然性，然後彭先生進入的政治，我覺得是一種觀念性的政治。因為彭先生一九八六年發表「台灣自救運動宣言」跟兩個學生，那個時候他一直到跟李先生在一九九六年競選總統這中間，彭先生都沒真正的進入政治實踐上。李先生是有進入政治實踐，他在一九七〇年代跟彭明敏先生，剛好歷史轉折蔣介石時代彭明敏進入體制的時候，在聯合國進入政治圈。但他是在一九六四年「台灣人民自救宣言」事件以後被迫流亡，一九九六年後來跟李先生變成不同的黨派競選台灣總統，都有台灣的夢。但是彭先生是一個觀念政治，並沒有真正在政治實踐上，讓我們看到我們台灣一種的知識份子某種理想的悲劇。但是李先生有，李先生本身是一個農經學

者，跟彭先生的學術訓練又不太一樣。李先生本來不是政治人物，但他偶然得到那個政治位置的時候，實踐政治完成那些功業，讓人有非常刮目相看。

一定要從李登輝先生的知識學養這裡面去探討，後來我想想說，「政治工學」是一個角度，另外一個是他的「政治美學」，另外一個是他的「政治哲學」。我想台灣的政治家普遍很少像李先生這樣博覽群書，然後那麼狂熱地想要吸收知識，又能轉為實踐的這種人。像司馬遼太郎來台灣訪問時，曾經勸李先生不要競選直選的總統，他很擔心李先生受害。李先生的性格在偶然進入政治，在作為代理的那兩年的總統以後，國民大會選了總統的六年以後，後來他透過他的憲改進入民選總統。他競選第一屆總統的覺悟，這裡面就有一種夢想在實踐的性格，所以我們說台灣在關照我們政治的時後，從政治家的作為去探討政治家的人格、成長、知識的過程，還有他們的夢想到底是什麼？

我想政治不該只是一種權力分配，政治家還是要有理想。所以我覺得，李先生放在跟彭先生對台灣的共同的夢想，不同的路途來對照。李先生過世之後有很多的書冊，讓李先生留在台灣人的心板上，作為一個文學工作者特別是用歷史小說來嘗試把台灣人的故事，把政治人物故事化，讓台灣人能夠去領略到我們曾經是在現實政治裡面，我們曾經有像李登輝先生這樣子的人。他在十二年總統任期，事實上之前大概十幾年的進入政治實踐的歷程，這長期的過程裡面，他那種個人精神史的過程，勉勵共同生活在這片土地上的人們，能夠一步一步地去改變台灣這個國家共同體，去實踐從「身為台灣人的悲哀」的感嘆到「身為台灣人的幸福」的憧憬，能夠有我們的共同的一個希望。

《夢二途》不是一個困難複雜的小說，主要是李先生跟彭先生故事的對照，特別是他們兩個台灣人的夢想，實踐的過程應該被台灣人深刻地記憶。然後政治家要有所為，正是應該要從這裡面去體認到，政治作為一種實踐，構成他的工學（力學）、美學、哲學的過程，對台灣才有一種更多、更好的展望。很謝謝各位推薦這本簡單的小說，這希望能夠讓我們更記憶李前總統他的功業，也記憶彭明敏教授他在台灣歷史上印記的位置！謝謝大家！

◆台灣智庫副執行長董思齊：

謝謝李敏勇老師精彩的解說。夢二途，同夢但是不同途，這樣的分析非常吸

引我們做比較政治研究的人。我們比較政治就是在研究同中求異或異中求同，在人類社會裡面很不容易出現這麼好的對照組，而在對照之下我們可以發現李總統用他個人的魅力，用他對政治的理解，來形成他獨特的政治力學、美學和哲學，同時也讓我們看到「選擇」的重要性。

關鍵的時刻要如何來做選擇呢？這也是為何林佳龍部長要在「李登輝學」專書加上附標「民主台灣的時代精神、歷史意識以及政治領導」的理由。政治領導當然是非常重要，李總統也讓我們看到實踐與非常立體的政治領導者形象。最後我們要請促成「李登輝學」系列活動的林佳龍部長來說幾句話。

◆台灣智庫共同創辦人、活動發起人林佳龍：

我今天一方面是說書人，一方面也要藉此機會感謝一年來這麼多志同道合的朋友，響應「李登輝學」。「李登輝學」主要想來探討民主台灣的時代精神、歷史意識以及政治領導。進入這本書之前，我先來談談李敏勇老師的《夢二途》與靜宜的《漫長的告別》，也希望能讓大家可以做更多的對話。我覺得不論是安妮、靜宜或者敏勇老師，都是一方面用微觀，另一方面以宏觀的方式來看待李登輝前總統。其實我們也是借題發揮，從跟他生命的交集裡面，說自己的故事，同時連結台灣的過去與未來。

「李登輝學」研究的豐富性，真的是像活井美泉，不論你如何想把水取盡，都還是源源不絕，甚至有更豐富的水源被發現，很值得大家來挖掘。這一年來很多人都在進行與李前總統有關的工作，除寫作外，也辦了很多活動，很多的作品會陸陸續續出來，有些活動也在準備當中。我們今天是用書寫記憶李登輝，用這樣的方式，在我們個人的生命史跟李登輝先生的交會中，記敘與紀錄和他所一起走過的路。

如果以座標來形容，靜宜執行長，應該是座落在靠近李前總統座標系的原點。靜宜跟李前總統交會的生命中，讀了很多書，可能多修了好幾個博士學位。在那驚濤駭浪的十二年，台灣怎麼走過來？對我來講，我現在面臨很多重大的課題也好，有時候人生的一些困頓、抉擇的時候，我會問自己，李總統若處在這樣一個情境下，他會怎麼辦？這幫助我展開了一個很大的架構來面對狀況，而我覺得研究「李登輝學」的意義就是在這裡。

事實上我有兩本書也入圍過金鼎獎，分別是談許文龍的《零與無大》與《兩個餌只釣一條魚》。許文龍先生是李前總統的好朋友，他們兩個也很不一樣，許文龍曾經說濁水溪以下可以歸他管，稅金少一半。就煽動能力來看，許董可能比李先生更強，我想他去從政也是相當有魅力，可以吸引很多人。其實從這裡來看，我在做人生的思索跟選擇的時候，都會擷取他們的人生經驗作為對照。

　　閱讀靜宜執行長這本書時我是非常的享受，我真的很惜讀，捨不得一下就讀完，當然也會一讀再讀。讀完整本書後，我又進入到那個時空場景裡面，就像剛剛安妮講的，我們想到的比寫出來的還多。我覺得是很多場景的再現，是溫故知新，值得一讀再讀。也因此《漫長的告別》不是告別，是一個新的開始。

　　李登輝與時代的課題，其實就是談現在的時代跟我們的世代所面臨的重大課題。李總統問了很重要的問題，我們是誰從哪裡來？到哪裡去？台灣在奧運面臨到的問題就像四百年前一樣，因為當時的原住民族也不知道別人怎麼稱呼他們。但回到當下，一般正常的國家都會稱呼台灣為台灣。但我們面臨到的問題反而不知道要如何稱呼自己是什麼？

　　李前總統他的思想跟主體性是很清楚的，他真的對這個土地有深厚的情感，讓我們台灣人得以自己來為自己的命運決定。這就像今天有媒體報導我在自由時報投書（李登輝學與時代課題）時所下的新聞標語「林佳龍：從他留下的珍貴資產找到屬於自己的解答」一樣，「李登輝學」不是直接幫每個人解答，不是去讓每個人學做李登輝，而是讓他作為一個參考座標，以此來解決我們自己個人關心的問題。例如：人存在的意義？從生命主體性到社群，台灣做一個命運的共同體，何去何從？「李登輝學」幫助我們在這個座標系裡找到屬於自己的答案。

　　另外我也來說一下敏勇老師的《夢二途》，在連載期間，我每天早上睡醒就非常期待新一篇的出刊。我記得有六篇，之後再增加一些內容，變成現在這樣的一本書。我覺得很有意思是，剛剛安妮講到「殊二途」，兩條不同的路，但好像殊途同歸。因為一九九六年兩個人參選，共得票75%，可說都是投給台灣一票。我當時在耶魯唸書，還在做全球學生串聯，為台灣民主點燈、守夜。當時美國、紐約、華府、巴黎、倫敦、東京，全世界的學生都關注總統選舉，都關注選舉不能被中共威嚇受影響。我記得當時我被派回來台灣做串連，還去凱道參與遊行。

我覺得敏勇老師用非常宏觀的角度，撰寫李登輝跟彭明敏的命運，勾勒出那個時代下台灣人的命運、抉擇以及走出來的路。因為哲人會日遠，我期待敏勇老師可以往下繼續寫。當然戰前、戰後，從日治到國民黨統治的時代，然後台灣又經歷民主化，每個國家當然有第一代領導人要面臨到國家建立的課題，不管是外交或軍事。之後，第二代會進入到制度的建立，不管是法律、國家建設的課題，科學、農業等等。到再下一代，可能更可以產生像文學、藝術，這種需要更長久認同孕育出的文化底蘊，我想這是我對敏勇老師可以繼續著墨的，這樣就不會陷入到李登輝裡面，因為台灣是很多人走出來的路。這是我的深刻感受，跟大家分享。

　　其實在這個過程裡面，我想問兩個問題，第一個是，如果是李登輝他會怎麼做？另外一個是，李登輝之後的台灣往哪裡走？國史館陳儀深館長也在談這個問題，所以現在國史館跟李登輝基金會合作，舉辦「關鍵一九九一：李登輝與台灣民主元年」。我覺得國史館的工作很重要，國史館收藏非常多的東西，應該有更多的呈現，讓現在的人去認識。另外就是李登輝紀念圖書館看來也有著落，目前是在台大，朝很正面的方向前進，因為確實有它特殊的意義。不管是李總統在那邊求學或教書，或是曾經於台北市長任期住過。國史館跟圖書館也是啟動，我覺得後續，大家去研究李登輝，可以更豐富台灣未來要走的路。

　　最後我想再提到這本書《李登輝學×學李登輝》，其實不能講說無所不包，因為李登輝作為素材實在是很豐富。剛剛安妮董事長也提到，李登輝可以是依變項，也可以是自變項，或是中介變項。過去的傳記都寫成好像是依變項，他的生命史或什麼樣的事件影響了他。當然「總統學」的研究會把他當作自變項，記述他是如何影響了社會，這個部分我覺得是在方法論，在非常多的材料上面是很值得我們再繼續往前推進。

　　對我來說，「李登輝學」比較著重領導學這方面，我對國家領導人、哲人政治家，比較有興趣。我們過去講的哲君其實是可遇不可求。作為一個年輕政治家，以政治作為一種志業的時候，很多人都提過一些要素。李總統也跟我們談過韋伯。政治作為一種志業，熱情、責任感、判斷力，或是大衛·葛根寫《美國總統的七門課》，還有《危機領導》（*Leadership: In Turbulent Times*）也都有提到在動盪時刻的領導。李前總統所面對的環境是變動中的體制，我們以「寧靜革

命」或「穿著衣服改衣服」來形容。這個困難比常態的國家領導人是更複雜，駕馭的同時，還得在平衡中前進。

今天我還帶兩本李前總統所寫的書來，一本是《最高領導者的條件》，第二本是《台灣要到哪裡去》。其實李前總統很可貴的地方在於，他一方面創造歷史，另一方也在解釋歷史。有些人是忙著參與歷史，沒辦法去思考歷史。能一面創造歷史，又解釋歷史，這是很幸福的事情。人生裡可以打造一個更美好的社會，又可以把自己的體驗跟智慧體驗寫下來，成為很多的教訓，這對我們這些後學來說也是很幸福的，是很好做功課的。如果要拿來考試的話，他都已經幫我們整理到很完整了。

所以我覺得，我們更應該讓李登輝自己說話。我從他在台北市市長文集，到他當省主席到總統的言論或著作，都是我做學術論文必讀的書籍。若你去讀他的演講，你會發現他不是講城市的管理，而是講城市的經營，這觀念就不一樣。就像我們講數位轉型或治理，你不能政府是權威，而應該說政府是一種關係的治理。由此可見，李前總統的觀念和思維都是領先時代。

「李登輝學」內容豐富，可以轉化成對有志於從事政治工作者的課題。當然，這部分已經有李登輝基金會，或是包括群策會、李登輝之友會等，有很多不同的人已經在一起努力。我們從民調中發現有一個現象，年輕人可能沒有跟他一起經歷過民主化的關鍵的十二年，但卻都很肯定他。回過頭來看，阿輝伯在卸任總統後其實還有值得研究的二十年歲月。或許有些人說他很會變，但事實上在變中還是有不變之處。對於他整個思想與行動哲學，我覺得非常豐富，需要有更多人來發掘，因為那是台灣人共同的資產。

很幸運在這一年內，我能夠與大家一起努力做出小小的成果。這本書可以做為參考的起點。值得一提的是，我在其中提到研究李登輝要作為一個個人、一個體制、還有作為一個時代，其實不是用中文的一種解釋而已。事實上，它代表一個非常豐富的課題，是我們要去了解要去學習的對象。

最後，今天我們所談的這三部作品是很不一樣的東西。或許我們可以來推一陣子，讓更多人，尤其是年輕人認識李登輝。希望能鼓勵大家從中找到不同的視角對話，找到一個不同起點。蕭新煌老師有提醒我們，我們想展開與討論的只是李登輝其中的某個面向。未來還有更多的面相會陸陸續續地展開與進行。我們一

同來讓「李登輝學」成爲台灣共同的資產，實現李前總統對一個美好台灣社會的期待。

有時候看到香港，就覺得我們台灣人真的很幸運。我們在歷史關鍵的時刻，有人守護台灣，現在可以往正常國家在邁進。期待在座諸位用書寫記憶李登輝與緬懷他的同時，一起努力，讓台灣走出一條康莊大道。

◆台灣智庫副執行長董思齊：

謝謝佳龍部長的分享。我們都知道，李登輝前總統非常喜歡讀書，非常愛書。今天我們也用三本書，用每個人不同的生命史來跟李總統做交集。李總統留下做爲台灣人是什麼意義的課題，就像剛剛部長說到的，我們是誰？從哪裡來到哪裡去？這些問題不是誰說了算，而必須是眾人一起走出來的路。

不管是從微觀的角度或從宏觀的角度，我們不斷用各種方法去接近「李登輝學」的本質，慢慢去摸索他的本體論，形成我們的認識論，建構出屬於我們這個時代共同的記憶和課題。

剛剛部長說到，看能不能再找機會讓大家一起來分享這三本書，讓更多的人，特別是年輕人能夠認識李登輝。我想這是一個很好的想法，智庫也來積極規劃。希望下一次能在不同的地方，不論是線上或是實體，與更多的觀眾與讀者，一起來分享我們跟李總統的認識，和大家一同來推動「李登輝學」的研究。

釀時代26　PF0305

 李登輝學×學李登輝：
民主台灣的時代精神、歷史意識與政治領導

總 策 畫	林佳龍
主　　編	董思齊
責任編輯	鄭伊庭、楊岱晴
圖文排版	楊家齊
封面插畫	李彥旻
封面設計	王嵩賀

統　　籌	財團法人台灣智庫、李登輝基金會
出版策劃	釀出版
製作發行	秀威資訊科技股份有限公司
	114 台北市內湖區瑞光路76巷65號1樓
	電話：+886-2-2796-3638　傳真：+000-2-2706 1377
	服務信箱：service@showwe.com.tw
	http://www.showwe.com.tw
郵政劃撥	19563868　戶名：秀威資訊科技股份有限公司
展售門市	國家書店【松江門市】
	104 台北市中山區松江路209號1樓
	電話：+886-2-2518-0207　傳真：+886-2-2518-0778
網路訂購	秀威網路書店：https://store.showwe.tw
	國家網路書店：https://www.govbooks.com.tw
法律顧問	毛國樑　律師
總 經 銷	聯合發行股份有限公司
	231新北市新店區寶橋路235巷6弄6號4F
	電話：+886-2-2917-8022　傳真：+886-2-2915-6275

出版日期	2021年8月　BOD一版
定　　價	490元

國家圖書館出版品預行編目

李登輝學與學李登輝：民主台灣的時代精神、歷史意識與
　政治領導/林佳龍總策畫；董思齊主編. -- 一版. -- 臺北市：
　釀出版, 2021.08
　　面；　公分
　BOD版
　ISBN 978-986-445-510-2(平裝)

　1. 李登輝　2. 臺灣傳記　3. 臺灣政治

783.3886　　　　　　　　　　　　　　　　110011768